VISA POUR L'IMAGE

PERPIGNAN 2022

Cet ouvrage est publié à l'occasion du
Festival International du Photojournalisme
Visa pour l'Image - Perpignan,
du 27 août au 11 septembre 2022.
Merci à tous les photographes
et agences pour leur collaboration.

—

Catalogue : Visa pour l'Image - Perpignan
International Festival of Photojournalism,
August 27 – September 11, 2022.
We wish to thank all the photographers
and agencies for their contributions.

Merci à / Our thanks to

Ministère de la Culture
La Direction Régionale des Affaires Culturelles Occitanie / Pyrénées-Méditerranée

L'association Visa pour l'Image - Perpignan
Tous les membres du Conseil d'Administration
La Ville de Perpignan
Le Conseil Régional Occitanie / Pyrénées-Méditerranée
Le Conseil Départemental des Pyrénées-Orientales
La Chambre de Commerce et d'Industrie de Perpignan et des Pyrénées-Orientales
Perpignan Méditerranée Métropole
Mouvement des Entreprises de France - Pyrénées Orientales

Couverture / Cover

© Daniel Berehulak pour *The New York Times* / MAPS
Irpin, Ukraine, 29 mars 2022. / Irpin, Ukraine, March 29, 2022.

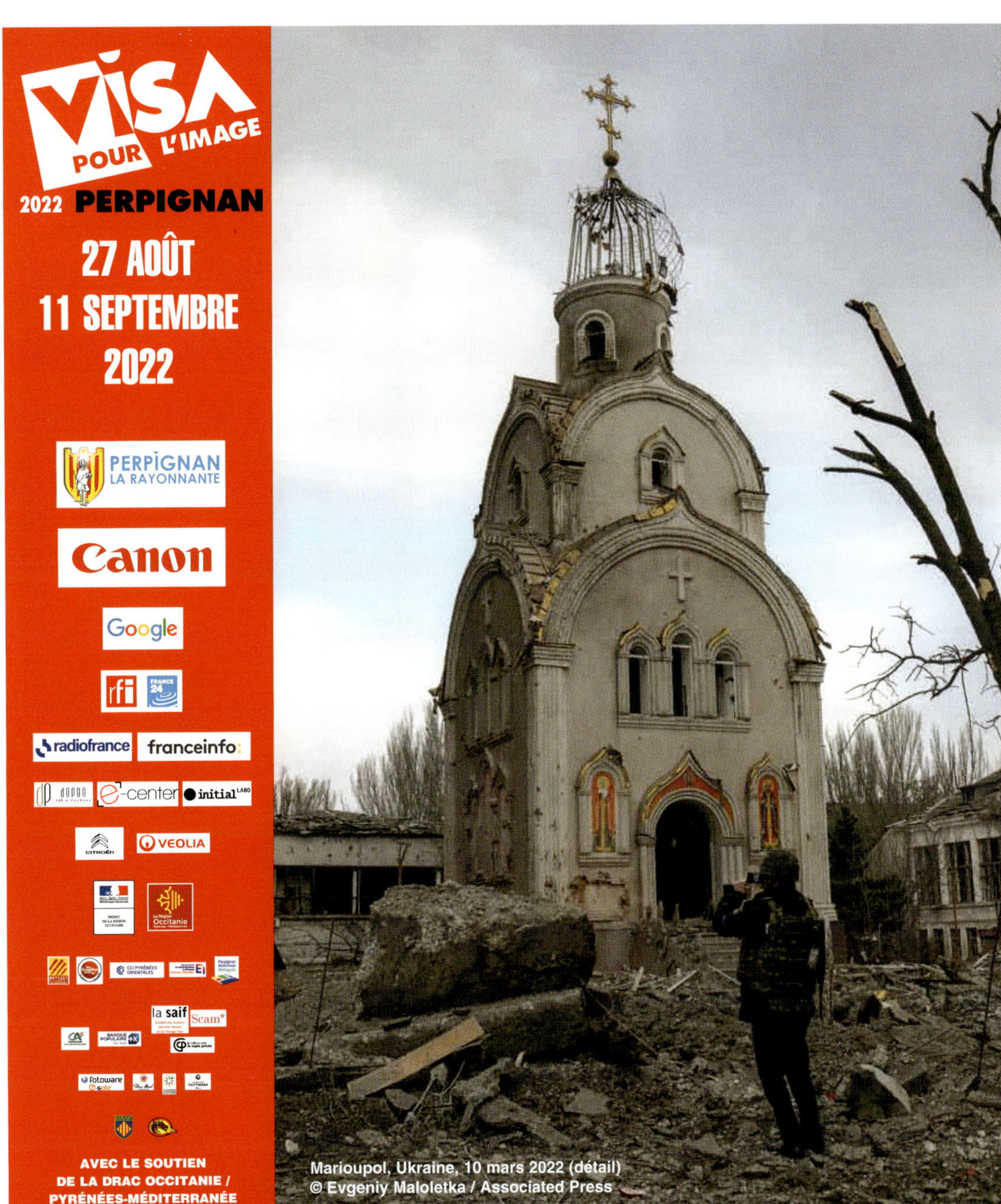

Marioupol, Ukraine, 10 mars 2022 (détail)
© Evgeniy Maloletka / Associated Press

34e FESTIVAL INTERNATIONAL DU PHOTOJOURNALISME

SOMMAIRE / CONTENTS

EXPOSITIONS / EXHIBITIONS 2022

SAMEER AL-DOUMY

AFP

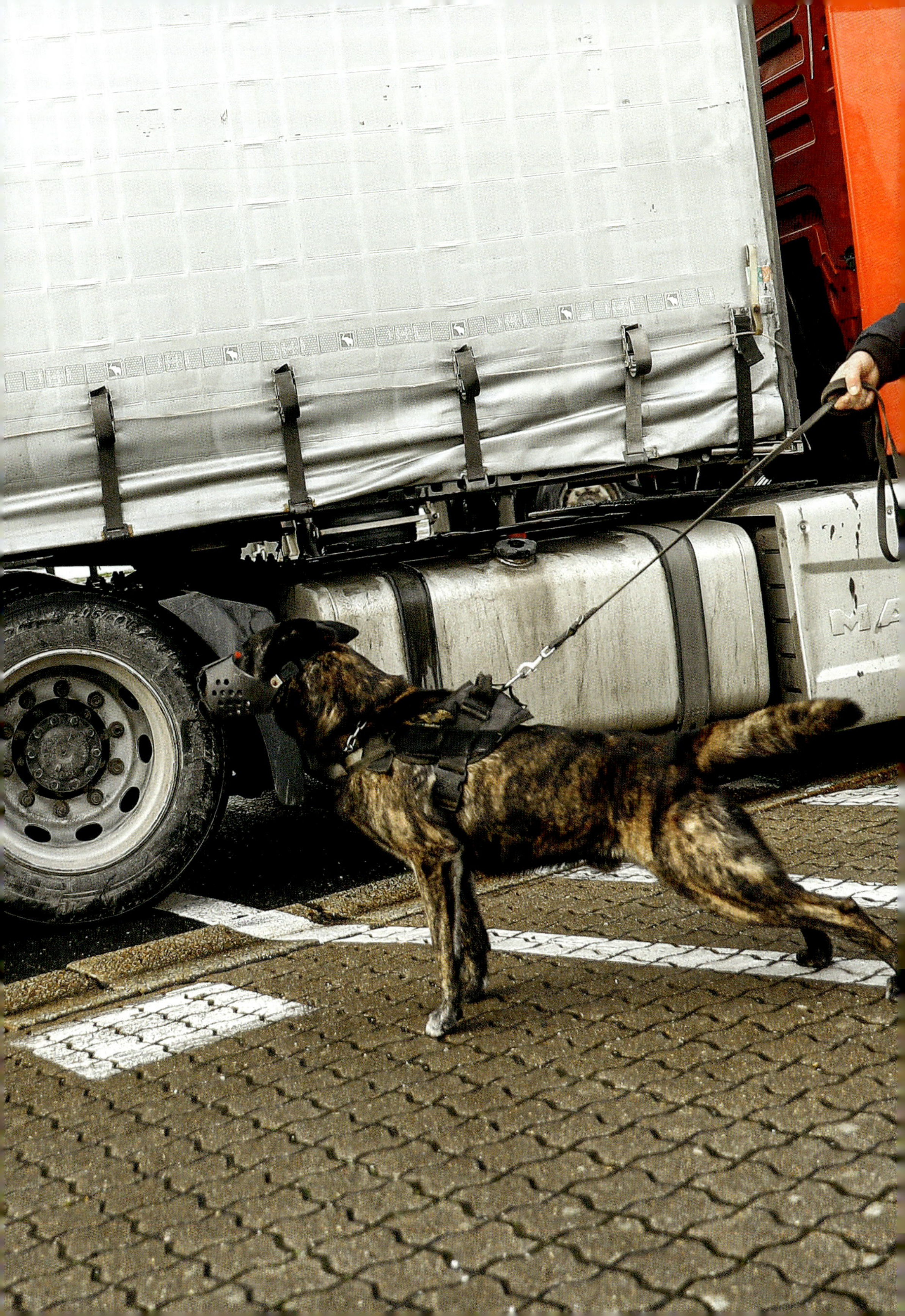

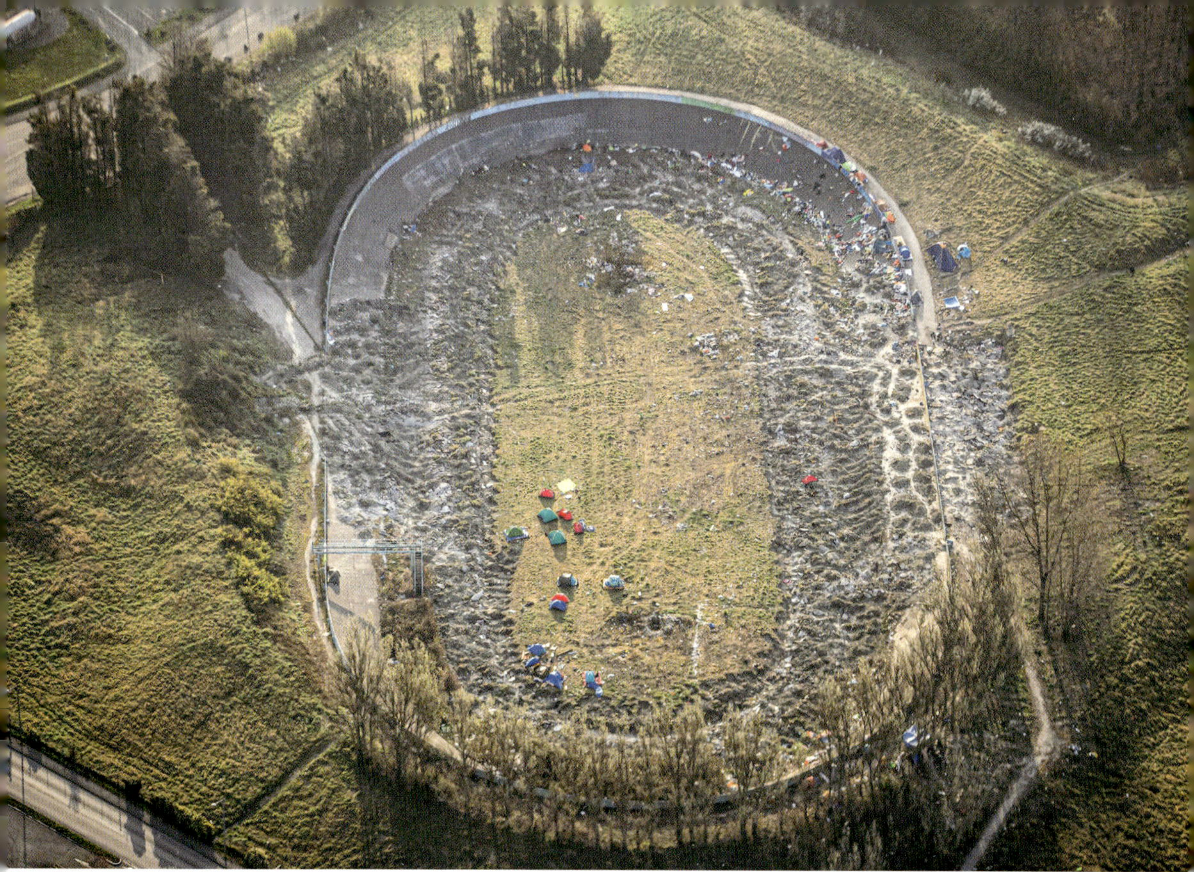

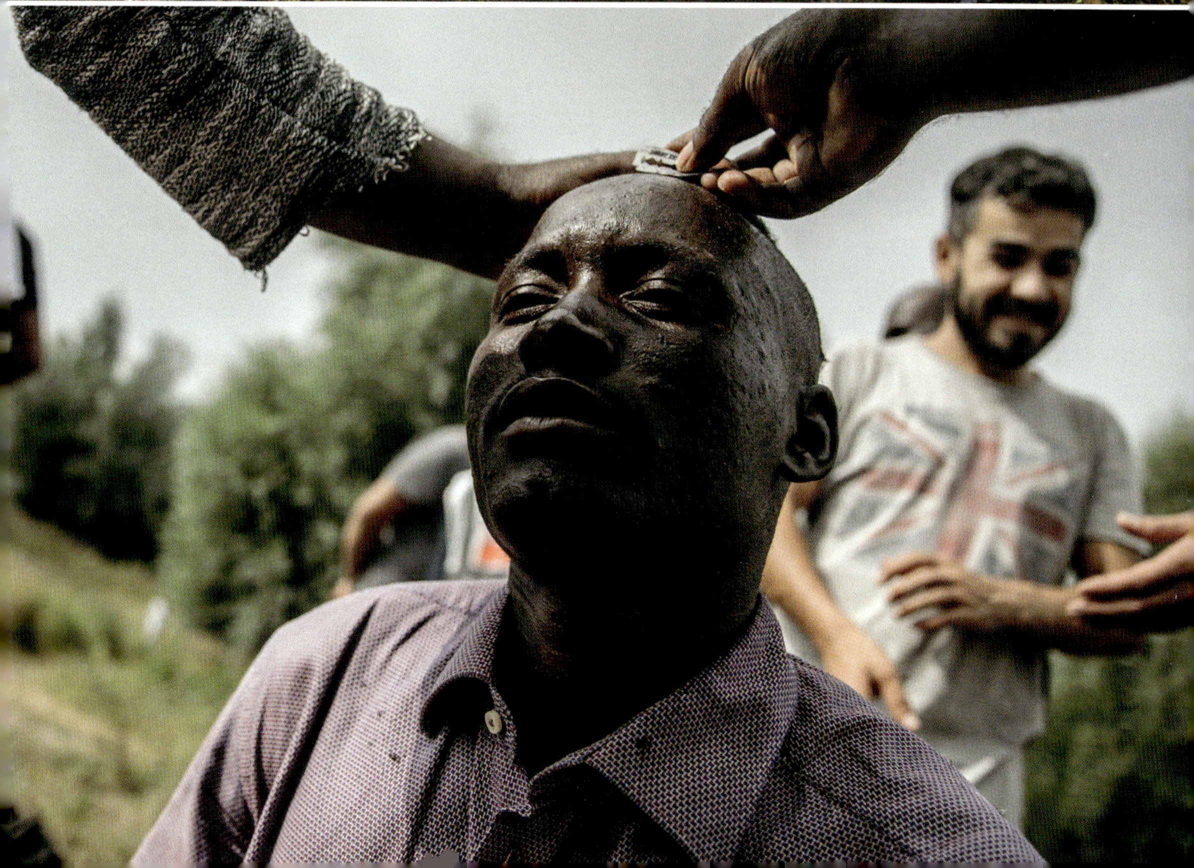

LAURÉAT DU VISA D'OR HUMANITAIRE
DU COMITÉ INTERNATIONAL
DE LA CROIX-ROUGE (CICR) 2022

—

WINNER OF THE 2022 HUMANITARIAN
VISA D'OR AWARD - INTERNATIONAL
COMMITTEE OF THE RED CROSS (ICRC)

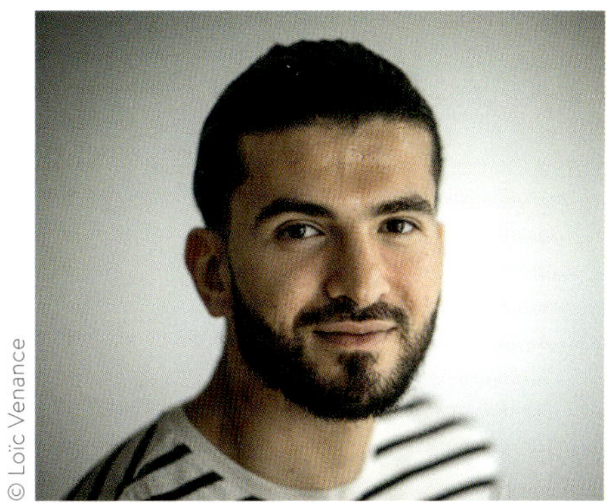

SAMEER AL-DOUMY

AFP

Les routes de la mort
Fatal Crossings

Réalisé entre août 2020 et mai 2022, ce reportage met en lumière la crise migratoire dans le nord de la France.

Après des années de périple, transitant de pays en pays, de nombreux migrants qui ont fui la guerre ou des catastrophes naturelles se retrouvent à Calais. Ils passent alors des semaines dans des camps de fortune sur la côte française, à espérer pouvoir rejoindre leur destination finale, le Royaume-Uni.

Après avoir payé environ 3 000 euros par personne à des passeurs, ils embarquent à bord d'un canot pneumatique équipé d'un tout petit moteur, et tentent de traverser la Manche illégalement pour atteindre l'Angleterre afin de commencer une nouvelle vie.

Le 24 novembre 2021, le naufrage d'un canot gonflable transportant des migrants faisait 27 morts au large de Calais. Ce drame n'a

←←
Un chien renifleur aboie après avoir détecté des migrants cachés sous un camion en direction de l'Irlande. Port de Cherbourg, nord-ouest de la France, 2 février 2021.

A sniffer dog detecting migrants stowing away under a truck heading for Ireland. Cherbourg, northern France, February 2, 2021.

↖
Vue aérienne montrant des tentes de migrants dans un ancien hippodrome près de Grande-Synthe. Nord de la France, 25 mars 2022.

Migrants pitched their tents on what was once a horse racing track. Grande-Synthe, northern France, March 25, 2022.

↙
Un migrant soudanais se fait raser les cheveux par un ami dans un camp de fortune à la périphérie de Calais. Nord de la France, 15 août 2020.

In a makeshift camp on the outskirts of the city, a fellow migrant is shaving the head of a Sudanese man. Calais, northern France, August 15, 2020.

→
Des migrants à bord d'un bateau naviguant dans des eaux agitées entre Sangatte et le cap Blanc-Nez, dans la Manche, alors qu'ils tentent de franchir la frontière maritime entre la France et le Royaume-Uni. 27 août 2020.

Migrants attempting to cross the English Channel on board a dinghy tossed on the waves between Sangatte and Cap Blanc-Nez off the French coast. August 27, 2020.

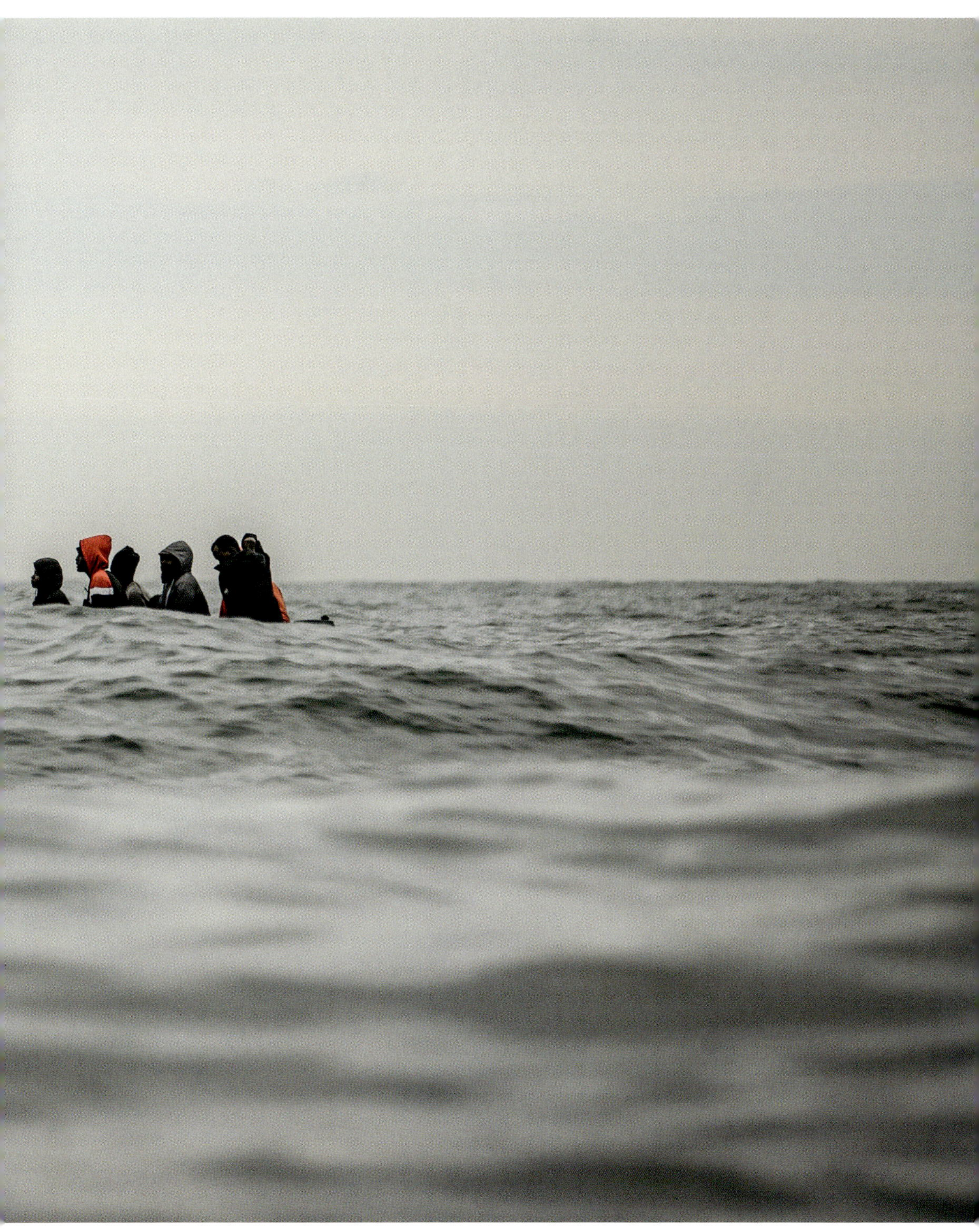

cependant entraîné aucune inflexion des politiques migratoires sécuritaires qui, selon de nombreux observateurs, en sont pourtant la cause.

Entre le début de l'année 2021 et la date de ce naufrage, 31 500 migrants ont traversé la Manche depuis la France pour se rendre au Royaume-Uni. Depuis le Brexit qui a entraîné une sécurisation accrue du port de Calais et de l'Eurotunnel que les migrants empruntaient en se cachant à bord de véhicules, les tentatives de traversée en embarcations légères sont devenues très fréquentes. Mais cette traversée est périlleuse et il est à craindre qu'après la Méditerranée, la Manche ne devienne un nouveau cimetière à ciel ouvert.

Sameer Al-Doumy

The report, covering the period from August 2020 to May 2022, presents the migration crisis as experienced in the north of France. Many migrants have spent years crossing country after country, fleeing war or natural disaster, then reach the city of Calais on the French side of the strait that is the narrowest part of the English Channel. There they spend weeks in makeshift camps hoping and waiting to reach the United Kingdom, their ultimate destination.

People smugglers charge 3,000 euros for each passenger boarding an inflatable dinghy with a small outboard motor to cross the Channel and land illegally in England in their quest for a new life.

On November 24, 2021, an inflatable dinghy with 27 migrants on board sank off the coast of Calais. These tragedies have no effect on migration policies, yet, according to observers, such policies aimed at border security are the cause of these dramas.

Between January 2021 and November 24 when the tragedy occurred, a total of 31,500 migrants crossed the Channel from France to the United Kingdom. For, since Brexit, with more stringent security checks at the port of Calais and the entrance to the Eurotunnel where migrants hide on board vehicles, more and more have been attempting to cross aboard flimsy dinghies. The crossing is fraught with danger and now, after the Mediterranean, the fear is that the English Channel could become a new maritime cemetery.

Sameer Al-Doumy

↗ Une jeune migrante secourue par des membres d'équipage du remorqueur *Abeille Languedoc*. Au large de Boulogne-sur-Mer, nord de la France, 9 mai 2022.

A young girl has just been rescued by the crew of the tugboat Abeille Languedoc. Off the coast of Boulogne-sur-Mer, northern France, May 9, 2022.

↘ Des migrants à bord du remorqueur *Abeille Languedoc*. Le moteur de leur bateau est tombé en panne dans les eaux françaises alors qu'ils tentaient la traversée vers l'Angleterre. Au large de Boulogne-sur-Mer, nord de la France, 9 mai 2022.

Migrants on board the Abeille Languedoc, a tugboat used for rescue and salvage operations. While trying to cross the Channel to England, they were still in French waters when the motor on their vessel broke down. May 9, 2022.

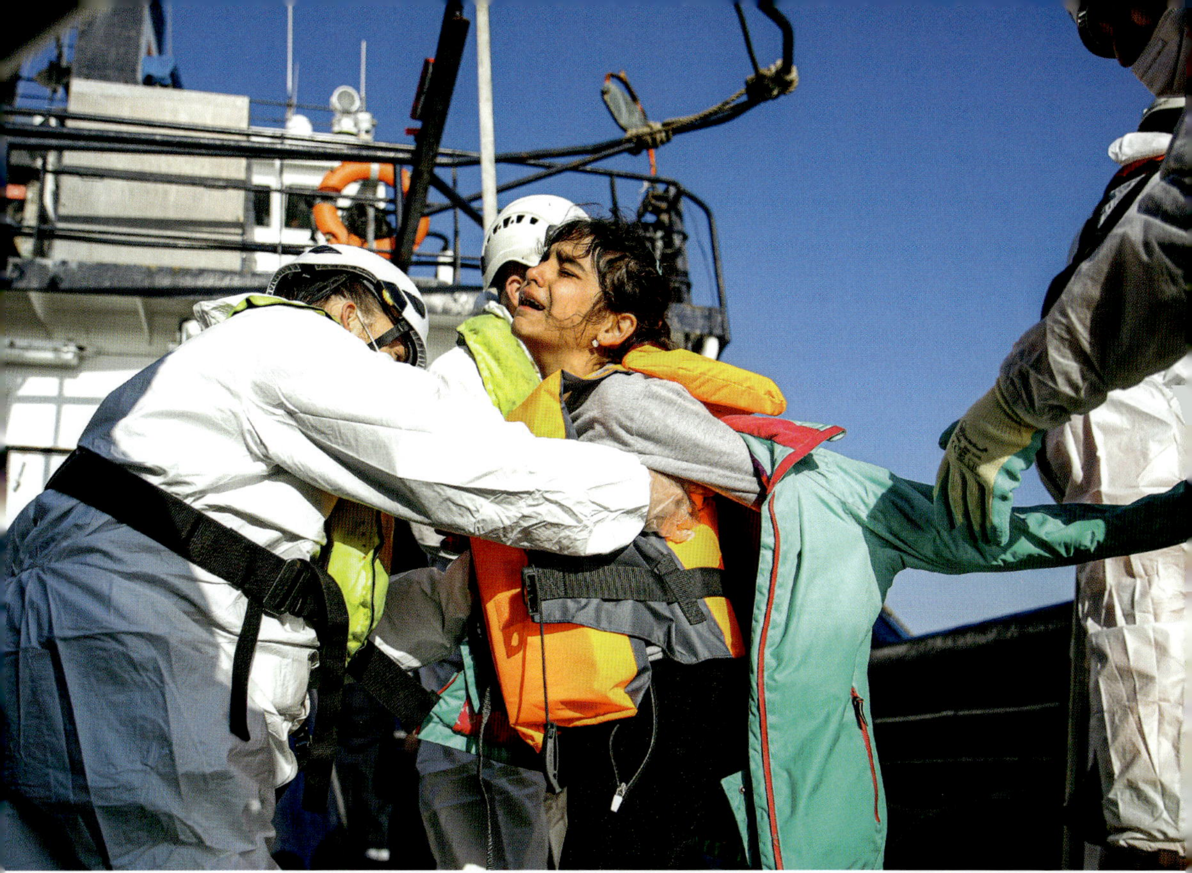

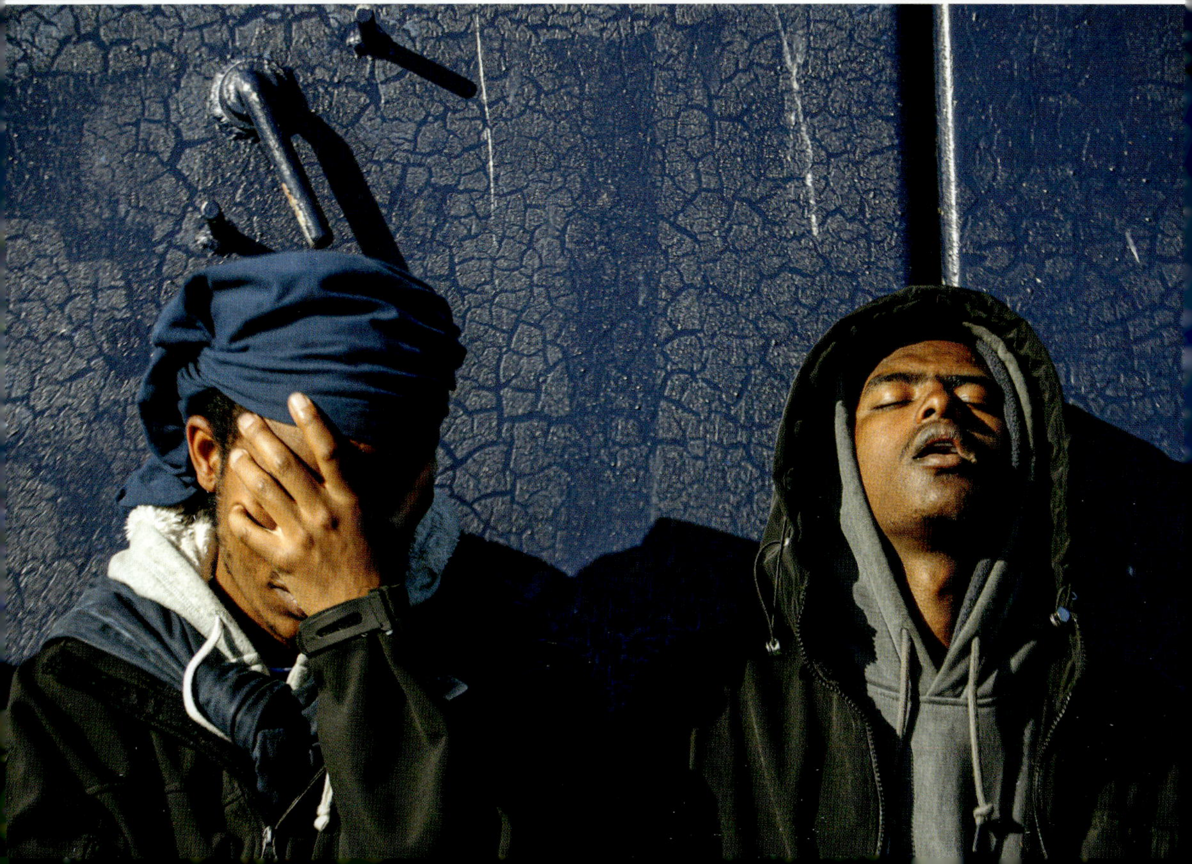

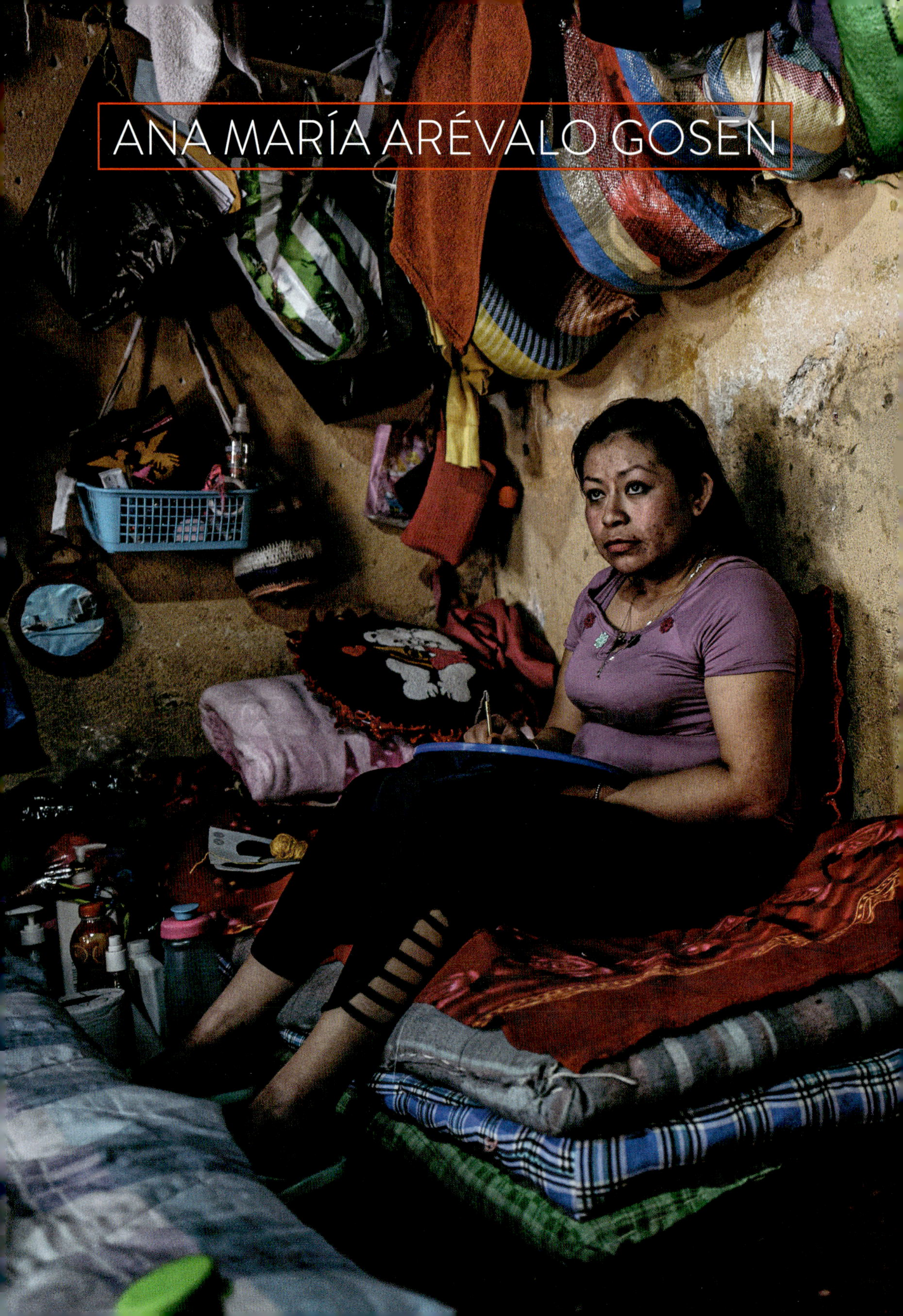

ANA MARÍA ARÉVALO GOSEN

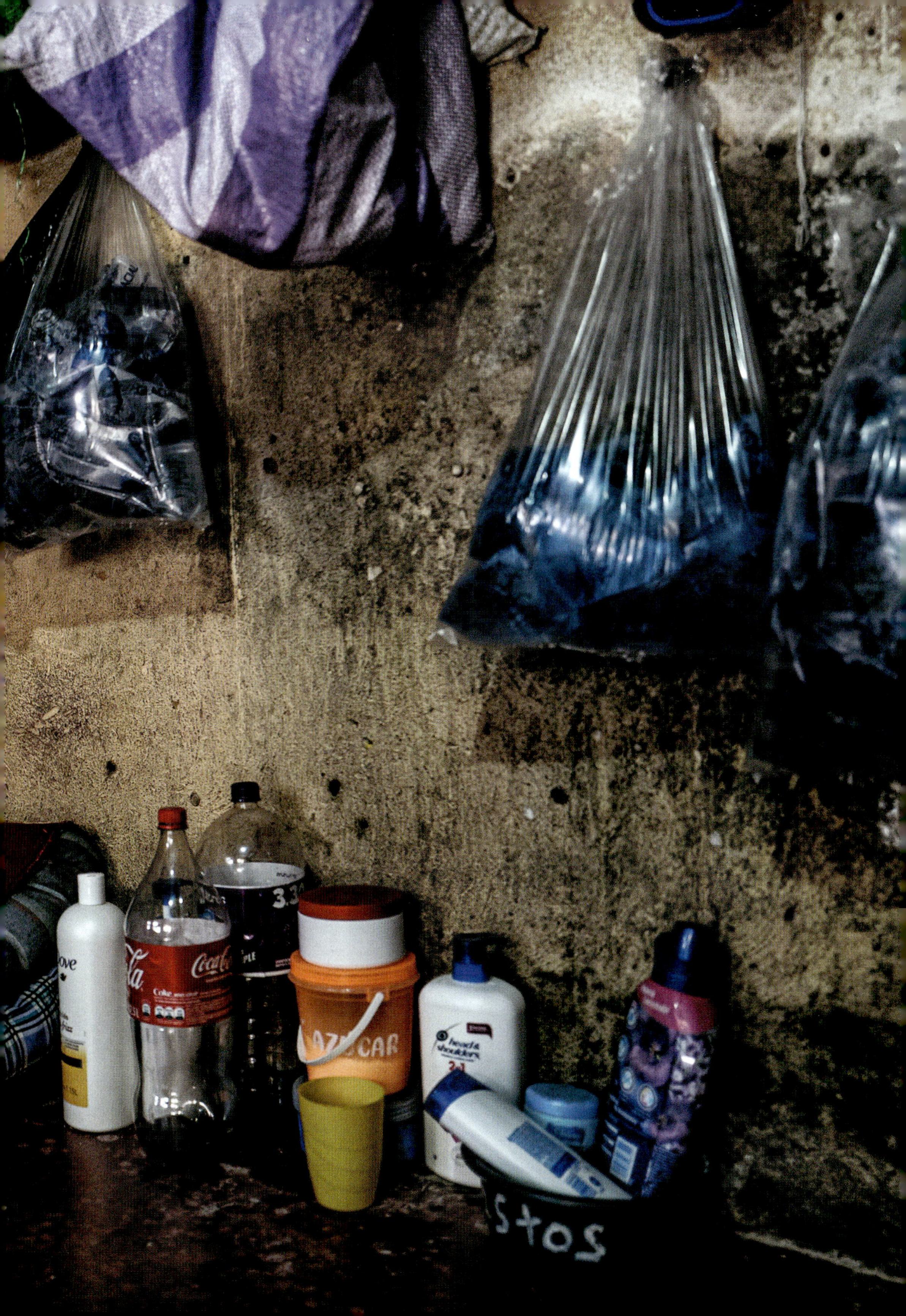
head&shoulders

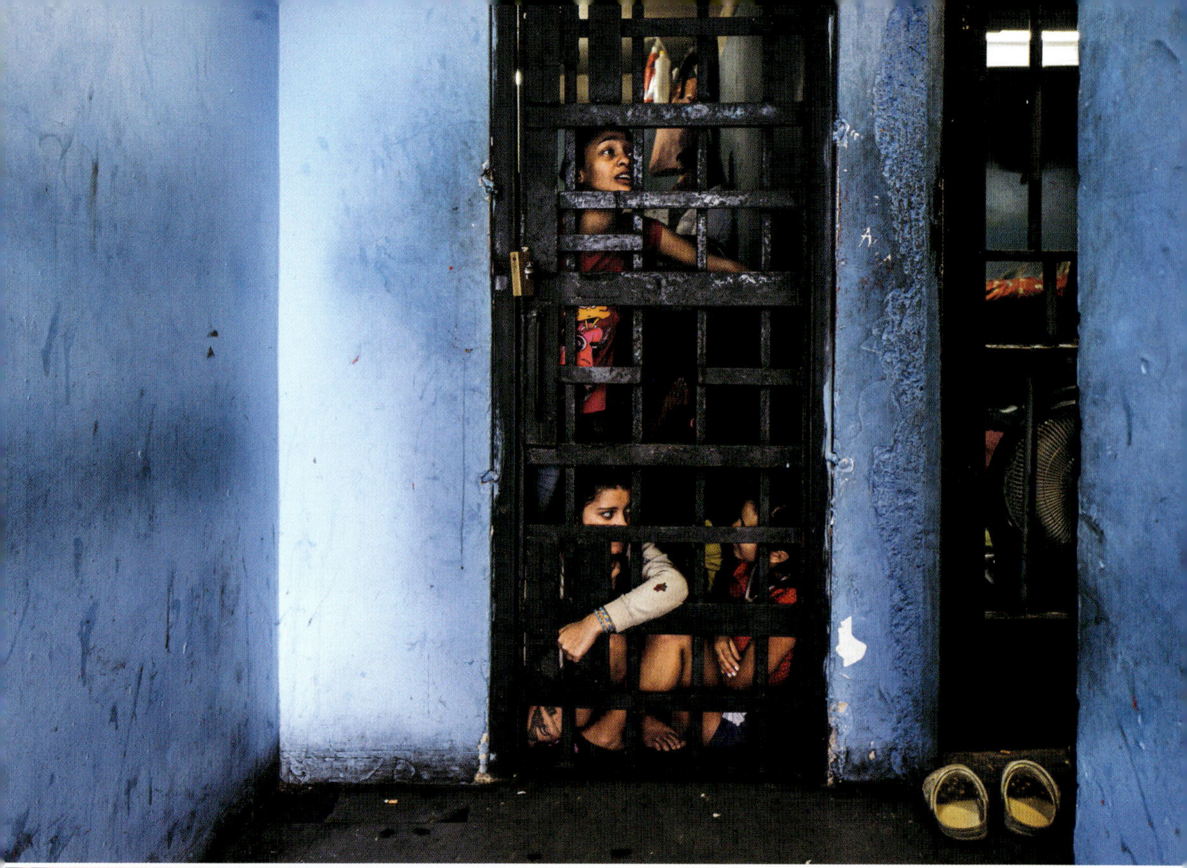

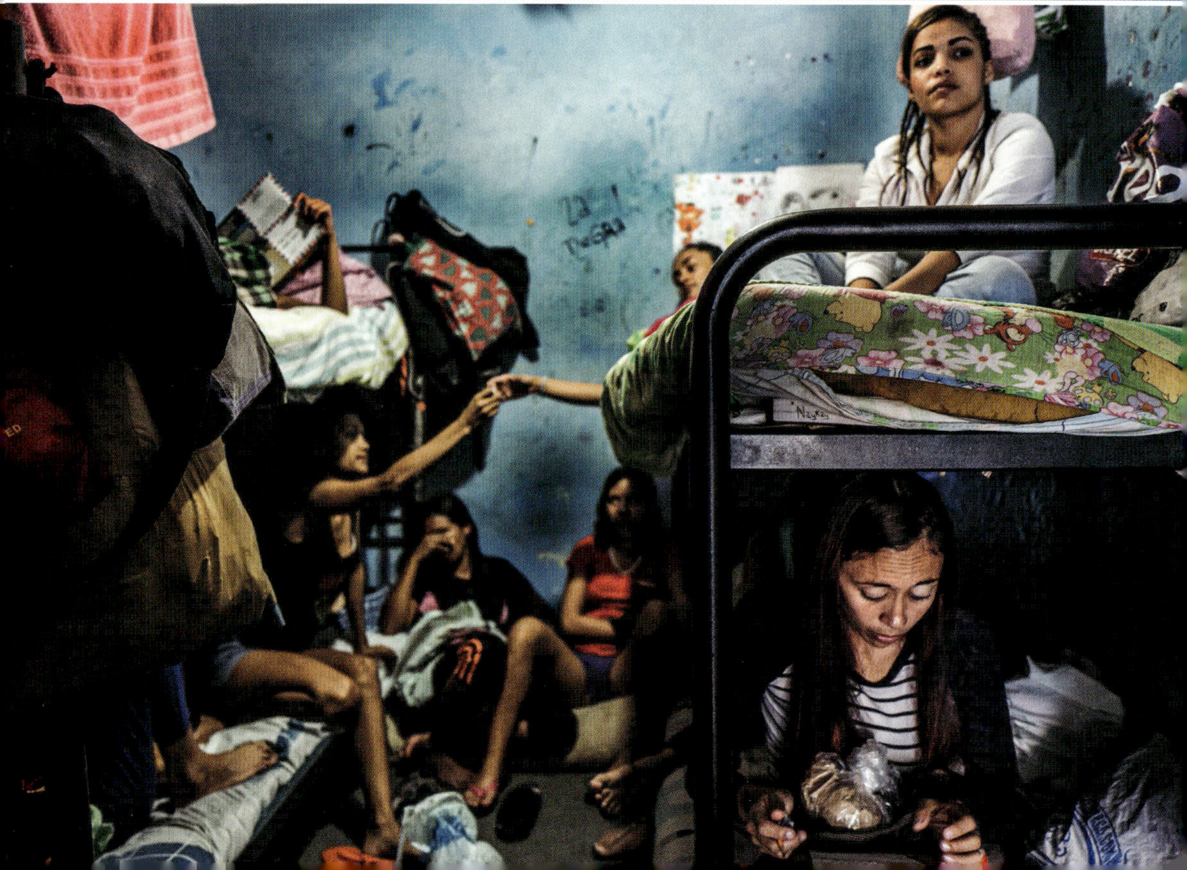

LAURÉATE DU PRIX
CAMILLE LEPAGE 2021

—

WINNER OF THE 2021
CAMILLE LEPAGE AWARD

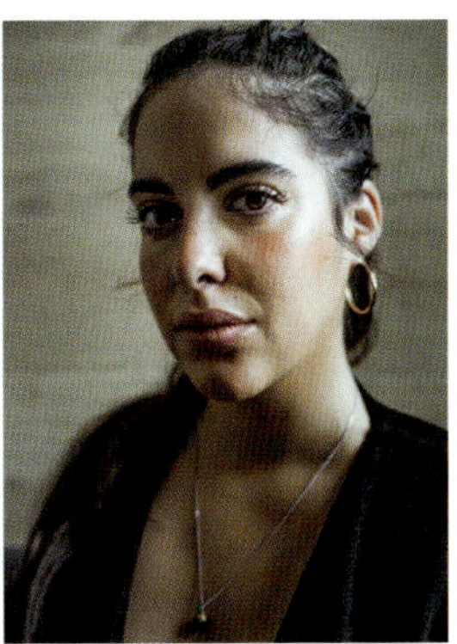

ANA MARÍA ARÉVALO GOSEN

Días Eternos : Venezuela, Salvador, Guatemala (2017-2022)

—

« Rappelons que lorsqu'une femme est emprisonnée, ce n'est pas un individu qui souffre mais tout un réseau social. Au XXIe siècle, la chasse aux sorcières continue : les femmes exclues restent piégées. » Lisset Coba, 2015

La situation angoissante des femmes dans les prisons d'Amérique latine est peu évoquée, cela a pourtant des répercussions sur toute la région. Le système carcéral est en crise dans presque toute l'Amérique latine, et l'emprisonnement d'une femme peut affecter toute une génération.

Ce travail se concentre sur la condition des femmes emprisonnées au Venezuela, au Salvador et au Guatemala, qui se trouvent dans une situation de vulnérabilité et de stigmatisation à vie.

La plupart des centres de détention ne disposent pas des infrastructures nécessaires pour séparer les détenus par sexe. Au Venezuela par exemple, il n'existe aucun

←←
Le centre de détention préventive de Huehuetenango abrite sept femmes, dont quatre sont issues de communautés autochtones. Estela (24 ans) a été condamnée à 25 ans pour meurtre. Guatemala, mars 2022.

The remand center in Huehuetenango has seven female detainees, including four from indigenous communities. Estela (24) is serving a 25-year sentence for murder. Guatemala, March 2022.

↖
Deux détenues communiquent avec des détenus masculins enfermés à quelques mètres d'elles. Hainni (17 ans, en bas) est accusée d'homicide et son procès a été retardé de deux mois. Centre de détention de La Yaguara, Caracas, Venezuela, mars 2018.

Two female detainees talking to the men in a neighboring cell. Hainni (17, bottom left) has been charged with murder, and has to wait another two months for her trial. La Yaguara Detention Center, Caracas, Venezuela, March 2018.

↙
Au centre de détention de La Yaguara, les femmes passent leurs journées dans l'inactivité la plus totale. Caracas, Venezuela, mars 2018.

The women at La Yaguara Detention Center have no organized activities and are simply left to their own devices. Caracas, Venezuela, March 2018.

centre de détention provisoire réservé aux femmes. Quant aux prisons pour femmes, comme celle d'Ilopango au Salvador, elles ont été construites sur le modèle des prisons pour hommes. Les délais de procédure ne permettent pas non plus la séparation par crime ou par âge. Pour les détenus transgenres, c'est une expérience impitoyable car leur identité de genre n'est pas respectée et ils doivent attendre leur procès avec des détenus masculins.

Loin d'être des lieux où les détenues sont aidées à préparer leur réinsertion dans la société, ce sont avant tout des lieux de souffrance. Les femmes y vivent un enfer : cellules surpeuplées, privations, détentions provisoires qui s'éternisent, droits fondamentaux bafoués.

De plus, les femmes reçoivent moins de visiteurs alors qu'elles dépendent de l'aide extérieure pour survivre à cette expérience. Le soutien psychologique des proches est essentiel, mais surtout leur aide matérielle compense l'incapacité de l'État à fournir nourriture, vêtements et médicaments aux détenues.

Cependant, l'aspect le plus difficile de la vie des femmes en prison est lié à la maternité. Dans ces trois pays, il n'existe souvent qu'un seul secteur réservé aux femmes avec leurs enfants pour l'ensemble de la population cacérale. Si les mères trouvent un grand réconfort à avoir leurs enfants avec elles, elles se sentent coupables en même temps de leur faire vivre ça. Et elles savent de toute façon que la séparation arrivera inéluctablement, ne pouvant les garder que jusqu'à l'âge de 3 ans au Venezuela, 4 ans au Guatemala, et 6 ans au Salvador.

Malgré tout, les femmes tissent entre elles des liens extraordinaires d'amitié et de solidarité et font preuve de résilience. Elles partagent tout : nourriture, lits, vêtements et histoires personnelles. Leur corps devient un symbole de résistance, de rébellion contre le système. Elles se tatouent, se maquillent et se coiffent parce que c'est la seule chose qu'on ne peut pas leur enlever.

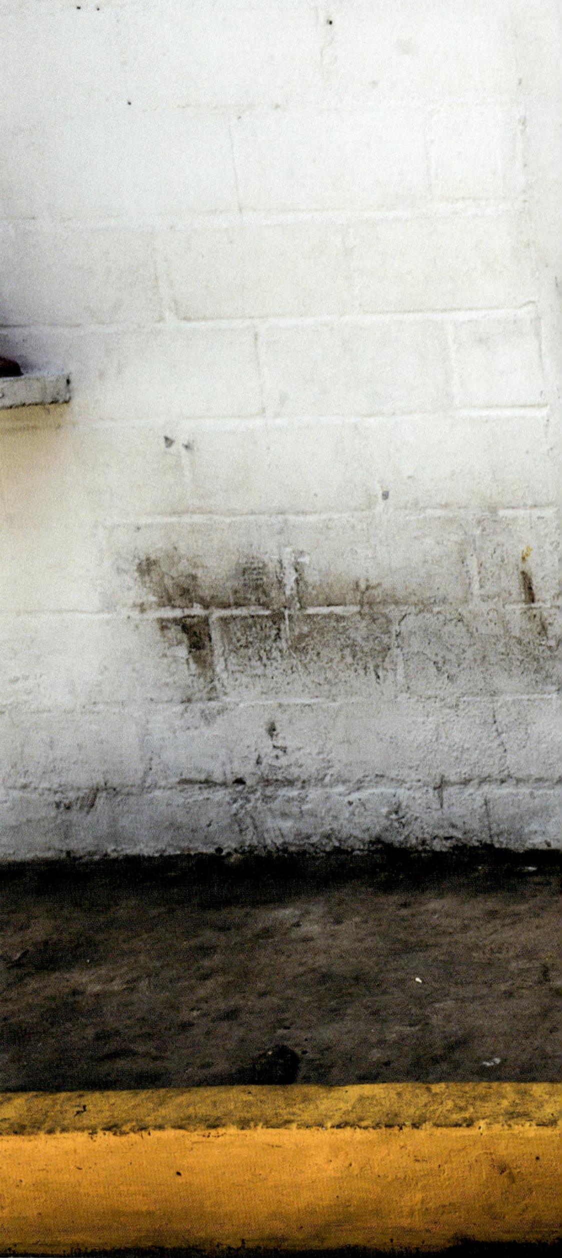

Les détenues quittent la prison traumatisées et stigmatisées. Privées d'espoir, d'emploi et d'un réseau de soutien à l'extérieur, les femmes sont susceptibles de réintégrer la vie de gang ou de commettre des crimes à leur sortie de prison.

Ana María Arévalo Gosen

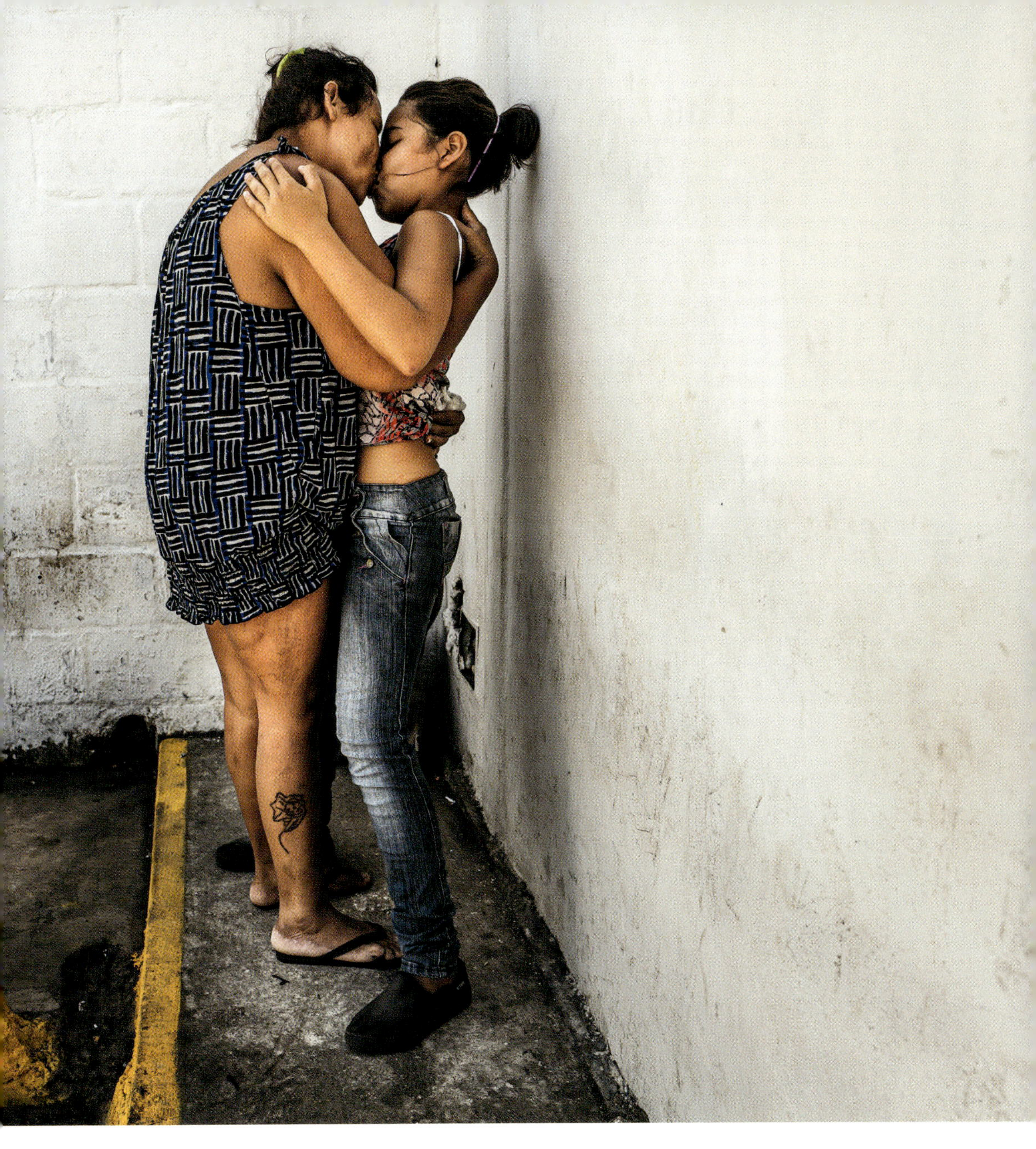

↑
Maria (35 ans), accusée de vol, embrasse sa fille venue la voir au centre de détention Poli-Valencia. Carabobo, Venezuela, mars 2018.

Maria (35), who has been charged with theft, with her daughter visiting her at Poli-Valencia detention center. Carabobo, Venezuela, mars 2018.

"We must not forget that when a woman is in prison, it is not one individual but an entire social network that is suffering. In the 21st century, the witch hunt continues: women excluded remain trapped." Lisset Coba, 2015

The dire situation of women in Latin American prisons is rarely visible but has repercussions throughout the region. The prison system is in a critical state almost everywhere in Latin America, and a woman behind bars can have a negative impact on an entire generation.

This photographic work has focused on the situation of women in prisons in Venezuela, El Salvador and Guatemala, causing situations of great vulnerability and lifetime stigma.

The set-up of most custodial centers cannot provide separate facilities for men and women. In Venezuela, for example, there is no remand center for women only. Prisons for women, such as Ilopango in El Salvador, have the same design and construction as men's prisons. Prisoners are not housed according to the offenses committed or by age group, and they can be held for long periods before their cases come to court. For transgender women, the experience is particularly cruel as they are denied their chosen sexual identity and are held in custody with male prisoners.

For female prisoners there is no assistance offered to help them return to normal life and mainstream society; they are locked away in an atmosphere of distress and suffering, in overcrowded cells, deprived of everything, held for interminable remand periods, in violation of their fundamental human rights.

What's more, women have fewer visitors than male prisoners, yet they desperately need such visits to survive the experience as contact with friends and family is an essential way of maintaining morale and mental health; it also provides for their material needs as the national authorities fail to supply proper food, medication and clothing.

No doubt the most difficult challenge in prison for so many is for the mothers of young children. Of the three countries featured in this report, there is only one prison facility for women with children. The mothers are obviously pleased to have their babies and infants with them, but feel guilty for inflicting such living conditions on them. And once the child reaches a certain age (3 in Venezuela, 4 in Guatemala and 6 in El Salvador) they can no longer stay with their mothers.

Yet despite all this, the women do have their own life, forming strong friendships and displaying great solidarity and resilience. Living together, they share everything: food, bedding, clothing and their own private stories. Their bodies become symbols of resistance as they rebel against a system which has deprived them of so much. They tattoo their bodies, and do their make-up and hairdos, because there are some things that cannot be taken away.

Once the women leave prison, traumatized and rejected, theirs is a life without hope, without employment and with no support network outside prison. When released, they are therefore likely to return to the gangs they were involved with before, and return to a life of crime.

Ana María Arévalo Gosen

↗
À la prison d'État Ana Maria Campos, le programme pour les détenues comprend desséances de sport ainsi que des cours, des ateliers de motivation et de discipline, des activités artistiques et artisanales. Maracaibo, Venezuela, décembre 2018.

At Ana Maria Campos State Prison, female detainees have a program of activities with educational classes, sport, workshops to develop motivation and discipline, and art and craft. Maracaibo, Venezuela, December 2018.

↘
Des enfants courent dans le secteur réservé aux mères du Centro de Orientación Femenina, la seule prison pour femmes du pays. Guatemala, avril 2022.

The mother-child center at the Centro de orientación feminino, the only women's prison in the country. Guatemala, April 2022.

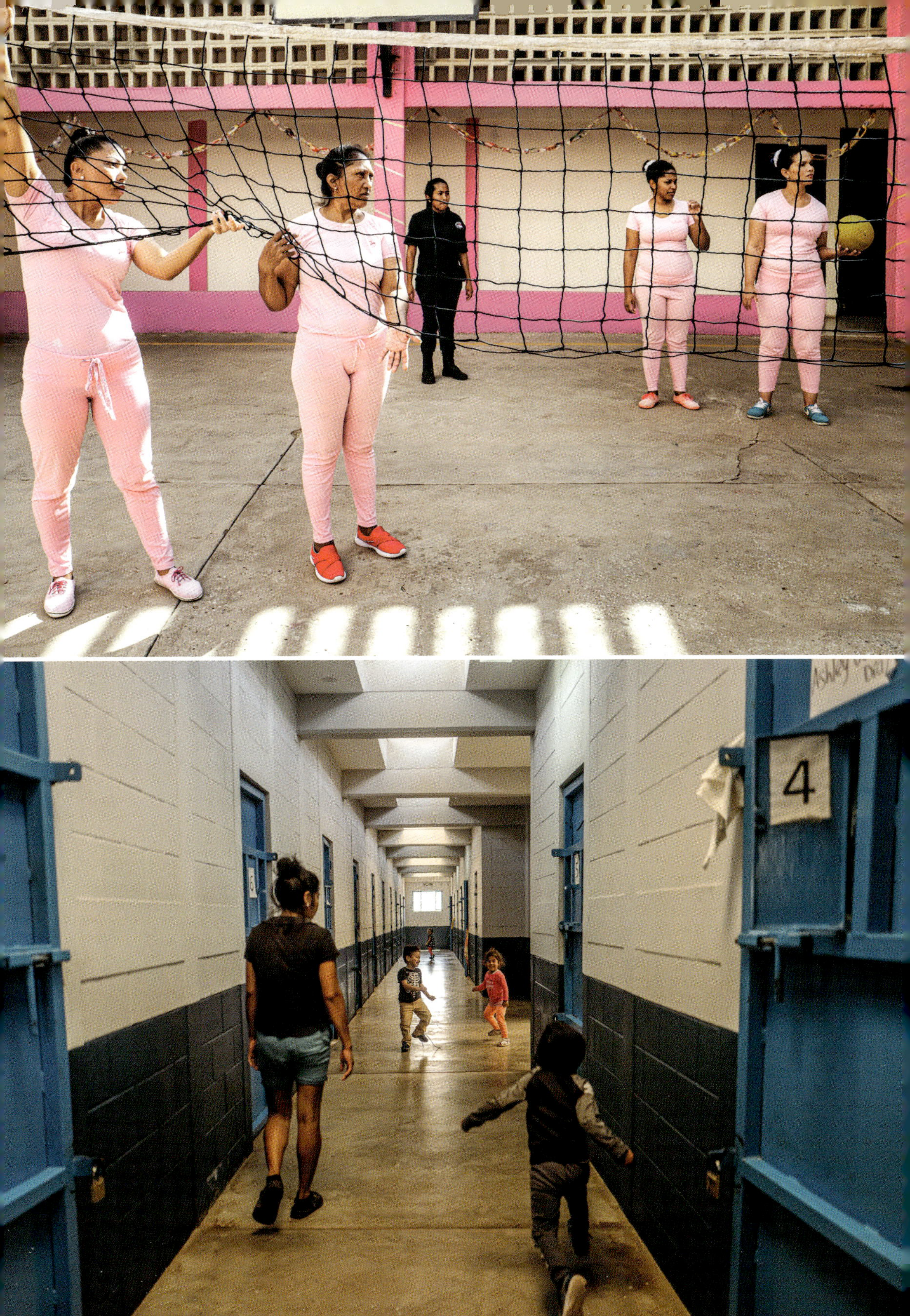
4

MAÉVA BARDY

FONDATION TARA OCÉAN
AVEC LA PARTICIPATION DU *FIGARO MAGAZINE*

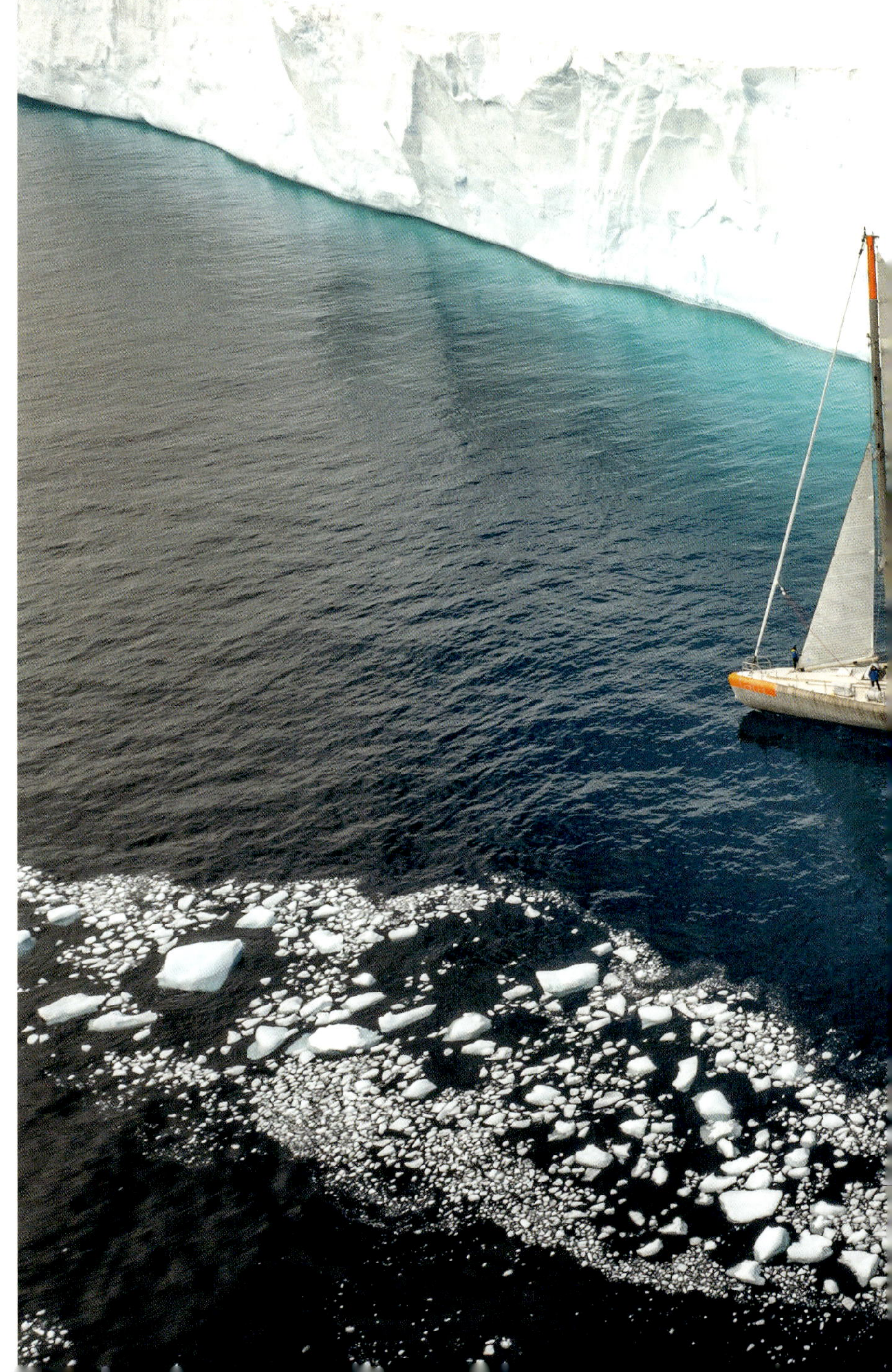

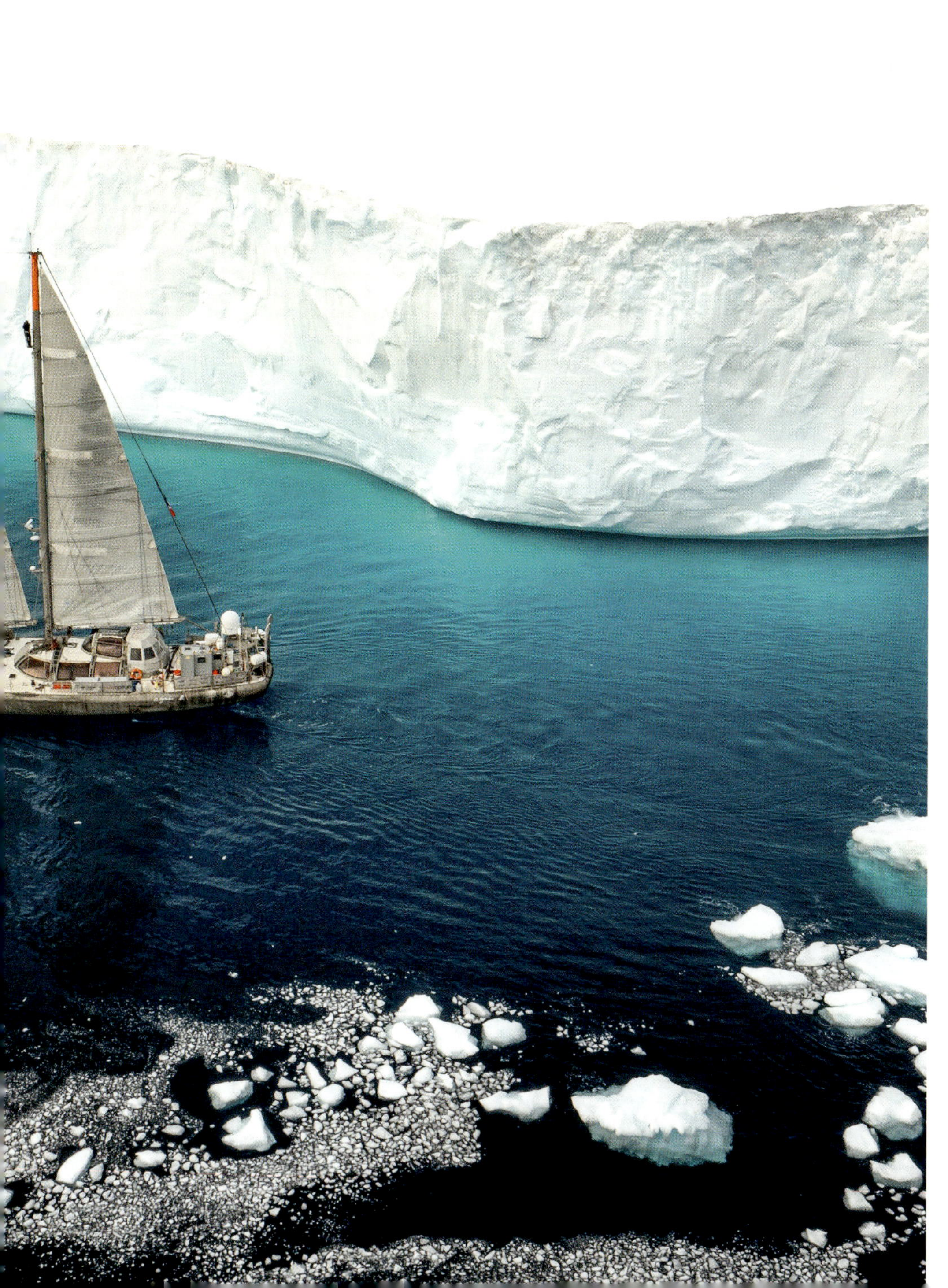

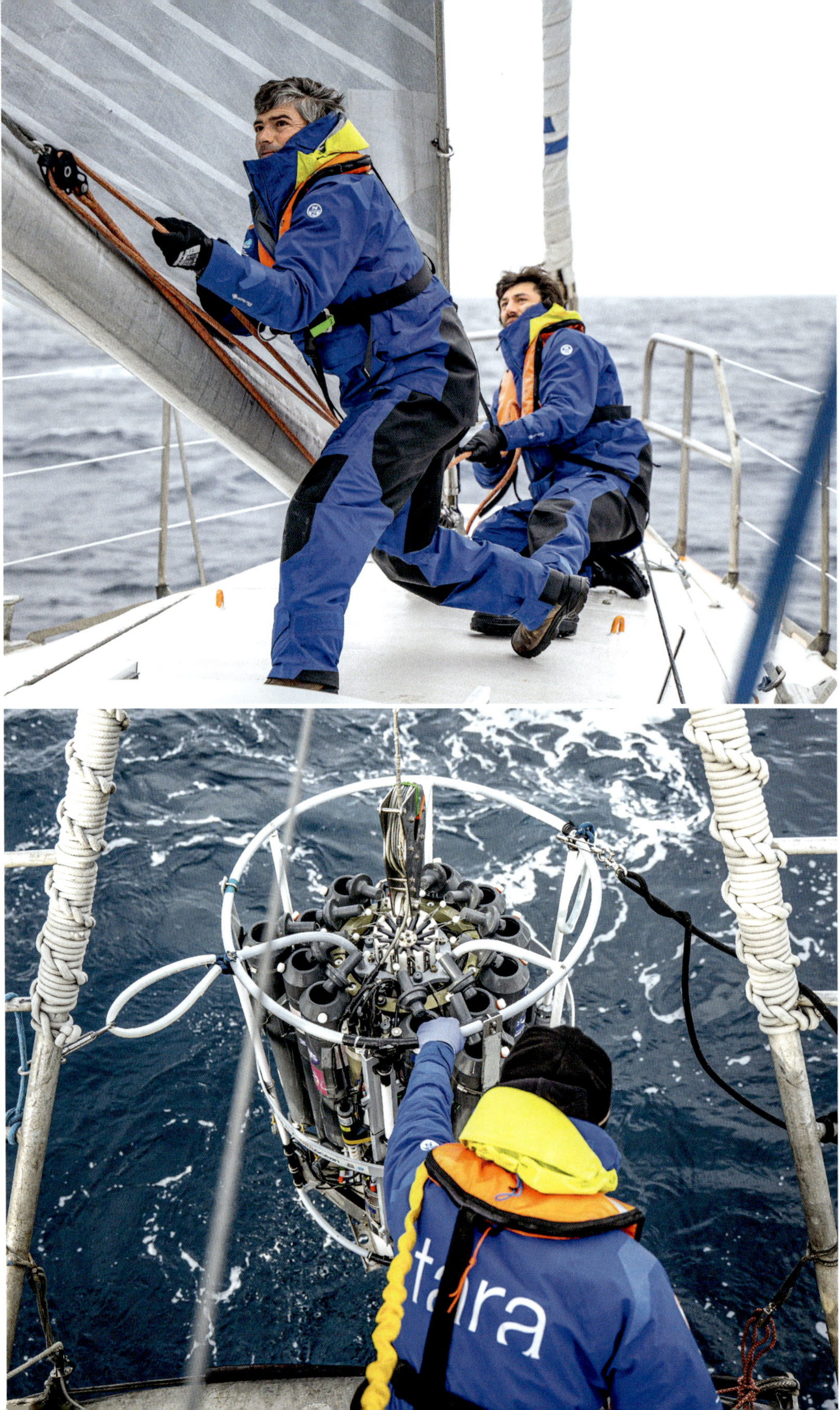
tara

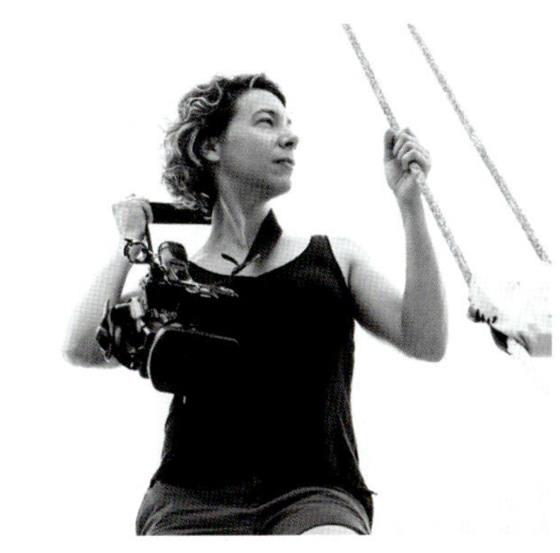

© Julie Lhéraut

MAÉVA BARDY

FONDATION TARA OCÉAN
AVEC LA PARTICIPATION DU *FIGARO MAGAZINE*

Le douzième voyage de la goélette *Tara*
The Twelfth Expedition of the Schooner Tara

En octobre 2022 s'achèvera la douzième expédition de la Fondation Tara Océan. Lancée fin 2020, la mission Microbiomes s'était fixé comme vaste ambition d'étudier le peuple invisible de l'océan ; ces organismes microscopiques, encore mal connus des scientifiques, qui constituent pourtant la pierre angulaire de l'écosystème marin. Embarqués à bord de la mythique goélette dans le sillage des grands navires d'exploration comme le *HMS Beagle* de Darwin ou l'*Endurance* de Shackleton, des biologistes et biogéochimistes du monde entier ainsi que des marins émérites se sont succédé pendant vingt-deux mois pour parcourir les mers jusqu'aux confins de notre planète.

Entre autres chapitres de cette mission Microbiomes, cette exposition se concentre sur un segment très particulier dans l'histoire de Tara Océan : une grande expédition en mer de Weddell, à l'est de la péninsule

←←
La goélette scientifique *Tara* navigue en mer de Weddell pour échantillonner autour de cet iceberg d'un kilomètre carré. Il s'agit d'étudier l'impact de la fonte des glaces sur le microbiome marin.

The Tara is a schooner and a scientific research vessel, seen here on the Weddell Sea taking water samples at the foot of a 1 km² iceberg as part of a study of the impact of melting ice on the marine microbiome.

↖
À bord de *Tara*, marins et scientifiques s'entraident qu'il s'agisse de science ou de navigation. Ici, le second, Nicolas Bin, et l'ingénieur océanographe, Thomas Linkowski, étarquent la bordure de la trinquette lors de la traversée du passage de Drake.

On board Tara, sailors and scientists join forces for both science and sailing. Here Chief Mate Nicolas Bin and oceanographic engineer Thomas Linkowski are working the sail together while crossing the Drake Passage.

↙
Mise à l'eau de la rosette. Cet instrument océanographique permet de prélever de l'eau à différentes profondeurs et d'enregistrer des paramètres tels que la température de l'eau, la salinité et le pH.

Oceanographic sampling of water at different depths, recording data measuring temperature, salinity and pH levels.

antarctique. Dans ces eaux glaciales des soixantièmes déferlants jalonnées d'icebergs gigantesques, l'équipage de *Tara* a souhaité étudier l'effet de la fonte des glaces sur la composition d'une mer qui agit naturellement comme l'un des plus grands puits de carbone de la planète. Près de 30 % du CO_2 émis par l'activité humaine est séquestré par l'océan – et à lui seul, l'océan Austral capture 40 % de cette quantité. Comprendre comment cet écosystème réagit à la fonte des glaces – fonte qui s'accélère dangereusement comme en témoignent les températures records enregistrées en mars 2022 en Antarctique – est donc d'une importance primordiale pour anticiper les changements auxquels notre espèce sera confrontée.

Tandis qu'aujourd'hui la plupart des expéditions océanographiques sont organisées à bord de grands navires ou d'imposants brise-glaces, la Fondation Tara Océan continue de défendre son modèle amorcé en 2003, prouvant que de sérieuses études scientifiques peuvent être menées à bord de voiliers moins coûteux, avec moins d'impact environnemental, mais aussi avec une plus grande souplesse technique et logistique. Grâce à des partenariats avec l'UNESCO, l'Union européenne et des laboratoires scientifiques internationaux, Tara Océan a su repenser la manière de faire de la recherche fondamentale. Et ainsi continuer à explorer notre monde comme les navigateurs d'antan.

Vincent Jolly,
grand reporter au *Figaro Magazine*

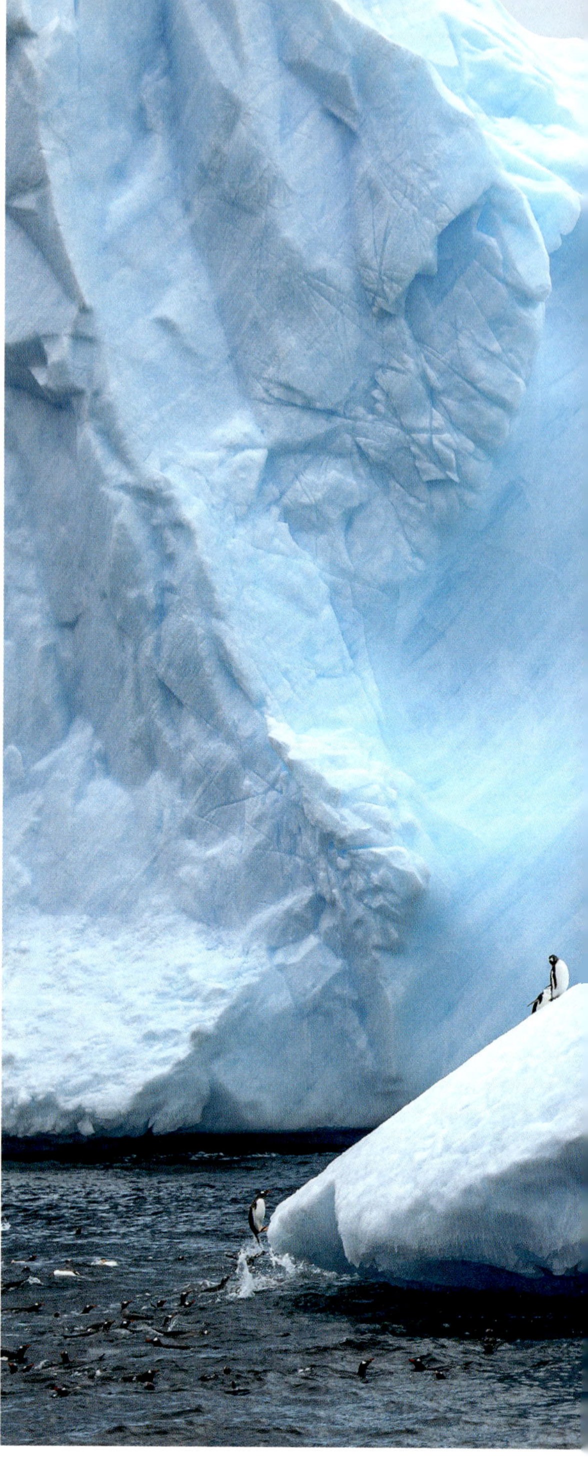

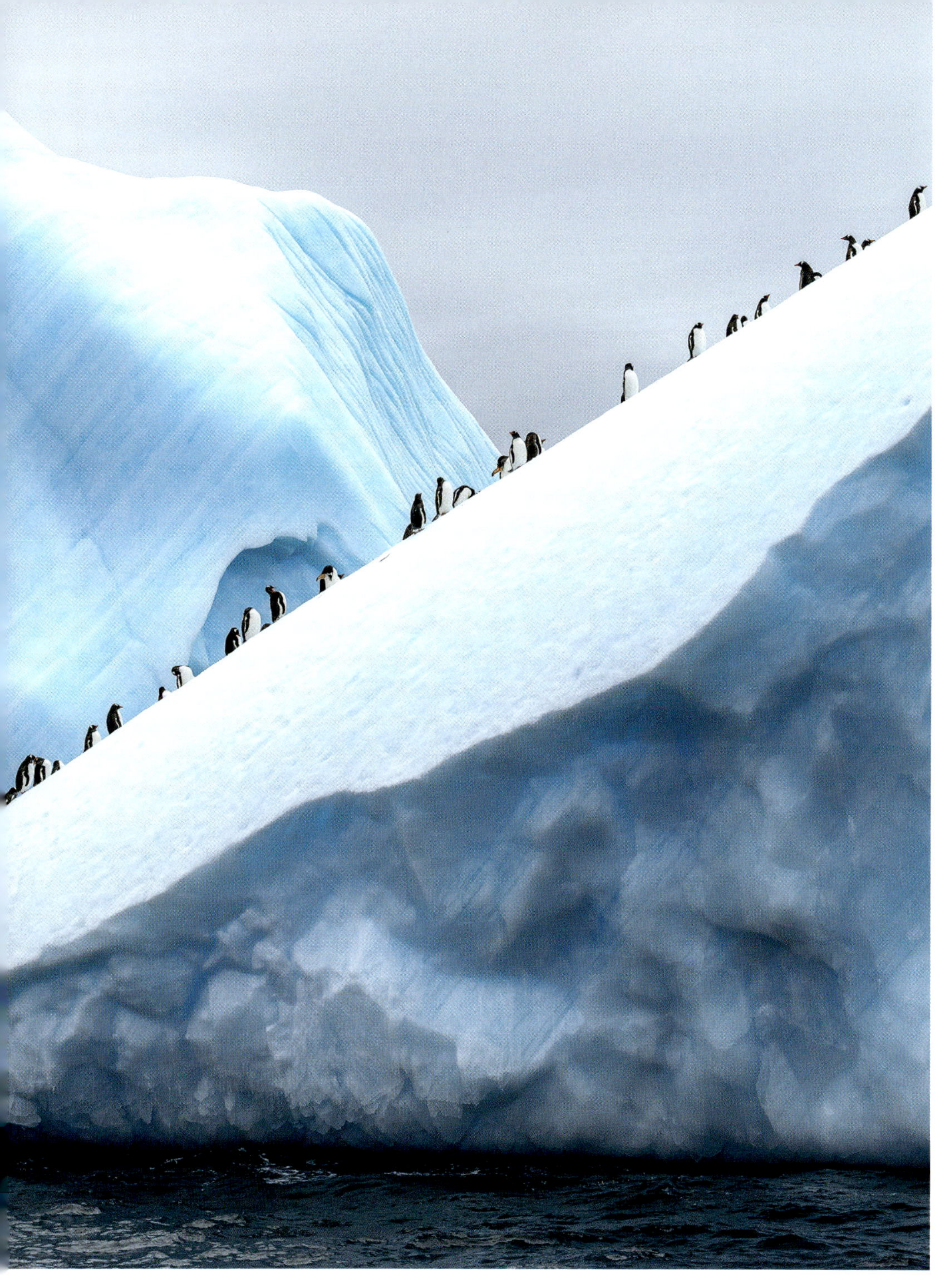

↑
Des manchots papous grimpent sur l'arête d'un iceberg en mer de Weddell.

Gentoo penguins marching up an iceberg on the Weddell Sea.

The month of October 2022 marks the end of the twelfth Tara Ocean Foundation expedition. In late 2020, the Microbiome Mission set off with the vast ambition of studying invisible life in the ocean, investigating microscopic organisms little known even to scientists, and yet they are the foundations of the greater marine ecosystem. Over a total of 22 months, international specialists in biology and biogeochemistry together with skilled sailors have spent periods of time on board the schooner Tara, following paths once sailed by famous ships such as the *HMS Beagle* with Charles Darwin on board and Ernest Shackleton's *Endurance*, and going as far as is possible across the planet.

The Microbiome Mission is a saga with many chapters, and the exhibition has focused on one episode in Tara Ocean history: the expedition on the Weddell Sea, east of the Antarctic Peninsula. In the face of roaring winds, the crew sailed around giant icebergs, studying the melting of the ice cap and the impact on the ocean which is one of the world's largest carbon sinks. Almost 30% of human CO_2 emissions are captured by the oceans, and 40% of that is in the Southern Ocean.

As ice melts at an ever faster and dangerous rate, as temperatures increase in Antarctica, reaching a record high in March 2022, it is essential to gain an understanding of such effects requiring humans to change and adapt.

Oceanographic expeditions are usually conducted on board huge icebreakers or other large vessels, but the Tara Ocean Foundation initiated its small-scale model in 2003 and has continued to use it, thus providing convincing evidence that scientific studies can be carried out on board less costly sailing boats, offering greater flexibility for logistics and technical facilities and causing less damage to the environment. The Tara Ocean program, conducted in partnership with UNESCO, the European Union and leading international research institutes, has brought change to the way basic research is conducted, and continues to sail the world as did the great explorers of the past.

Vincent Jolly,
Feature Reporter, *Le Figaro Magazine*

↗
Tara au mouillage dans la baie de l'île de la Déception. La mission en Antarctique est terminée et l'équipage attend une fenêtre météo favorable pour traverser le fameux passage de Drake et rejoindre Punta Arenas, au Chili.

Tara moored in a bay of Deception Island. The research expedition in Antarctica is now over and the crew is waiting for the right weather conditions to sail through the Drake Passage on their way to Punta Arenas in Chili.

↘
Une otarie sur l'île Paulet, en péninsule Antarctique.

A sea lion. Paulet Island, Antarctic Peninsula.

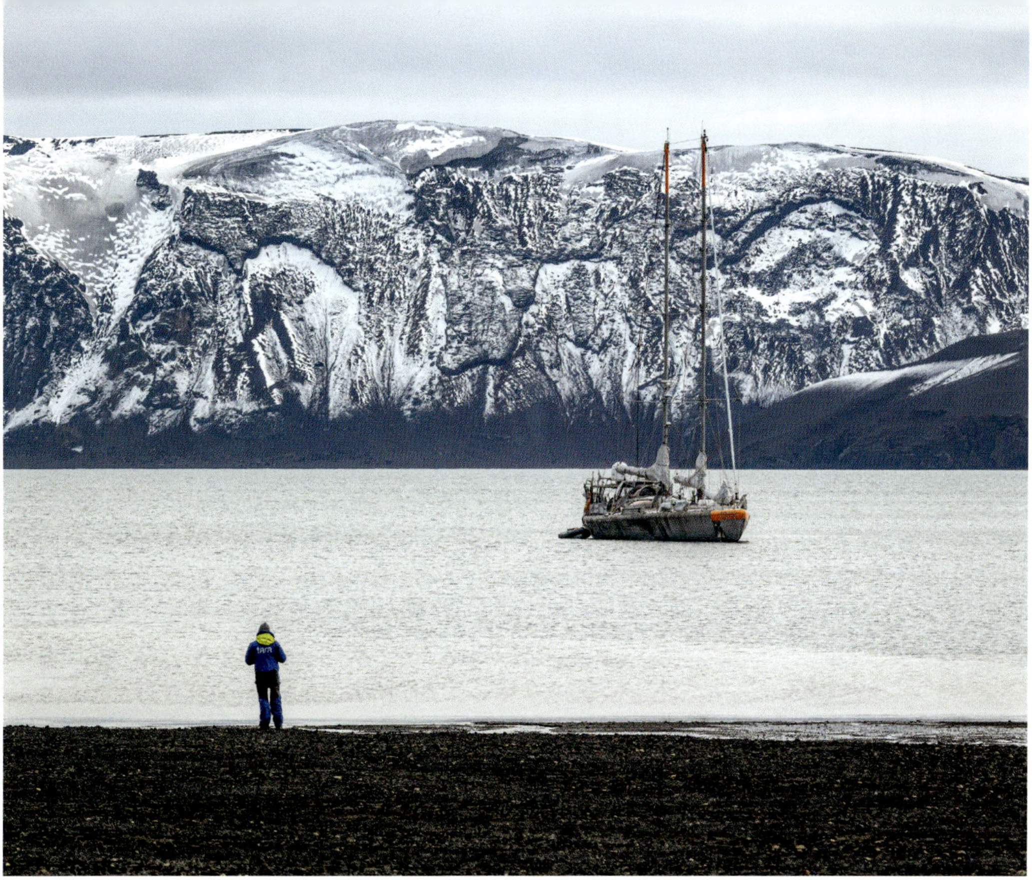

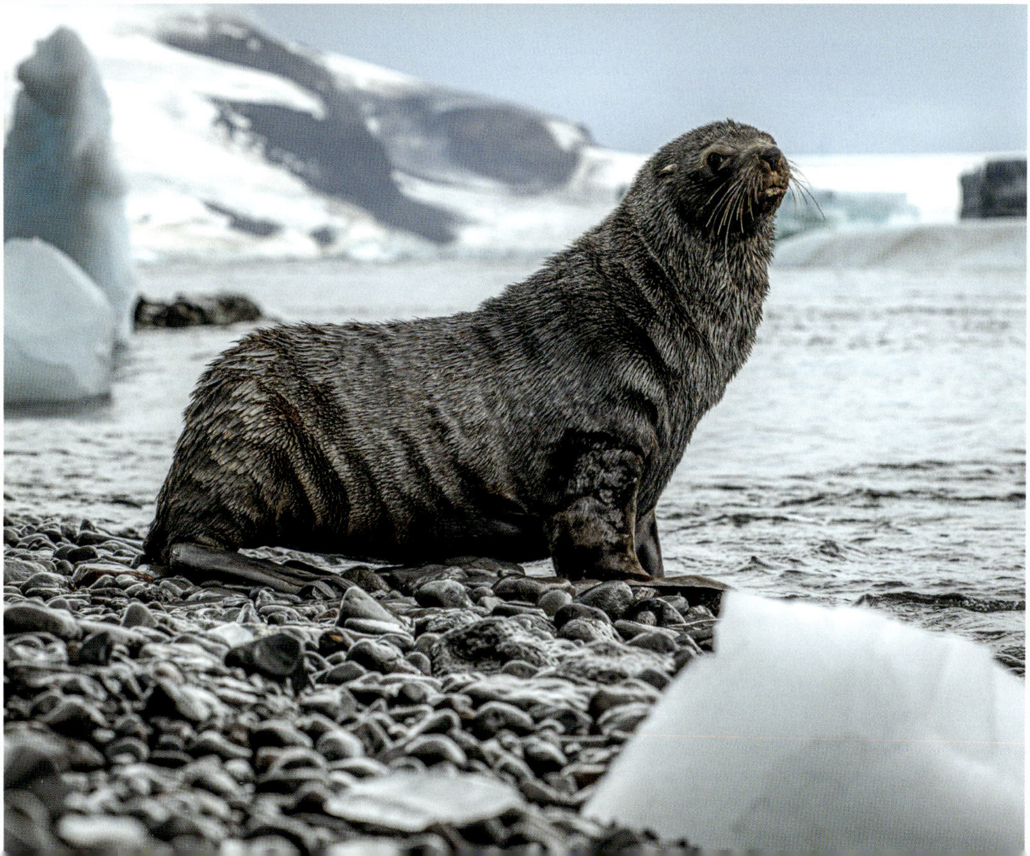

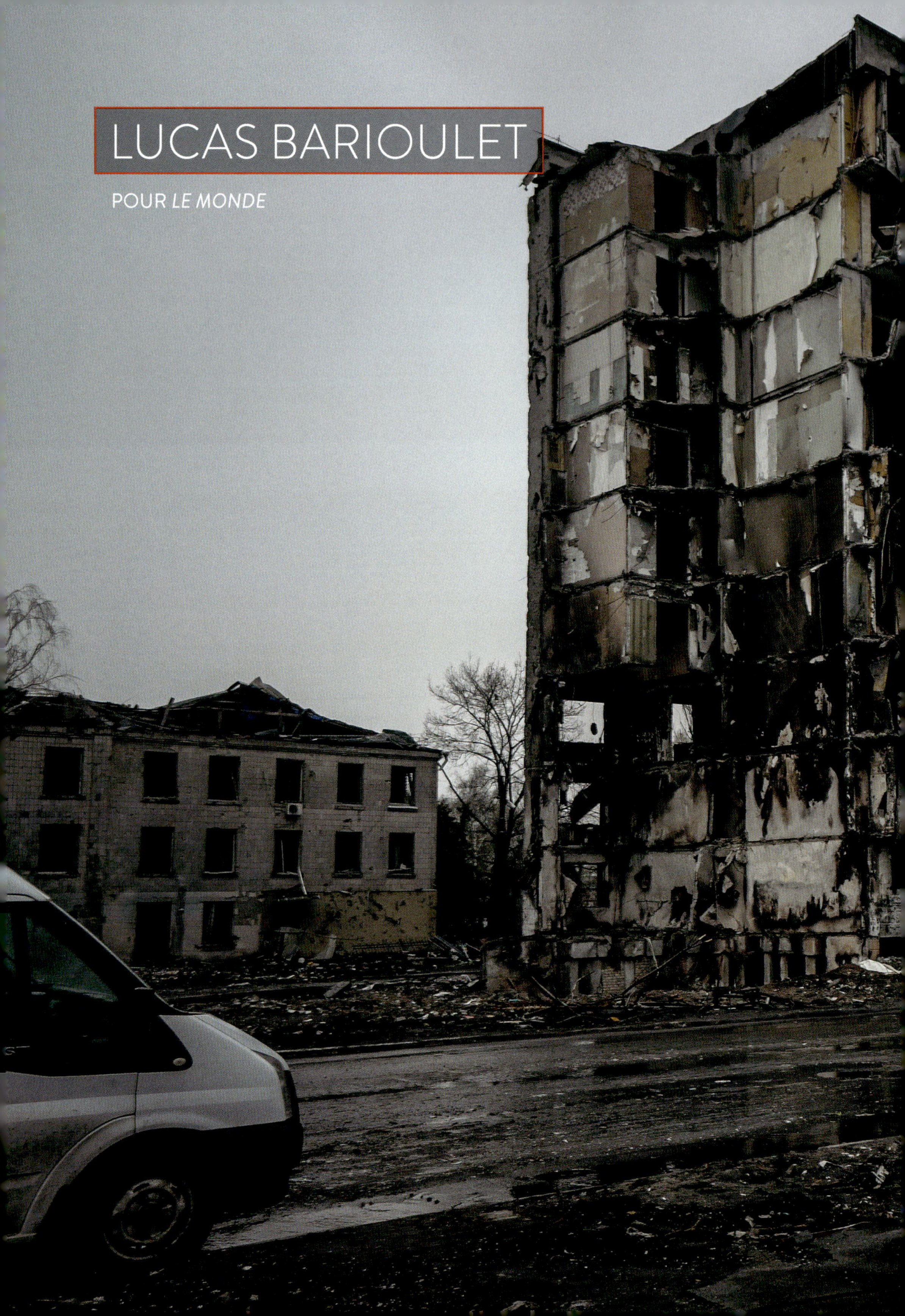

LUCAS BARIOULET

POUR *LE MONDE*

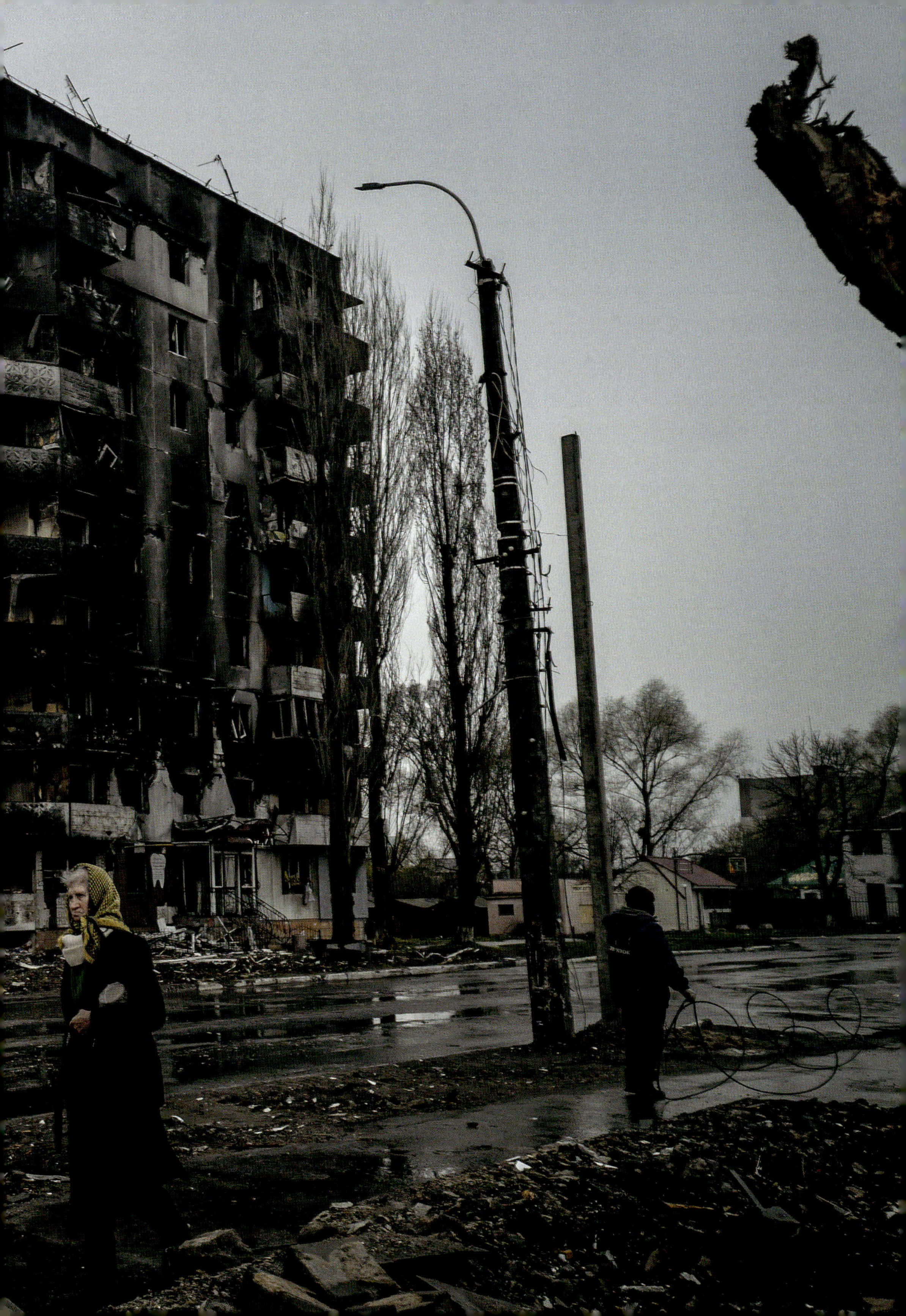

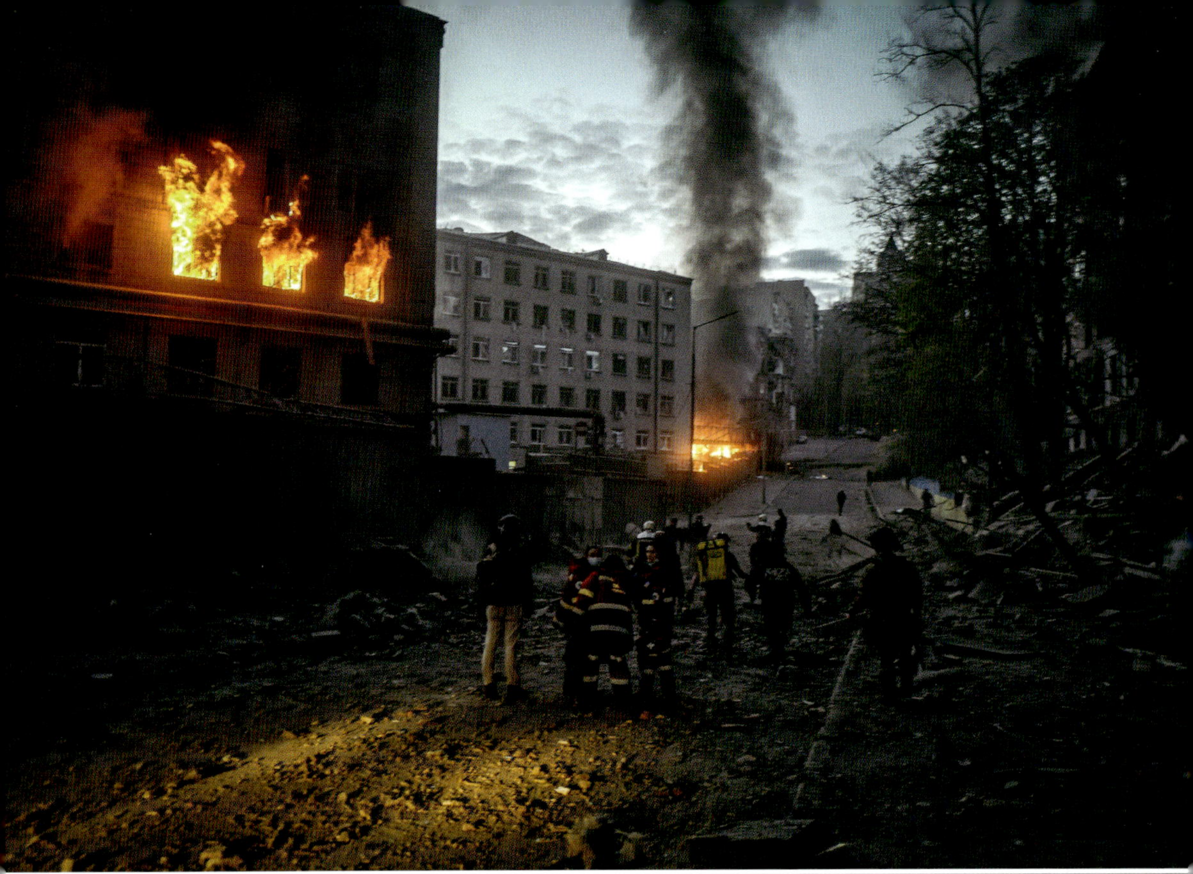

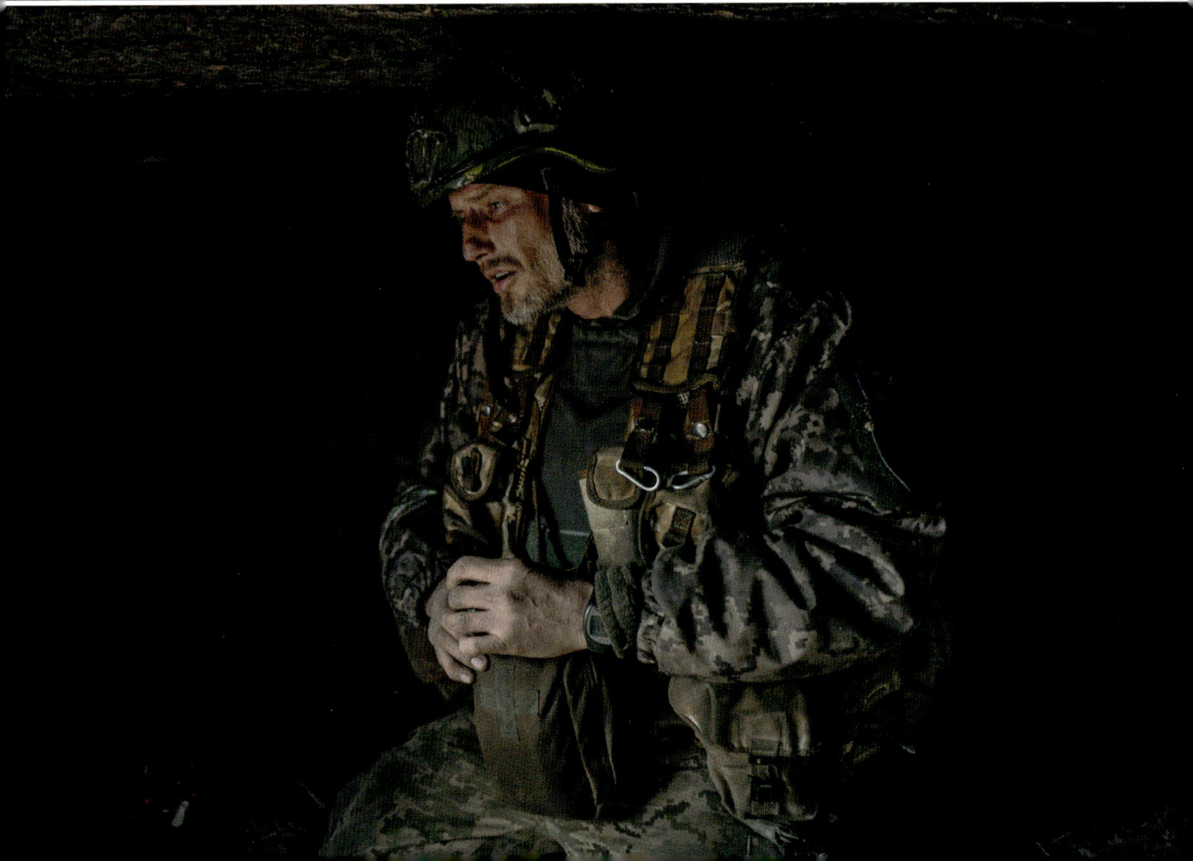

LAURÉAT DU VISA D'OR DE LA VILLE DE PERPIGNAN
RÉMI OCHLIK 2022

—

WINNER OF THE 2022 VILLE DE PERPIGNAN
RÉMI OCHLIK VISA D'OR AWARD

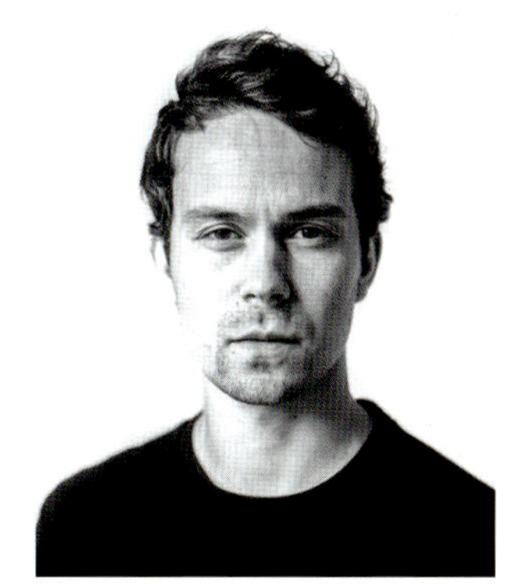

LUCAS BARIOULET

POUR *LE MONDE*

Ukraine : la guerre au quotidien
Ukraine – The Day-to-Day Experience of War

5h30, Moscou, le 24 février 2022. Vladimir Poutine, assis derrière son bureau, annonce le lancement d'une opération militaire spéciale en Ukraine. Dans la foulée, les premiers missiles s'abattent sur le sol ukrainien, alors que le président Volodymyr Zelensky appelle le pays à prendre les armes. En quelques instants, la vie de millions d'Ukrainiens et Ukrainiennes bascule à jamais.

Dans un hôpital de Kiev, une mère dort depuis trois mois au chevet de son fils dont la jambe, fauchée par un obus, a été amputée. Dans les ruines de Borodyanka, une vieille femme demande son chemin aux passants, perdue dans sa propre ville. À Lviv, un conservateur regarde les murs vides de son musée, tandis qu'une mère pleure son deuxième fils tombé au combat.

Au-delà de la perte d'un territoire, c'est aussi la destruction d'un pays, de son identité, de son patrimoine, de son économie. Il y a ceux qui n'ont d'autre choix que de fuir et ceux qui décident de rester. Une vie dans les abris souterrains ou les wagons bondés,

←←
Une femme passe devant les ruines d'un immeuble bombardé dans la ville de Borodyanka. Au nord de Kiev, 23 avril 2022.

After an airstrike on the city. Borodyanka, north of Kyiv, April 23, 2022.

↖
Des secouristes et militaires ukrainiens arrivent sur le site d'un bombardement dans le centre de Kiev. 28 avril 2022.

Emergency rescue workers and soldiers rush to the site of a shell attack. Kyiv, April 28, 2022.

↙
Zhenia, un soldat ukrainien se battant depuis 2014, à l'intérieur d'un bunker dans une forêt près de Makariv. À l'ouest de Kiev, 26 avril 2022.

Zhenia, a member of the Ukrainian armed forces since 2014, inside a bunker in a forest. Near Makariv, west of Kyiv, April 26, 2022.

rythmée par les sirènes, où la mort vient du ciel. Et le traumatisme de la guerre qui s'immisce dans les esprits. « J'ai vu une vidéo de soldats russes en train de brûler et j'ai ri. L'espace d'un instant, je ne me suis plus reconnue, tout avait changé. Je ne me pensais pas capable de ça... », raconte Alina, une habitante de Kiev.
À travers ces images réalisées en commande pour le journal *Le Monde* de mars à mai, j'ai voulu montrer le quotidien de la guerre et son impact sur la population, en documentant cette vie totalement bouleversée mais qui continue malgré tout. On se rend compte que la guerre ne se résume pas aux missiles et à la destruction : elle impacte les vies de millions de personnes, piégées pour certaines dans leurs propres immeubles, leurs propres villes, leur propre pays. Alors même que l'information est détournée, transformée, instrumentalisée, montrer la réalité de la guerre devient indispensable.
Sur le terrain, il y a ceux qui nous aident, fixeurs, médecins, volontaires, soldats, tous ceux qu'on laisse derrière nous quand on repart. Il y a l'attente, l'ennui, la peur, le doute, l'absurdité, la vie, la mort. Les images ne représentent en définitive que des fractions de seconde du quotidien sur place, où la guerre, elle, est présente en permanence.

Lucas Barioulet

—

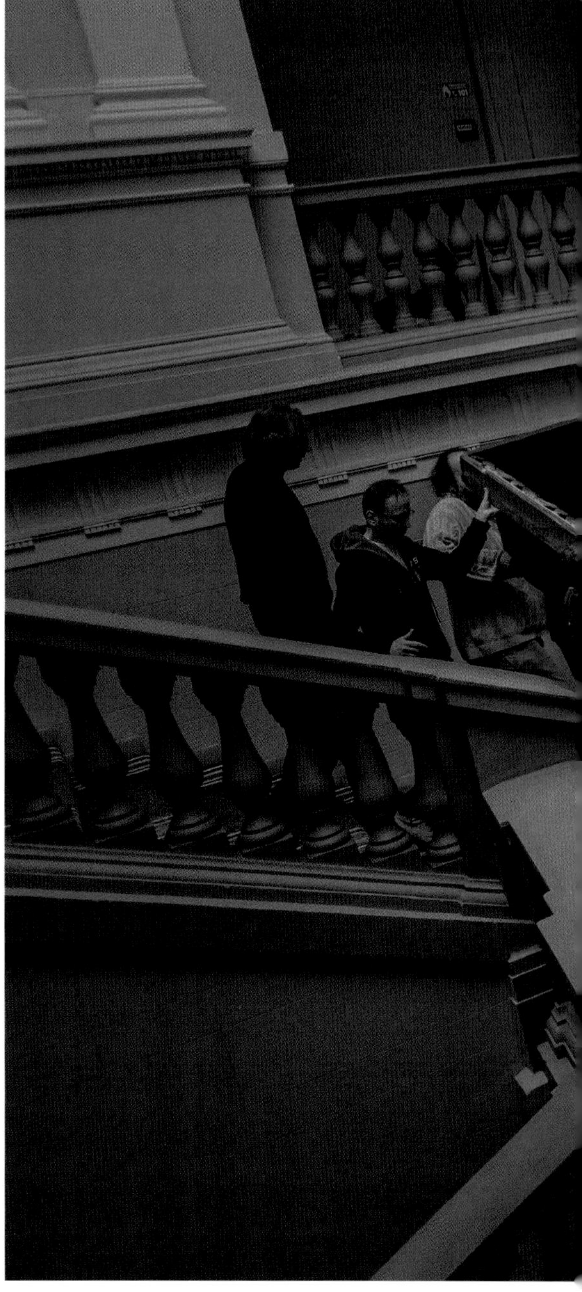

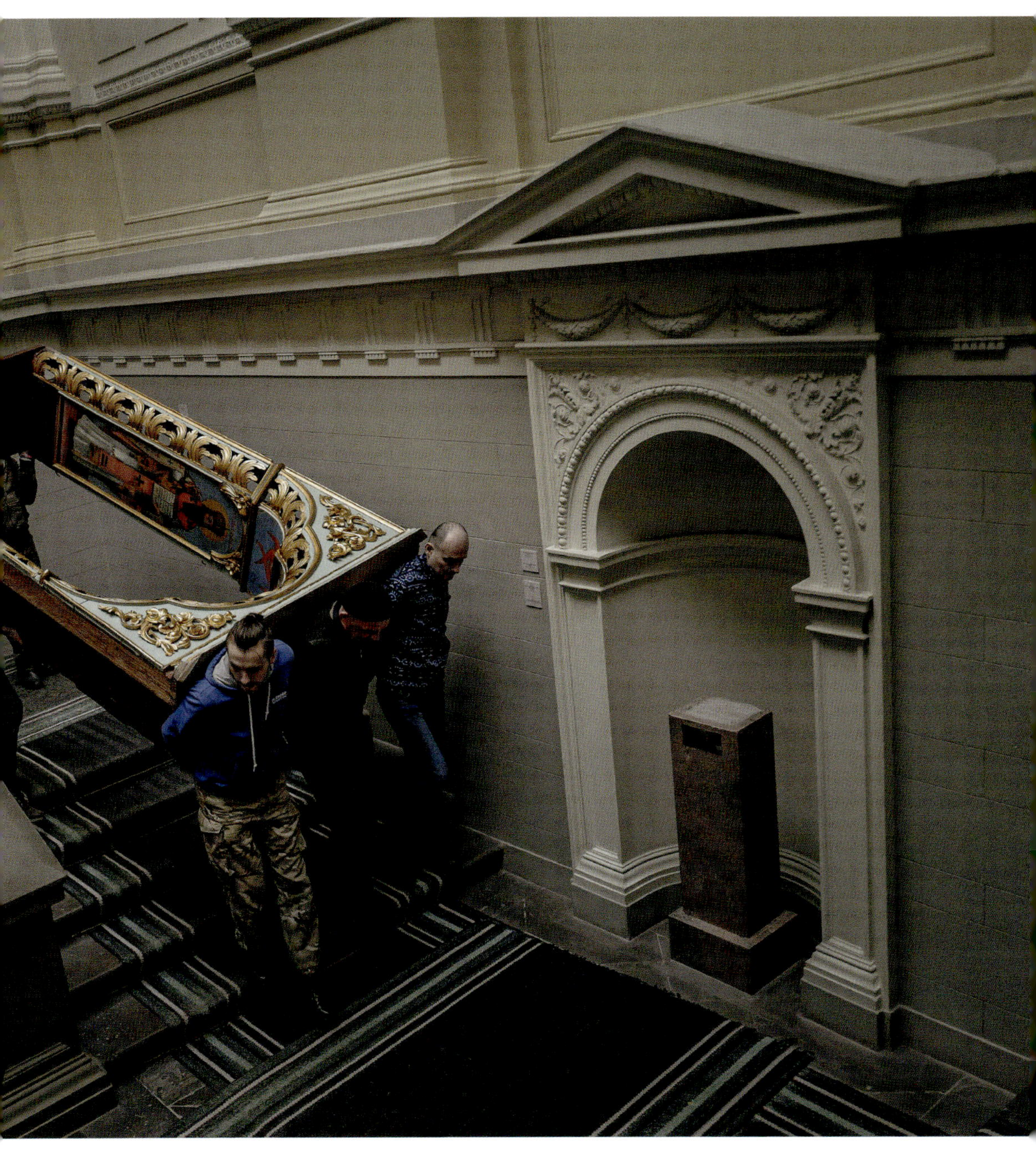

↑
Des employés du musée national Andrei Cheptytsky descendent un fragment d'une iconostase afin de le mettre à l'abri des bombardements. Lviv, 7 mars 2022.

Employees at the Andrey Sheptytsky National Museum moving part of an iconostasis to protect it in the event of an attack. Lviv, March 7, 2022.

5.30am, Moscow, February 24, 2022. Vladimir Putin was seated at his desk and announced the start of a special military operation in Ukraine. The first strikes hit the country, and President Volodymyr Zelensky called on his people to take up arms. The life of millions of Ukrainians changed in a matter of moments.

In a hospital in Kyiv, a mother is at her son's bedside; she has been there for three months; he was wounded in shellfire and his leg was amputated. In what remains of Borodyanka, an elderly woman is asking for directions; she is lost in her own home town. In Lviv, the curator of a museum is contemplating the empty walls. And a mother weeps for her son, her second to die in combat.

Here it is not just land that is lost; it is an entire country, its identity, heritage, and economy. Some people have had no other choice than to flee; others have chosen to remain. Life is now in underground shelters, in trains and tunnels, to the sound of sirens as death comes from the sky, and the trauma of war permeates every thought. "I saw a video showing Russian soldiers engulfed in flames, and I laughed. For a moment there I didn't know who I was; everything had changed. I would never have thought I could behave like that." Alina, who lives in Kyiv, was telling her story.

The pictures here were done on assignment between March and May for the daily newspaper *Le Monde*. They are my endeavor to show the everyday experience of war, to show the impact it has on the people, presenting a documentary record of their life which, while torn apart, still continues. We realize that war is more than just weapons and destruction, that it has an impact on the lives of millions, some of them trapped in their homes, their cities, their country. At a time when news reporting has been exploited, distorted and instrumentalized, it is essential to show the real experience of war.

In the field are people doing their jobs: the fixers, doctors, volunteers and soldiers, and when we leave they remain, still working there. There is waiting, even boredom, there is fear, doubt, a sense of absurdity; there is life and death. These pictures can only convey a split second of everyday life out there where war is present, all the time, relentlessly so.

Lucas Barioulet

↗
Des enfants d'un orphelinat se réfugient dans un abri souterrain alors que les sirènes retentissent. Dans la périphérie de Lviv, 23 mars 2022.

As sirens sound, children from an orphanage shelter in the basement. Outskirts of Lviv, March 23, 2022.

↘
Une mère et son enfant attendent un train dans le hall de la gare de Lviv. 23 mars 2022.

A mother and her baby in the waiting room at the railway station. Lviv, March 23, 2022.

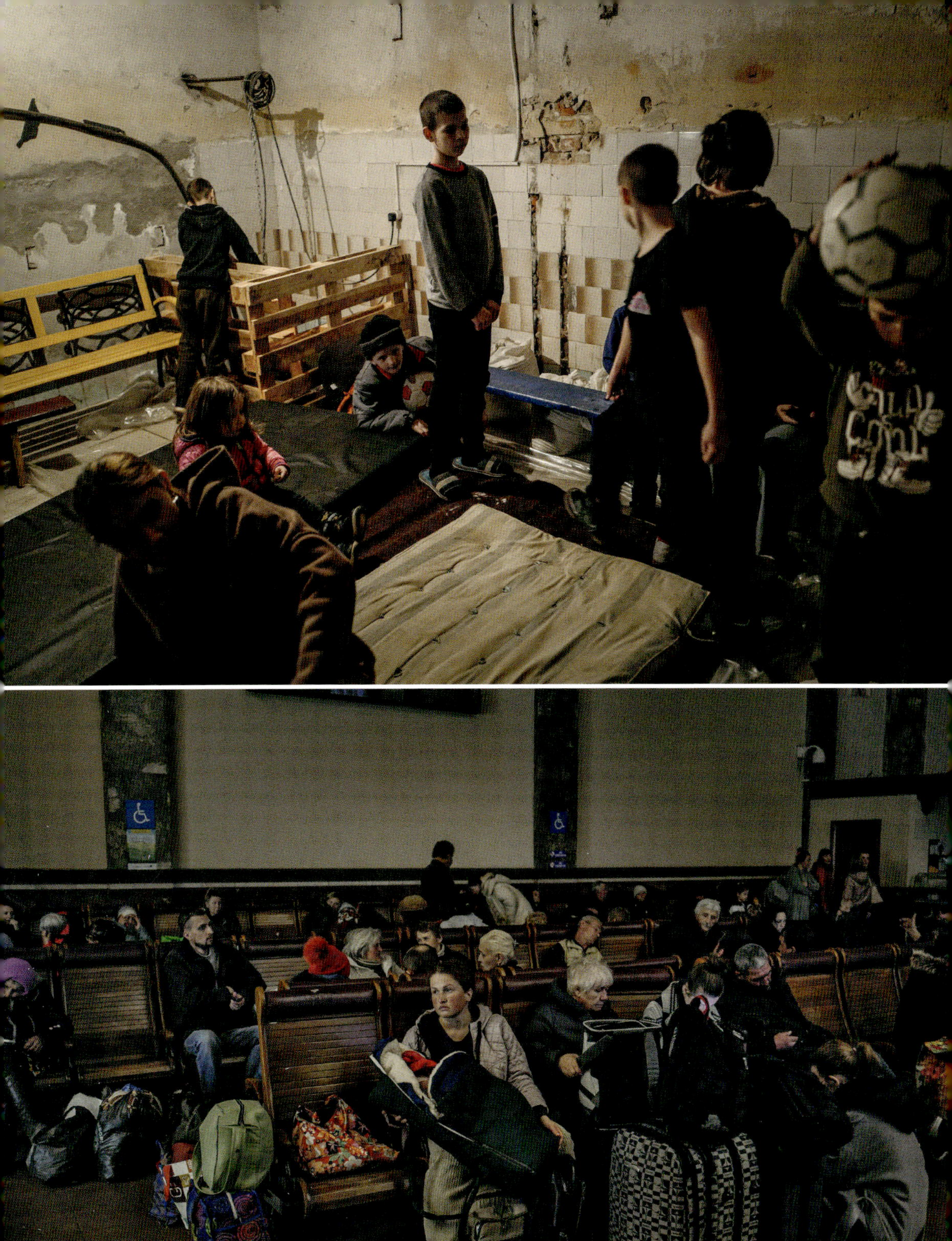

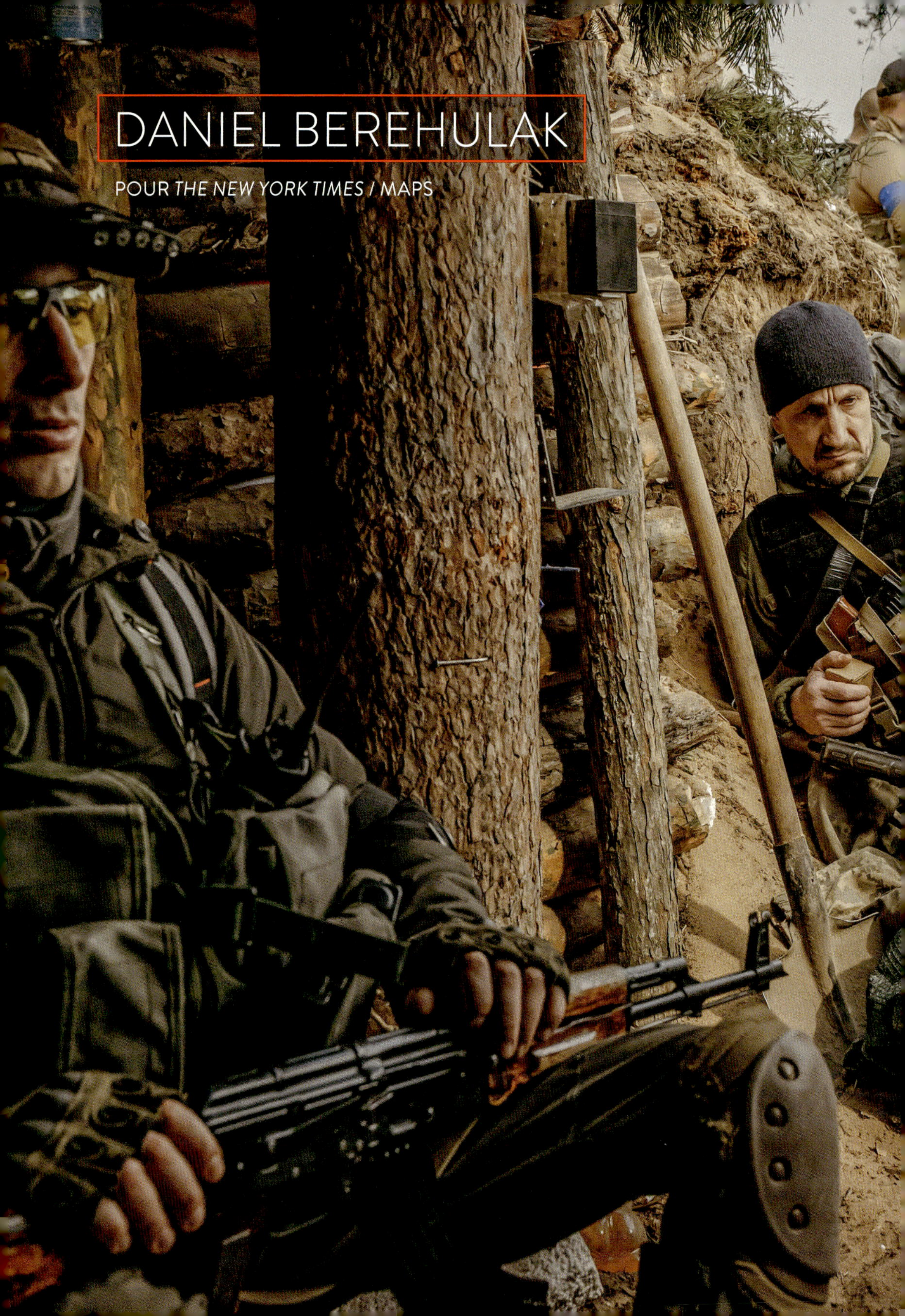

DANIEL BEREHULAK

POUR *THE NEW YORK TIMES* / MAPS

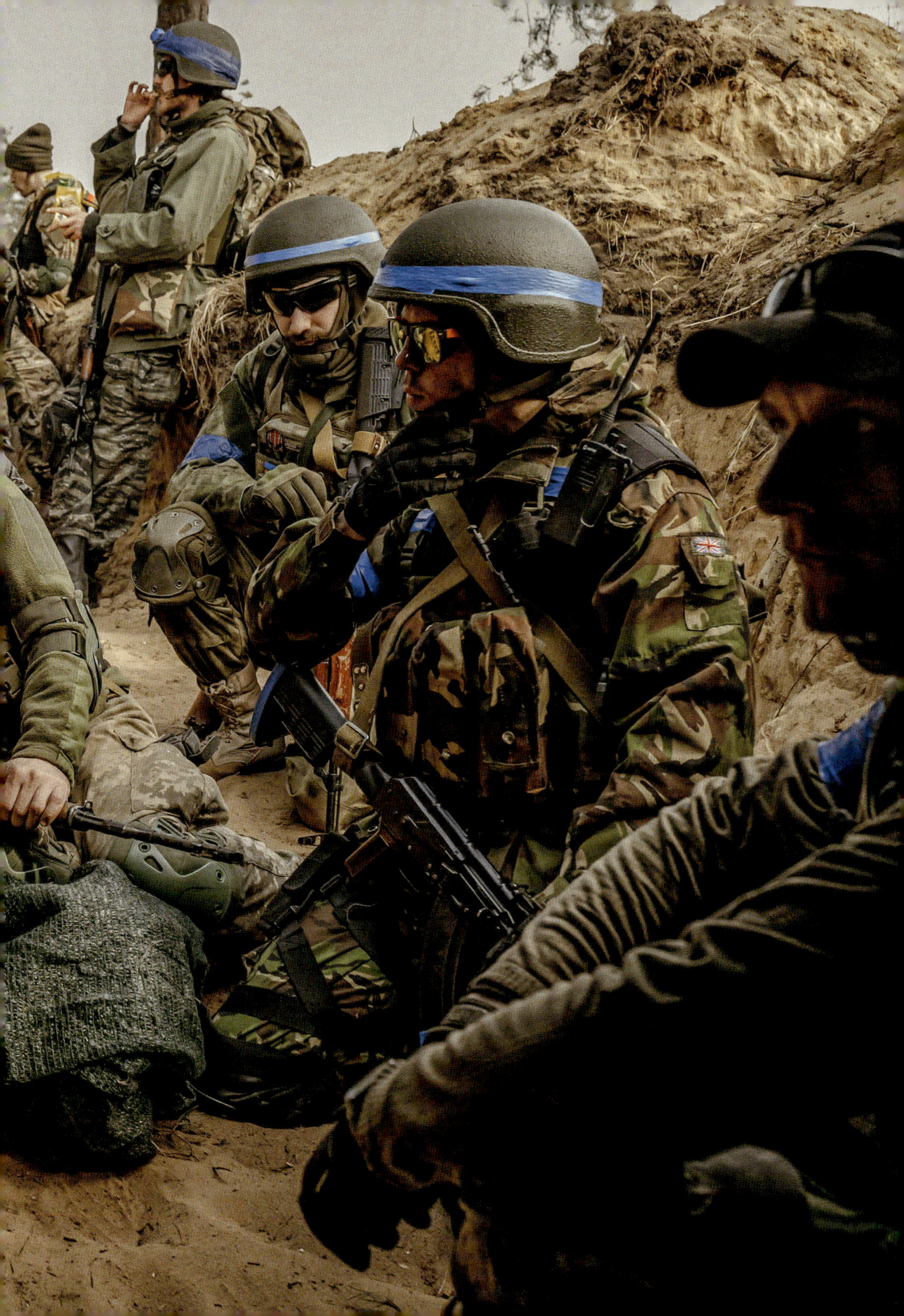

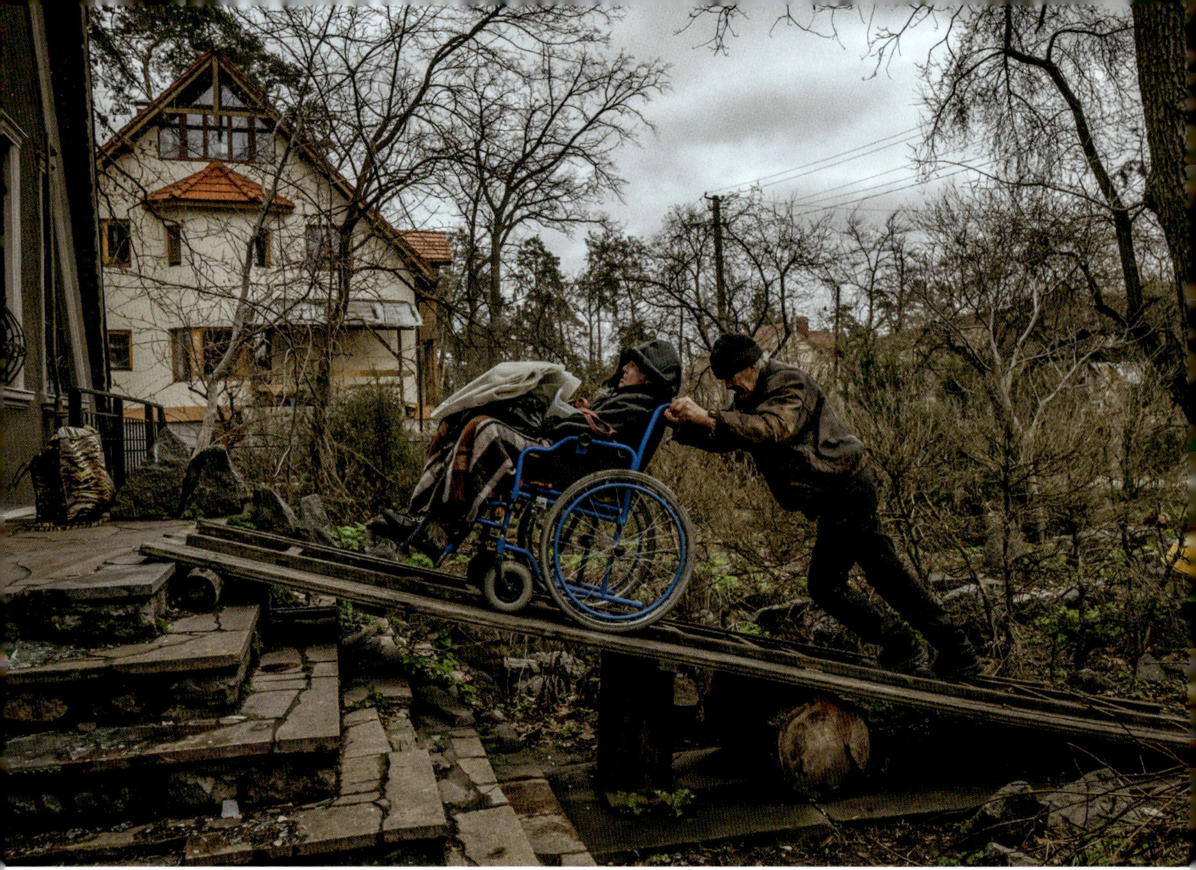

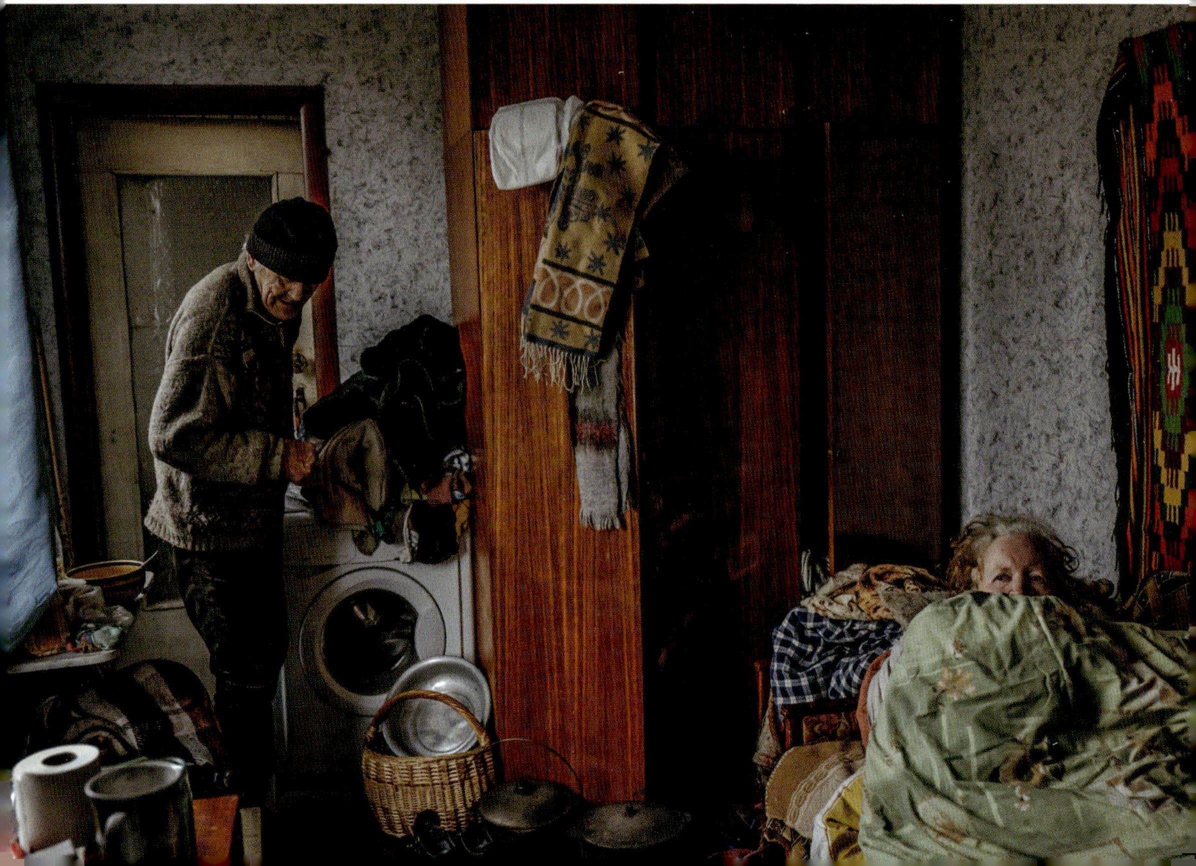

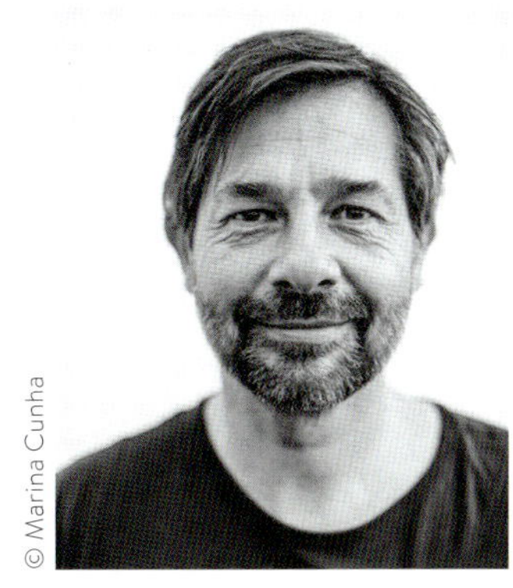

DANIEL BEREHULAK

POUR *THE NEW YORK TIMES* / MAPS

Тут жили люди – Des gens vivaient ici

Тут жили люди – People Lived Here

Le 24 février 2022, après des mois de rumeurs et de spéculations, le président russe Vladimir Poutine a lancé une attaque totale contre l'Ukraine. En réponse à l'invasion, le président ukrainien Volodymyr Zelensky a appelé à la mobilisation générale et proclamé la loi martiale, interdisant notamment à tous les hommes âgés de 18 à 60 ans de quitter le pays. Ceux qui vivaient à l'étranger n'étaient pas rappelés, et pourtant des milliers de jeunes hommes et jeunes femmes ont fait le choix de rentrer pour défendre leurs maisons, leurs familles, leur nation.
Alors que l'armée russe s'attendait à ce que la capitale tombe en l'espace de trois jours, elle s'est heurtée à une défense acharnée de la capitale et de tout le pays. Chaque fois que les forces russes pénétraient dans une ville ou un quartier, elles saccageaient les maisons, les bureaux et les commerces.

←←
Des combattants ukrainiens attendent l'ordre d'avancer pour repousser les dernières troupes russes. Irpin, 29 mars 2022.

Ukrainian fighters waiting to advance during an operation to flush out any remaining Russian troops. Irpin, March 29, 2022.

↖
Petro Popov (66 ans) et sa sœur Svitlana Yabkina (69 ans) rentrent chez eux après avoir récupéré des provisions distribuées par des volontaires. Boutcha, 16 avril 2022.

Petro Popov (66) with his sister Svitlana Yabkina (69) returning home after collecting supplies from volunteers. Bucha, April 16, 2022.

↙
Petro s'occupe de Svitlana depuis son AVC il y a huit ans. Pendant l'occupation russe de la ville, il sortait chercher de l'eau au puits, portant toujours un papier dans sa poche avec son adresse et le message : « Si on me retrouve mort. » Boutcha, 16 avril 2022.

Petro has been caring for Svitlana for eight years, ever since she had a stroke. During the Russian occupation of the city, he would go out to fetch water from a well, always with a note in his pocket with his address and the message "If found dead." Bucha, April 16, 2022.

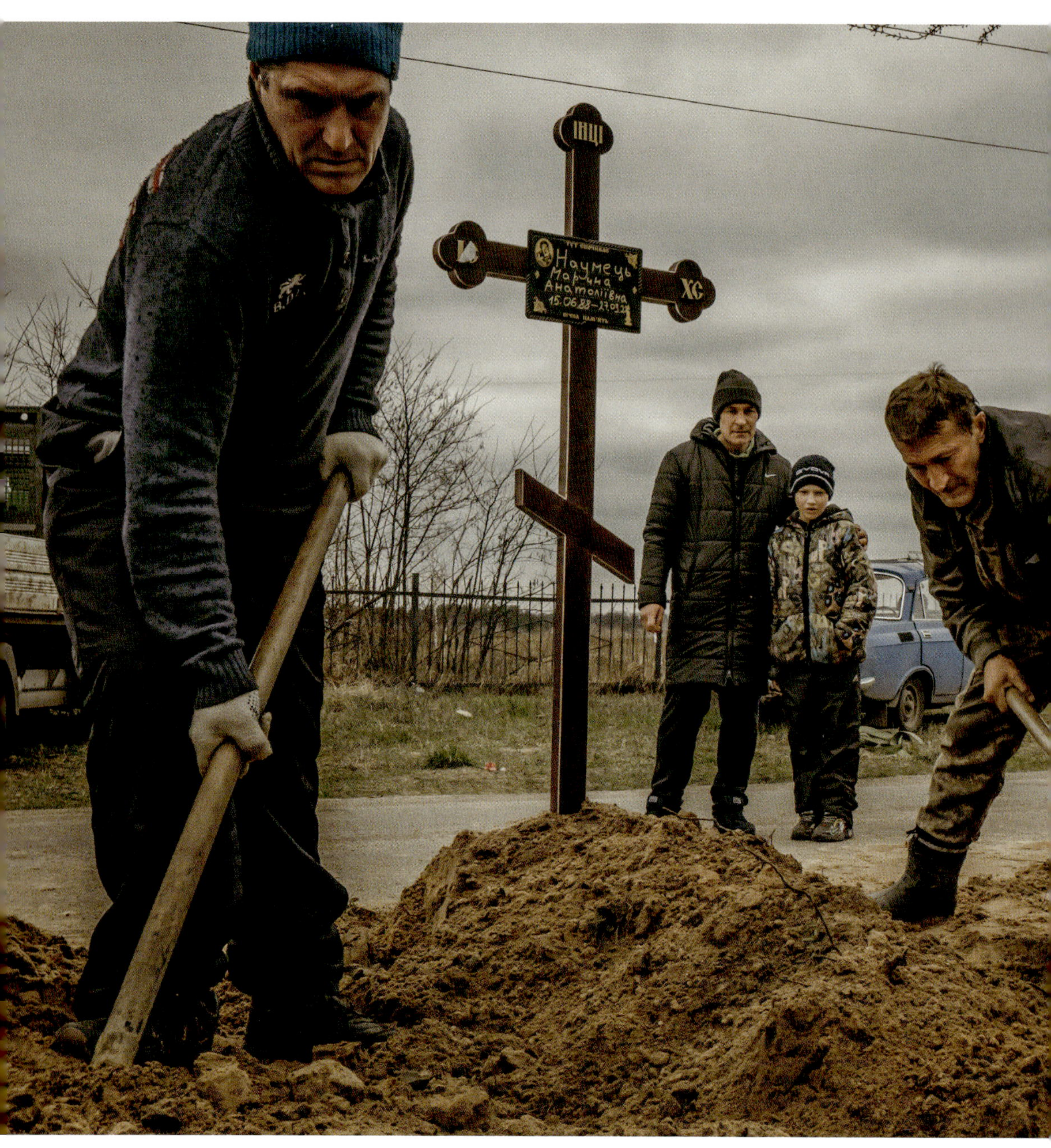
ІНЦІ
Наумець
Марина
Анатоліївна
ХС

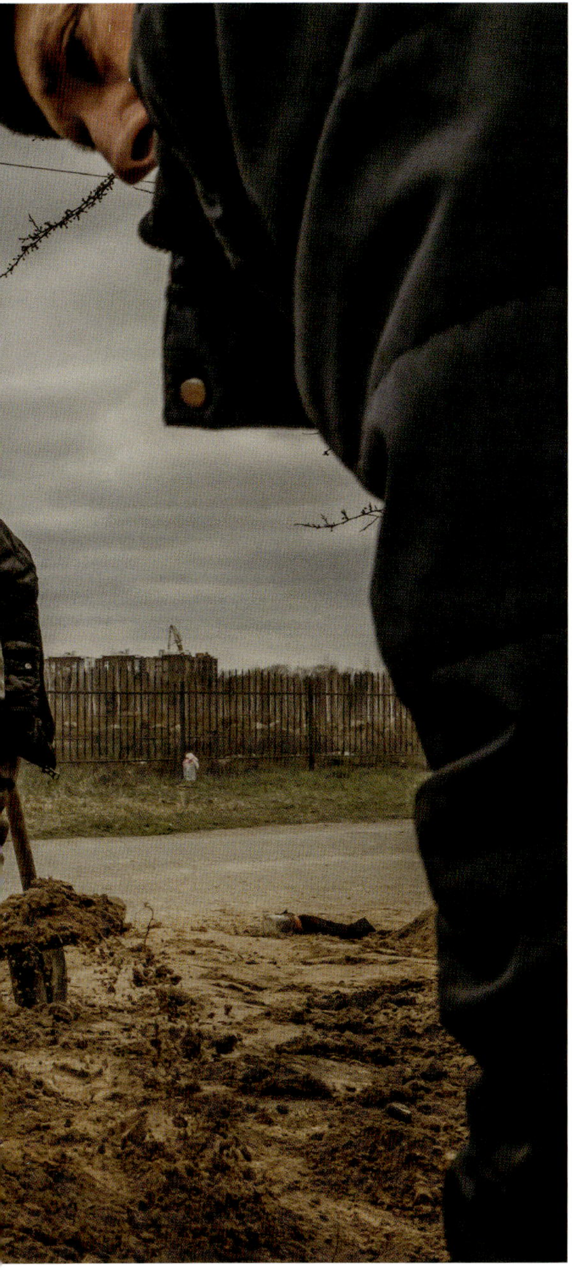

↑
Volodymir à l'enterrement de sa mère Maryna (33 ans), avec son beau-père Ivan (40 ans). Pendant l'occupation russe, la famille a passé la plupart du temps dans la cave de leur maison. Boutcha, 20 avril 2022.

Volodymir at the burial of his mother, Maryna (33), together with his stepfather Ivan (40). During the Russian occupation, the family spent most of the time in the basement. Bucha, April 20, 2022.

Sur les murs de leurs maisons, les habitants inscrivaient : « люди » (des gens) vivent ici, ou « діти » (enfants), pour signaler que les occupants étaient des civils, mais cela n'a pas empêché les Russes de piller leurs maisons, de prendre leurs biens et parfois leurs vies. Début avril 2022, après un mois de combats intenses, les forces ukrainiennes ont réussi à libérer la ville de Boutcha, dans la périphérie de Kiev. Daniel Berehulak a passé plusieurs semaines à documenter les crimes de guerre commis dans cette ville où les forces armées russes, confrontées à la résistance farouche des soldats et volontaires ukrainiens, ont eu recours à une campagne de terreur et de représailles, ciblant parfois même des jeunes femmes, qui ont été violées, assassinées, autrement dit exécutées pour le seul crime d'avoir été de fières Ukrainiennes.

Plus tard, lorsque l'armée russe, démoralisée et vaincue, a fini par battre en retraite, une scène d'horreur et de désolation est apparue : des corps de civils partout, dans les rues, dans les jardins, les caves et les salons, certains avec une balle dans la tête, d'autres avec les mains liées dans le dos. Et puis il y avait les séquelles psychologiques des survivants.

Cette exposition relate les découvertes des combattants et des responsables ukrainiens après la retraite de l'armée russe. C'est un témoignage sur des semaines de violations des droits de l'homme, mais aussi sur la résilience d'un peuple qui lutte pour son indépendance depuis plus d'un siècle.

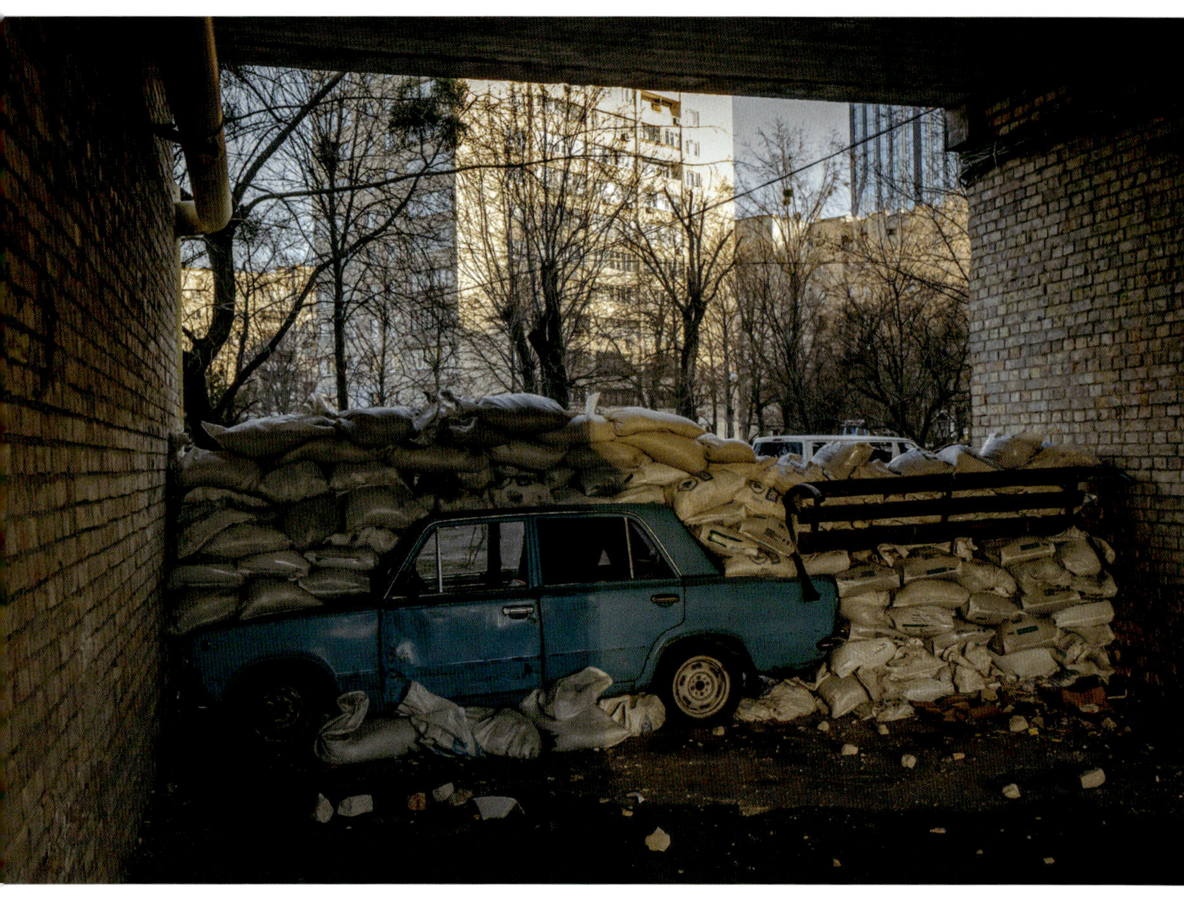

On February 24, 2022, after many rumors and much speculation, Russian president Vladimir Putin launched a full attack on Ukraine. In response to the invasion, the President of Ukraine, Volodymyr Zelensky, called for a general mobilization and declared martial law, meaning that no man aged 18 to 60 was allowed to leave the country; while those living abroad could remain where they were, thousands of young men and women chose to return to defend their homes, their families, their nation.

The Russian military expected the capital to fall within three days. What followed was a fierce defense of the capital and the country. When Russian forces did enter a town or suburb, they would ransack homes, businesses and stores. Residents wrote on the walls of their homes: "люди" (*people*) live here, or "діти" (*children*) to signal the presence of civilians, but this did little to stop the Russians from raiding their homes and taking their belongings and sometimes their lives.

In early April 2022, after a month of relentless fighting, Ukrainian forces succeeded in liberating the town of Bucha on the outskirts of Kyiv. Daniel Berehulak spent weeks documenting the war crimes in Bucha where Russian armed forces, confronted with fierce resistance by Ukrainian soldiers and volunteers, resorted to a campaign of terror and revenge, sometimes even targeting young women who were raped and murdered, in other words executed for the crime of being proud Ukrainians.

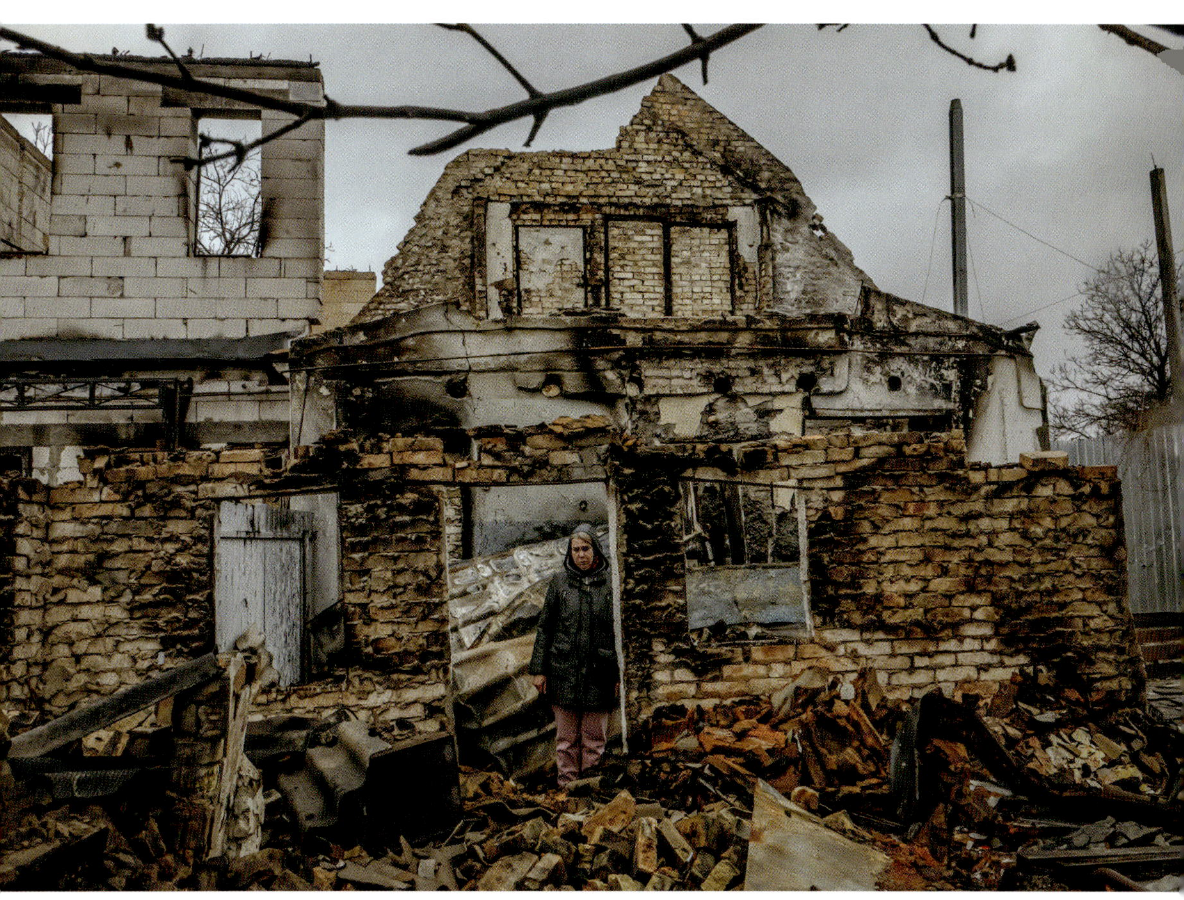

Later, when the Russian Army, demoralized and defeated, finally retreated, what was left was a scene of horror and desolation: the streets were strewn with bodies of civilians; others lay dead in backyards, in basements, and living rooms, some with gunshot wounds to the head, some with their hands tied behind their backs; and there were the mental scars of the survivors.
The exhibition chronicles the findings of the Ukrainian fighters and officials after the retreat of the Russian Army. It is a documentary record of weeks of violations of human rights, and also of the resilience of a people fighting for their independence for more than a century.

↖
Une voiture et des sacs de sable forment une barricade contre les forces russes devant un immeuble résidentiel. Centre de Kiev, 28 mars 2022.

A car and sandbags form a barricade against Russian forces outside an apartment building. Central Kyiv, March 28, 2022.

↑
Iryna Abramova (48 ans) dans les ruines de la maison où elle et son mari Oleh vivaient depuis vingt ans. Le 5 mars 2022, lors de l'occupation de Boutcha qui a duré un mois, Oleh a été exécuté par des soldats russes sous ses yeux. Boutcha, 22 avril 2022.

Iryna Abramova (48) in what remains of the house where she and her husband Oleh lived for 20 years. On March 5, 2022, during the month-long occupation of Bucha, Oleh was executed by Russian soldiers in front of her eyes. Bucha, April 22, 2022.

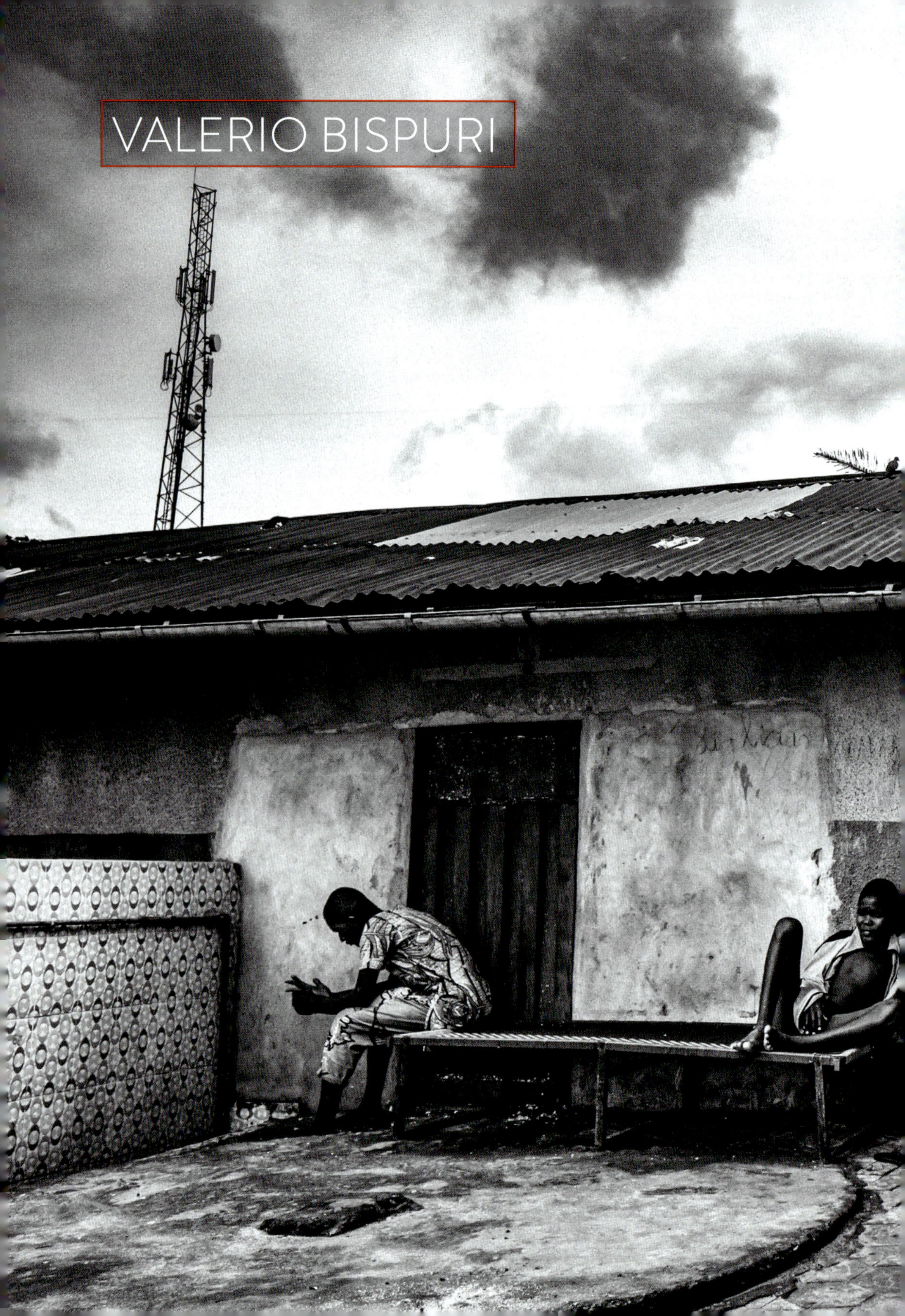

VALERIO BISPURI

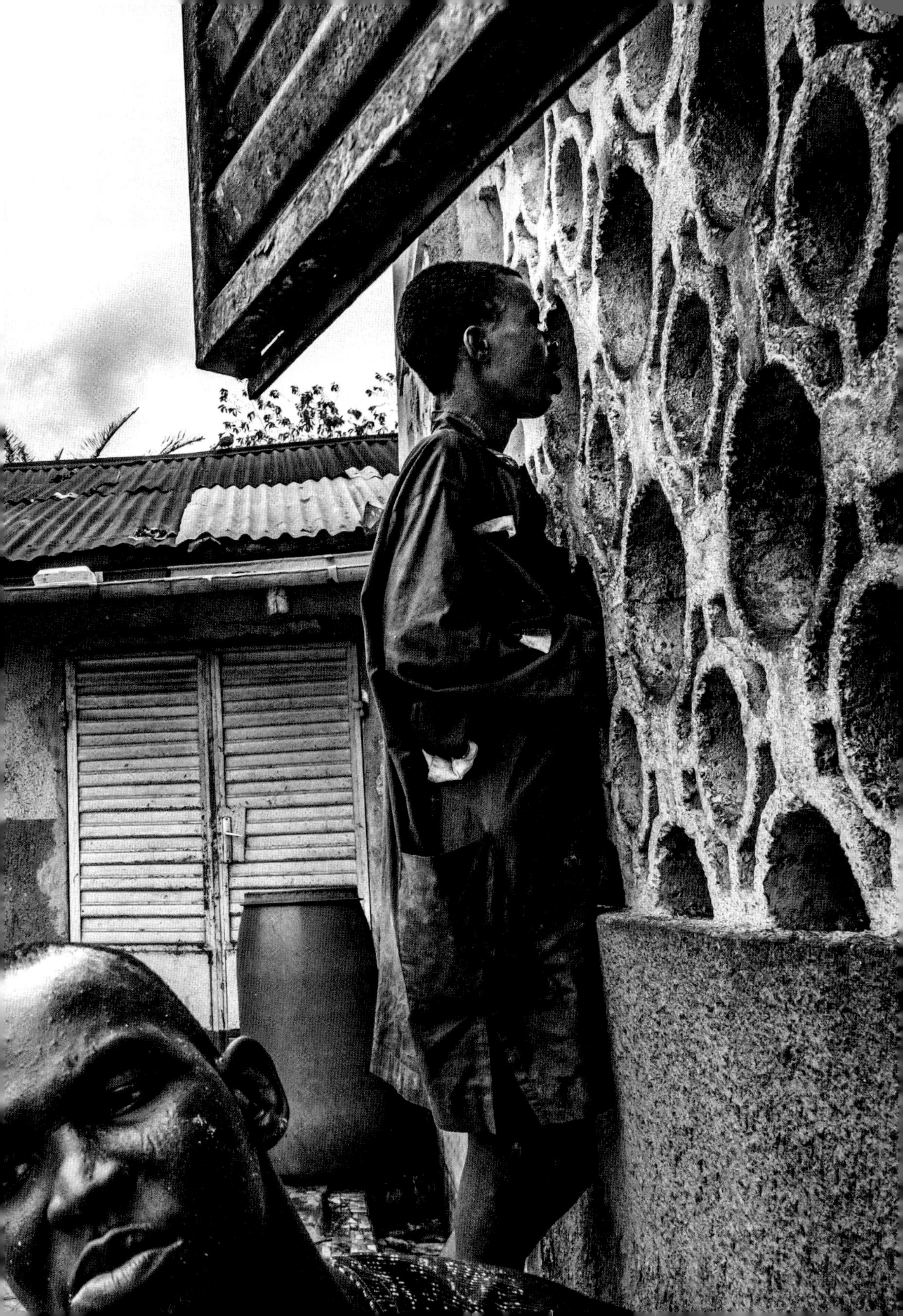

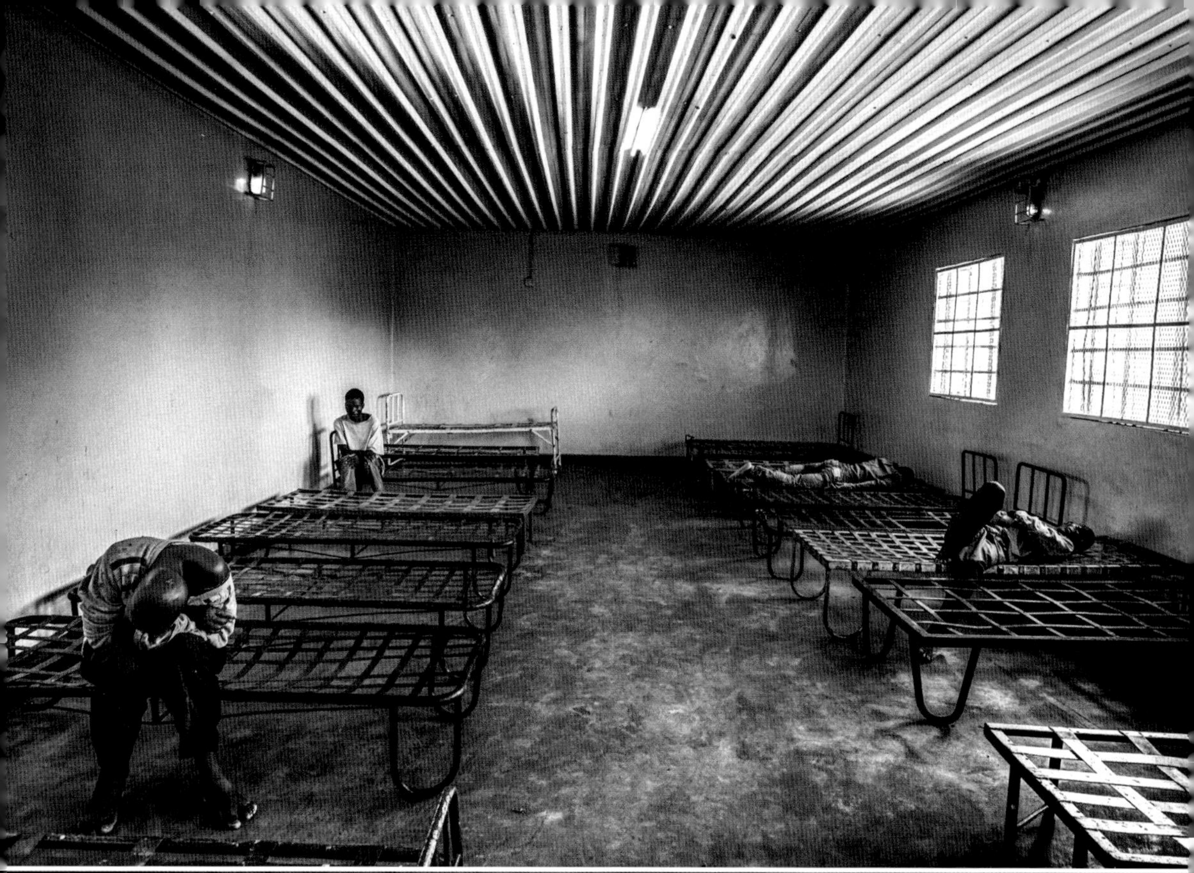

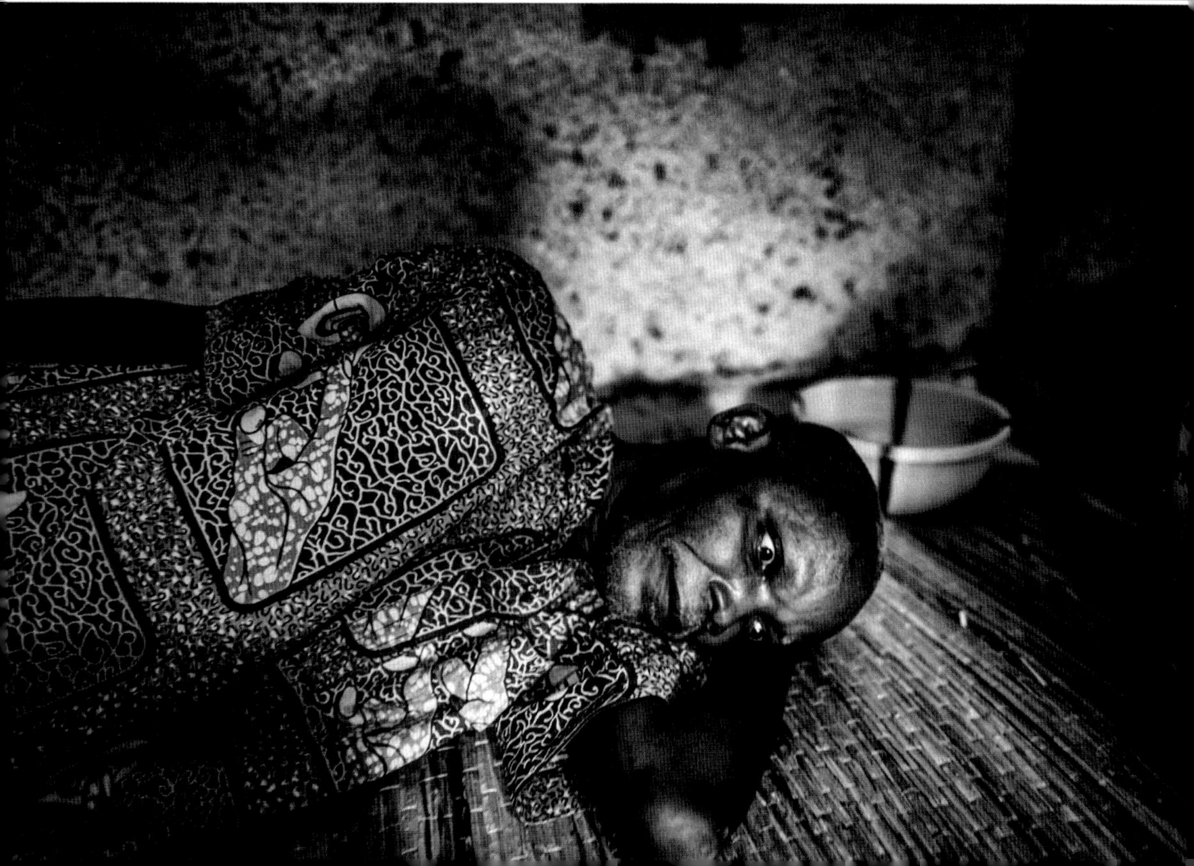

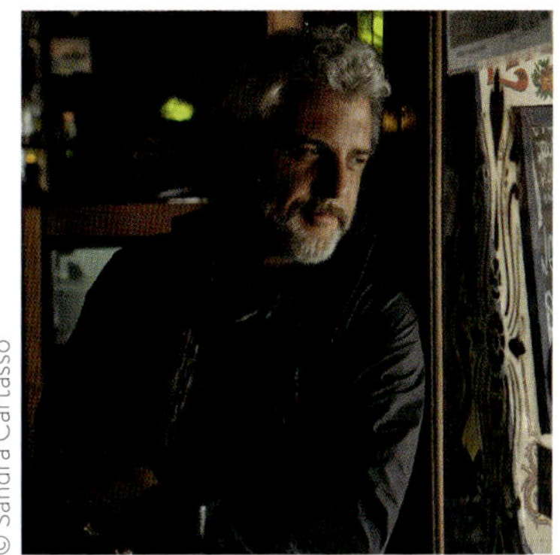

© Sandra Cartasso

VALERIO BISPURI

Dans les chambres de l'esprit
Nelle stanze della mente

Mon travail raconte ce qu'est la maladie mentale aujourd'hui. *Dans les chambres de l'esprit* est le quatrième chapitre sur la liberté perdue, après *Encerrados*, *Paco* et *Prigionieri*, poursuivant ainsi ma longue recherche et mon étude approfondie sur le monde des personnes invisibles.

Entrer dans le monde de la souffrance psychique est une expérience complexe, délicate et exigeante, et la représenter à travers la photographie l'est encore plus. Qui sont les « fous » aujourd'hui ? Que ressentent-ils ? Pour répondre à ces questions, j'ai dû m'immerger dans leur réalité. Leurs gestes et leurs regards sont perdus dans un monde intérieur, un monde souvent coupé de leur environnement qu'ils perçoivent comme hostile voire effrayant, un monde qui peut les conduire à l'autodestruction.

J'ai choisi de commencer mon travail par l'Afrique. C'est un continent où les pathologies mentales sont reconnues depuis peu de temps, et il est difficile de savoir combien de personnes en souffrent et où elles vivent. Elles errent souvent dans les rues des mégapoles ou restent cachées dans

←←
Attente du repas au centre d'accueil psychiatrique d'Avrankou qui compte environ 150 patients. Bénin, 2021.

Some of the 150 patients at the mental health care center waiting for a meal. Avrankou, Benin, 2021.

↖
Il arrive aux patients d'uriner assis ou allongés sur leur lit dépourvu de matelas. Hôpital psychiatrique de Chainama, Lusaka, Zambie, 2019.

Patients are not given mattresses, and sometimes simply urinate on their beds. Chainama Mental Hospital, Lusaka, Zambia, 2019.

↙
Les malades mentaux sont dans un état catatonique la plupart du temps. Centre psychiatrique de Tokan, Bénin, 2021.

Patients at the mental health care center are in a catatonic state most of the time. Tokan, Benin, 2021.

un village retiré. Les troubles mentaux sont encore souvent perçus comme un mal non humain, surnaturel, parfois dangereux. C'est le cas dans les pays du nord-ouest de l'Afrique (Bénin, Togo, Côte d'Ivoire), où les sorciers vaudous des villages attachent les malades mentaux aux arbres car ils considèrent que ce sont des démons. Heureusement, il existe des gens formidables comme le missionnaire Grégoire Ahongbonon qui depuis vingt ans tente de leur rendre leur dignité dans les centres d'accueil qu'il a fondés.
J'ai commencé en 2018 en Zambie et au Kenya, me rendant dans les hôpitaux psychiatriques et me confrontant aux réalités les plus dures de la maladie, des toxicomanes aux malades abandonnés dans la rue, enfants comme adultes. Je suis allé dans les bidonvilles de Kibera et de Mathare à Nairobi, au Kenya, et dans le seul hôpital psychiatrique de Lusaka, en Zambie. Là-bas, j'ai vu des patients enfermés dans de petites cellules, immobiles pendant des heures, l'écume à la bouche, ou bien livrés à eux-mêmes, arpentant les rues et se réfugiant dans les marchés. Certains étaient nés ainsi, d'autres étaient devenus fous à cause d'une consommation immodérée de drogues, d'autres encore avaient perdu leurs repères spatiaux et temporels à la suite d'un traumatisme émotionnel.
Durant la crise sanitaire, j'ai travaillé en Italie, de l'admission d'urgence dans les cliniques psychiatriques à la maladie mentale en prison. J'ai passé des journées entières avec les patients : pendant leurs crises aiguës et pendant de nombreux après-midi où nous nous asseyions de longs moments sur un canapé ou jouions aux cartes. Pendant tout le temps où je n'ai pas pris de photos, j'ai appris à les connaître, à les regarder, à essayer de les comprendre.
Puis en 2021, je suis allé au Bénin et au Togo pour poursuivre mon travail sur l'Afrique.
J'ai toujours pensé que le travail d'un photojournaliste qui raconte des histoires nécessite de la patience et du courage pour que ses émotions correspondent à la réalité. Avant de prendre une photo, j'attends, j'essaie de suivre le temps de la personne que j'ai en face de moi. Qui est cette personne ? Que ressent-elle ? Souffre-t-elle mentalement ?

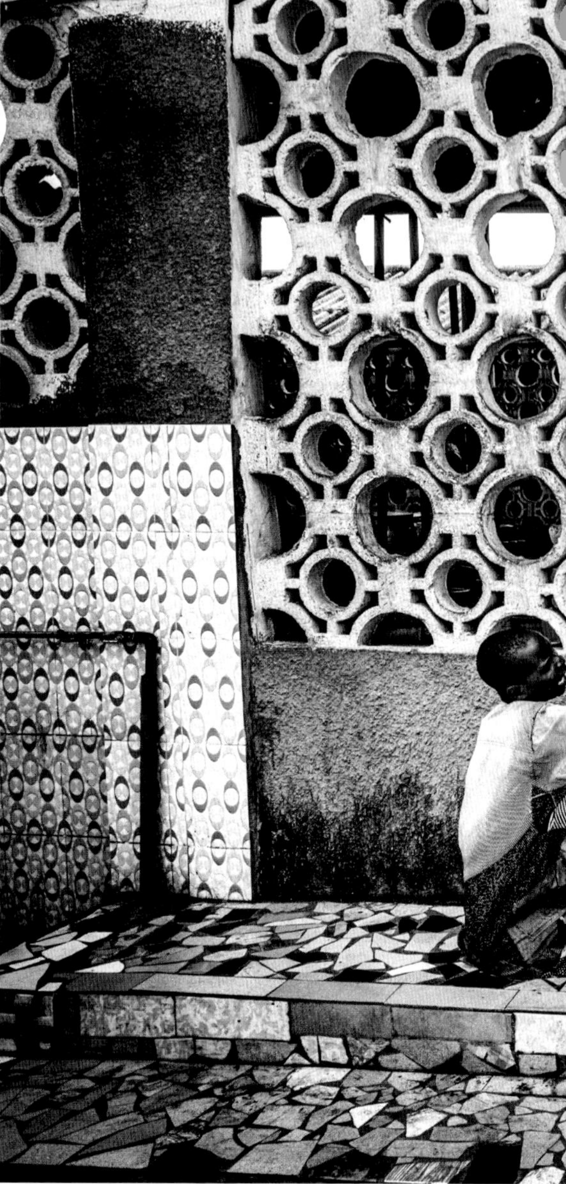

Valerio Bispuri

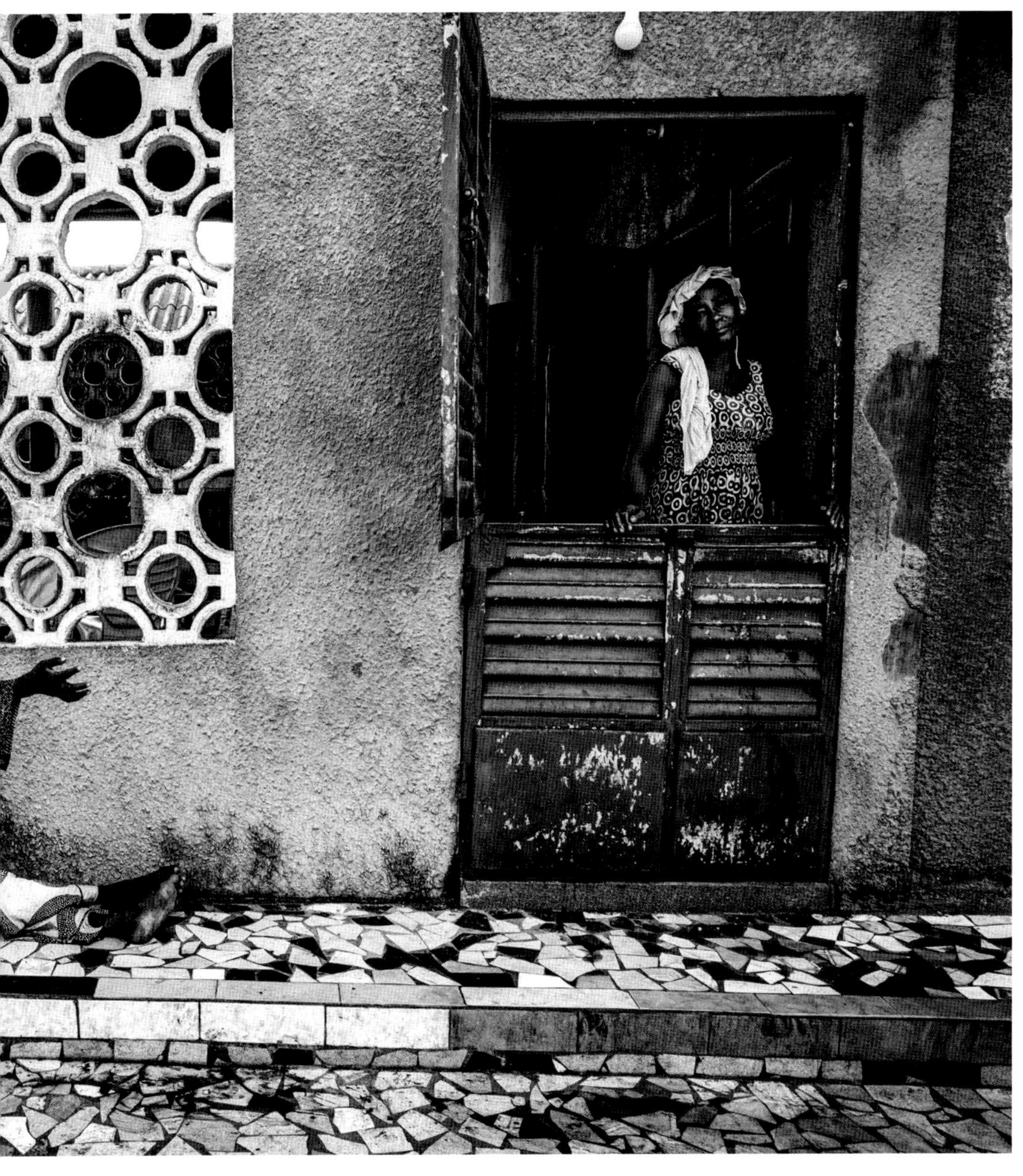

↑
Un patient se plaint que le déjeuner n'arrive pas. Centre d'accueil psychiatrique d'Avrankou, Bénin, 2021.

A patient at the mental health care center complaining that he has not been given lunch. Avrankou, Benin, 2021.

My work tells the tale of mental illness today. This is the fourth chapter on freedom lost (after *Encerrados, Paco* and *Prigionieri*), continuing my extensive, in-depth study exploring the world of people hidden far from the public gaze.

Venturing into the realm of mental distress is a complex, delicate and demanding experience, and the challenge of presenting it through photography is even more complex, delicate and demanding. Who are these "mad" men and women? What do they feel? In a bid to find answers to these questions, I had to become part of their universe. Their movements and expressions are lost in an inner world, often totally cut off from the surrounding environment which they may see as hostile or even terrifying, a world that can lead to self-destruction.

The starting point I chose was Africa, there where mental illness has only recently been given formal recognition. This makes it difficult to work out how many people are mentally ill, and to find where they live. Often they wander the streets of huge cities, or they can be hidden away in remote villages. Mental disorders are often seen as an evil caused by non-human, supernatural and sometimes threatening elements. This is the case in north-western Africa, in countries such as Benin, Togo and Côte d'Ivoire where voodoo witchdoctors consider the mentally ill to be demons and tie them to trees in the villages. Fortunately there are some wonderful people such as Grégoire Ahongbonon, a missionary who for the past twenty years has been working to have the mentally ill treated with dignity in special centers which he has set up.

The first countries I visited were Zambia and Kenya, in 2018, going to mental hospitals where I saw the harsh reality of mental disorders, drug addiction and patients simply abandoned in the streets, both adults and children. In Kenya, I went to the slums of Kibera and Mathare in Nairobi. In Zambia, I went to the one and only mental hospital in Lusaka, the capital city. I saw patients locked in tiny cells, spending hours without moving, foaming at the mouth, or others left to their own devices, walking up and down the streets and trying to shelter in the markets. Some were born with mental disorders, while others have destroyed their minds with drugs. Some have suffered emotional trauma and lost all sense of space and time.

During the pandemic, I kept on working, but in Italy, at emergency departments admitting patients and prison psychiatric facilities. I would spend days with the patients, going through all the stages, from acute crisis to afternoons lounging around playing cards. The time spent without taking photos meant I got to know them, to look at them, to try and understand them.

Most recently, in 2021, I went to Benin and Togo to continue the work on Africa.

I have always believed that both patience and courage are needed for photojournalists to do their job of telling stories that convey the real experience. I always wait before I take a photo. I try to fit in with the time of the person opposite me. Who is the person? What do they feel? Are they in a state of mental distress?

Valerio Bispuri

↗
Les patients particulièrement agressifs sont enfermés dans des cellules pires que celles d'une prison. Hôpital psychiatrique de Chainama, Lusaka, Zambie, 2019.

Aggressive patients are locked away in conditions worse than prison cells. Chainama Mental Hospital, Lusaka, Zambia, 2019.

↘
Attente du déjeuner au centre psychiatrique de Tokan, Bénin, 2021.

Waiting for lunch at the mental health care center. Tokan, Benin, 2021.

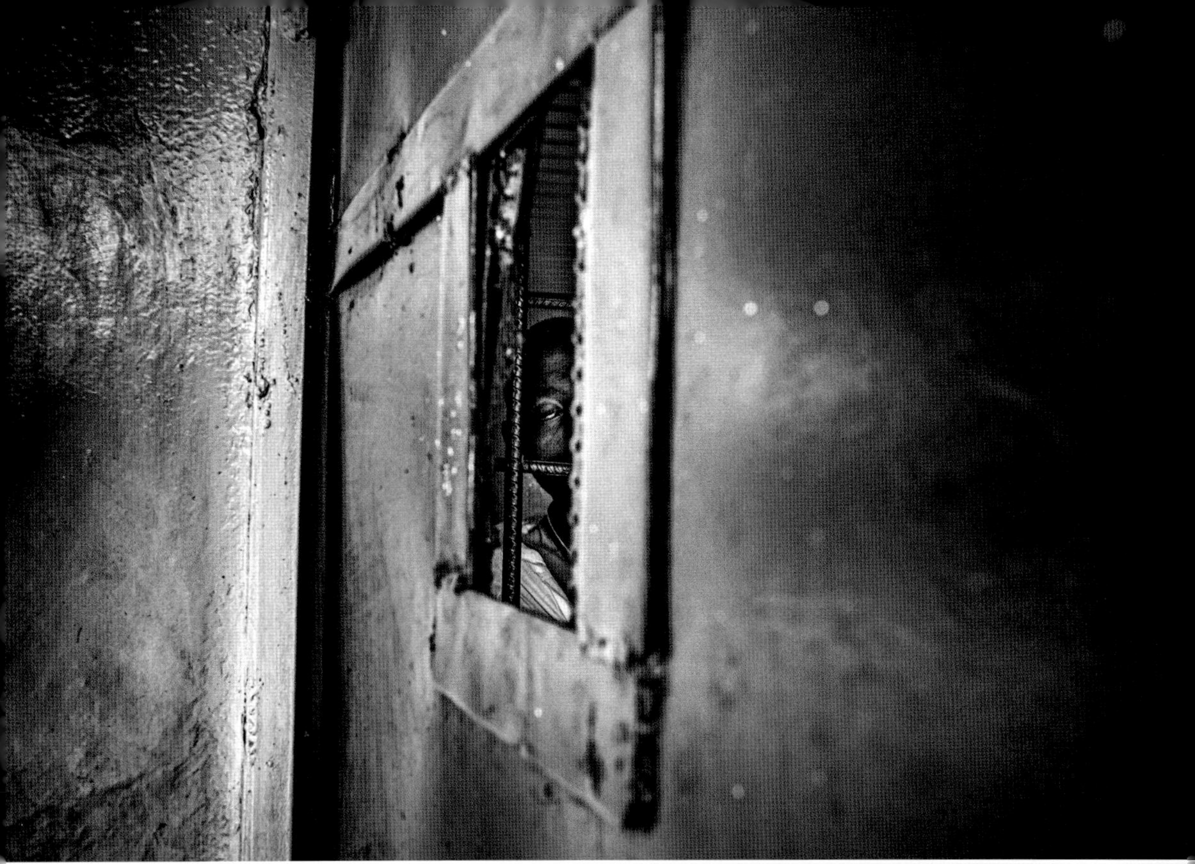

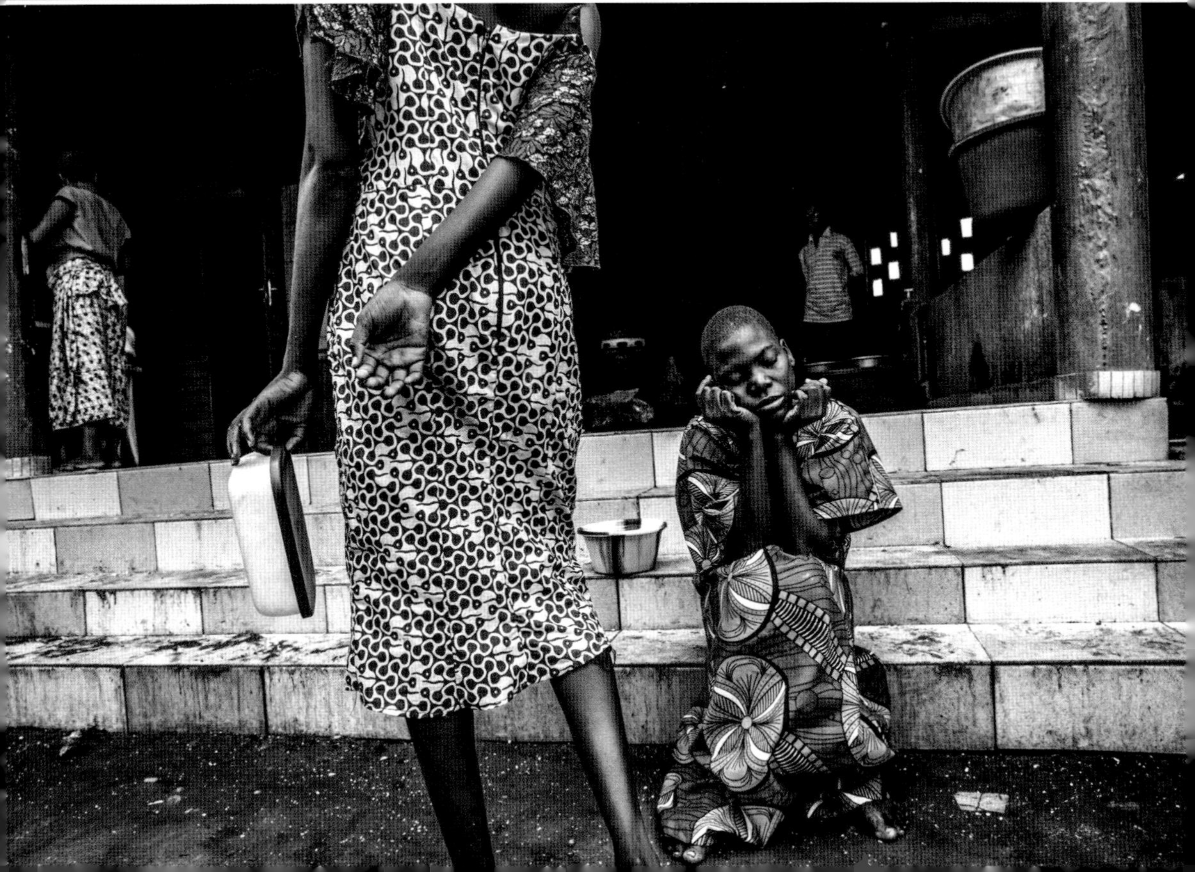

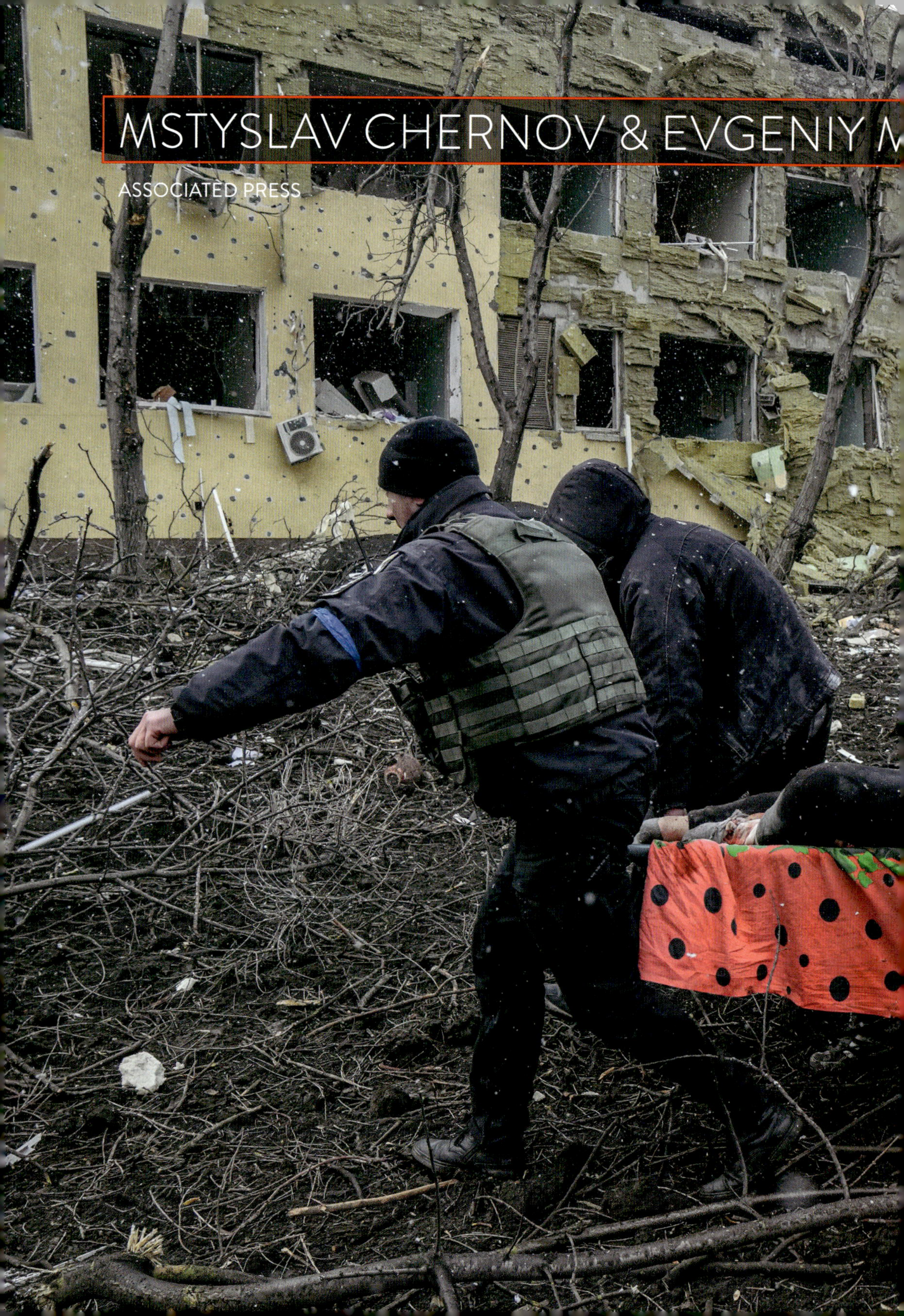

MSTYSLAV CHERNOV & EVGENIY M

ASSOCIATED PRESS

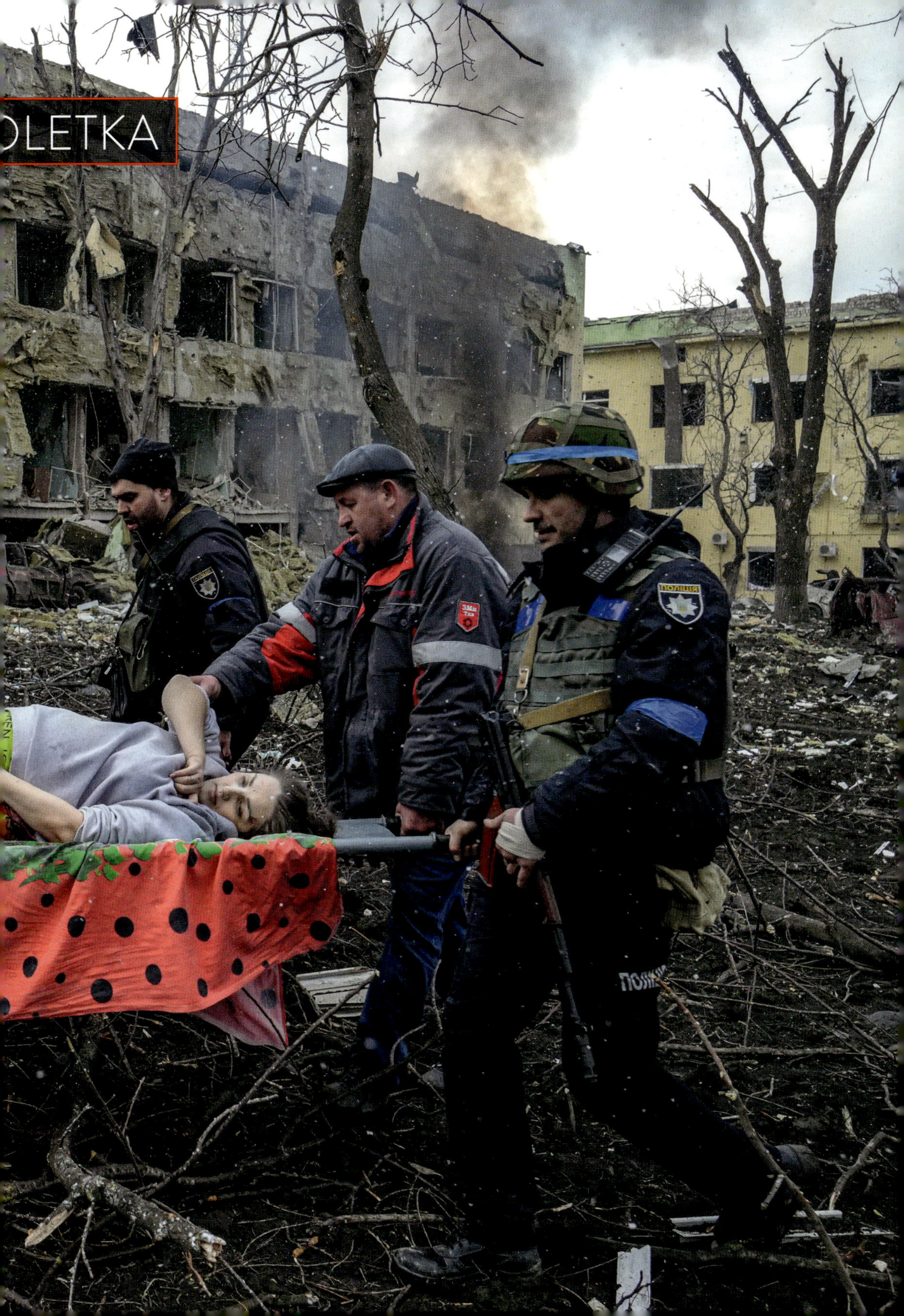
OLETKA
ПОЛІЦІЯ

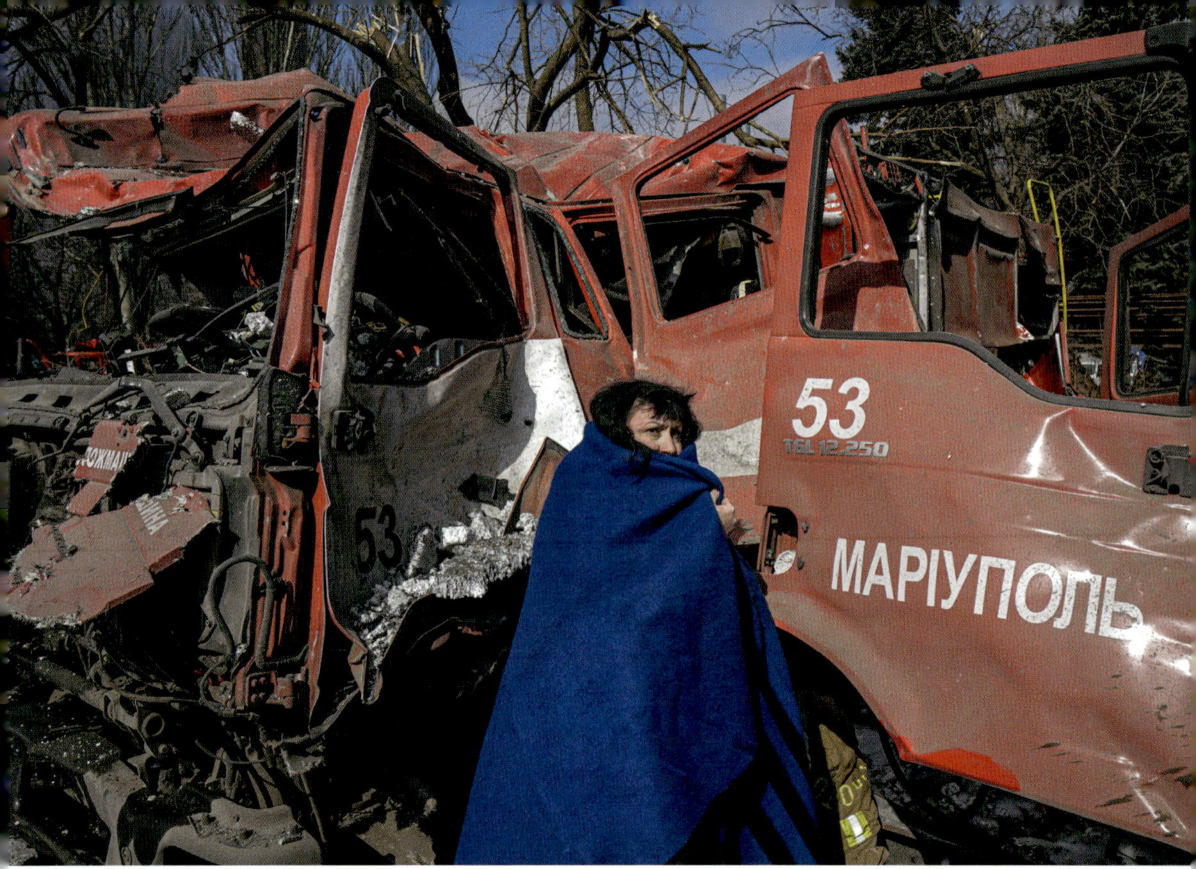

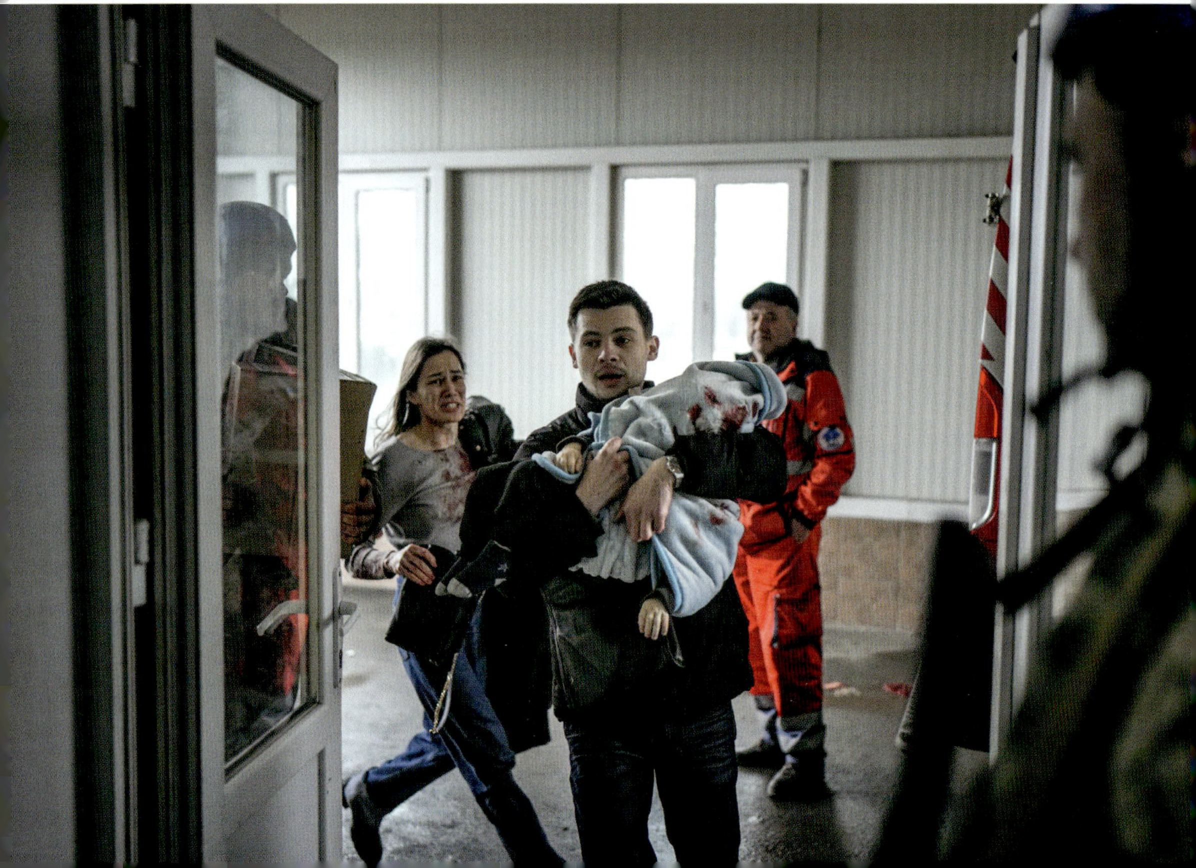

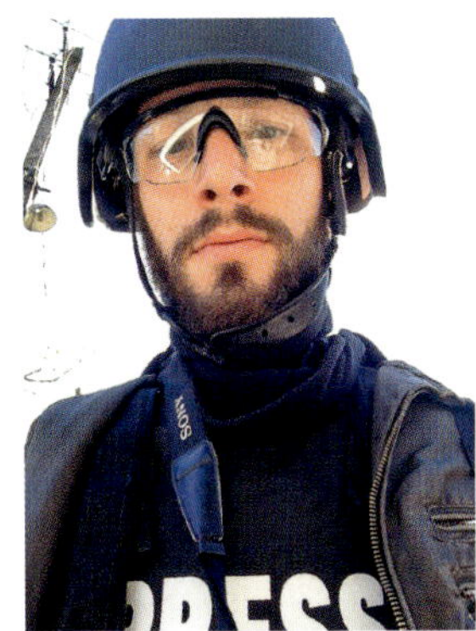

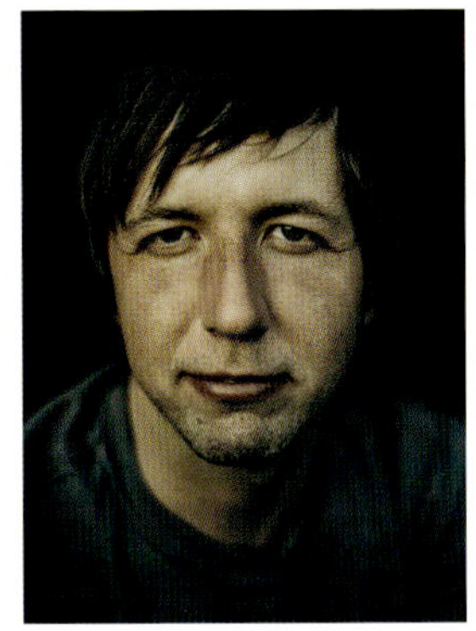

MSTYSLAV CHERNOV & EVGENIY MALOLETKA

ASSOCIATED PRESS

Marioupol, Ukraine

La plupart des morts étaient abandonnés dans les rues. Il n'y a pas eu d'enterrements. Aucune cérémonie. Aucun rassemblement public pour pleurer les victimes des frappes incessantes de la Russie contre la ville portuaire devenue le symbole de la résistance farouche de l'Ukraine. C'était trop dangereux.
À défaut, les autorités ont chargé les corps dans un camion du mieux qu'elles ont pu et les ont enterrés dans d'étroites tranchées creusées dans la terre gelée de Marioupol. Ces fosses communes racontaient l'histoire d'une ville assiégée. Il y avait le bébé de 18 mois touché par un éclat d'obus, l'adolescent de 16 ans tué par une explosion alors qu'il jouait au football, la fillette d'à peine 6 ans transportée en urgence à l'hôpital dans son pyjama orné de licornes et maculé de sang. Il y avait la femme enveloppée dans

←←
Des secouristes et des volontaires transportent une femme blessée lors d'une frappe aérienne visant une maternité. Ni la mère ni le bébé n'ont survécu. Marioupol, 9 mars 2022.

Emergency workers and volunteers carrying an injured woman from the maternity hospital that was damaged by an airstrike. The woman and her baby later died. Mariupol, March 9, 2022.
© Evgeniy Maloletka / Associated Press

↖
Une femme devant un camion de pompiers détruit par des tirs d'obus. Marioupol, 10 mars 2022.

A women next to a fire truck after shelling. Mariupol, March 10, 2022.
© Evgeniy Maloletka / Associated Press

↙
Arrivant à l'hôpital, Marina Yatsko et son compagnon Fedor qui porte dans ses bras leur fils de 18 mois, Kirill, mortellement blessé lors d'un bombardement. Marioupol, 4 mars 2022.

Arriving at the hospital, Marina Yatsko and her boyfriend Fedor carrying their 18 month-old son Kirill who was fatally wounded in a shelling attack. Mariupol, March 4, 2022.
© Evgeniy Maloletka / Associated Press

un drap, les jambes soigneusement liées aux chevilles avec un morceau de tissu blanc. Tous furent jetés dans les tranchées. Il fallait faire vite pour se mettre à l'abri avant la prochaine série de bombardements.

Le monde n'aurait rien vu de tout cela, n'aurait quasiment rien vu de Marioupol au début du siège, sans le travail de Mstyslav Chernov et Evgeniy Maloletka, l'équipe de l'Associated Press qui a rejoint la ville dès le début de l'invasion et qui y est restée longtemps bien qu'elle soit devenue l'un des endroits les plus dangereux sur terre.

Pendant plus de quinze jours, ils ont été le seul média international présent dans la ville, les seuls journalistes en mesure de transmettre des vidéos et des photos au monde extérieur. Ils étaient là quand la petite fille au pyjama à licornes a été transportée à l'hôpital. Ils étaient là après le bombardement de la maternité et pendant les innombrables frappes aériennes qui ont ravagé la ville. Ils étaient là quand des hommes armés ont commencé à sillonner la ville pour traquer tous ceux qui pourraient prouver que la version de la Russie était fausse.

Leur travail a rendu le Kremlin furieux. L'ambassade de Russie à Londres a publié des photos de l'AP barrées du mot « FAKE » (mensonge) en rouge. Au Conseil de sécurité de l'ONU, un diplomate russe de haut rang a brandi des photos de la maternité, affirmant qu'elles étaient truquées.

L'équipe a finalement été incitée à quitter la ville. Un policier a expliqué pourquoi : « S'ils vous attrapent, ils vous mettront devant une caméra et vous feront dire que tout ce que vous avez filmé était un mensonge. Tout ce que vous avez fait à Marioupol et tous vos efforts auront été vains. »

Partir a été un déchirement. Ils savaient qu'une fois partis, il n'y aurait pratiquement plus d'information indépendante depuis l'intérieur de la ville. Mais ils savaient qu'ils n'avaient pas le choix. Ils sont donc partis, discrètement, un jour où des milliers de civils fuyaient la ville, passant les barrages routiers russes les uns après les autres.

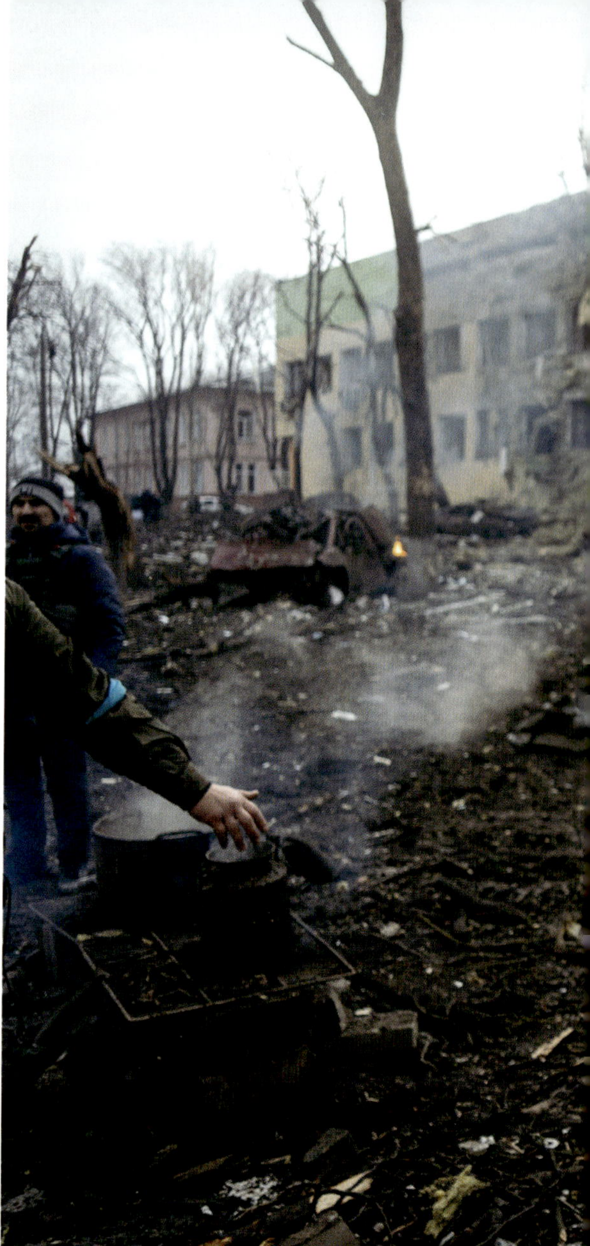

Leur travail et les personnes qu'ils ont rencontrées témoignent de l'agonie de Marioupol. Comme ce médecin qui a tenté de sauver la vie de la petite fille en pyjama. Alors qu'il luttait pour la réanimer, il a fixé l'objectif de l'AP. Rempli de rage, il a hurlé : « Montrez ça à Poutine ! Les yeux de cette enfant et les médecins en larmes. »

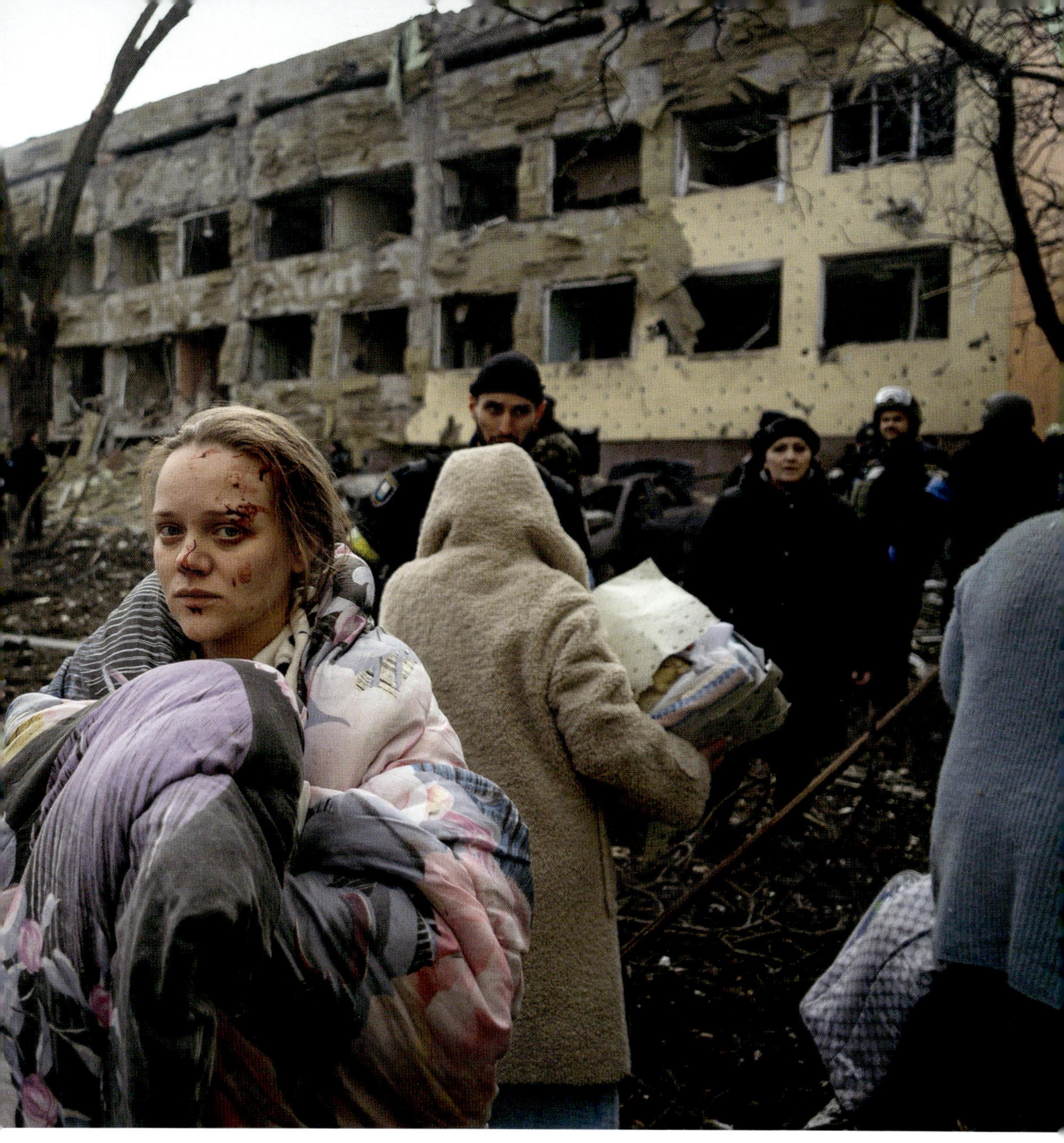

↑
Mariana Vishegirskaya près de la maternité bombardée. Marioupol, 9 mars 2022.

Mariana Vishegirskaya, near the maternity hospital. Mariupol, March 9, 2022.
© Mstyslav Chernov / Associated Press

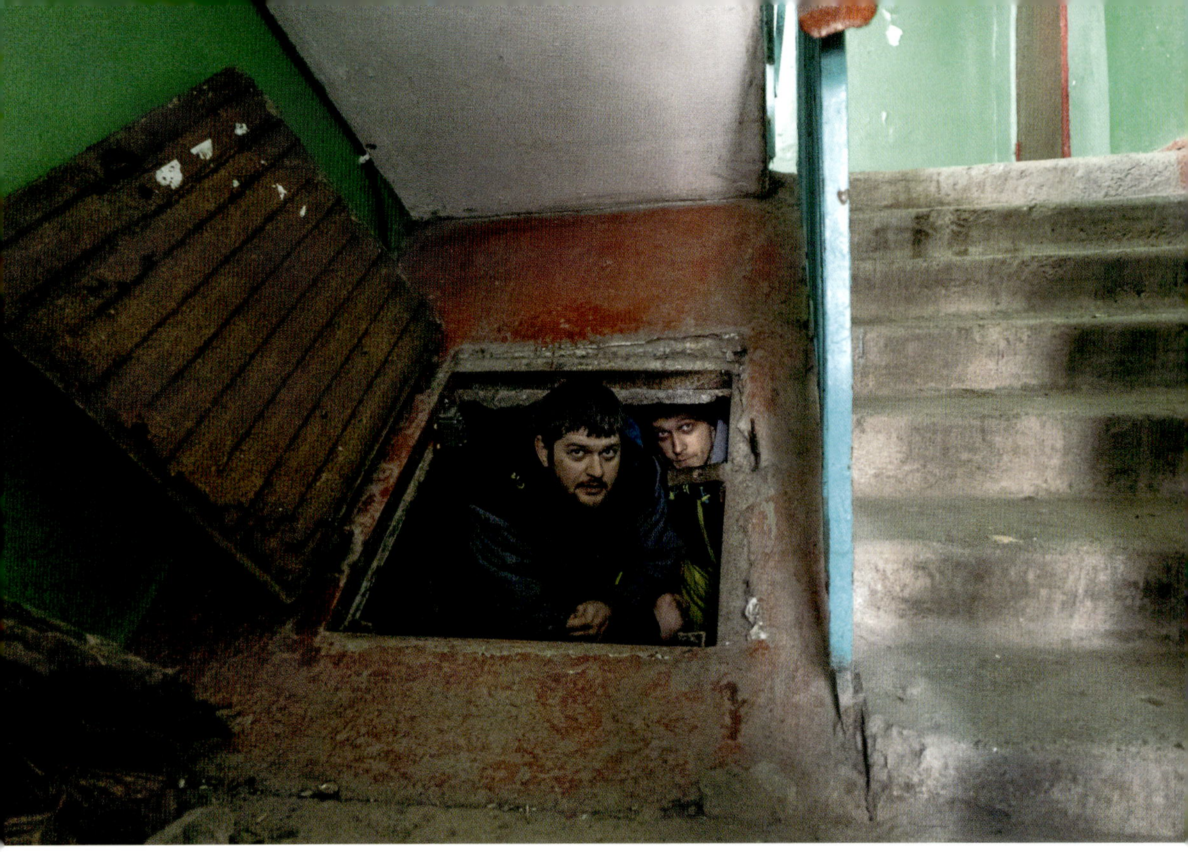

The dead were largely abandoned in the streets. There were no funerals. No memorials. No public gatherings to mourn those killed by Russia's relentless attacks on the port city that had become a symbol of Ukraine's ferocious resistance. It was too dangerous.

Instead, authorities collected the bodies in a truck as best they could and buried them in narrow trenches dug into the frozen earth of Mariupol.

The mass grave trenches told the story of a city under siege. There was the 18-month-old hit by shrapnel; the 16-year-old killed by an explosion while playing football; the girl no older than six who was rushed to a hospital in blood-soaked pajamas patterned with unicorns. There was the woman wrapped in a bedsheet, her legs neatly bound at the ankles with a scrap of white fabric.

Workers tossed all of them into the trenches, moving quickly to get back to shelter before the next round of shelling.

The world would have seen none of this, would have seen next to nothing at all from Mariupol as the siege set in, if it had not been for Mstyslav Chernov and Evgeniy Maloletka, the Associated Press team who raced to the city when the invasion began and stayed long after it had become one of the most dangerous places on earth.

For more than two weeks, they were the only international media in the city, and the only journalists able to transmit video and still photos to the outside world. They were there when the young girl in the unicorn pajamas was rushed to the hospital. They were there after the maternity hospital was attacked, and for countless airstrikes that pulverized the city. They were there when gunmen began stalking the city in search of those who could prove Russia's narrative to be false.

Moscow hated their work. The Russian embassy in London tweeted images of AP photos with the word "FAKE" superimposed in red. At a U.N. Security Council meeting,

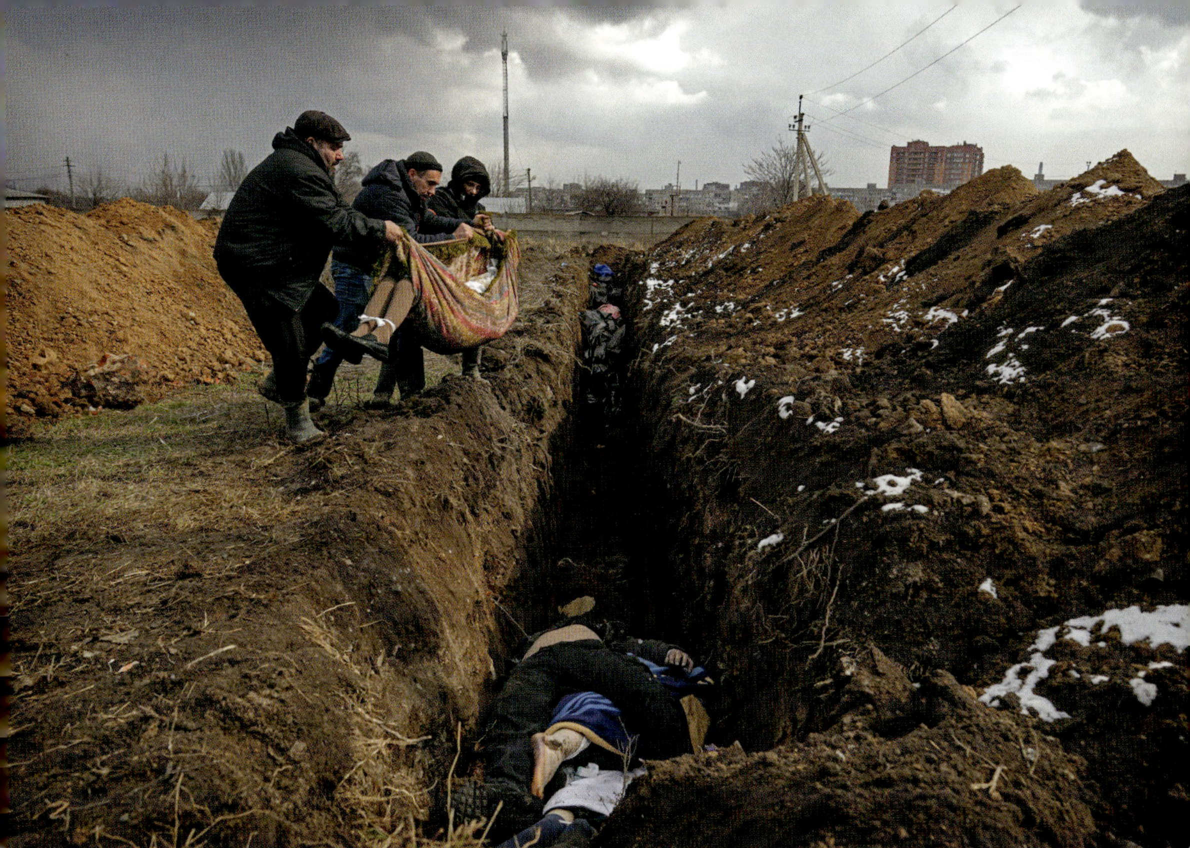

a top Russian diplomat held up photos of the maternity hospital insisting they were fake. Eventually, the team were urged to leave. A policeman explained why. “If they catch you, they will get you on camera and they will make you say that everything you filmed is a lie. All your efforts and everything you have done in Mariupol will be in vain.”

It was terrible to leave. They knew that once they were gone, there would be almost no independent reporting from inside the city. But they felt they had no choice. So they left, slipping away on a day when thousands of civilians were fleeing the city, passing Russian roadblocks, one after another.

Their work and the people they met speak for the agony of Mariupol. Like the doctor who tried to save the life of the little girl in her pajamas. As he pumped oxygen into her, he looked straight into the AP camera. He stormed with expletive-laced fury: “Show this to Putin: the eyes of this child and the doctors crying!”

↖
Des habitants s'abritent dans la cave pendant un bombardement. Marioupol, 12 mars 2022.

People sheltering in the basement during a shelling attack. Mariupol, March 12, 2022.
© Mstyslav Chernov / Associated Press

↑
Les corps sont vite enterrés dans une fosse commune à la périphérie de la ville, toute cérémonie étant impossible sous les bombardements incessants des forces russes. Marioupol, 9 mars 2022.

Bodies were buried in a mass grave on the outskirts of the city as it was impossible to have funeral services because of heavy shelling by the Russian forces. Mariupol, March 9, 2022.
© Evgeniy Maloletka / Associated Press

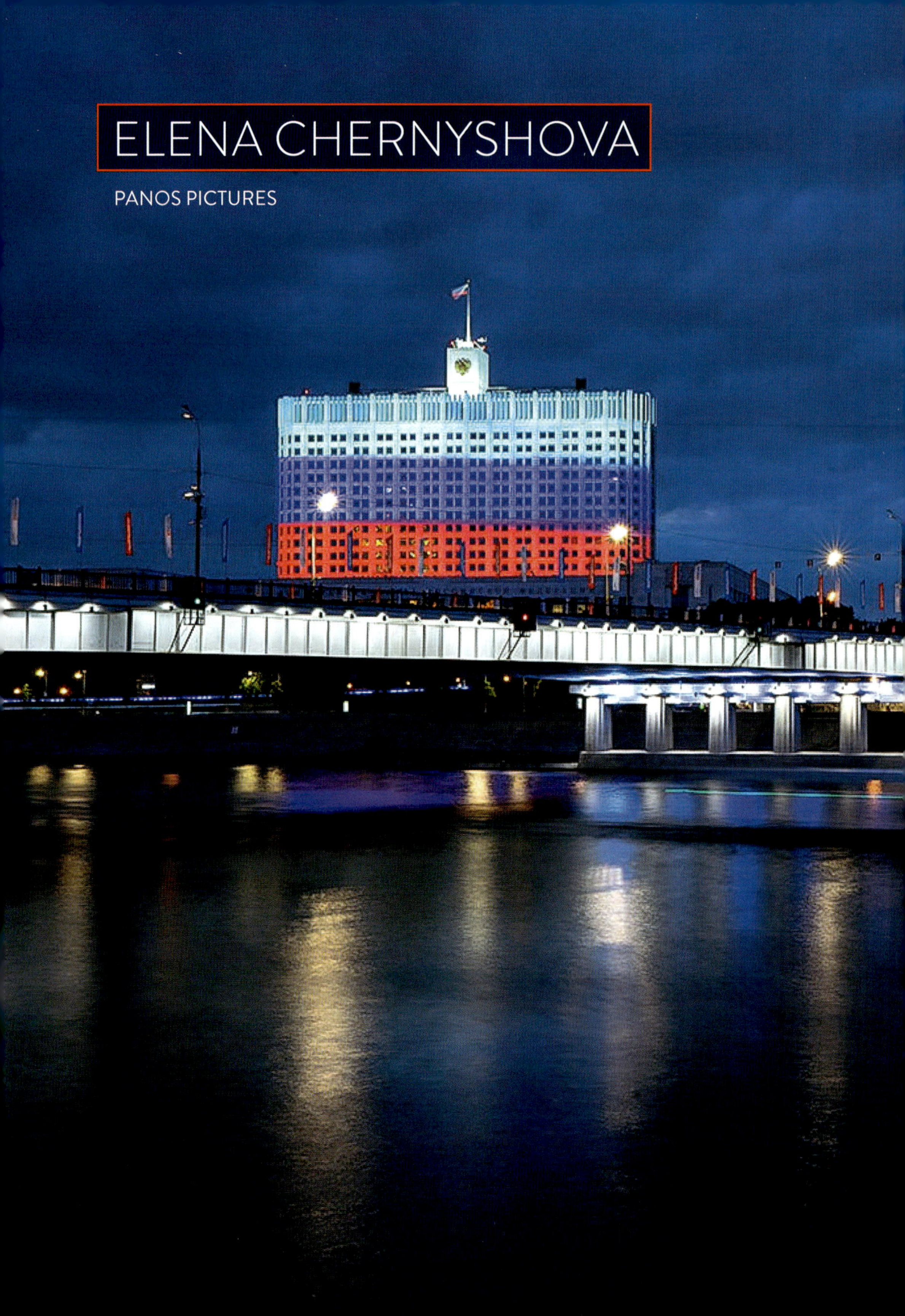

ELENA CHERNYSHOVA

PANOS PICTURES

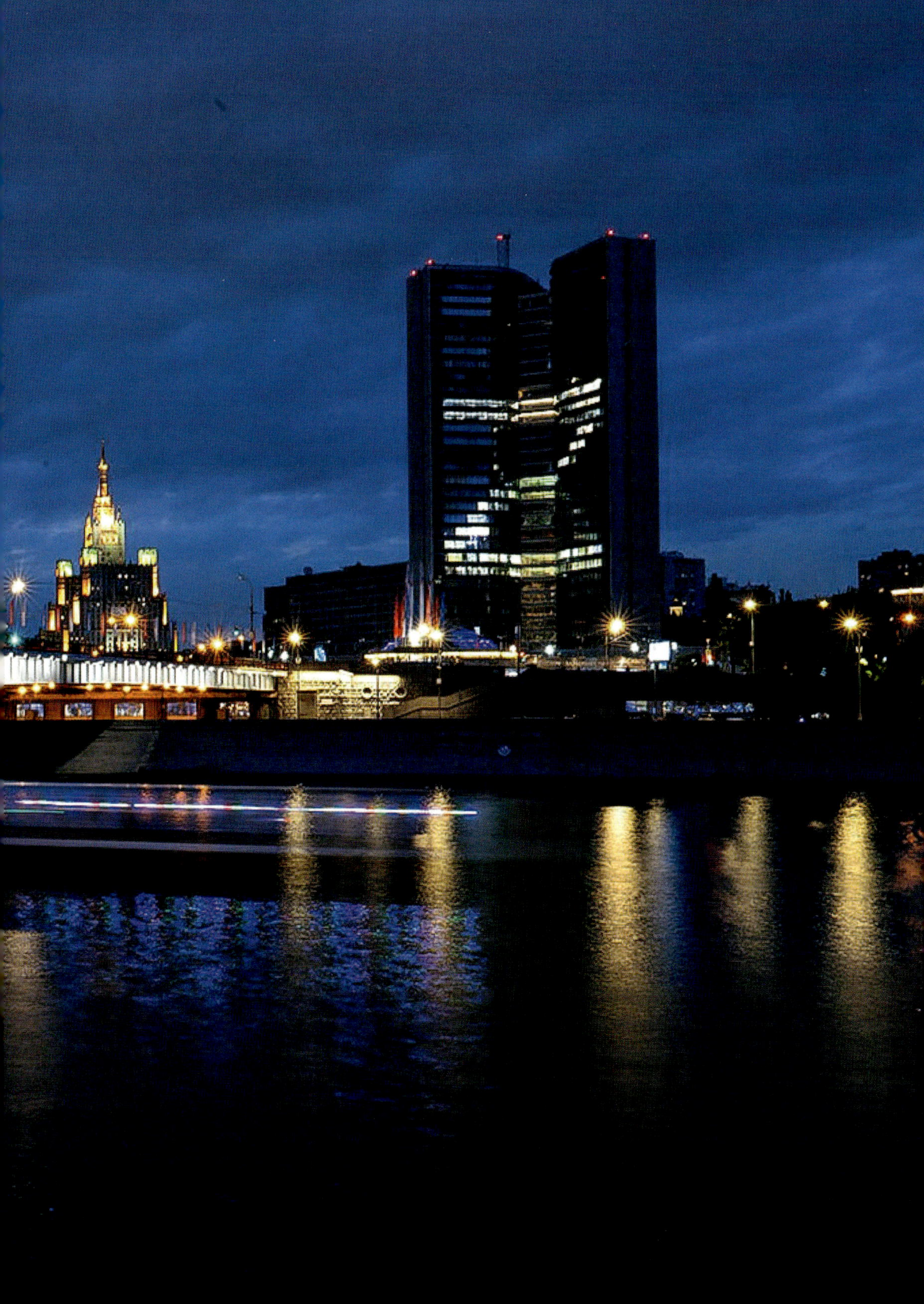

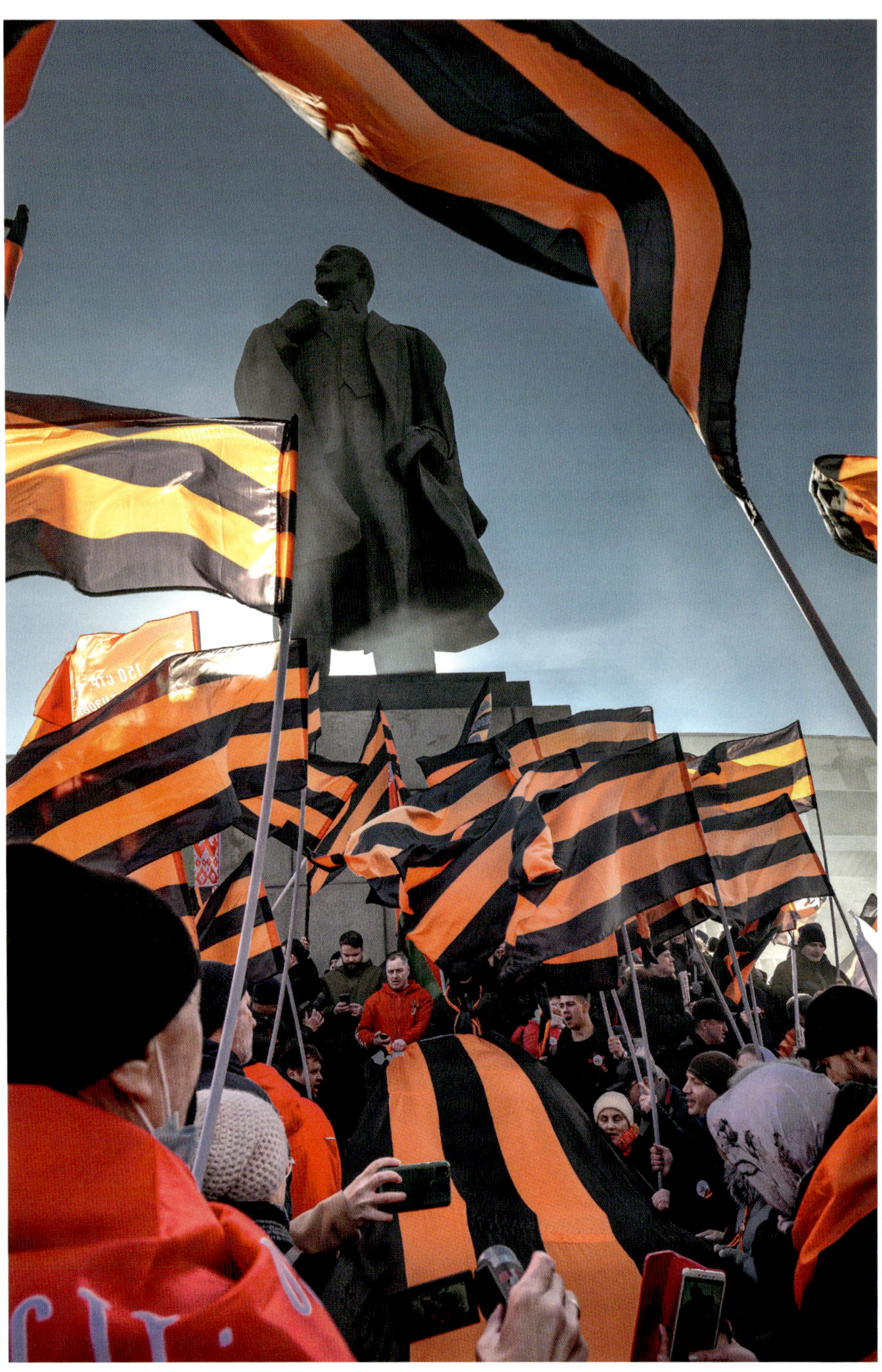

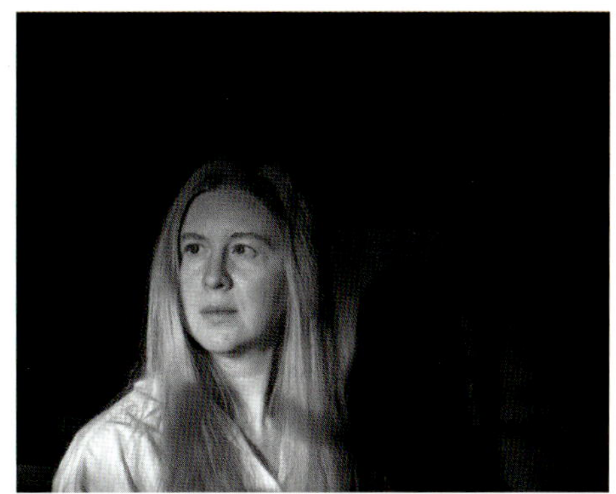

ELENA CHERNYSHOVA

PANOS PICTURES

Derrière le rideau de Z
Behind Z curtain

« L'histoire figée et "imprévisible" d'un pays à double mémoire se transforme en une double réalité dans le présent. Cela se heurte au mieux à l'incapacité d'aller de l'avant, au pire à un conflit ouvert. »

Nikolay Epple, *An Inconvenient Past* (Un passé qui dérange), 2020

Plus de 90% des Russes étaient convaincus qu'il ne pouvait y avoir de guerre contre l'Ukraine. Le 24 février a donc été un choc. Mais le mot « guerre » était interdit, il fallait parler d'une « opération spéciale ».

Dans les premières semaines après l'invasion, tous les médias indépendants qui restaient ont été muselés et l'accès aux sources d'information alternatives en ligne a été bloqué. Pendant ce temps, les médias d'État bénéficiaient eux d'une augmentation considérable de leur financement.

Les relations commerciales fondées sur une confiance construite au fil des décennies ont été brisées. Des centaines d'entreprises étrangères ont suspendu leurs activités commerciales ou même quitté le marché russe. De nouvelles sanctions ont été imposées, pénalisant des industries clés, notamment le pétrole et le gaz, qui dépendent des importations de biens et composants de haute technologie.

←←
En l'honneur de la Journée de la Russie le 12 juin, les couleurs du drapeau illuminent la façade de la Maison Blanche, qui abrite le gouvernement russe. La Maison Blanche est devenue un symbole de la victoire des forces démocratiques dans les années 1990, marquant le début d'une nouvelle ère. Trente et un ans plus tard, la lettre Z est allumée sur un autre bâtiment du gouvernement de Moscou.

On June 12, the national holiday of the Russian Federation, the colors of the flag adorn the façade of the Russian White House, standing as a symbol of the victory of democratic forces in the 1990s, marking the beginning of a new era. More than thirty years later, the letter "Z" is featured on the façade of the building of the government of the City of Moscow.

←
Des Russes portant des drapeaux et des rubans de Saint-Georges au pied de la statue de Lénine, près du stade Loujniki de Moscou où se tenait un rassemblement patriotique le 18 mars pour marquer le huitième anniversaire de la « réunification » de la Crimée et de la Russie.

Russians with St. George flags and ribbons at the foot of the statue of Lenin outside Moscow's Luzhniki stadium where a patriotic rally was being held on March 18 to mark the eighth anniversary of the "reunification" of Crimea and Russia.

Le patriarche Kirill Ier de l'Église orthodoxe russe a publiquement exprimé son soutien à la guerre, donnant ainsi la bénédiction de l'Église à l'invasion. Toute personne brandissant une pancarte sur laquelle est écrit « Ne tuez pas » risque d'être arrêtée et emprisonnée. Les prêches anti-guerre dans les églises ne sont pas tolérés.

Depuis 2014, on assiste à une militarisation croissante de la société russe. Des formations militaires de cadets ont été introduites dans les établissements scolaires. La Younarmia, le mouvement national des jeunes cadets de l'armée créé en 2015, compte désormais plus d'un million d'enfants à travers la Russie. Des clubs militaires « patriotiques » œuvrent dans de nombreuses villes.

Dans les régions pauvres, l'armée est le seul ascenseur social, et les engagés volontaires, au lieu de faire le service militaire obligatoire, reçoivent immédiatement un contrat et un salaire. Certains des soldats sous contrat envoyés en Ukraine sont des adolescents ayant reçu une formation de seulement trois mois. Le ministère de la Défense n'a publié qu'à deux reprises un communiqué faisant état des pertes russes, le dernier datant du 25 mars.

La victoire de la Russie lors de la « Grande Guerre patriotique » et la mémoire de ceux qui ont combattu le fascisme ont été glorifiées pour obtenir le soutien de la population aux hostilités en Ukraine, que la propagande justifie comme une « dénazification ».

Les lettres Z et V sont utilisées pour marquer l'équipement militaire de l'armée russe en Ukraine, et le Z est devenu un symbole de soutien à l'invasion.

À Moscou, les musées accueillent des expositions comme « Le nazisme ordinaire » (sous-entendu en Ukraine), ou « L'OTAN : une chronique de la cruauté ». Dans le même temps, la Cour suprême a confirmé la décision de fermer le Centre des droits de l'homme commémorant les victimes du régime de Staline et de la répression politique.

Depuis le 24 février, des milliers de personnes ont été arrêtées lors de rassemblements contre la guerre. En mars, la Douma a voté une loi criminalisant la diffusion de « fausses informations » visant à discréditer « l'utilisation des forces armées russes », réduisant ainsi au silence toute opposition ou information indépendante, avec une volonté de mettre fin à toute coopération avec des organisations étrangères.

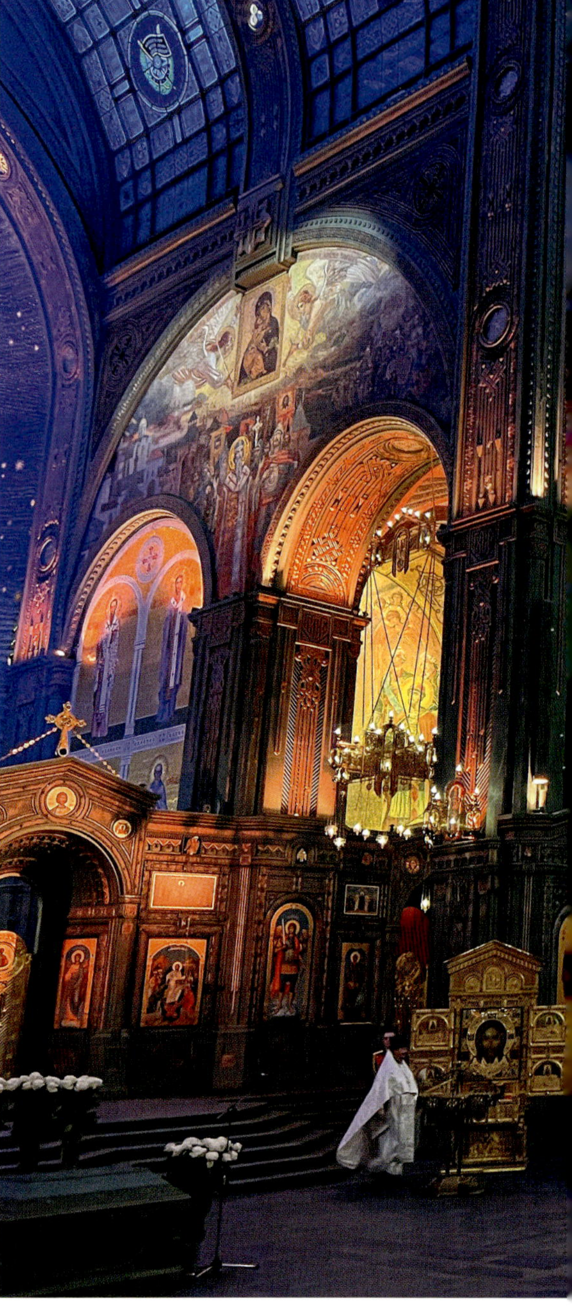

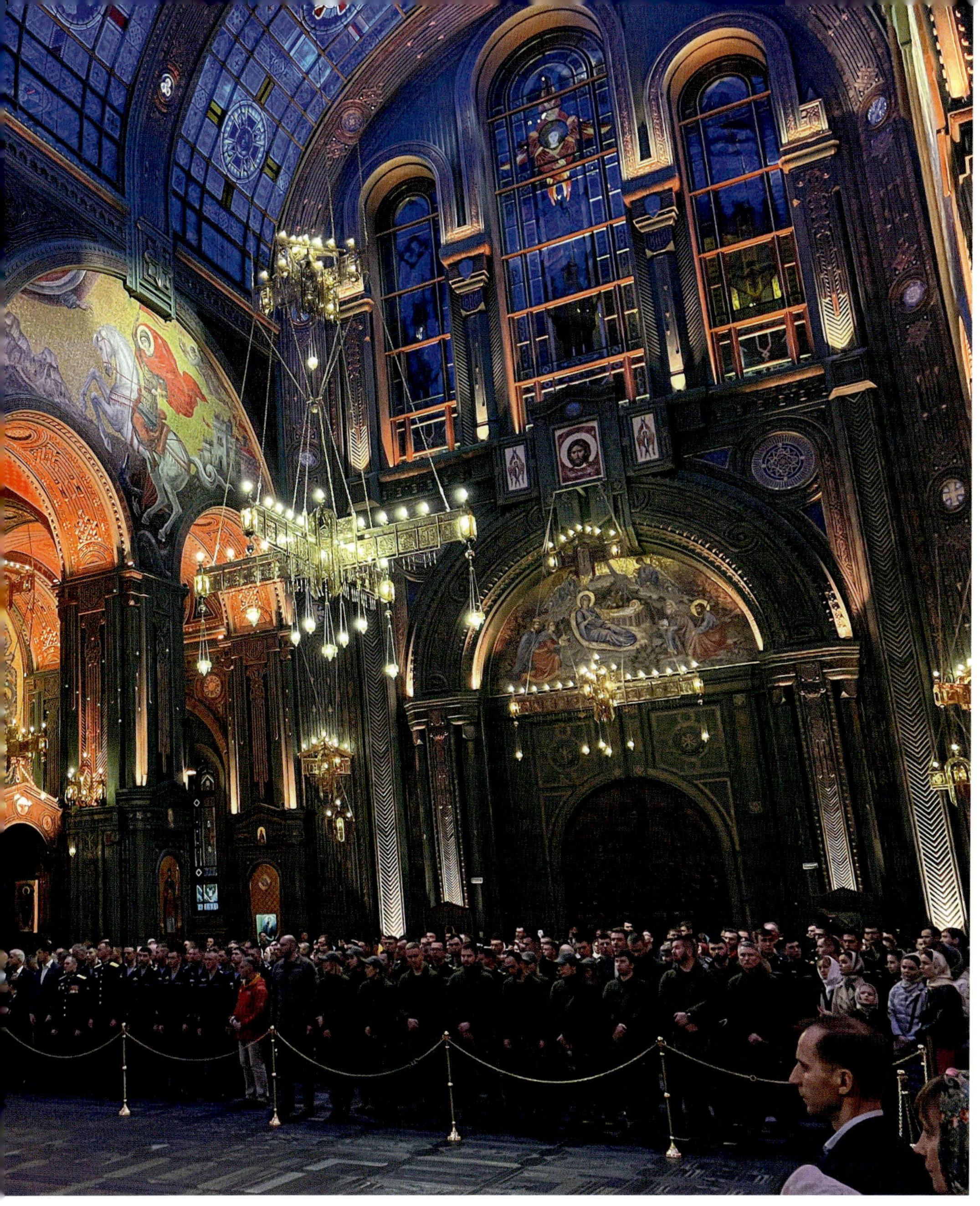

↑
Cérémonie de Pâques dans la Cathédrale principale des forces armées russes. Construite en 2020, la cathédrale a été conçue selon des dimensions correspondant à des dates et des chiffres liés à la Grande Guerre patriotique, et le métal des trophées de guerre nazis a été fondu et utilisé pour recouvrir le sol.

Easter ceremony in the Main Cathedral of the Russian Armed Forces. The cathedral, built in 2020, features design measurements determined by dates and figures related to the Great Patriotic War, and metal from Nazi war trophies melted down and used to coat the floor.

Face à la répression et à la perspective d'une mobilisation générale et de la fermeture totale des frontières, de nombreux Russes ont choisi, à contrecœur, de quitter le pays.

Elena Chernyshova

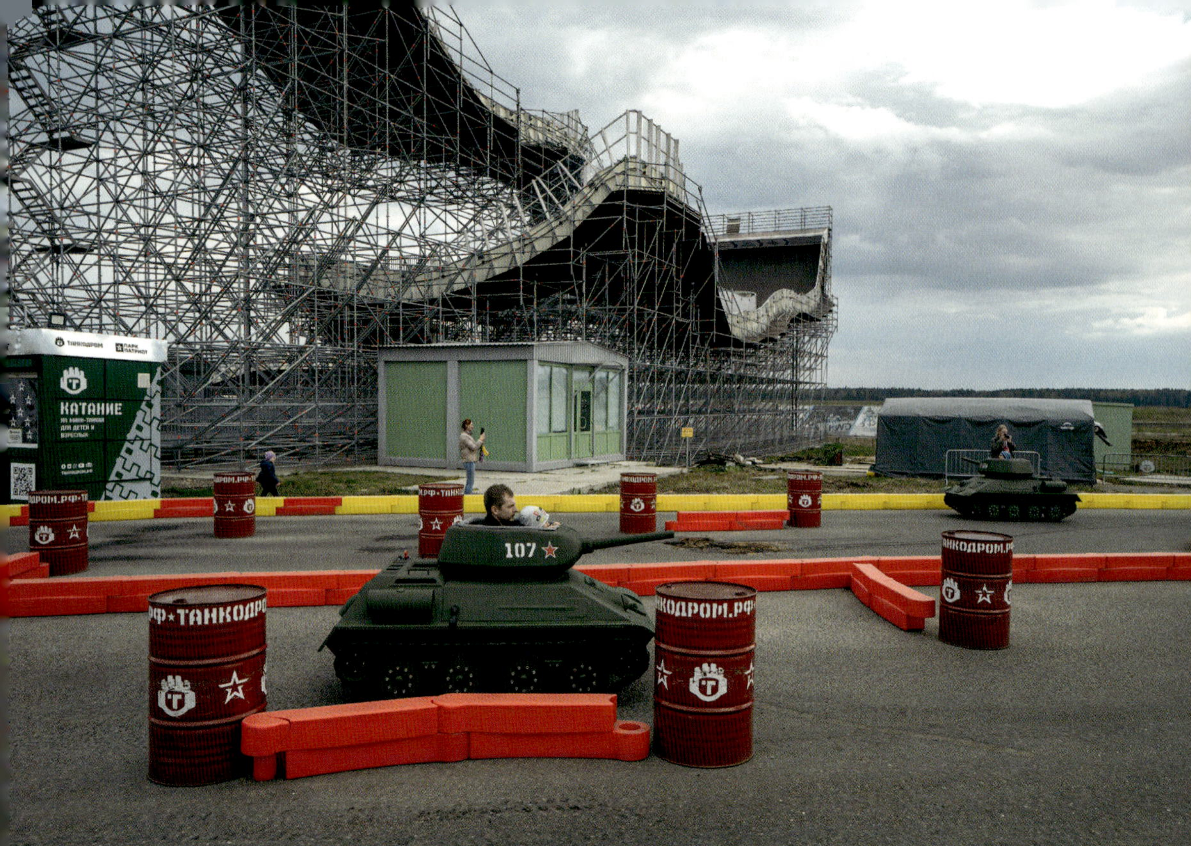

The frozen and "unpredictable" history of a country with a double memory turns into a double reality in the present. It is fraught at best with the inability to move forward, and at worst with open conflict."

Nikolay Epple, *An Inconvenient Past: Memory of the State Crimes in Russia and Other Countries*
[Moscow: New Literary Review. 2020]

More than 90% of Russians were convinced there could be no war with Ukraine, so February 24 came as a shock. But the word "war" was banned; this was a "special operation."

In the first weeks after the invasion, any remaining independent media were closed down, access to alternative news sources via the Internet was blocked, and state media took over with a substantial increase in funding.

Commercial relationships based on trust built up over decades have been shattered. Hundreds of foreign companies have suspended their business activity or simply left the Russian market. Further sanctions have been imposed, affecting key industries, including oil and gas, that rely on imports for high-tech goods and components.

Patriarch Kirill I of the Russian Orthodox Church has publicly expressed support for the war, providing the church's blessing for the invasion. Anyone displaying a sign saying "Do not kill" can be arrested and jailed. Anti-war sermons in churches are not tolerated.

↑
Des enfants et leurs parents s'amusent à conduire des chars d'assaut miniatures sur l'unique tankodrome du monde. Patriot Park, Moscou.

Children and their parents driving toy tanks around the only tankodrome in the world. Patriot Park, Moscow.

↗
Des cadets lors d'une revue d'inspection. Parc de la Victoire, mont Poklonnaïa, Moscou.

Cadets parading for inspection. Victory Park, Poklonnaya Hill, Moscow.

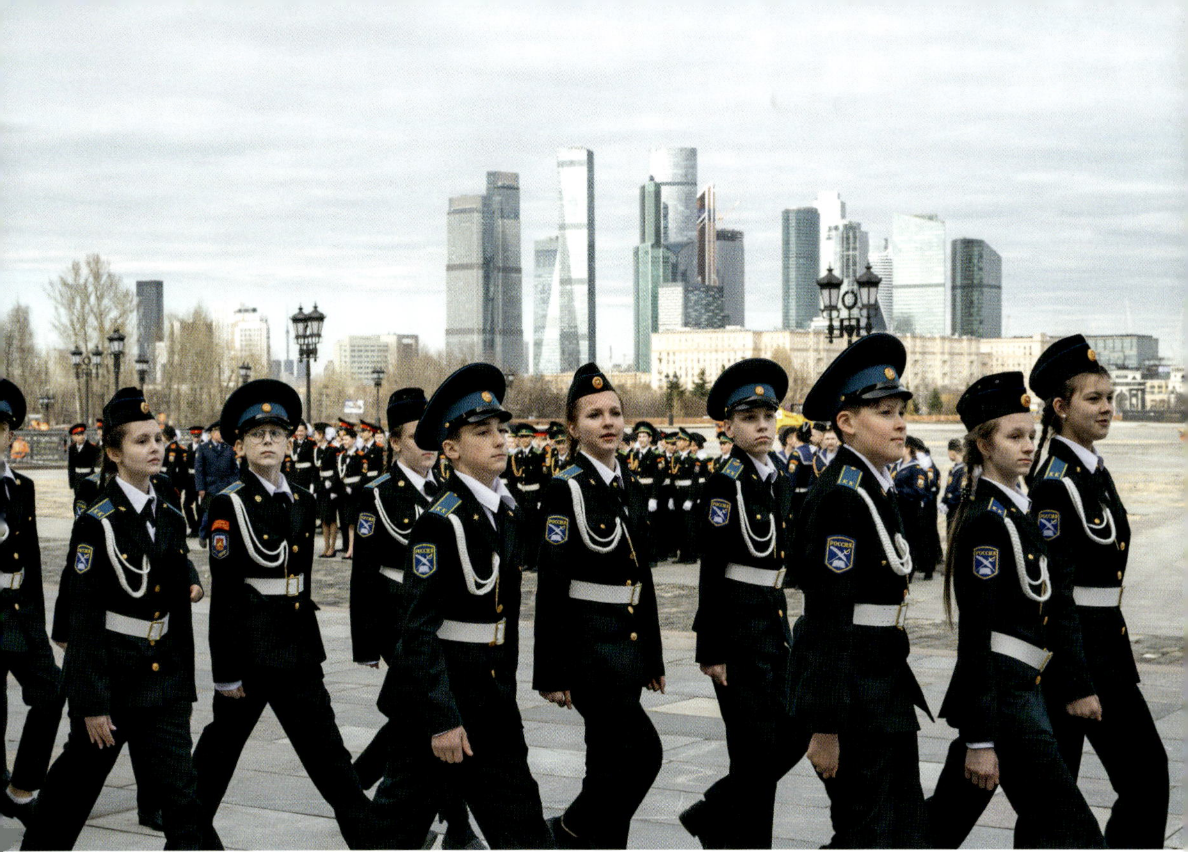

Since 2014, Russian society has become increasingly militarized. Military training of cadets has been introduced in schools. Yunarmiya, the Young Army Cadets National Movement established in 2015, now has more than one million children across Russia, and "patriotic" military clubs are operating in many cities.

In poor regions, the army is the only social elevator, and voluntary recruits, instead of doing compulsory military service, are immediately given a contract and paid. Some of the soldiers under contract sent to Ukraine are teenagers with only three months training. Statements have been issued by the Ministry of Defense reporting Russian losses, but there have been only two statements, the last one on March 25.

Russia's victory in the "Great Patriotic War" recalling troops defeating fascism has been used to rally support for the hostilities in Ukraine, justified as "denazification" for propaganda purposes. The letters Z and V, as seen painted on Russian military vehicles, have become symbols of support for the Russian invasion of Ukraine. In Moscow, museums now feature exhibitions with a difference: "Ordinary Nazism" (i.e. in Ukraine) and "NATO: a chronicle of cruelty." At the same time, the Supreme Court upheld the decision to shut down the Memorial Human Rights Center commemorating victims of Stalin's regime and of political repression.

Since February 24, thousands of protestors have been arrested and detained. In March, the Duma passed legislation criminalizing the spreading of false information and any declarations discrediting the Russian Armed Forces, effectively silencing any opposition or independent reporting, and putting an end to cooperation with foreign organizations.

Faced with repression and the prospect of mobilization for the war effort, many Russians have reluctantly chosen to leave the country.

Elena Chernyshova

SABIHA ÇIMEN

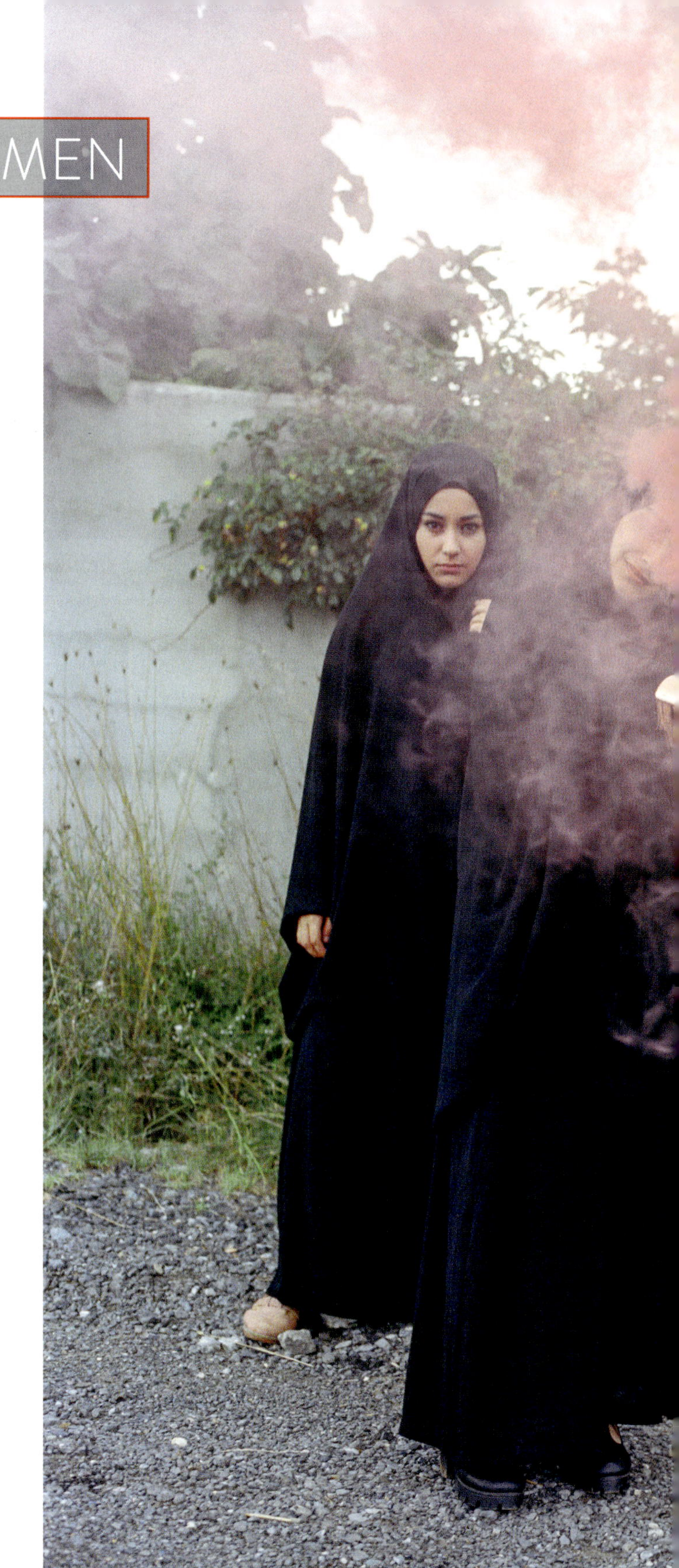

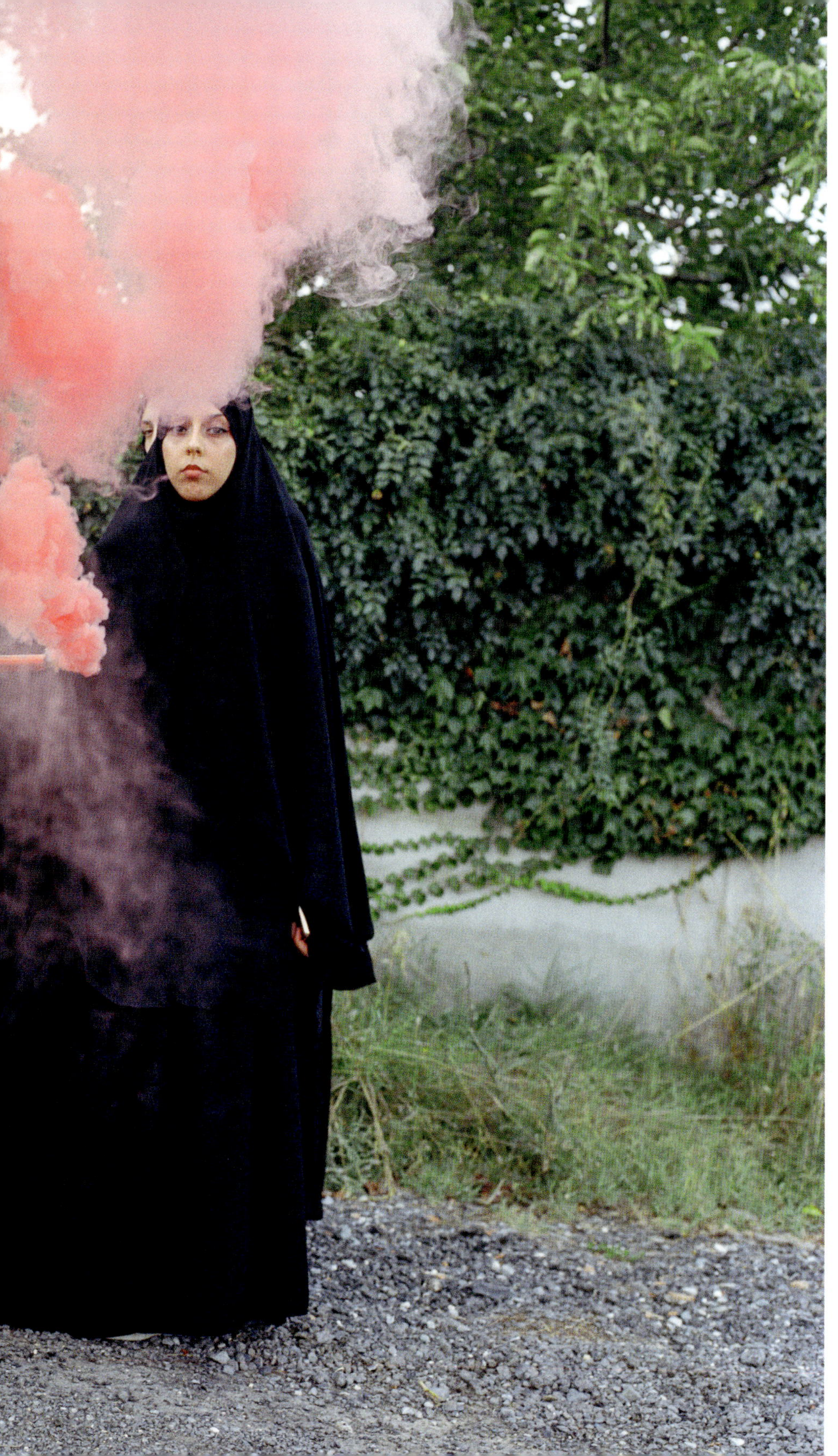

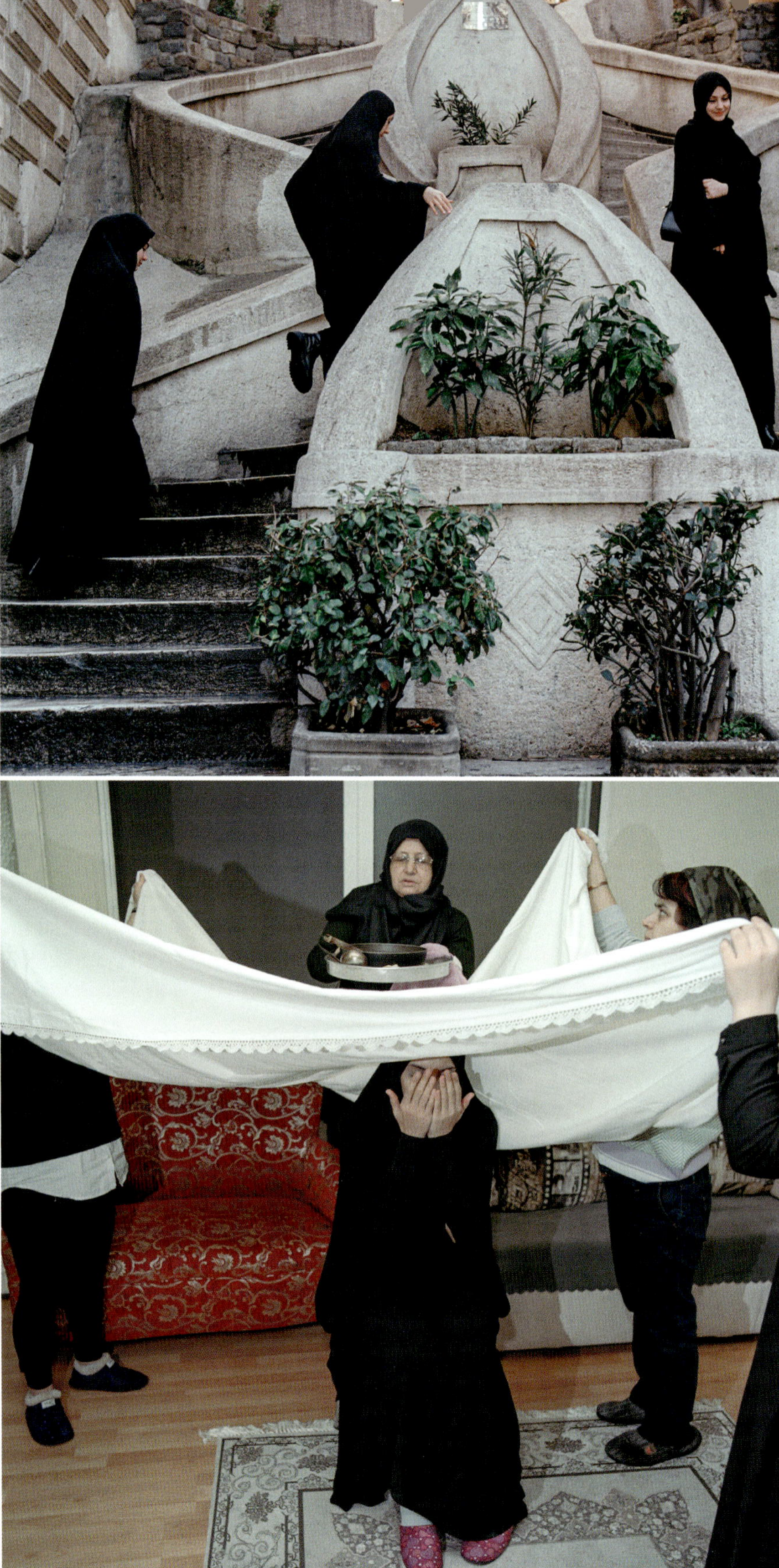

LAURÉATE DE LA BOURSE CANON
DE LA FEMME PHOTOJOURNALISTE 2020

—

WINNER OF THE 2020 CANON
FEMALE PHOTOJOURNALIST GRANT

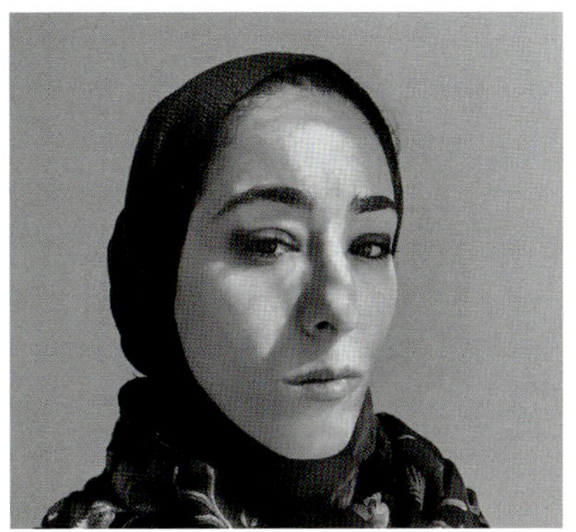

SABIHA ÇIMEN

Hafizas
Hafiz

Le terme honorifique « hafiz » désigne la personne qui connaît le Coran par cœur, car quiconque mémorise l'intégralité du saint livre et se conforme à ses enseignements sera récompensé par Allah et accédera à un rang élevé au paradis. La pratique remonte à une époque où l'illettrisme était répandu et le papier et le parchemin très onéreux. En tant que gardien du Coran, de ses 604 pages et 6 236 versets, le hafiz participe à la conservation et à la transmission du texte. La mémorisation des versets est une tradition qui remonte au temps du prophète Mahomet et se pratique de génération en génération depuis bientôt 1 500 ans.
En Turquie, il existe des milliers d'écoles de mémorisation du Coran, dont de nombreuses réservées aux filles âgées de 8 à 19 ans. Elles y consacrent trois ou quatre années de concentration, de discipline, de dévotion. Une fois ces études accomplies, la plupart des jeunes filles se marieront et fonderont

←←
Pendant un pique-nique, des jeunes filles s'amusent avec un bâton fumigène. Istanbul, Turquie.

Girls playing with a smoke flare during a picnic. Istanbul, Turkey.

↖
Şeyma et ses amies sur les escaliers Camondo. Istanbul, Turquie.

Şeyma and her friends on the Kamondo Stairs. Istanbul, Turkey.

↙
Şeyma subit le rituel de Kurşun dökme (la molybdomancie), qui consiste à verser du plomb fondu pour aider une personne souffrant de troubles mentaux. Selon d'anciennes croyances, le rituel protège les victimes touchées par le « mauvais œil » en éliminant toute source d'énergie négative. Istanbul, Turquie.

A ritual for Şeyma, pouring molten lead. The practice known as molybdomancy (Kurşun dökme) is sometimes used for people with mental disturbances. According to ancient beliefs, the ritual helps protect victims of the "evil eye" by eliminating any sources of negative energy. Istanbul, Turkey.

une famille, mais elles garderont toujours en mémoire chaque parole du saint livre.
Mon reportage montre le quotidien dans ces écoles coraniques pour jeunes filles au cours de leur apprentissage pour devenir hafizas : leurs études, mais aussi les entorses aux règles et les moments de divertissement. Le récit de leurs expériences individuelles constitue un journal de bord. Par le biais de ces photographies, je cherche à donner une voix à ces jeunes femmes, qu'elles puissent s'exprimer, apporter leur point de vue, et ainsi éviter toutes distorsions de la réalité ou fausses interprétations. Je me suis efforcée de proposer un aperçu des cœurs et des âmes de ces jeunes filles, d'éclairer cette expérience que moi-même et ma sœur jumelle avons vécue il y a dix-huit ans.
Ma sœur et moi avons commencé nos études à l'école coranique à l'âge de 12 ans, et c'est ce qui m'a permis de révéler ce monde secret, inconnu. Mon projet suit le parcours de ces élèves pour devenir hafizas et montre qu'elles gardent elles aussi leurs rêves et le même esprit d'aventure que toutes les jeunes femmes de leur âge.
Commencé en 2017, *Hafizas* est mon premier projet à long terme. Grâce à la Bourse Canon de la Femme Photojournaliste, j'ai pu enrichir le projet avec du contenu et des images.

Sabiha Çimen

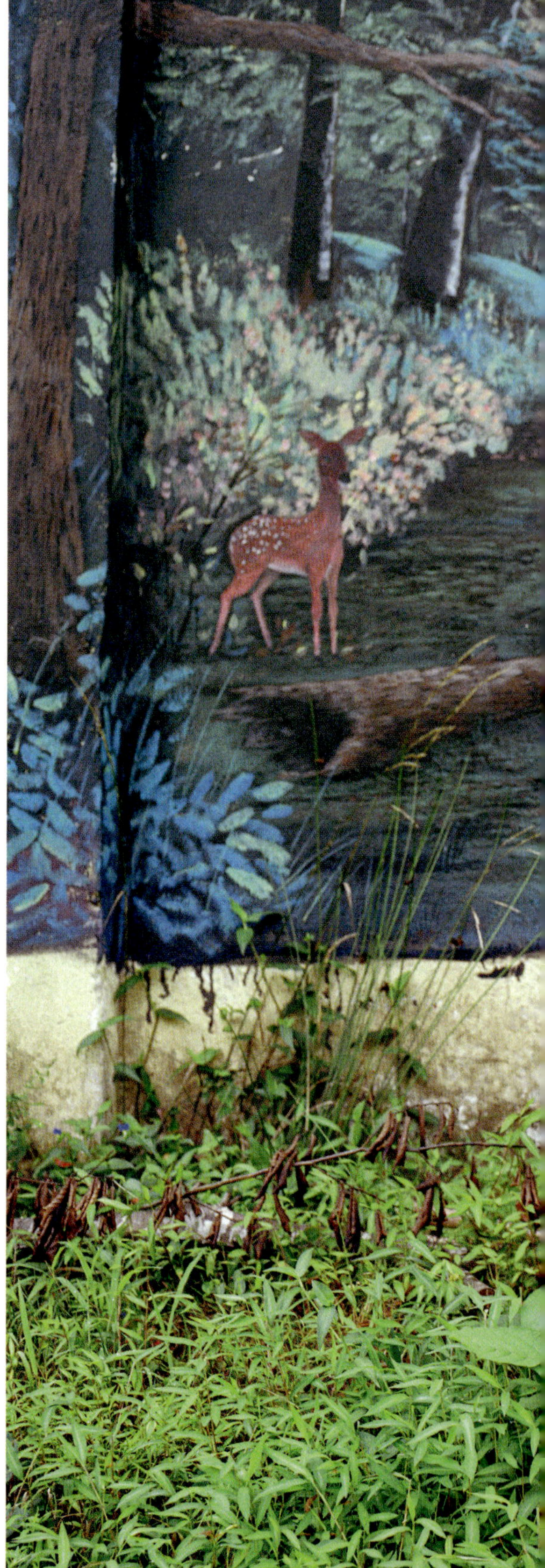

↗
En tant que nouvelle élève, Elif s'est couvert les cheveux pour la première fois. Rize, Turquie.

As a new student, Elif has covered her hair for the first time. Rize, Turkey.

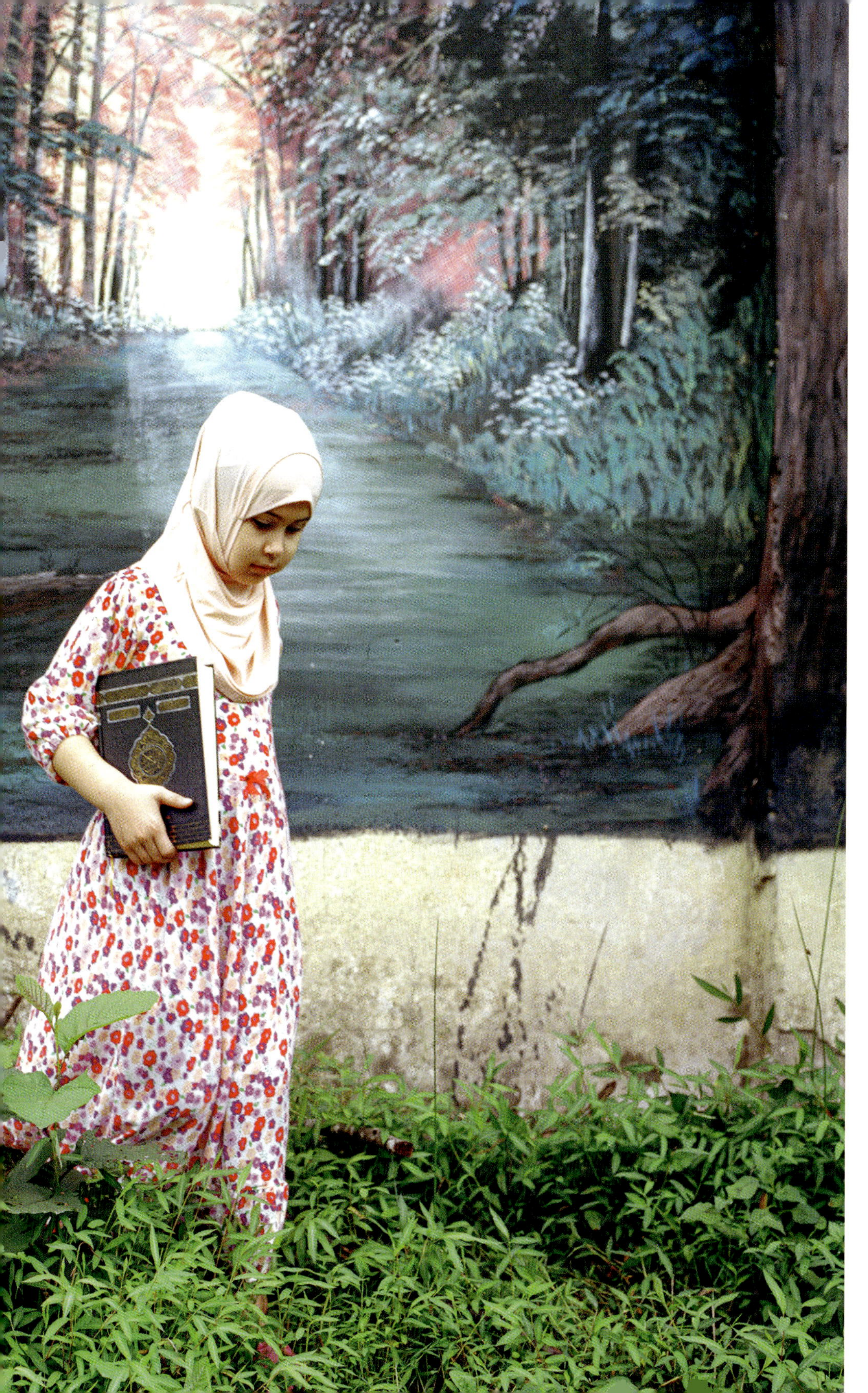

Muslims who memorize the entire Quran earn the title of "Hafız" to be placed before their name. The belief is that whoever memorizes the holy book and follows its teachings will be rewarded by Allah and will be raised to high status in paradise. The practice dates back to days when illiteracy was widespread, and paper and vellum were prohibitively expensive. The Quran has a total of 604 pages and 6,236 verses, so the hafızes, as the guardians of the holy word, have helped keep the text alive. The tradition of committing the verses to memory, dating from the time of Mohammed, has been practiced and passed on through the generations for almost 1,500 years.

In Turkey, thousands of Quran schools exist for this purpose, and many are for girls. The students, aged from eight to nineteen, usually take three or four years to complete the task which requires discipline, focus and devotion. After the girls graduate, most of them marry and have families, but they will always remember the words of the holy book.

My aim is to show the everyday school life of female pupils in Quran schools preparing to become hafızes, including moments outside their studies when having fun or even breaking the rules. The narrative showing the girls' individual experiences stands as a record. Through these photographs I want to give the girls the possibility of speaking for themselves, thus avoiding any misconceptions or misinterpretations. Outsiders will see a rare view of the female perspective, with nuanced perceptions. My goal is to cast light on the experience, offering insights into the hearts and minds of young girls just like me and my twin sister as we were 18 years ago.

My sister and I attended a Quran school from the age of twelve. I can therefore reveal this unknown, unseen world. My project shows not only the journey of the students on their way to becoming hafızes, but also shows that they can, as young hafizes, entertain dreams and have the same spirit of adventure as other young women of their age.

Hafiz is my first long-term project and began in 2017. Thanks to the support of the Canon Female Photojournalist Grant (2020), I have been able to develop the project with additional content and images.

Sabiha Çimen

↗
Une sortie le week-end sur un lac artificiel. Istanbul, Turquie.

Students at an artificial lake during a weekend excursion. Istanbul, Turkey.

↘
Des élèves jouent à la marelle. Istanbul, Turquie.

Students playing hopscotch. Istanbul, Turkey.

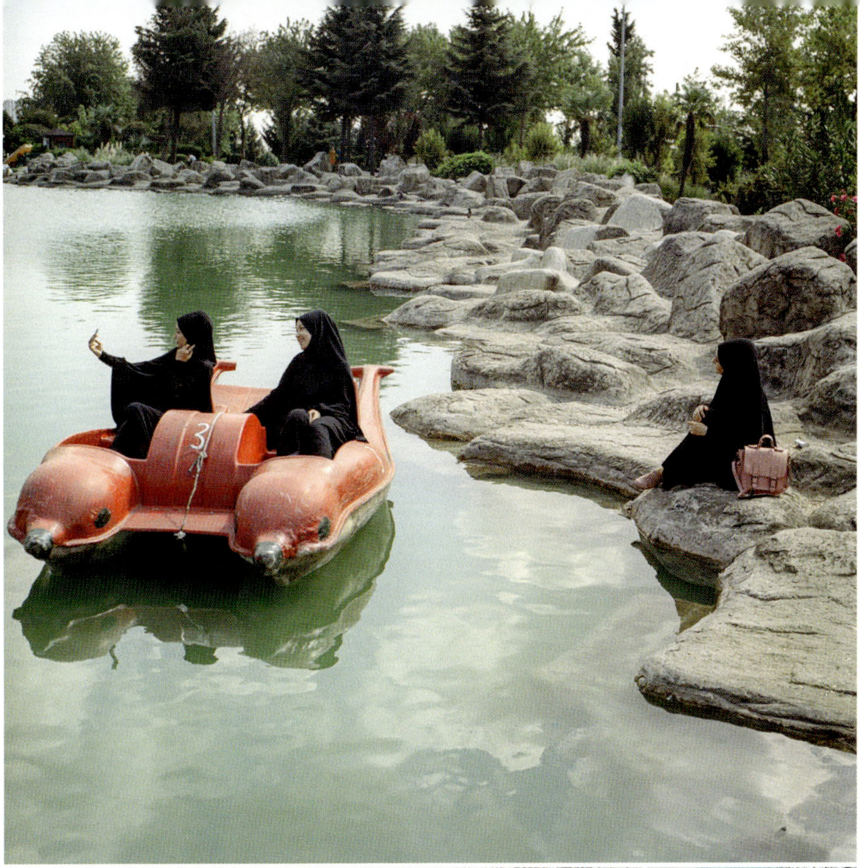

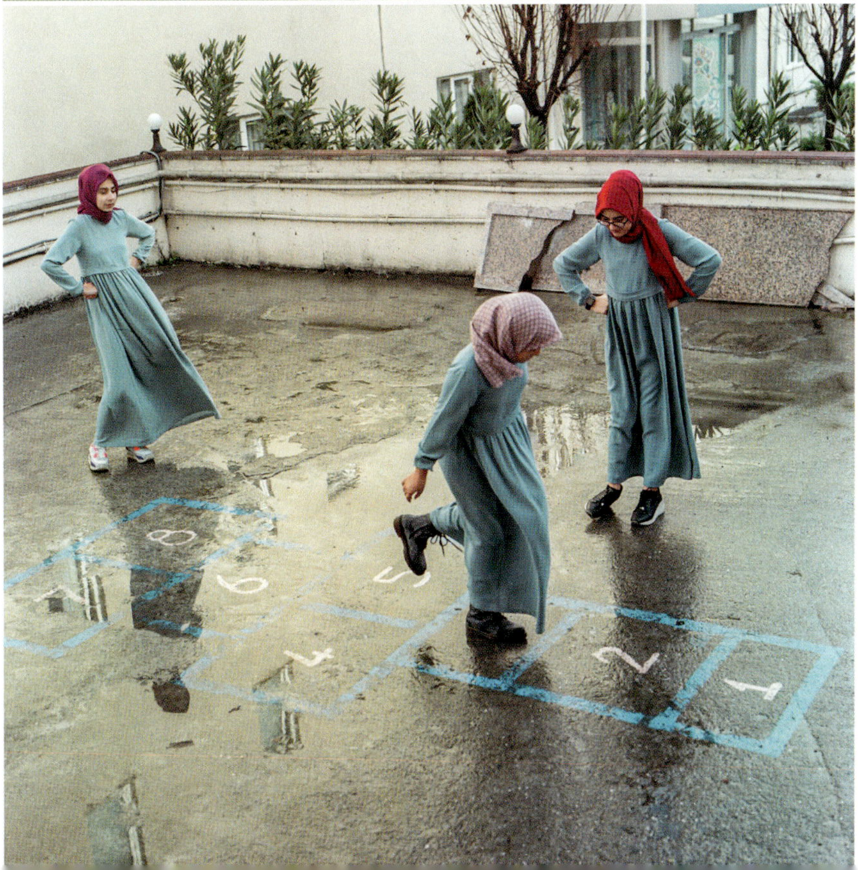

JEAN-CLAUDE COUTAUSSE

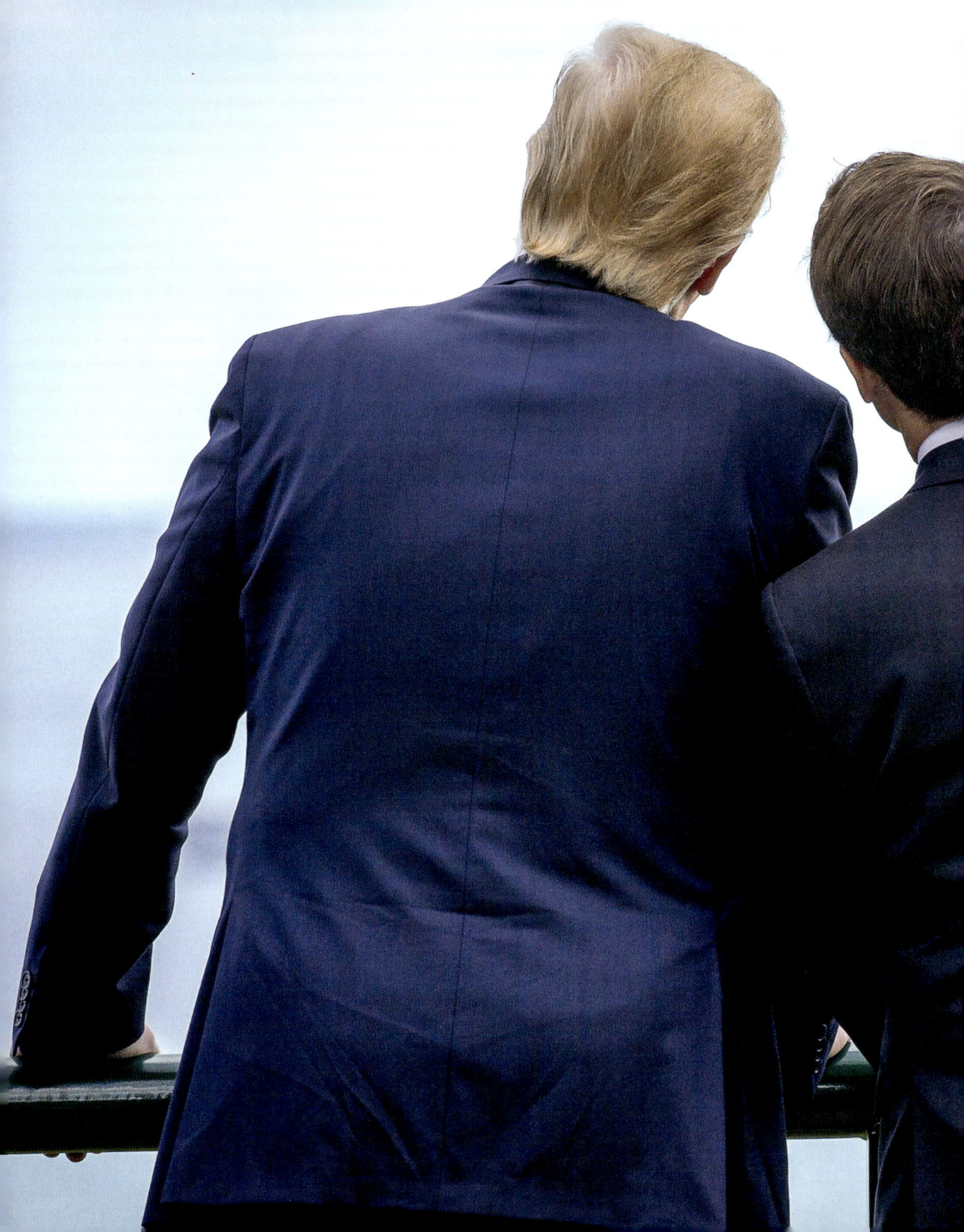

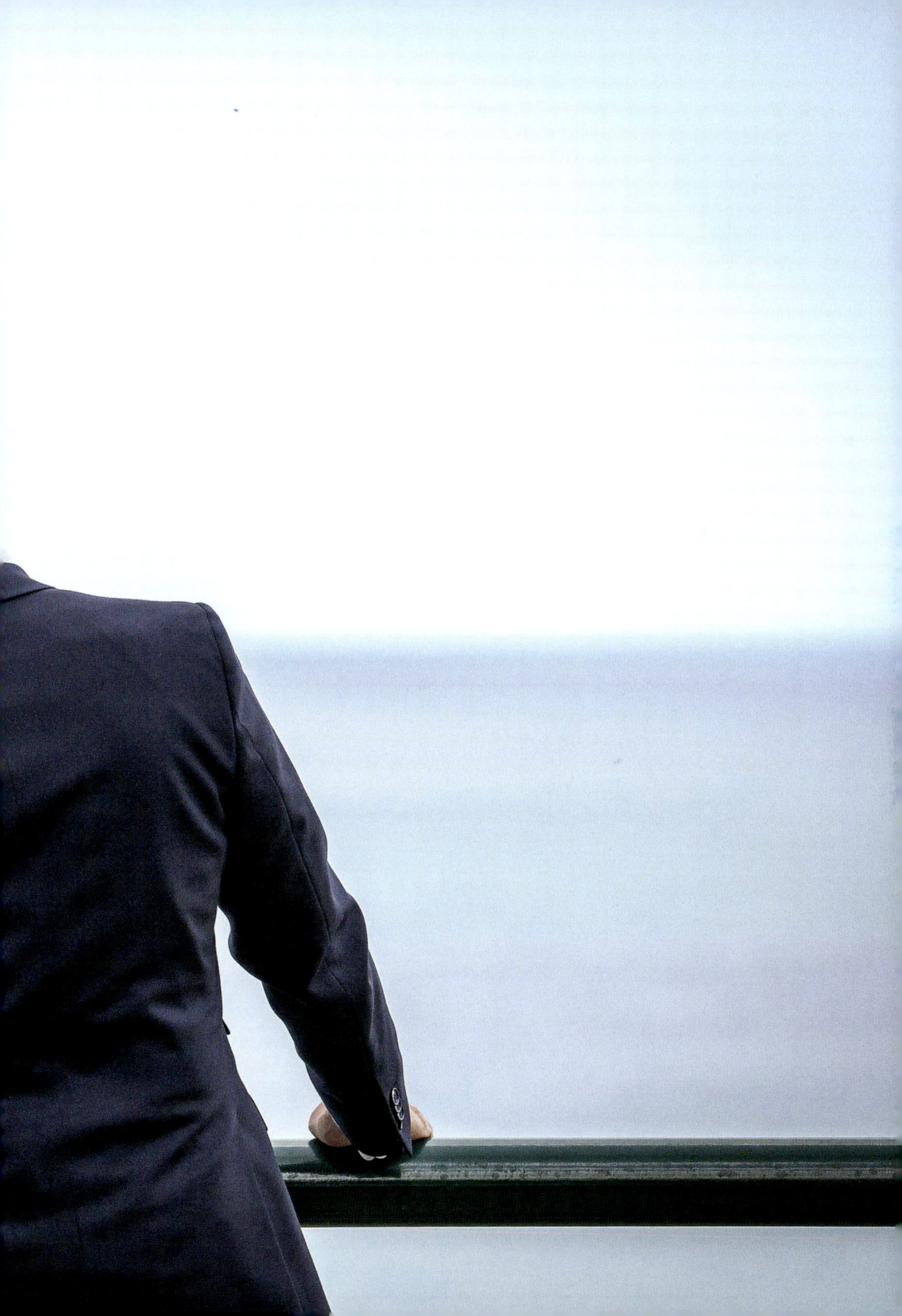

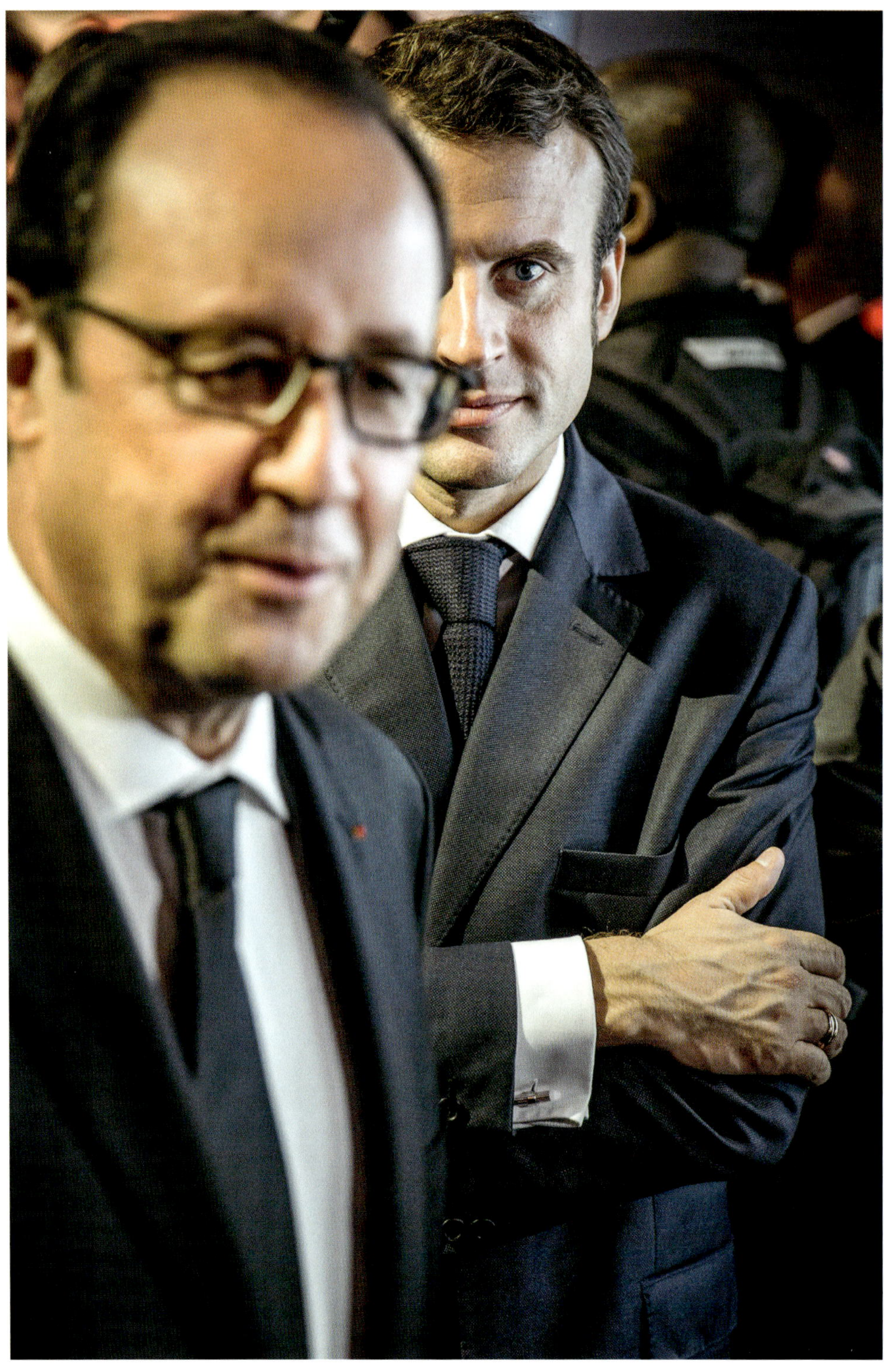

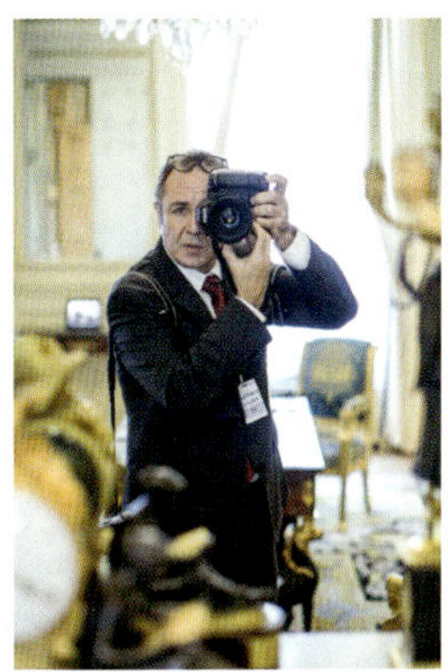

JEAN-CLAUDE COUTAUSSE

Bains de foule
On the Campaign Trail

À quoi sert une photographie politique ? À rien ou beaucoup. Tout dépend de la sincérité de son auteur. Une image ne dit jamais la vérité, mais on peut éviter de la faire mentir.

Je ne raconte plus la politique comme une comédie depuis que je me suis rendu compte que j'avais devant moi des personnages de tragédie. Pas ces notables qui se limitent aux mandats de député ou aux portefeuilles de ministre, mais ces quelques femmes et hommes qui mettent en jeu leur vie, leur nom, pour partir à la conquête d'un pouvoir suprême qu'ils ne redoutent pas d'endosser. Ceux-là ne lâchent jamais.

Le journal *Le Monde* me permet de suivre les grands politiques, inlassablement, au plus près, pour capter ces moments d'euphorie, de fatigue ou de doute qui aideront à dresser leur portrait. Cette rédaction où règne la force du verbe assume depuis une quinzaine d'années la fragilité de mes images.

←←
Emmanuel Macron, président de la République française, et Donald Trump, président des États-Unis, lors des cérémonies pour le 75e anniversaire du débarquement du 6 juin 1945. Cimetière militaire américain de Colleville-sur-Mer, 6 juin 2019.

Emmanuel Macron, President of the French Republic, and Donald Trump, President of the United States, at a commemoration of the 75th anniversary of the D-Day landings on June 6, 1945. Normandy American Cemetery, Colleville-sur-Mer, June 6, 2019.
© pour/for *Le Monde*

←
François Hollande, président de la République, et Emmanuel Macron, ministre de l'Économie, de l'Industrie et du Numérique, au Mondial de l'auto. Porte de Versailles, Paris, 3 octobre 2014.

President François Hollande and his Minister for the Economy, Industry and Digital Affairs, Emmanuel Macron, at the Paris Motor Show. Porte de Versailles, Paris, October 3, 2014.
© pour/for *M le magazine du Monde*

Je ne peux photographier la politique que pour un journal. Il n'y a pas de photographie universelle, il faut savoir à qui on s'adresse. Je connais aussi bien le lecteur du *Monde* que je connaissais celui de *Libération* dans les années 1980.
Travailler pour une rédaction permet également d'échapper à la pression des communicants, ceux qui font du photojournalisme politique un photojournalisme captif, réduisent les espaces et les temps de prises de vue, nous ramènent vers les axes officiels et nous remplacent par des photographes maison. Ainsi je photographie aussi la politique pour ne pas laisser la communication l'emporter sur le réel.

Jean-Claude Coutausse

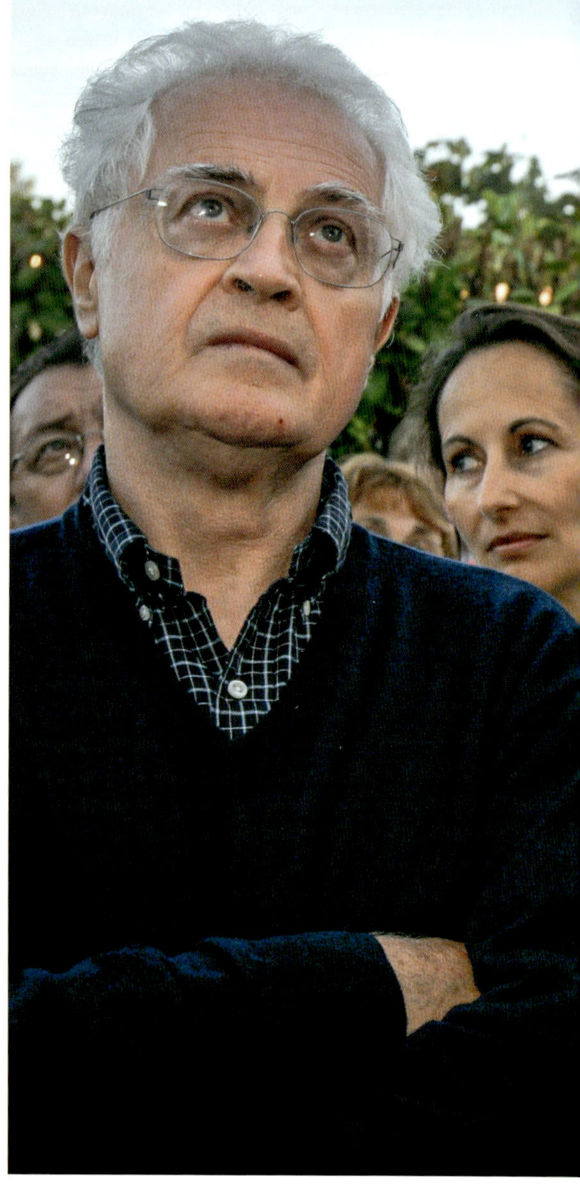

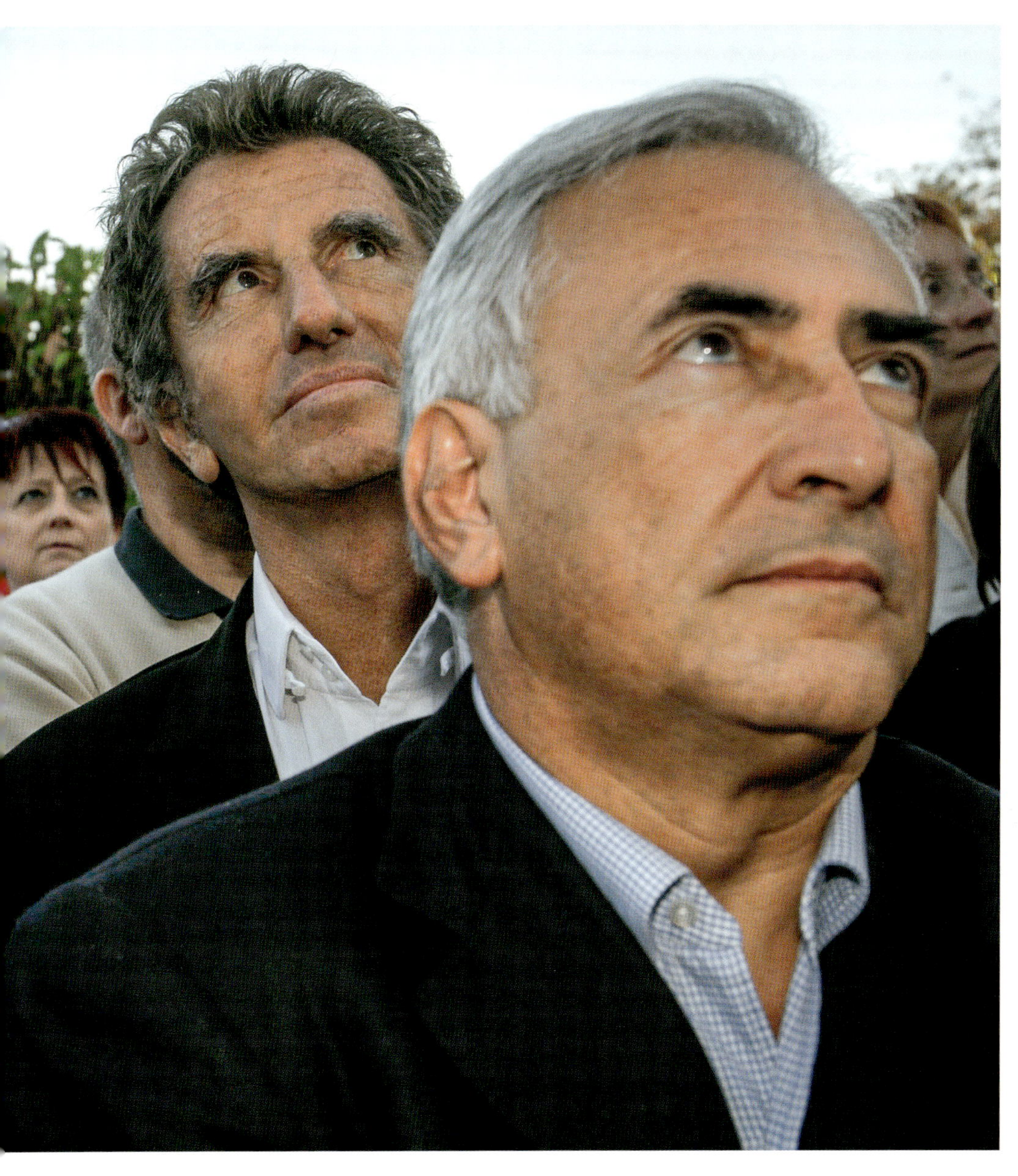

↑
Lionel Jospin, Ségolène Royal, Jack Lang et Dominique Strauss-Kahn à l'université d'été du Parti socialiste. La Rochelle, 25 août 2005.

Lionel Jospin, Ségolène Royal, Jack Lang and Dominique Strauss-Kahn at the Socialist Party summer school. La Rochelle, August 25, 2005.

Does political photography serve a purpose? Not really, or perhaps not at all. It depends on the sincerity of the photographer. A picture can never tell the truth, but it should not mislead.
I no longer present politics as a comedy; I stopped doing that when I realized that the people in front of me were characters from a tragedy. I am not talking about distinguished members of parliament or ministers, but rather about the few men and women who put their lives and reputations at stake in a bid to conquer the ultimate position of power which they willingly accept. These are the ones who never give up.
While working for the daily newspaper *Le Monde* I have been able to cover political leaders, following them at close range to capture moments of joy, exhaustion and doubt that all contribute to their portrayal. The editorial team of *Le Monde* newspaper where the written word reigns supreme has, for fifteen years now, accepted my fragile images.
The only way I can cover politics is for a newspaper. There is no such thing as universal photography; we need to know who the audience is. I know who the readers of *Le Monde* are, just as I knew the readers of *Libération* in the 1980s.
Working for an editorial board is also a way of getting away from the pressure of the communications staff, those people who have turned political reporting into captive photojournalism, cutting back on space to move and time to shoot pictures, bringing us in line with official views and replacing us with in-house photographers. Therefore I am also covering politics to stop communication taking over the real world.

Jean-Claude Coutausse

↗
François Mitterrand, président de la République, donne le départ d'un concours de labour. Château-Chinon, septembre 1987.

President of the French Republic, François Mitterrand, firing the starting shot at a plowing contest. Château-Chinon, September 1987.
© pour/for *Libération*

↘
Fin des assises du RPR. De gauche à droite : Jacques Chaban-Delmas, Édouard Balladur, Jacques Toubon et Jacques Chirac. Porte de Versailles, Paris, 23 mai 1987.

Closing the meeting of the conservative RPR party. Left to right: Jacques Chaban-Delmas, Édouard Balladur, Jacques Toubon and Jacques Chirac. Porte de Versailles trade show venue, Paris, May 23, 1987.
© pour/for *Libération*

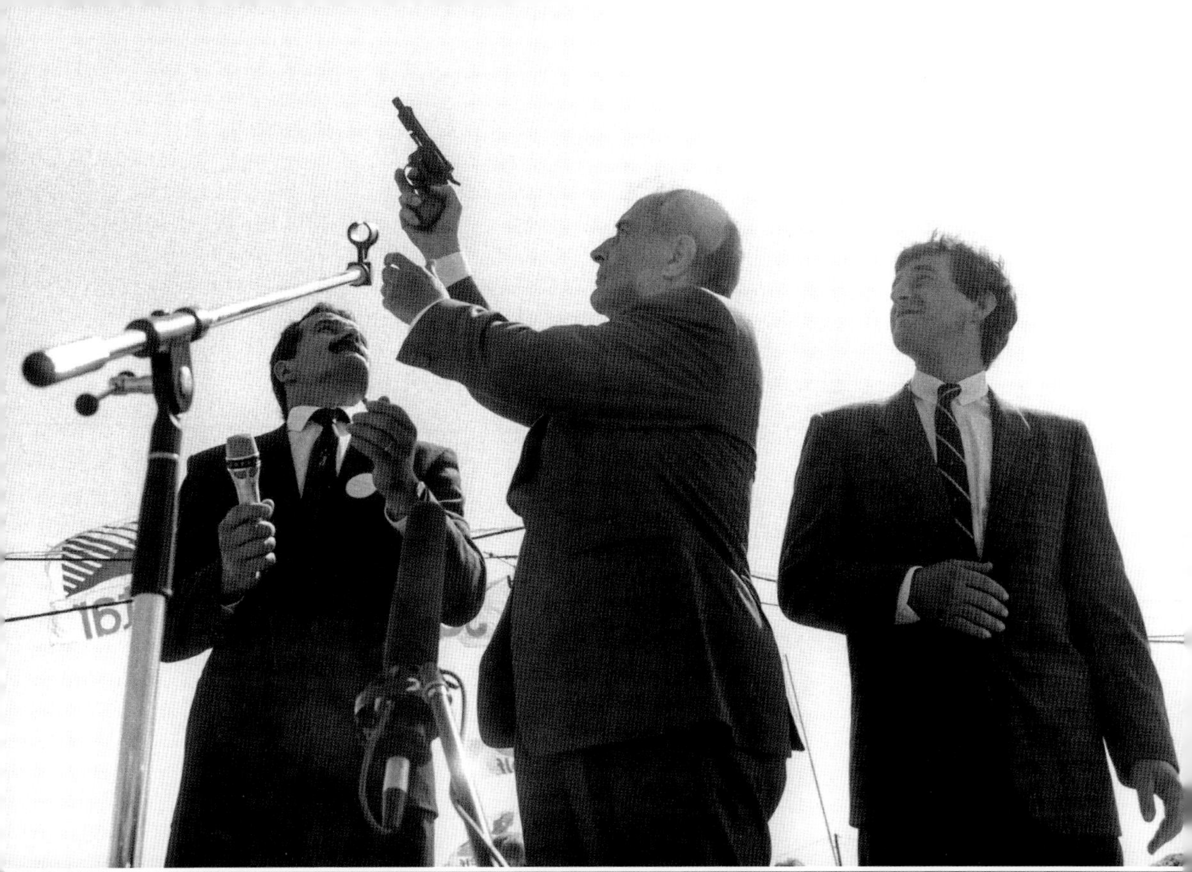

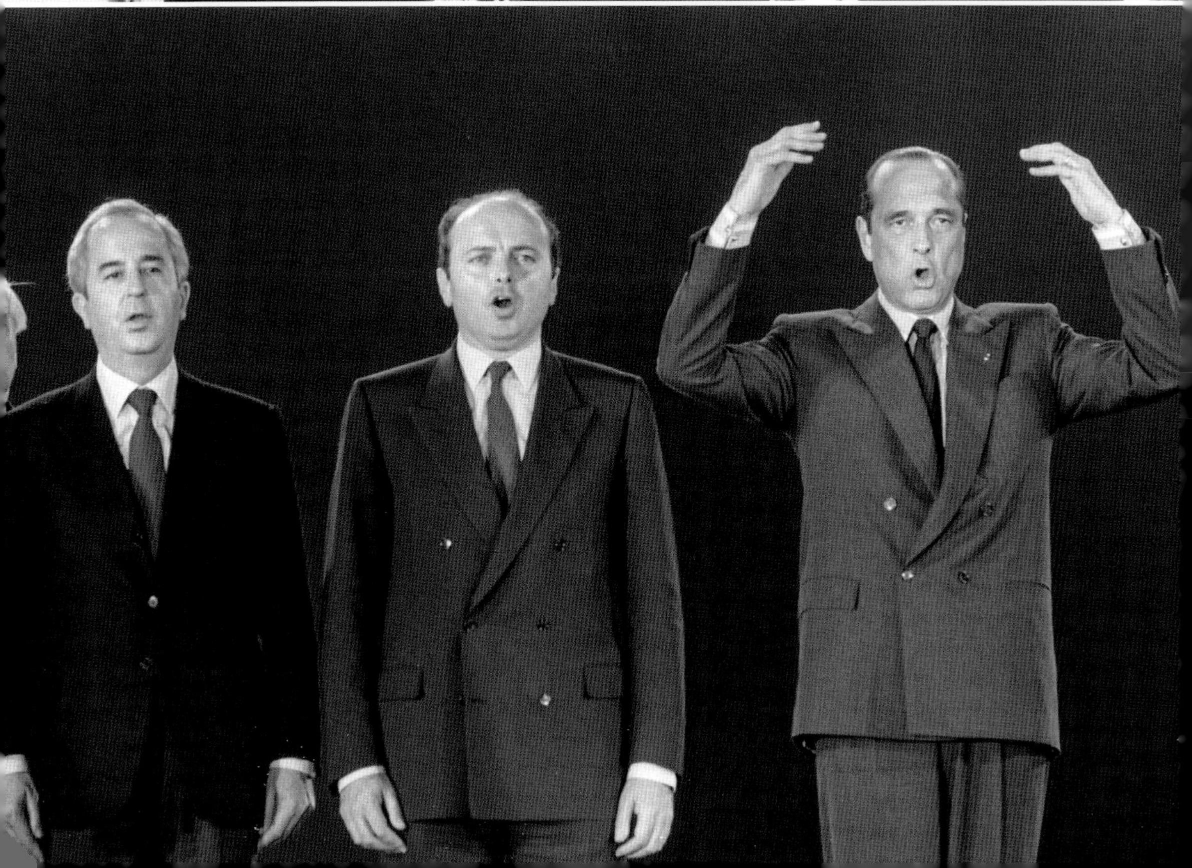

ALAIN ERNOULT

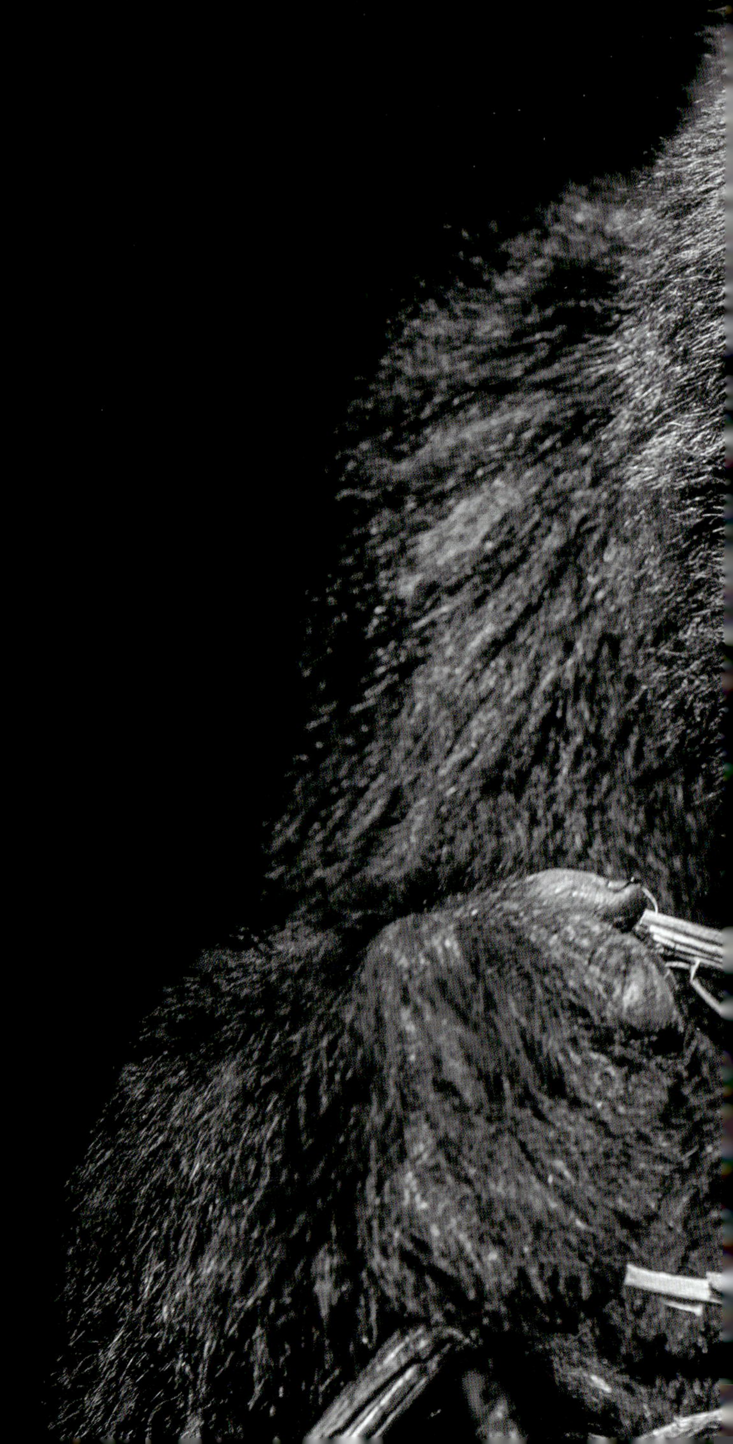

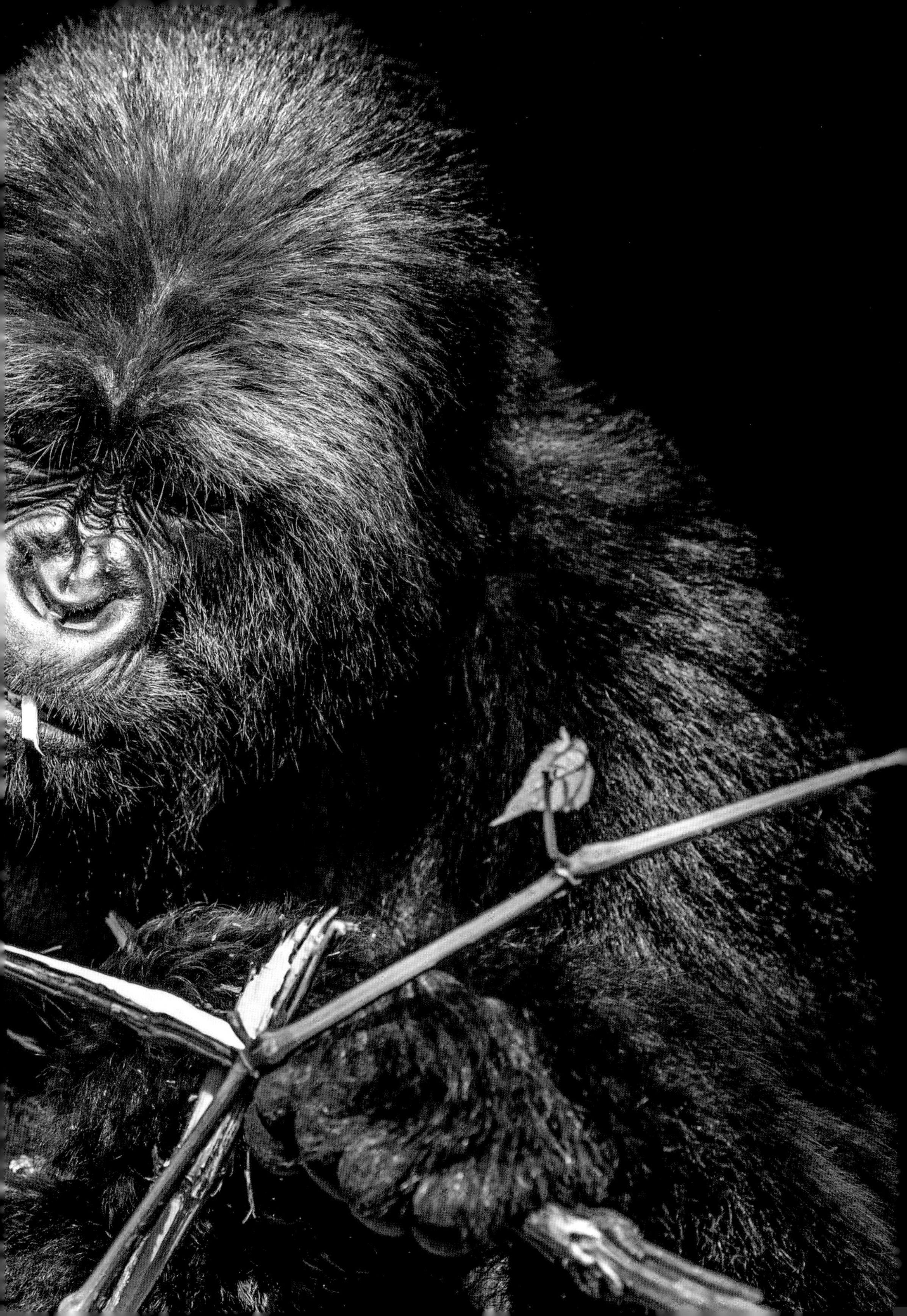

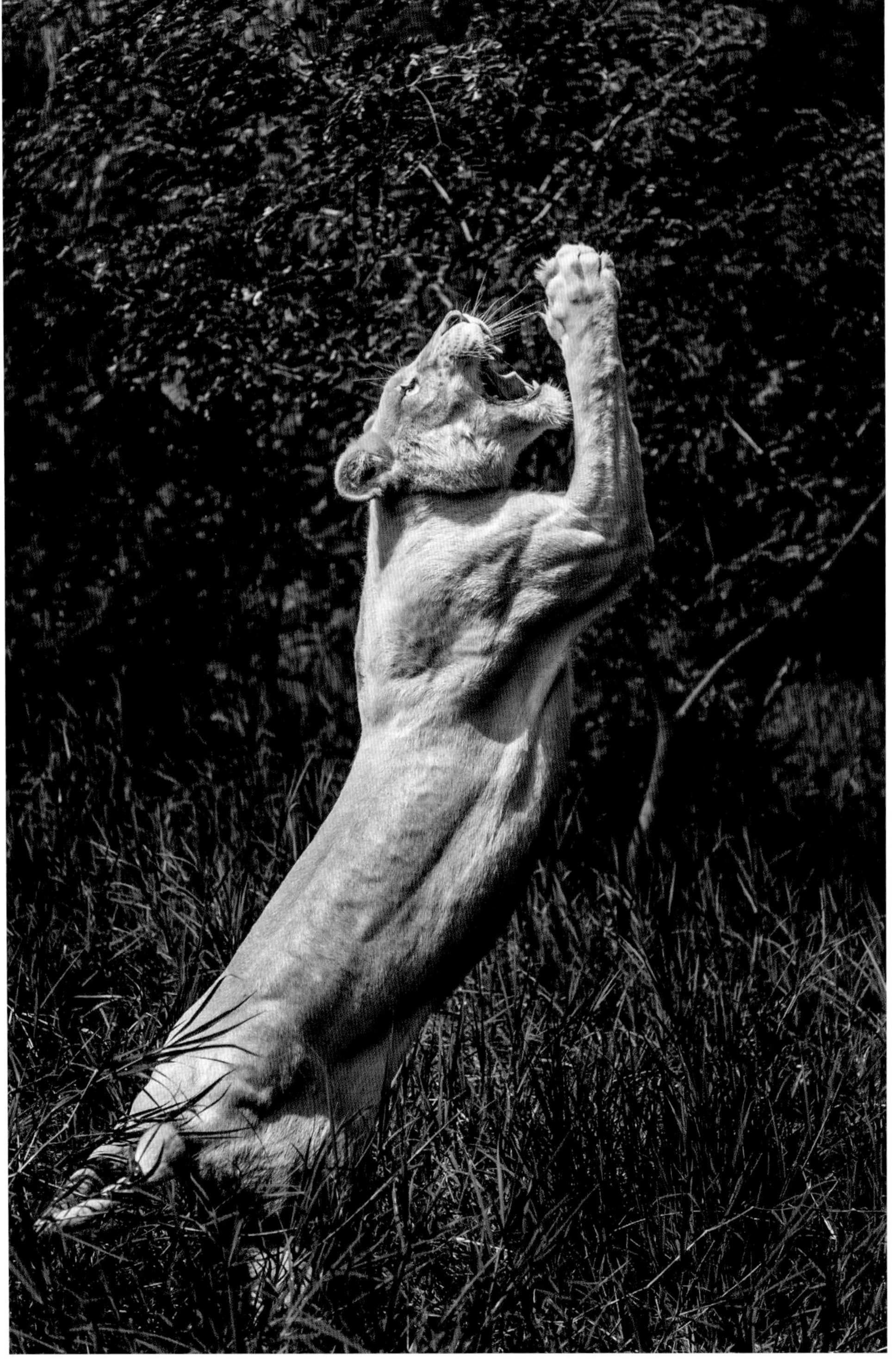

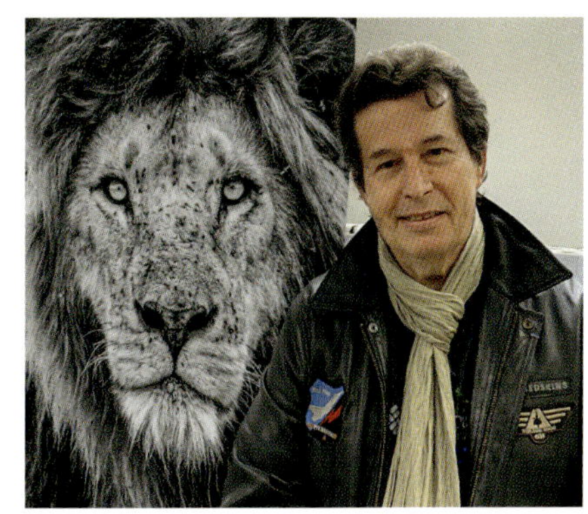

ALAIN ERNOULT

La Sixième Extinction
The 6th Extinction

Aujourd'hui nous connaissons bien les causes de cette apocalypse environnementale à laquelle nous sommes confrontés : le changement climatique, la surexploitation des ressources, la pollution, la destruction des habitats naturels, les espèces invasives, la déforestation massive et l'agriculture intensive ont entraîné des dommages irréversibles. Depuis 1970, les populations de vertébrés ont diminué de plus de 60 %, et depuis 1980, quelque 600 millions d'oiseaux ont disparu en Europe.

L'avenir de la planète dépend aussi de la santé des océans qui sont des grands régulateurs du climat. Le plancton et le phytoplancton absorbent une grande partie du CO_2 de l'atmosphère, mais alors que les températures augmentent et que les océans doivent absorber toujours plus de dioxyde de carbone, l'eau de mer devient de plus en plus acide. À cela s'ajoute la pollution, avec les métaux lourds, les solvants, les boues toxiques et autres déchets industriels déversés dans les eaux du monde. Sous l'effet conjugué de l'acidification des océans et de la pollution, des « zones mortes » se sont formées, provoquant l'asphyxie de la faune marine. Il existe aujourd'hui plus de 400 zones mortes marines dans le monde. Les conséquences s'observent sur toute la biodiversité, des récifs coralliens aux poissons et crustacés.

« Une grande partie de la nature est déjà perdue et ce qui reste continue de décliner »,

←←
Gorille de montagne (*Gorilla beringei beringei*), parc national des volcans, Rwanda. (Liste rouge de l'UICN : Espèce menacée d'extinction)

Mountain gorilla (Gorilla beringei ssp. beringei), *Volcanoes National Park, Rwanda. [IUCN Red List of Threatened Species: Endangered]*

←
Lion (*Panthera leo*) dans la savane, Afrique du Sud. (Liste rouge de l'UICN : Espèce vulnérable)

Lion (Panthera leo) *in the savannah, South Africa. [IUCN Red List of Threatened Species: Vulnerable]*

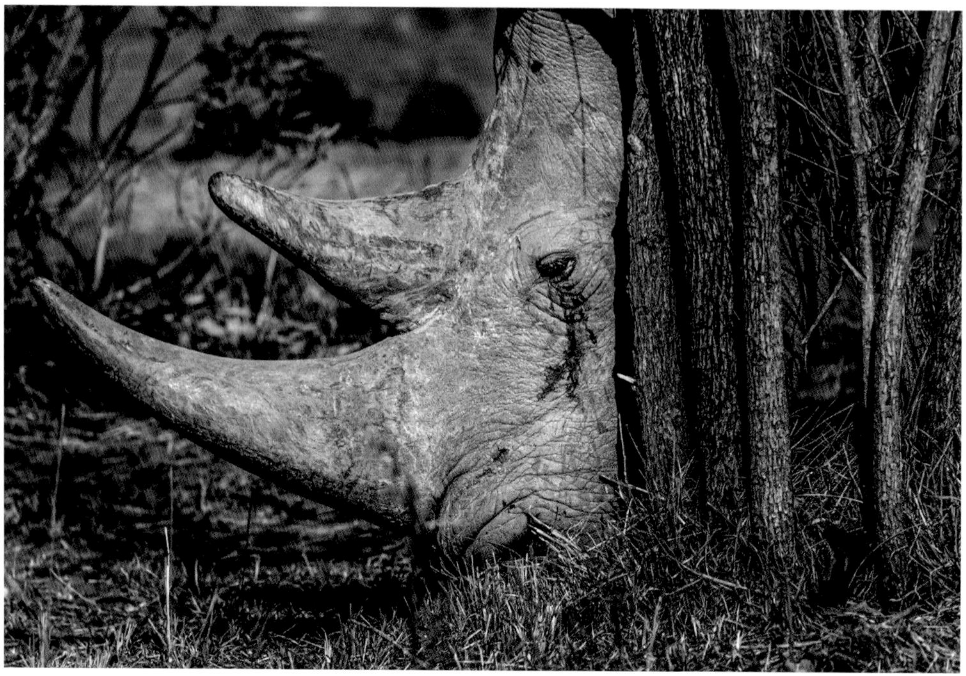

a alerté le groupe d'experts de l'ONU sur la biodiversité. Sur les 8 millions d'espèces animales estimées sur la planète (dont 5,5 millions d'insectes), jusqu'à un million sont menacées d'extinction, et beaucoup pourraient disparaître dans les prochaines décennies.

Les espèces dites charismatiques (le lion, l'éléphant, la girafe, le léopard, le panda, le guépard, l'ours polaire, le loup, le gorille) sont souvent des espèces ingénieurs qui façonnent leur environnement, comme l'éléphant qui en abattant des arbres empêche la savane de se transformer en forêt. On parle également d'espèces parapluie : leur préservation protège indirectement toutes les espèces vivant dans le même habitat. Et ces grands mammifères, moins diversifiés, sont plus vulnérables. Leur disparition n'est que la partie émergée de l'iceberg, signe d'un déclin de la biodiversité sans précédent et d'un effondrement des écosystèmes.

Mon travail sur ce qu'on appelle la « sixième extinction » vise à éveiller les consciences sur la vulnérabilité des espèces de notre monde au travers d'un concept photographique centré sur la transmission de l'émotion. Être au plus près de l'animal me permet de capter l'instant magique qui fera la force des images. La bienveillance, l'éveil, la conscience aiguë de l'autre et le respect des espèces non humaines sont des valeurs clés pour observer notre monde.

↑
Rhinocéros blanc (*Ceratotherium simum*), Afrique du Sud. (Liste rouge de l'UICN : Espèce quasi menacée de disparition)

White rhinoceros (Ceratotherium simum), *South Africa. [IUCN Red List of Threatened Species: Near threatened]*

↗
Girafe (*Giraffa camelopardalis*), zone de conservation de Ngorongoro, Tanzanie. (Liste rouge de l'UICN : Espèce vulnérable)

Giraffe (Giraffa camelopardalis), *Ngorongoro Conservation Area, Tanzania. [IUCN Red List of Threatened Species: Vulnerable]*

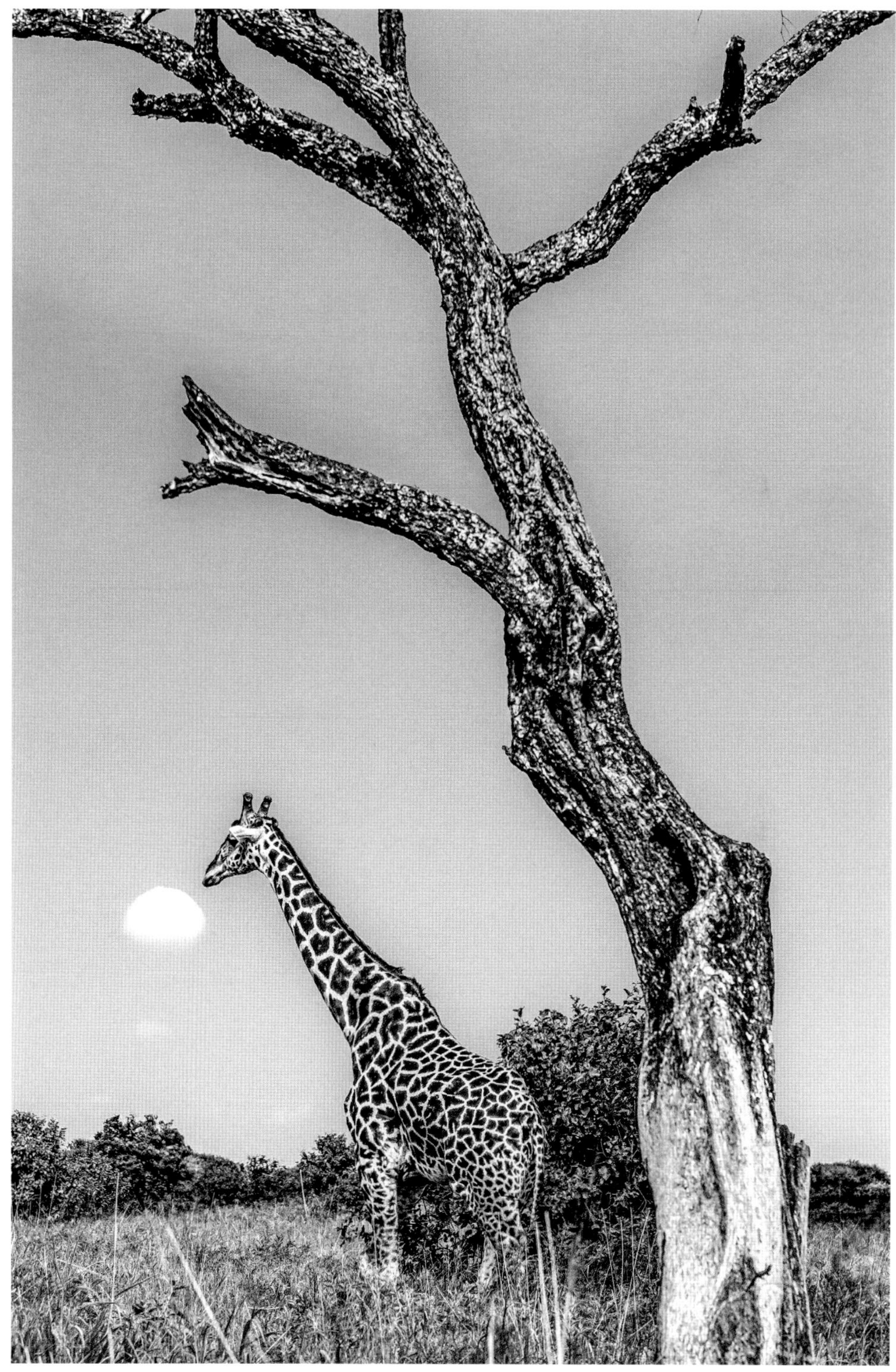

The environmental apocalypse confronting the world today now has recognized causes: climate change, overexploitation of resources, pollution, the loss of natural habitats, invasive species and the impact of massive deforestation and intensive agriculture, all causing permanent damage. Since 1970, vertebrate populations have declined in size by 60%; since 1980, some 600 million birds have been lost across Europe.
The future of the planet also depends on the oceans responding to climate change. Plankton and phytoplankton absorb CO_2, but as temperatures rise and the oceans continue to absorb more carbon, the sea water becomes more acidic. And there is pollution, including industrial waste with heavy metals, solvents and toxic sludge. As a result "dead zones" have formed, unable to support most marine life; worldwide there are now more than 400 marine dead zones. The impact can be seen at every level, from coral reefs to fish and crustaceans.
According to the report by IPBES, the United Nations expert group on biodiversity, a large part of nature has already been lost and the decline continues. Of an estimated 8 million animals on earth (including 5.5 million insects) up to one million are endangered, and many could become extinct in a matter of years.

Certain species seen as more "charismatic" by humans (the lion, elephant, giraffe, leopard, cheetah, gorilla, panda, wolf and polar bear) can be ecosystem engineers; the elephant, for example, brings down trees and stops the savannah from turning into a forest. There are also umbrella species providing indirect protection to other animals in the same habitat. As large mammals are less diverse they are more vulnerable, and losses of these populations are only the tip of the iceberg of massive decline in biodiversity and the collapse of ecosystems.
My work on the "6th Extinction" is intended to raise awareness on the vulnerability of species around the world. The photographic concept is designed to convey the emotional impact, being as close as possible to the animal so as to capture the magic then conveyed in the pictures. By seeing other species, by being attentive and acutely aware of non-human species and our relationship with them, we have the values needed to observe our own world.

↗
Grue couronnée (*Balearica pavonina*), Afrique du Sud.
(Liste rouge de l'UICN : Espèce vulnérable)

Black crowned crane (Balearica pavonina), *South Africa.*
[IUCN Red List of Threatened Species: Vulnerable]

↘
Ours polaire (*Ursus maritimus*) sur la banquise, côte de la baie d'Hudson, Manitoba, Canada.

(Liste rouge de l'UICN : Espèce menacée d'extinction)

Polar bear (Ursus maritimus) *on pack ice. Hudson Bay, Manitoba, Canada.*
[IUCN Red List of Threatened Species: Vulnerable]

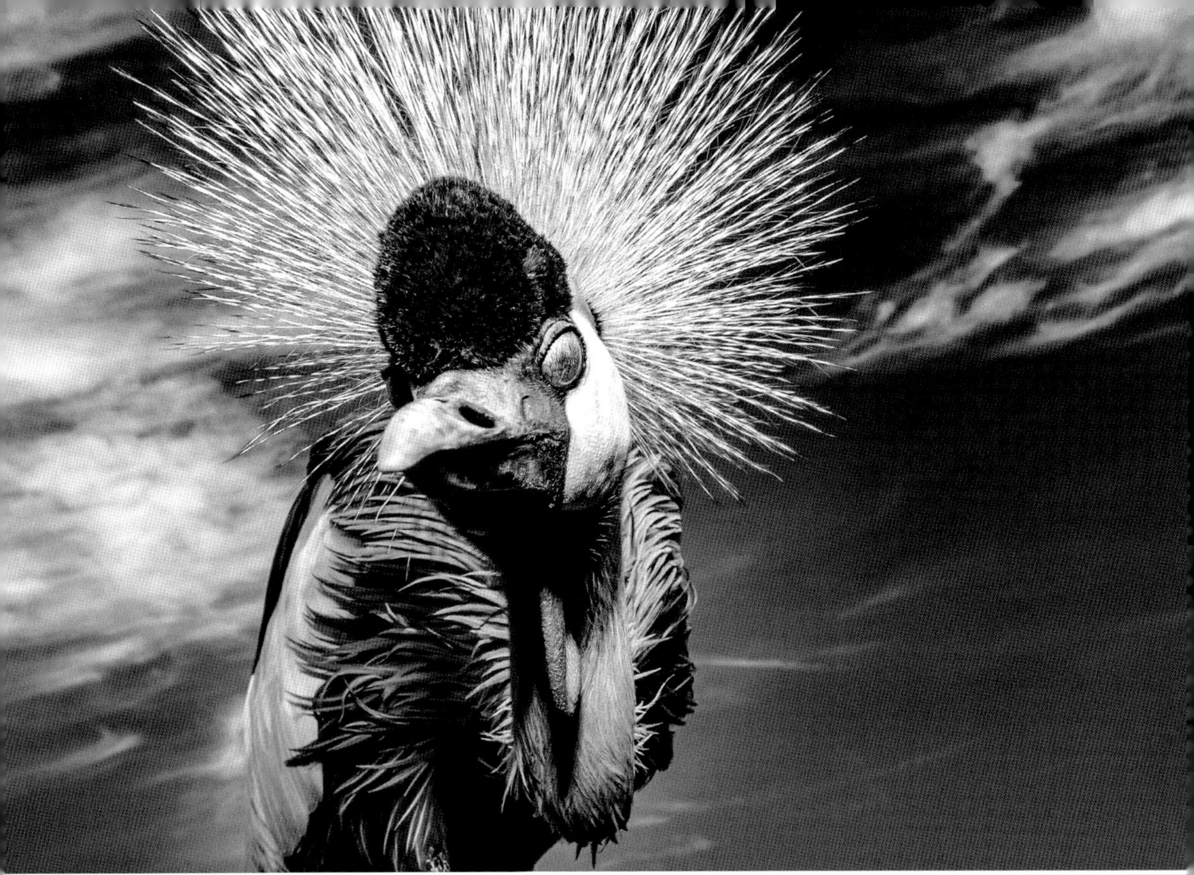

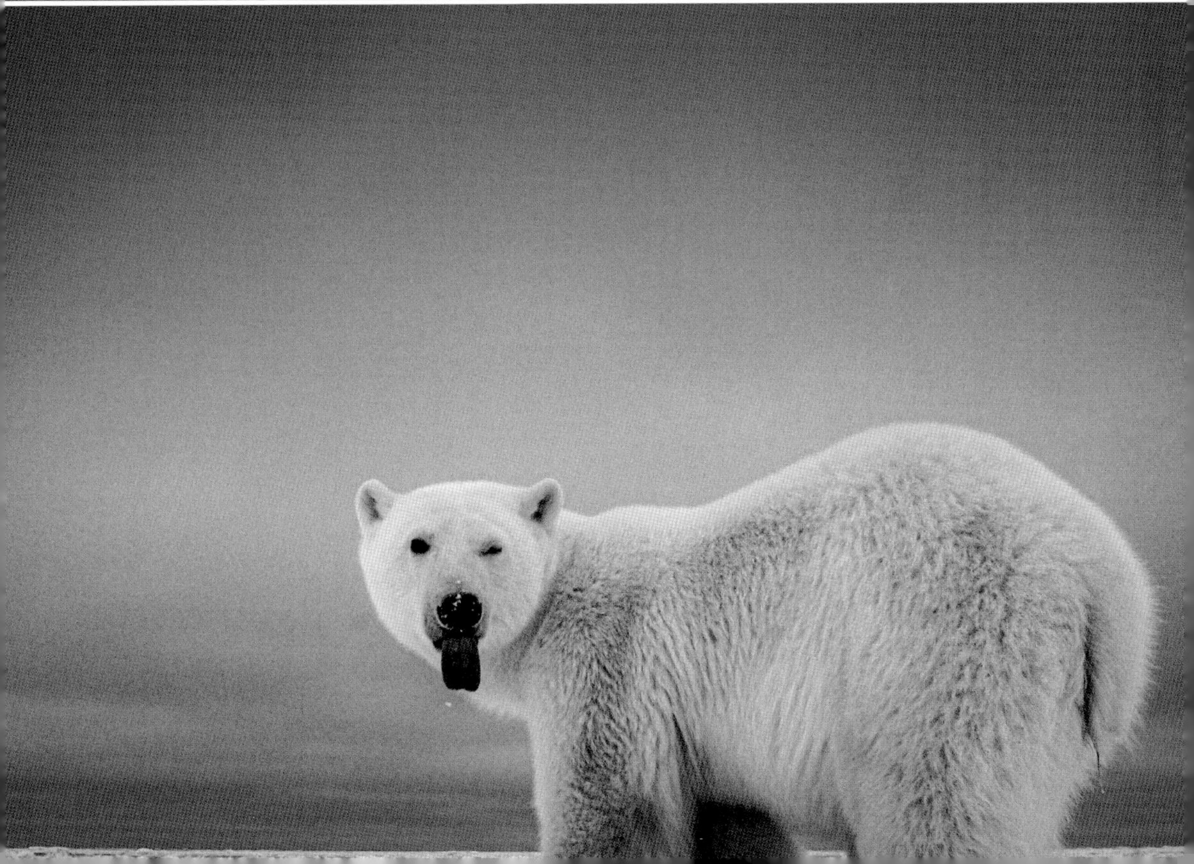

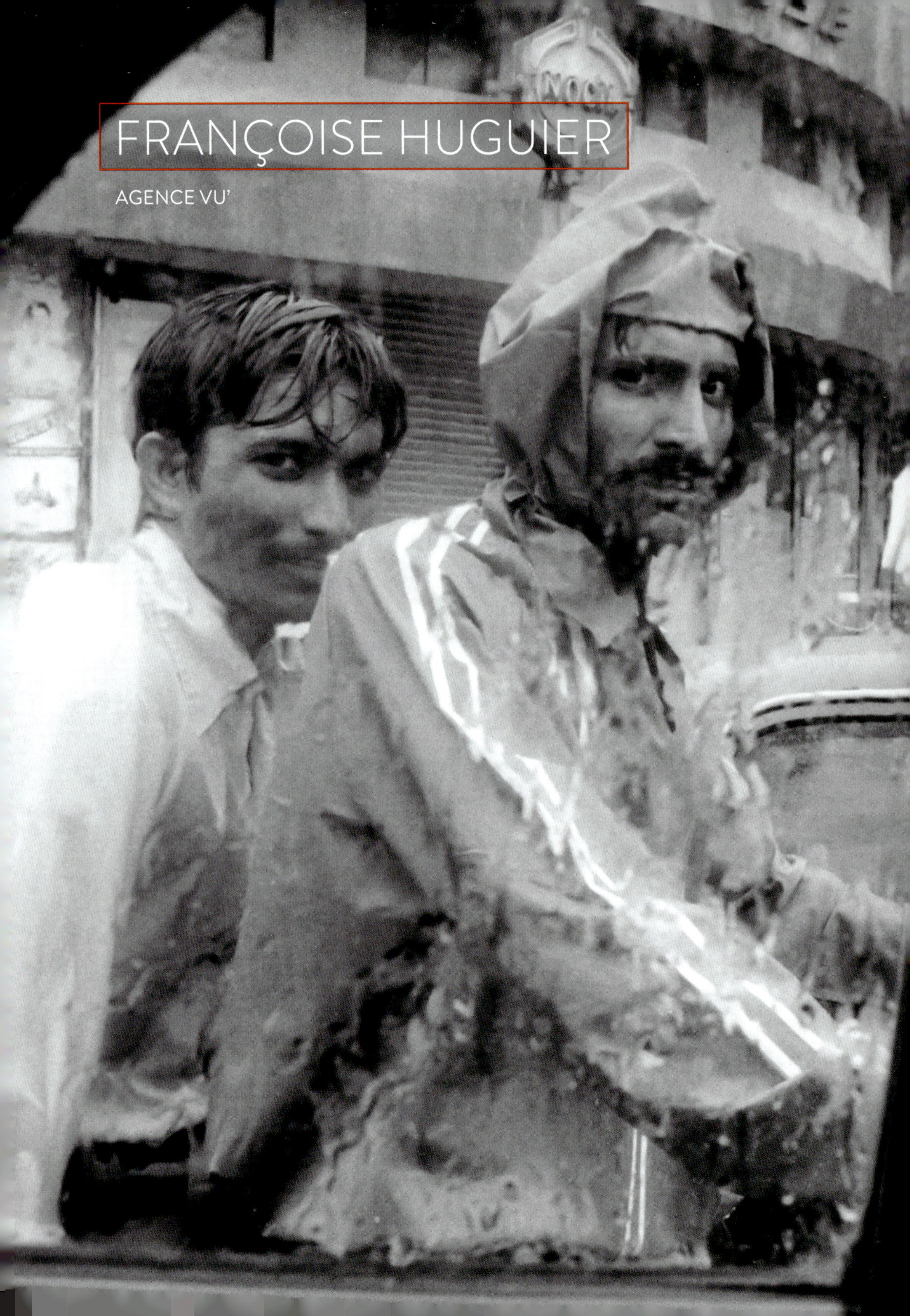

FRANÇOISE HUGUIER

AGENCE VU'

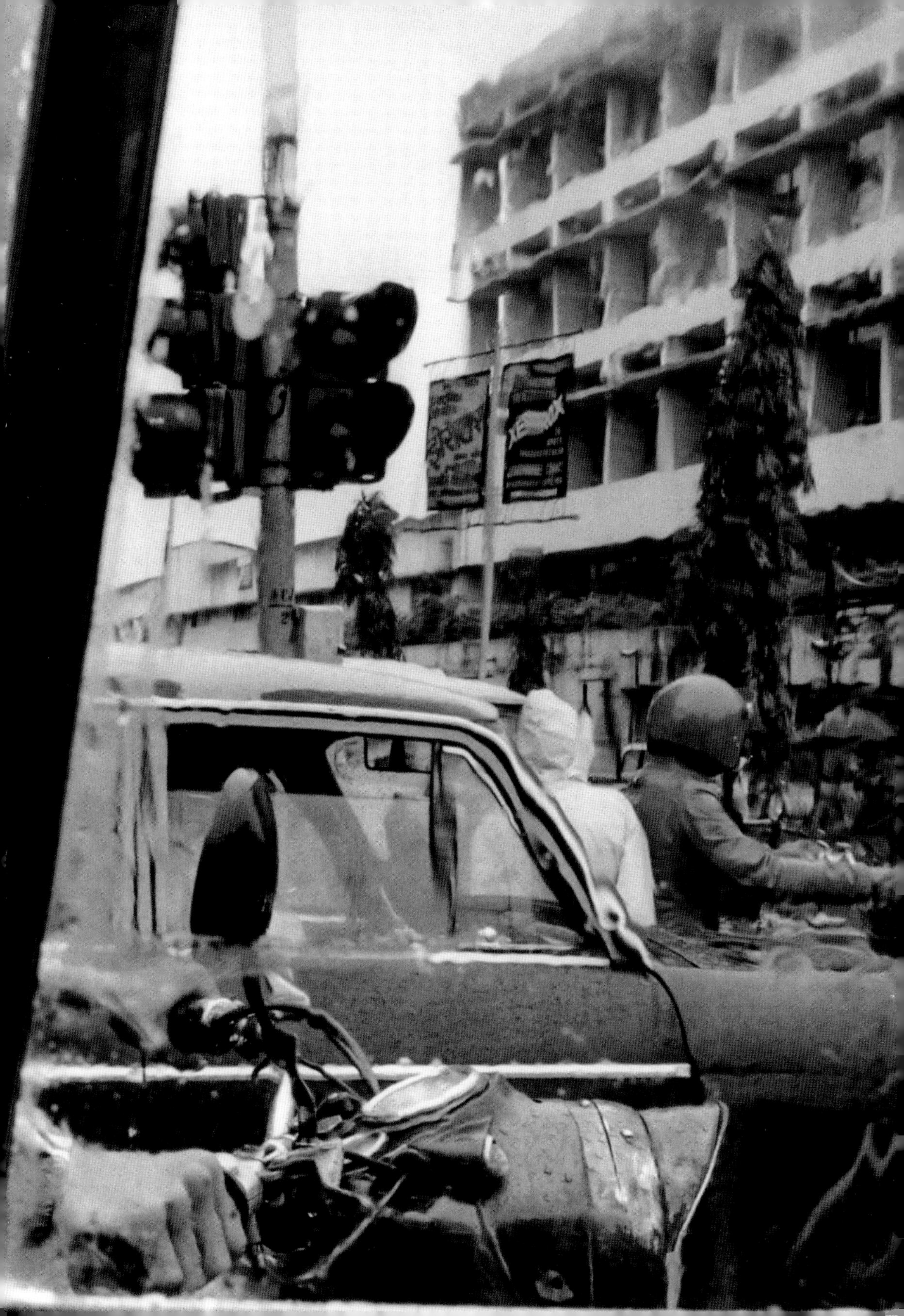

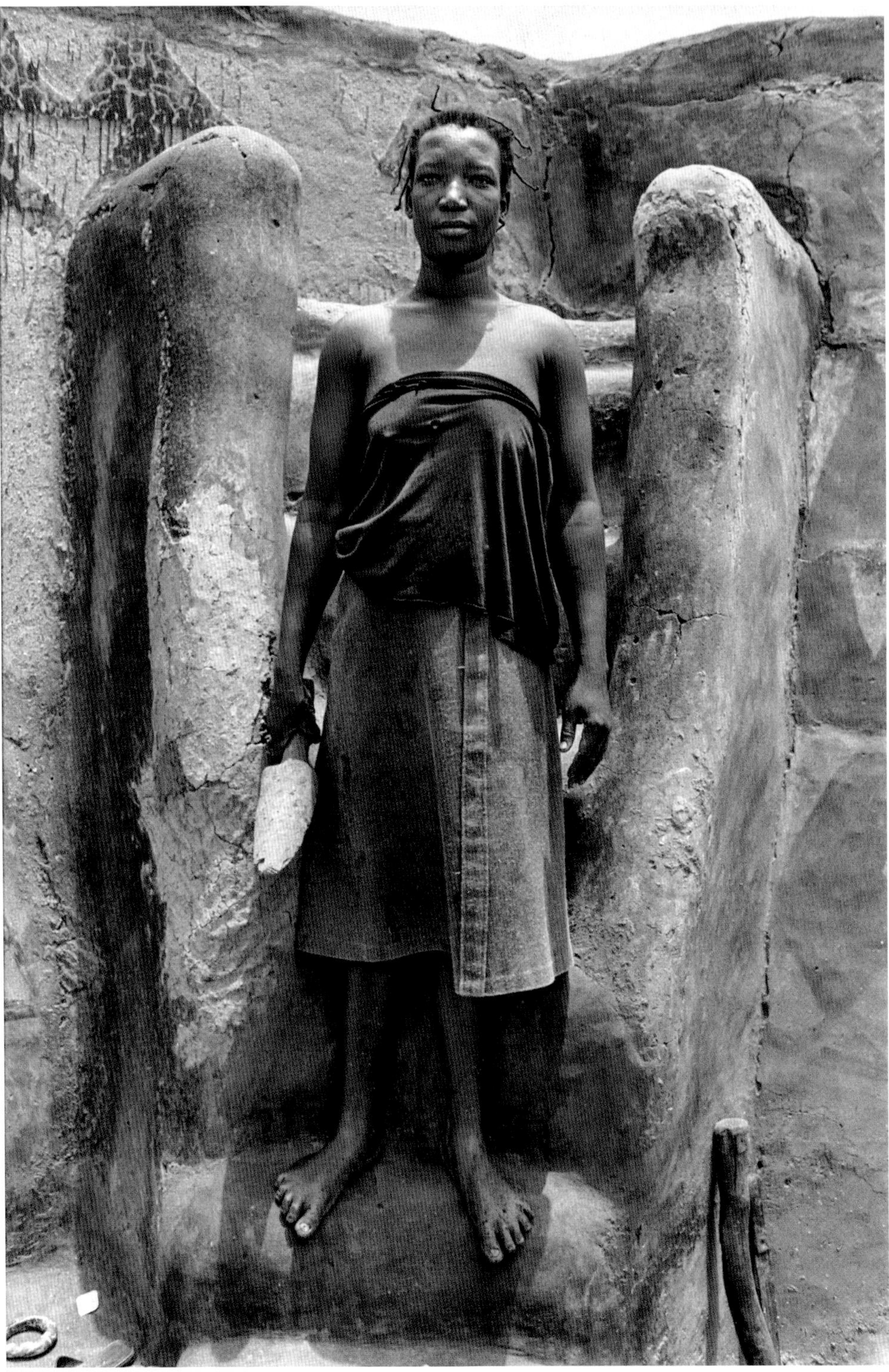

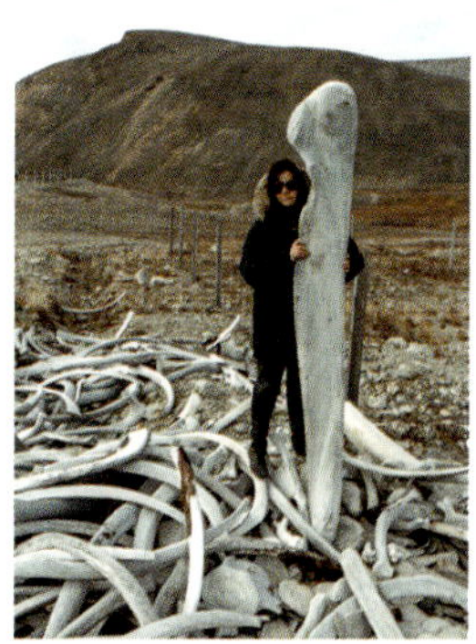

FRANÇOISE HUGUIER

AGENCE VU'

« Toute » en retrait
Discretion

Clouer le bec à ses rivaux en confidences, imposer un silence de cimetière, avoir le dernier mot, fût-il celui de la fin. Raconter sa vie, c'est le plus souvent étrangler celle des autres, l'assassiner. Le goût des autres est surtout le goût de leur sang. Se confier pour mieux se reprendre et se retirer, repu au milieu des cadavres, sur la colline dévastée de ses certitudes.
Comment agir hors cette loi funèbre qui nous congèle ? Comment rompre avec ce quant-à-soi généralisé qui pulvérise le hors de soi ? La solution ne consiste pas à aménager ce système par réformes ou amendements, en organisant par exemple un libre-échange de la confidence sur le mode libéral que l'on sait, ou pire, car ultime entourloupe du commerce organisé, un échange équitable sur un principe prétendument alternatif. Il ne s'agit pas non plus de fuir vers un par-delà censément meilleur, de se mettre en retraite du monde. Certes, on pourrait aussi décréter un violent moratoire qui empêcherait pour quelques heures, quelques mois, quelques années, toute tentative d'oser, pour soi et surtout pour les autres, les « souvenirs personnels ». Mais cette solution, pour humoristique qu'elle soit, ne suffirait pas. Elle devrait être plutôt une dissolution : fuir sur place, devenir nomade mais sans grand mouvement apparent, transhumer en toute imperceptibilité.
Depuis plus de quarante ans, la photographe Françoise Huguier œuvre à ce retrait discret qui n'est pas une retraite. Dans le vocabulaire de l'architecture classique, un retrait désigne une petite pièce dépendant de la chambre à coucher et où l'on peut s'isoler.

←←
Calcutta pendant la mousson, Inde, 1985.

During the monsoon season. Kolkata, India, 1985.

←
Dans un village du pays Lobi au Burkina Faso, 1990.

At a village in Lobi country. Burkina Faso, 1990.

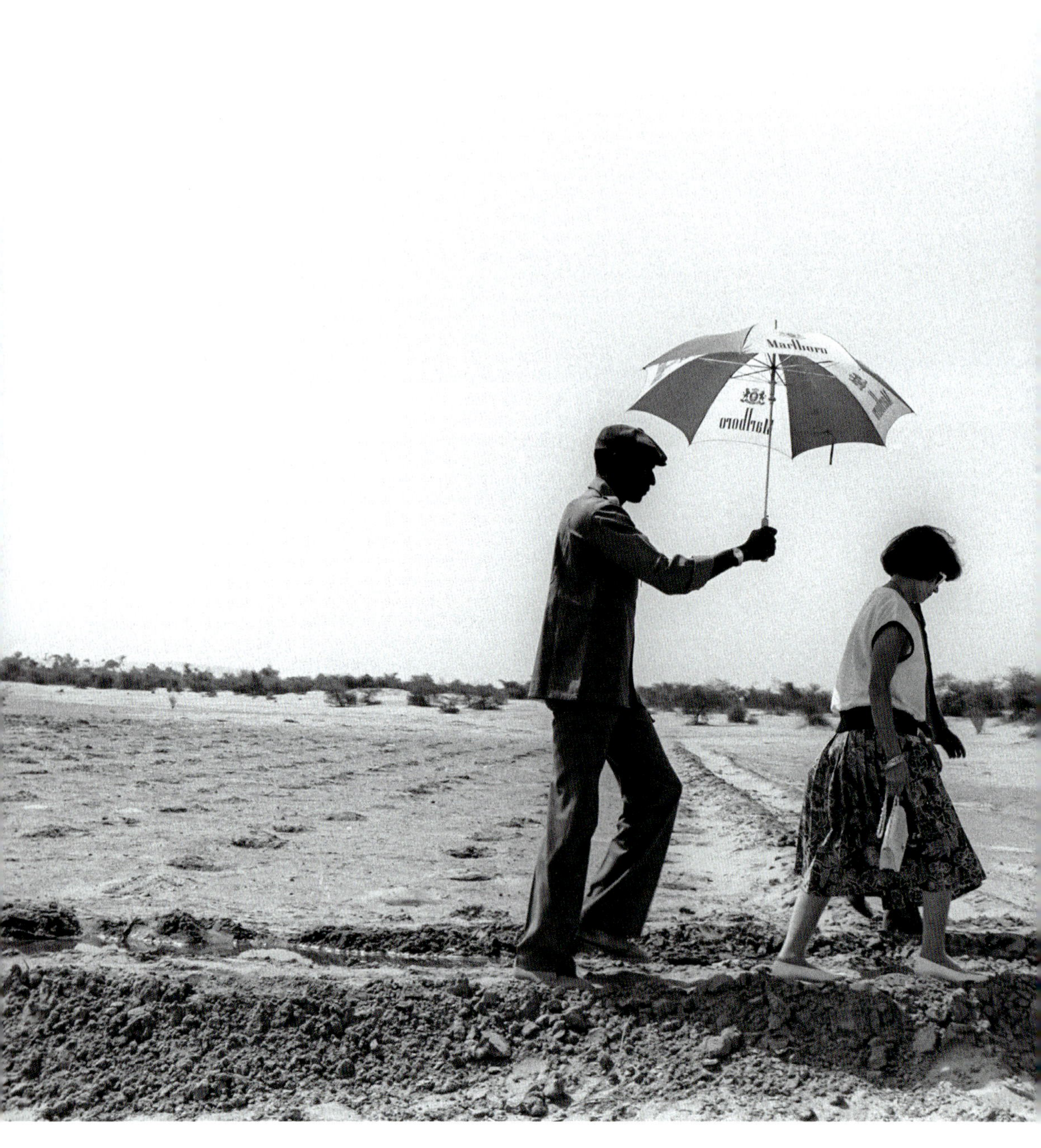

↑
Madame Mitterrand
à Tombouctou, Mali, 1986.

*President Mitterrand's wife.
Timbuktu, Mali, 1986.*

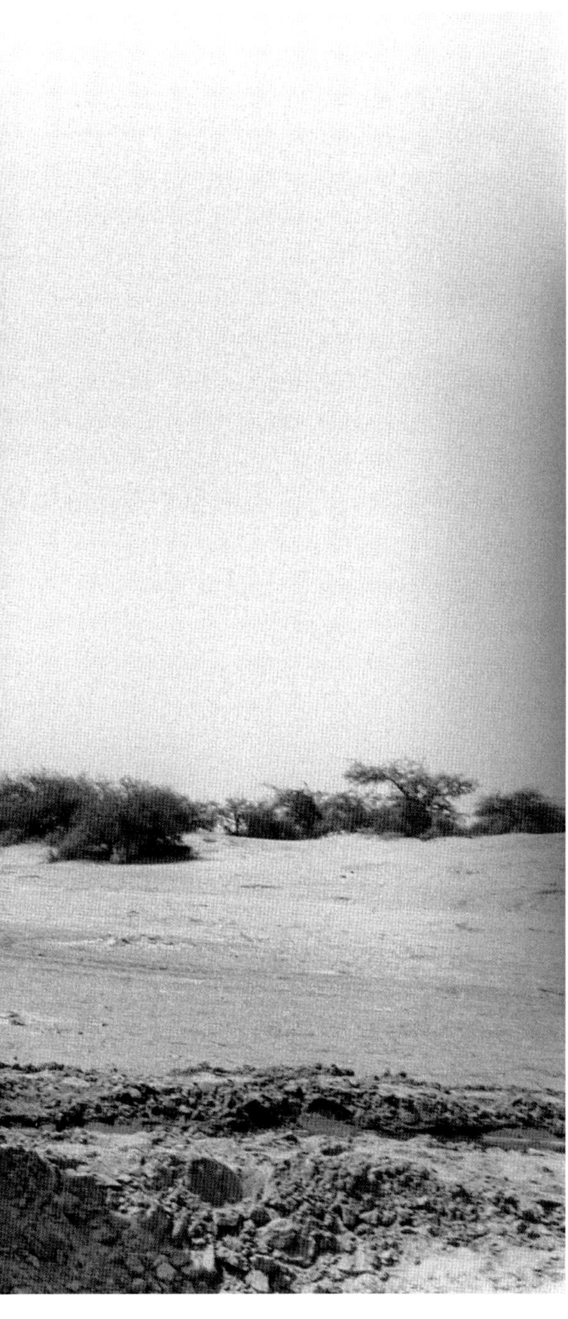

Françoise Huguier est la locataire solitaire de cette chambre noire où elle fomente ses images lumineuses. Difficile à saisir, pas commode à cerner. Il suffit de l'avoir observée au travail. Ce qu'on découvre alors, c'est qu'on ne la voit pratiquement jamais en train de photographier.

Une femme invisible, une grande reporter qui se fait aussi bien toute petite quand elle se planque, plus qu'elle ne se plante, dans les coulisses d'un défilé de mode, dans les limbes de l'Afrique fantôme, dans les soutes de la Sibérie, dans les placards des derniers appartements communautaires de Saint-Pétersbourg ou dans les arrière-boutiques de la société coréenne.

Que veut-elle dire en montrant, développant, exposant, éditant ? Qu'une image vaut mieux qu'un long discours ? Qu'un instantané a valeur de pérennité ? C'est sûrement beaucoup plus compliqué. En Corée, en Île-de-France ou à Deauville, c'est toujours très difficile de photographier l'intimité. Elle ne se précipite pas sur son appareil photo, elle écoute et fait parler les gens de leur vie. Pendant ce temps-là, ses yeux, comme un scanner, repèrent les futures prises de vue et mesurent la lumière. Puis elle demande si elle peut aller aux toilettes, lieu intime qui raconte toujours l'histoire de la famille : photos, journaux, papier toilette. En sortant, elle demande « innocemment » qui est le petit garçon sur la photo, la marque du papier toilette... et là c'est le sésame, on lui propose de visiter l'appartement. Elle réussit à photographier la garde-robe, la propriétaire dans son lit en chemise de nuit ou sous la douche. C'est une technique d'investigation qu'elle n'avait évidemment pas quand elle a commencé la photo.

Au fil du temps, Françoise Huguier a entrepris de raconter sa vie en se penchant sur celle des autres. Ce qu'elle a déjà fait de façon explicite à deux reprises : à la manière d'un autoportrait littéraire (*Au doigt et à l'œil*, Sabine Wespieser, 2014) ou, plus roman-photo, à la façon d'une longue confidence relatant comment, en août 1950, elle fut enlevée par un commando de combattants

du Vietminh sur la plantation cambodgienne d'hévéas dont son père était l'administrateur (*J'avais huit ans*, Actes Sud, 2005).
Mais, comme un paradoxe excitant, c'est peut-être quand elle est au plus proche d'un modèle autobiographique que Françoise Huguier s'en éloigne le plus.

Gérard Lefort

For more than forty years the photographer Françoise Huguier has been working discreetly. She all but defies description, but when trying to observe her at work, it becomes apparent that she is only rarely seen taking a photo.
The woman is invisible, a distinguished reporter distinguished by the art of disappearing, ready to lurk in waiting, in ambush perhaps, whether backstage during a fashion parade, in shadows in Africa or Siberia, in old communal apartments in Saint Petersburg, or behind the scenes in a Korean company.
There is no rush to grab the camera. She listens as people talk about their lives, asking a minor question that can open the path to scenes inside the everyday routine. And so her investigation techniques have developed.

[Translated, abridged and adapted from a text by *Gérard Lefort*]

↗
L'apprentissage de la mort à Séoul, Corée du Sud, 2014.

Learning the experience of death. Seoul, South Korea, 2014.

↘
Nu à la salle de bains dans un kommunalka (appartement communautaire) à Saint-Pétersbourg, Russie, 2007.

In the bathroom of a communal apartment (kommunalka). Saint Petersburg, Russian Federation, 2007.

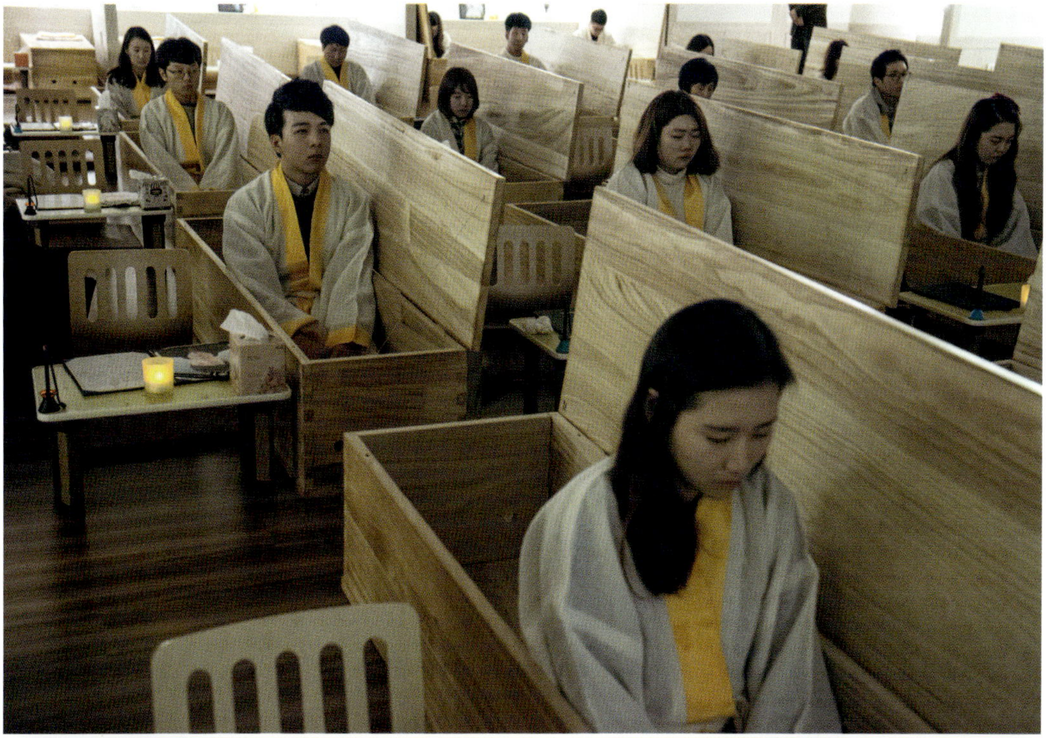

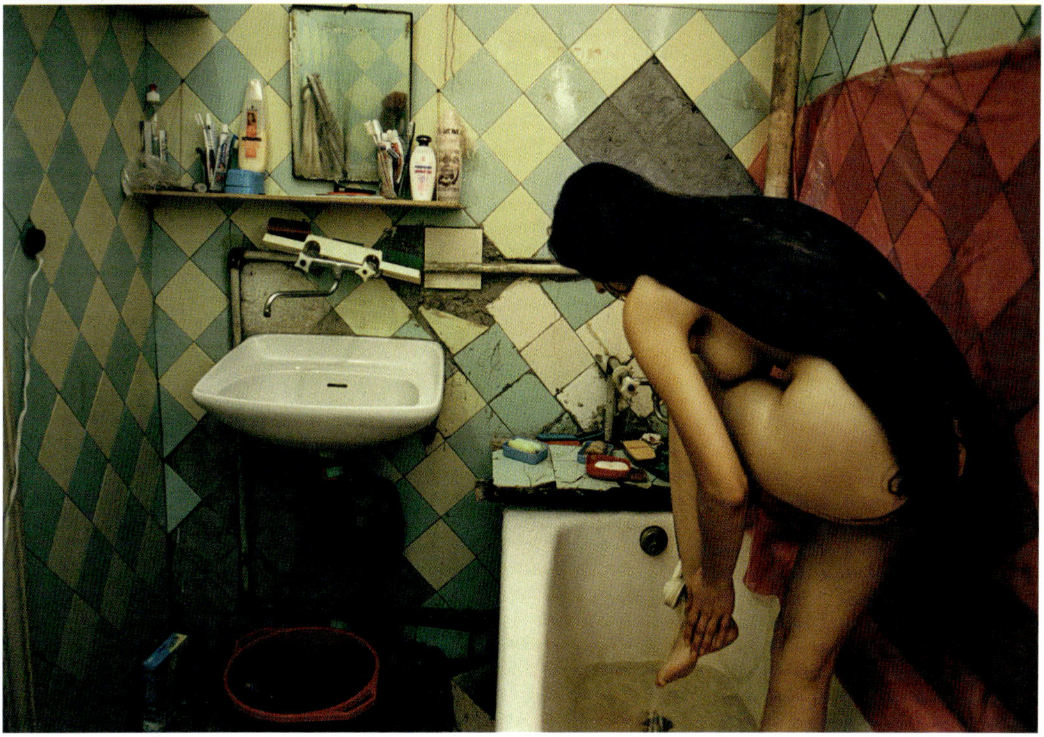

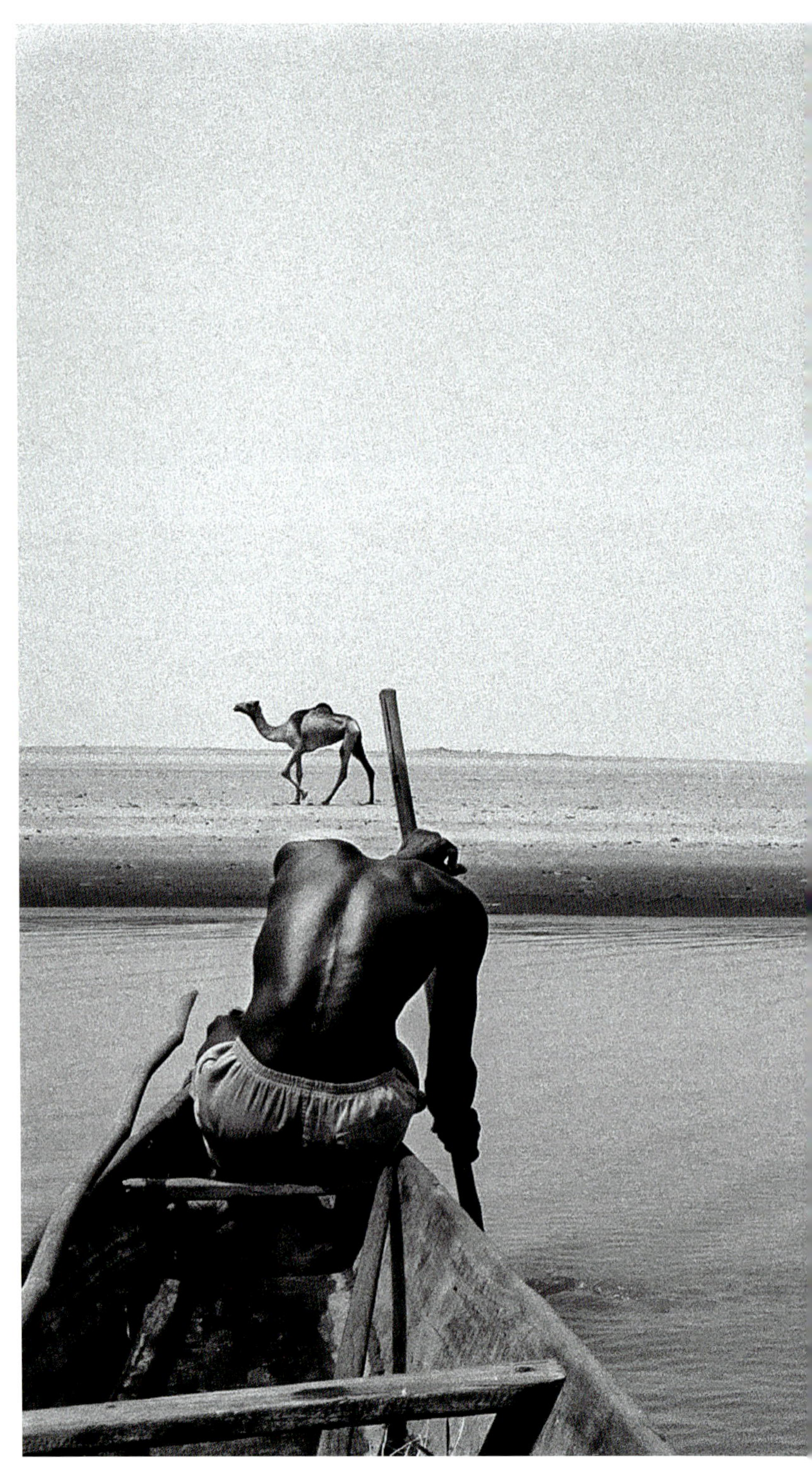

→
Pêcheur bozo sur le Niger près de Tombouctou, Mali, 1989.

A Bozo fisherman on the Niger River. Near Timbuktu, Mali, 1989.

ACACIA JOHNSON

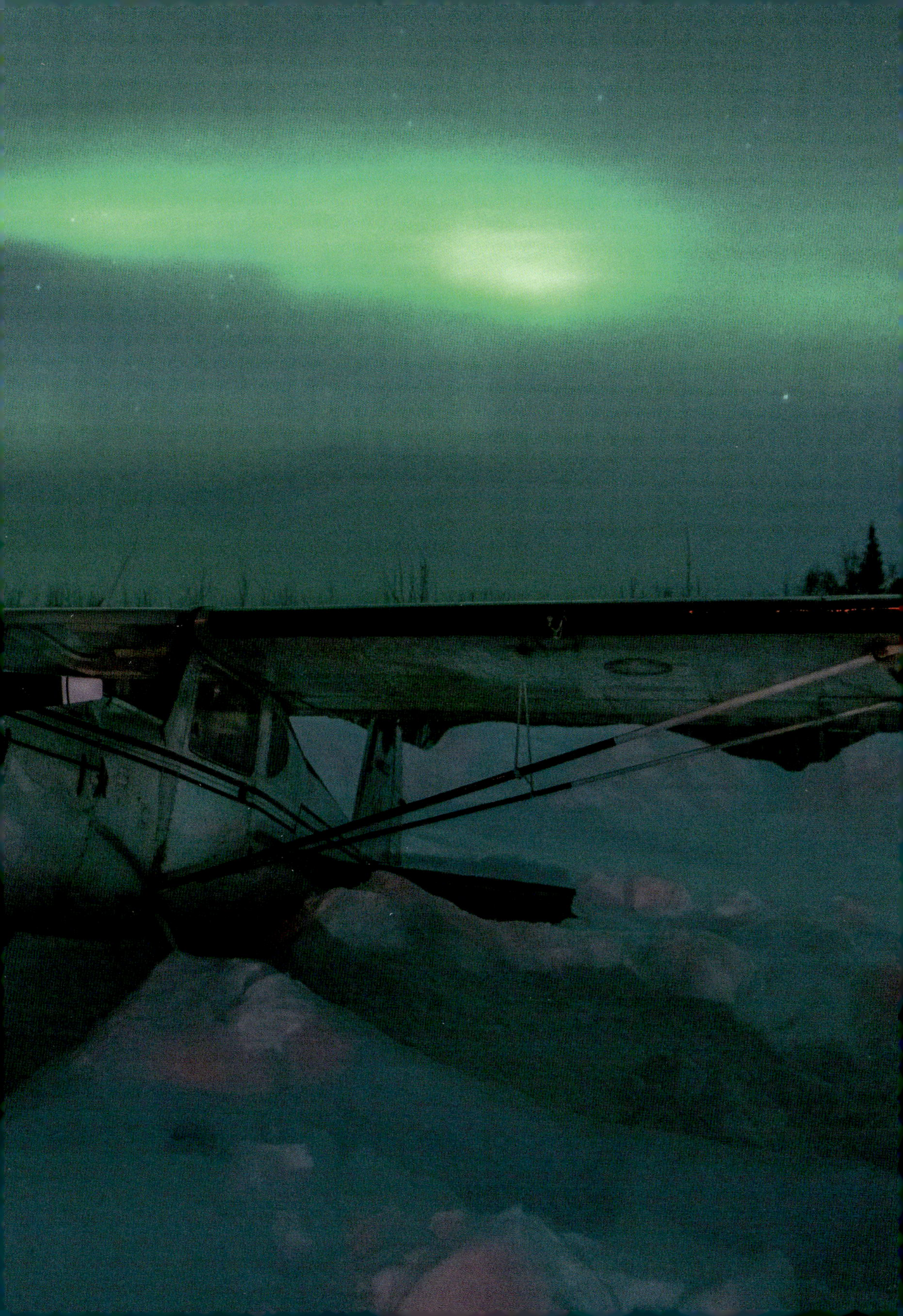

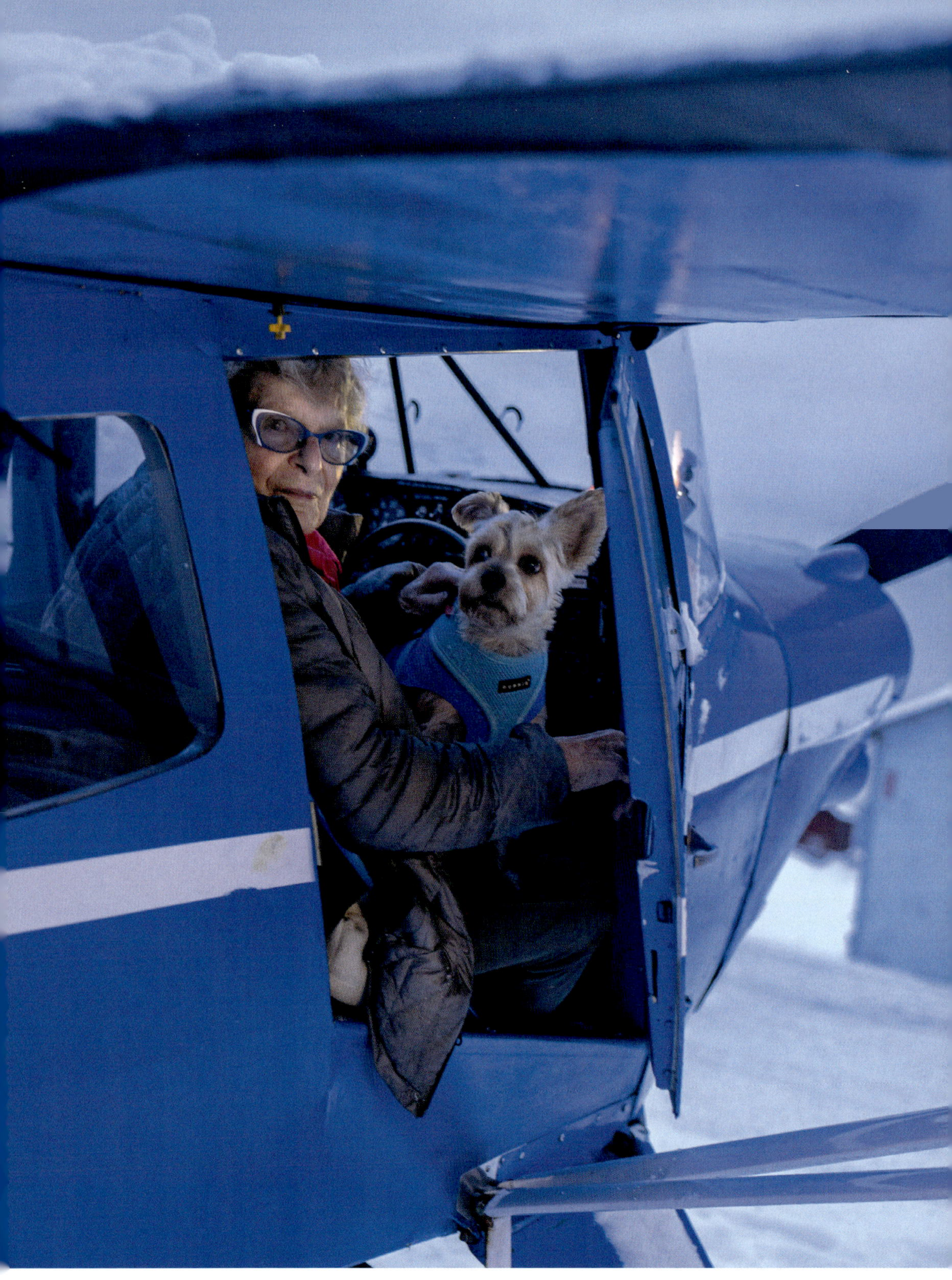

LAURÉATE DE LA BOURSE CANON
DE LA FEMME PHOTOJOURNALISTE 2021

—

WINNER OF THE 2021 CANON
FEMALE PHOTOJOURNALIST GRANT

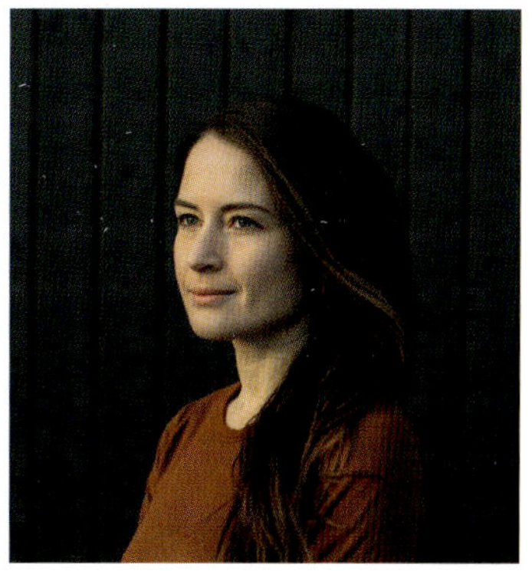

ACACIA JOHNSON

Pilotes de brousse en Alaska
Pilots Connecting Remote Alaska

Sur les terres accidentées, variées et peu peuplées de l'Alaska, un son est perceptible presque partout : le bourdonnement d'un avion au loin. Seulement 20% de l'Alaska est accessible par la route, et des dizaines de ses villages éloignés, principalement des communautés autochtones, dépendent des avions pour les services essentiels, notamment le courrier et les produits alimentaires, les soins médicaux et le transport d'urgence.

Depuis le décollage du premier avion postal en 1924, des petits avions capables d'atterrir sur des pistes courtes ou sur des sols naturels comme la toundra, les glaciers, les plages ou l'eau, jouent un rôle essentiel dans le développement de l'État. Aujourd'hui, la quasi-totalité de l'Alaska est fortement tributaire de l'aviation, tant pour le transport essentiel entre les communautés que pour accéder à des régions sauvages reculées. Pour de nombreux pilotes, voler est devenu un mode de vie, un moyen de se connecter au paysage et les uns aux autres.

Tout au long de ma vie en Alaska, voler a eu pour moi une dimension quasi spirituelle. Voler implique une attention particulière à la sécurité et un profond respect pour la terre, la météo et la vie des passagers. Mais bien que le vol en Alaska soit aujourd'hui courant, il est souvent romancé comme une aventure dangereuse. On se souvient encore

←←
L'aurore boréale à Bettles, en Alaska, à 55 kilomètres au nord du cercle polaire. Les avions sont utilisés pour tous les services essentiels, comme la livraison de carburant ou les soins médicaux.

The aurora borealis in Bettles, Alaska, 55 kilometers north of the Arctic Circle. The village is dependent on aircraft for essential services including fuel and medical care.

←
La pilote instructrice Heidi Reuss (87 ans) dans son Taylorcraft qu'elle pilote comme s'il faisait partie de son corps. Elle vole depuis plus de soixante ans. « Soit on aime voler, soit on n'aime pas, et moi j'adore. Même à mon âge, je continue à aimer ça. Je ne peux pas y renoncer. »

Flight instructor Heidi Reuss (87) in her Taylorcraft, flying it as if it were part of her body. She has been flying for over sixty years. "Either you love flying or you don't, and I love it. Even when you're 80, I still love it. I can't quit."

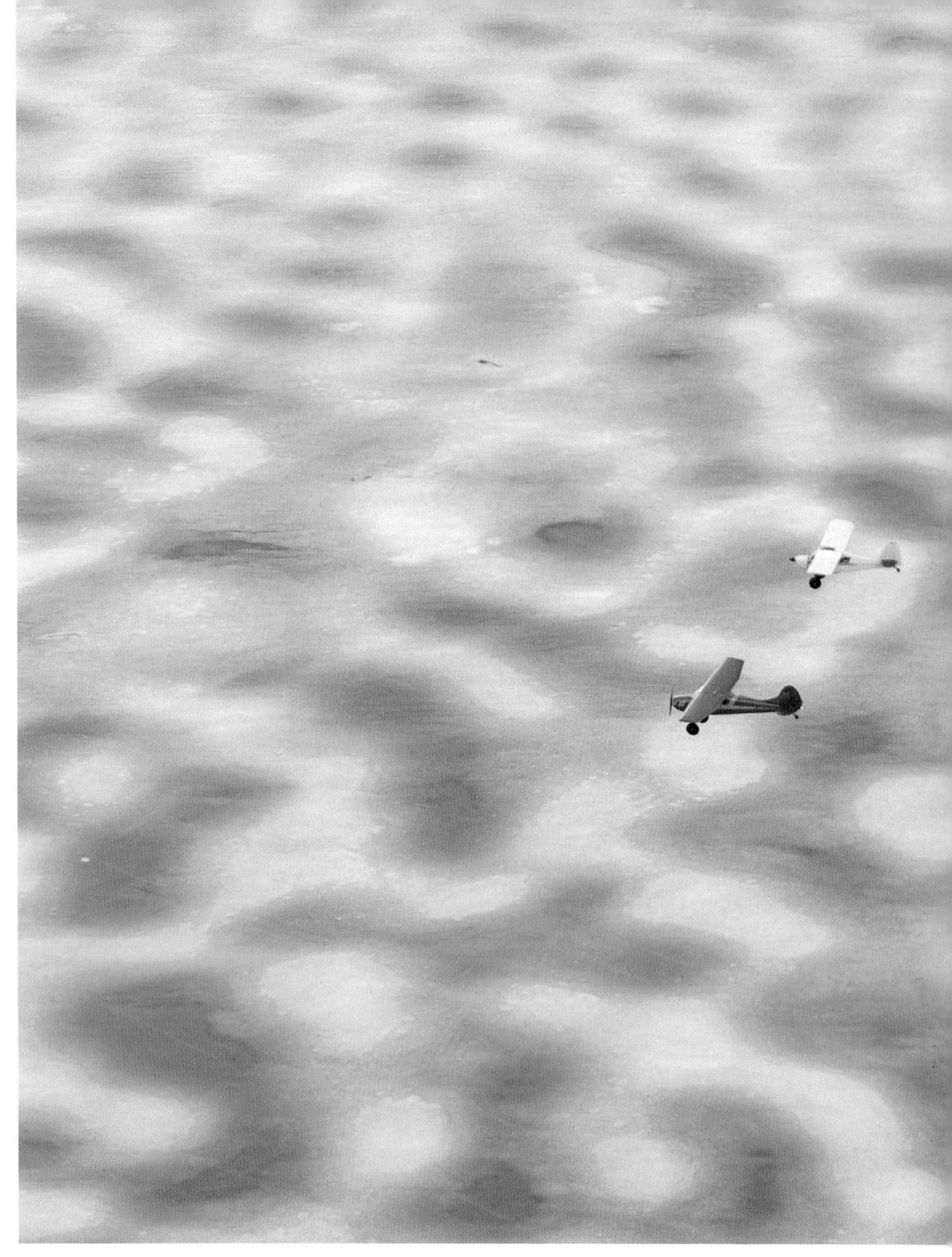

↑
Vol en formation près
du glacier Knik en Alaska.

*Airplanes flying in formation
near Knik Glacier, Alaska.*

des débuts de l'aviation de brousse entre les années 1920 et 1950, où les premiers pilotes audacieux volaient sans données météo, sans technologie de navigation ou sans pistes, et qui ont alors pris des risques face à la météo, survécu à de nombreux accidents, se retrouvant souvent seuls dans des régions désertes. Et même si la sécurité de l'aviation moderne a considérablement progressé depuis cette époque, voler en Alaska est encore considéré comme dangereux, et ce malgré les efforts des pilotes professionnels et privés qui consacrent leur carrière à en garantir la sécurité.

De la ville d'Anchorage à l'Arctique en passant par le delta du Yukon-Kuskokwim, voici des portraits de pilotes qui appartiennent à la communauté aérienne de l'Alaska depuis des décennies et de personnes qui contribuent à façonner son avenir. Leurs avions dessinent également un portrait vivant de l'histoire de l'Alaska : la plupart des modèles choisis par ces pilotes (tels que le Piper Super Cub ou le De Havilland Beaver) sont utilisés, entretenus et transmis entre générations de pilotes depuis leur première production au milieu du XXe siècle.

Comme me l'a dit un pilote : « Tant de choses se sont passées avant l'ère des avions, et il s'en passera tant d'autres après l'ère des avions. » Et alors que l'aviation connaît de rapides bouleversements avec la montée en flèche des assurances, le développement d'avions électriques et la récente autorisation d'utiliser des drones de fret, l'avenir du vol en Alaska est incertain.

Mon travail capture une période cruciale dans le temps et raconte l'histoire de pilotes qui relient des communautés éloignées, sauvent des personnes en difficulté, forment et encouragent de nouveaux pilotes, et transportent des personnes vers les régions les plus sauvages de l'État.

Acacia Johnson

Across Alaska's rugged, diverse, and sparsely populated terrain, one sound can be heard almost anywhere: the distant drone of an aircraft. Only 20% of Alaska is accessible by road, and dozens of its remote settlements, predominantly Alaska Native communities, rely on aircraft for essential services including mail and groceries, medical care, and emergency transport.

Since the first mail-delivery plane took off in 1924, small aircraft capable of landing on short runways or on natural features like tundra, glaciers, beaches, and water have played a critical role in Alaska's development. Today, nearly all of Alaska is highly dependent on aviation, both for essential transport between communities and to access remote wilderness areas. For many pilots, flying is simply a way of life, a way to connect with the landscape and each other.

Throughout my life in Alaska, I have known flying to have an almost spiritual aspect. It commands attention to safety and a deep respect for the land, weather, and the lives of the people onboard. While flying in Alaska is now commonplace, it is frequently romanticized as a dangerous enterprise. The early era of bush flying between the 1920s and 1950s is famous for the first bold pilots who flew without weather forecasts, navigational technology or runways, and who subsequently took risks with the weather, survived crashes, and were often stranded alone in the wilderness. Although the safety of modern aviation has progressed considerably since that time, the idea that flying in Alaska is dangerous still lingers, to the detriment of professional and private pilots who devote their flying careers to operating safely.

From the city of Anchorage, to the Arctic, to the Yukon-Kuskokwim Delta, these are portraits of pilots who have been part of the Alaskan aviation community for decades and of those who are helping to shape its future. Their airplanes also represent a living portrait of Alaska's past: most aircraft chosen by these pilots (e.g. the Piper Super Cub and de Havilland Beaver) have been used, maintained, and passed on between generations of pilots since they were first produced in the mid-20th century.

As one pilot told me, "So much happened before the time of airplanes, and so much will happen after the time of airplanes." As the aviation industry undergoes rapid changes with skyrocketing insurance costs, advances in electric aircraft, and the recent approval of cargo drones, the future of flying in Alaska is uncertain.

The exhibition covers a pivotal moment in time, telling the stories of pilots who connect remote communities, rescue people in need, teach and inspire newer pilots, and transport people to the wildest parts of the state.

Acacia Johnson

↗
Jonah Ayuluk, l'agent du village de Newtok, et le pilote Miguel Paez déchargent la cargaison d'un Cessna Caravan. Newtok (350 habitants) est l'un des nombreux villages autochtones d'Alaska qui dépendent du transport aérien pour les services essentiels.

Newtok village agent Jonah Ayuluk and pilot Miguel Paez unloading freight from a Cessna Caravan. Newtok (population: 350) is one of many Alaska Native villages that rely on air transport for essential services.

↘
Le pilote Henry Hodge décharge les provisions destinées à l'école du village de Hooper Bay (1300 habitants) en Alaska.

Pilot Henry Hodge unloads supplies for the school in Hooper Bay, Alaska (population: 1,300).

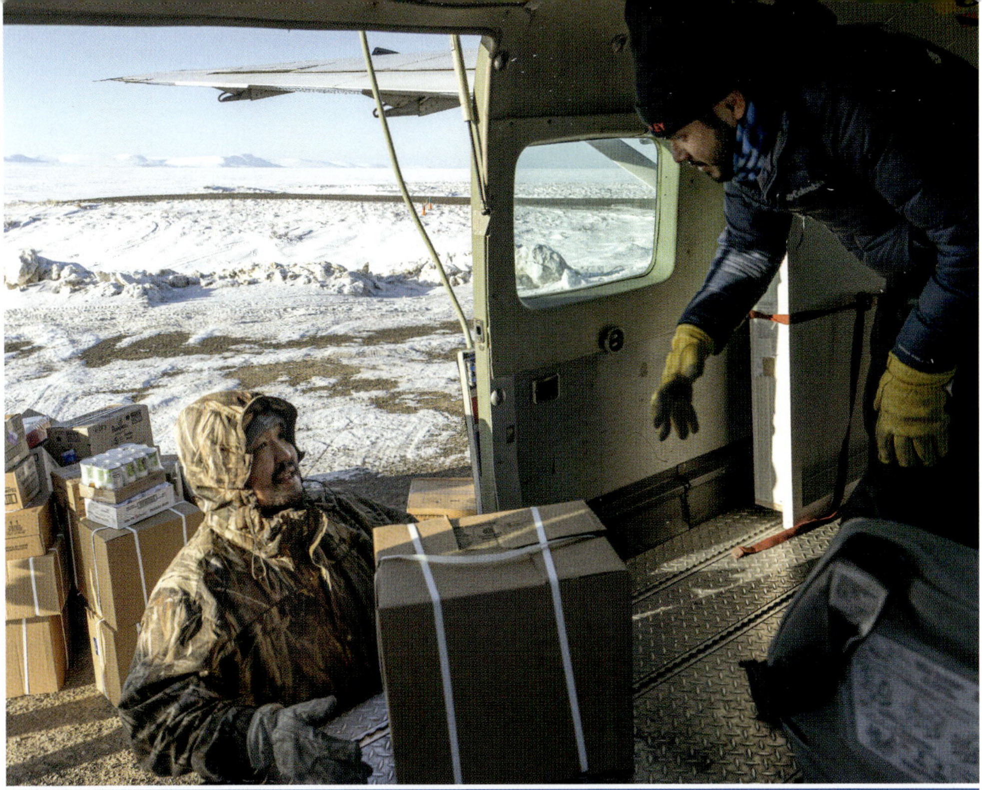

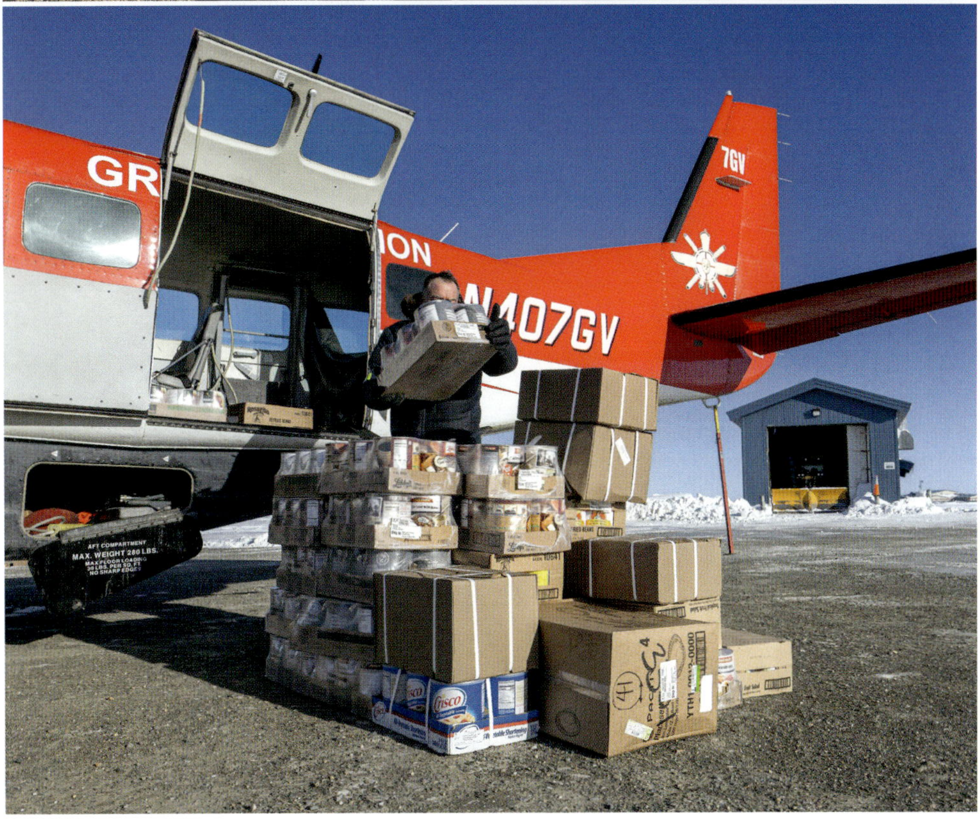

SELENE MAGNOLIA

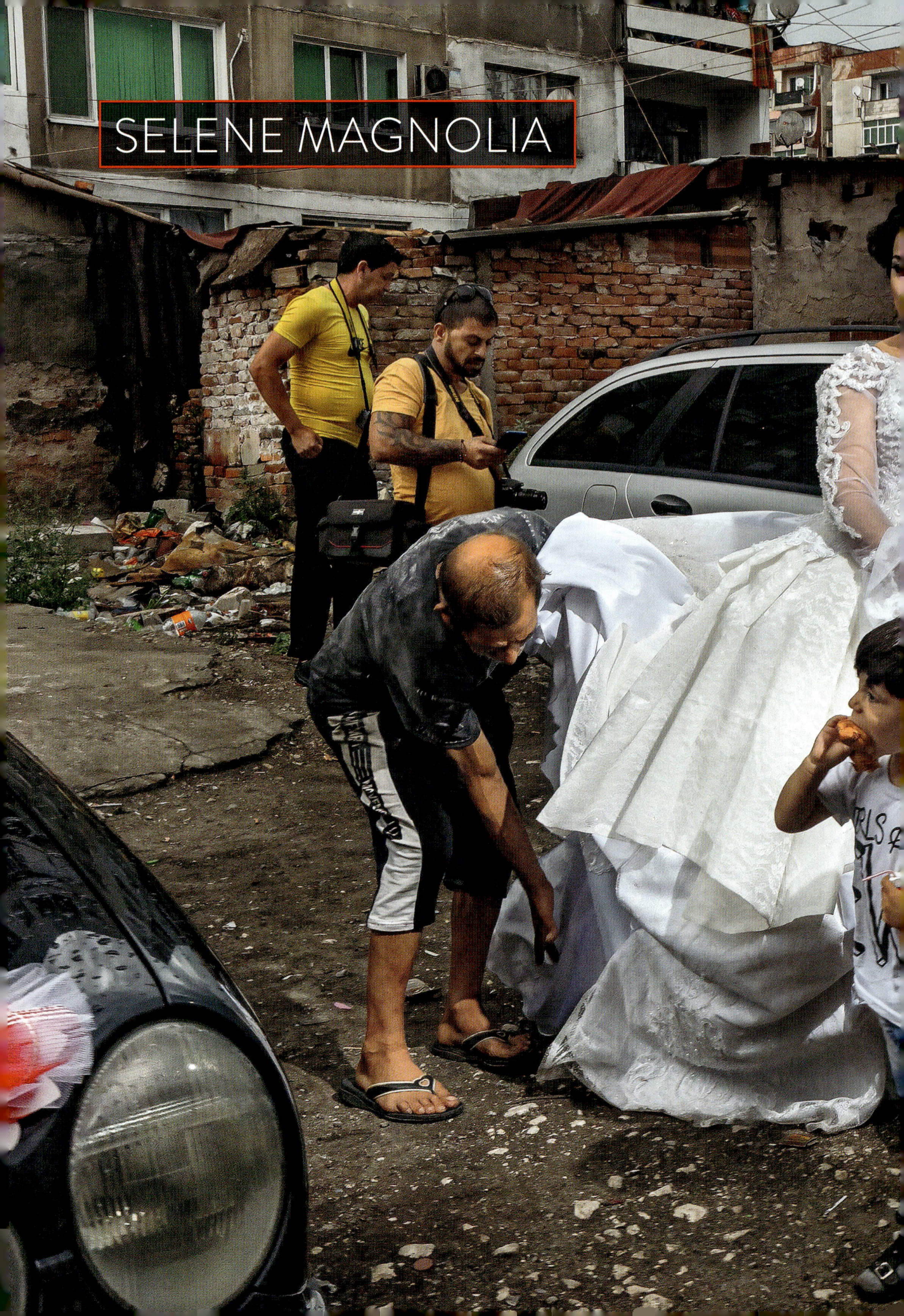

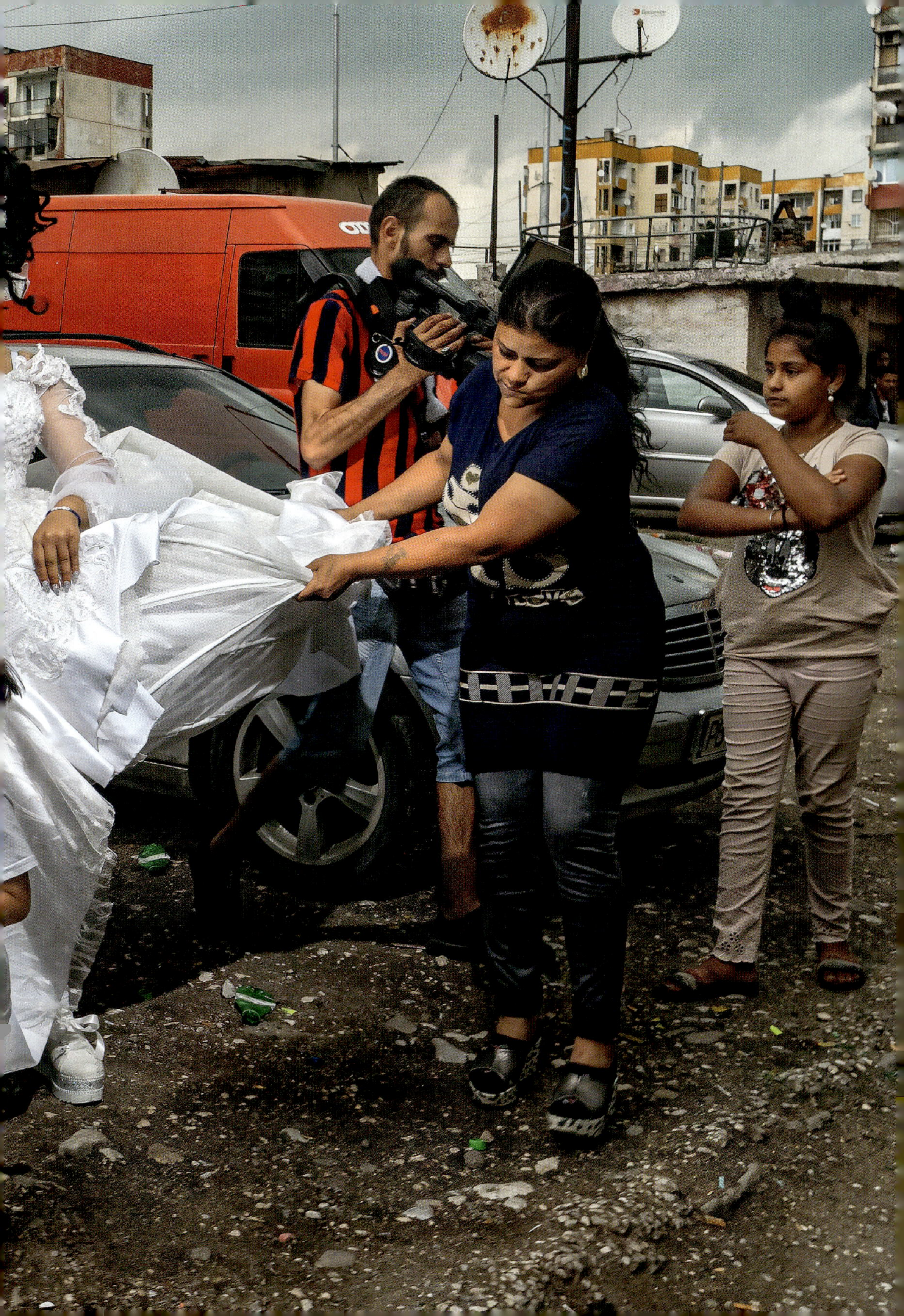

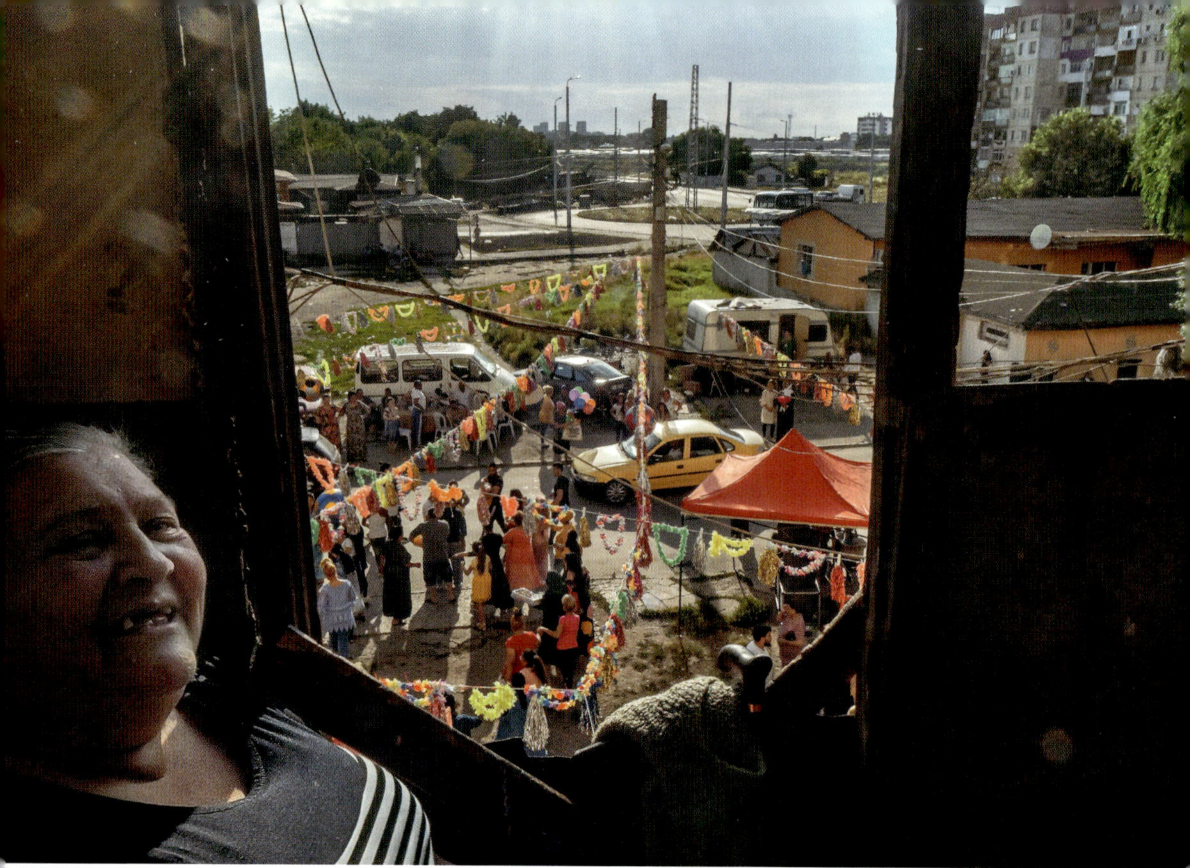

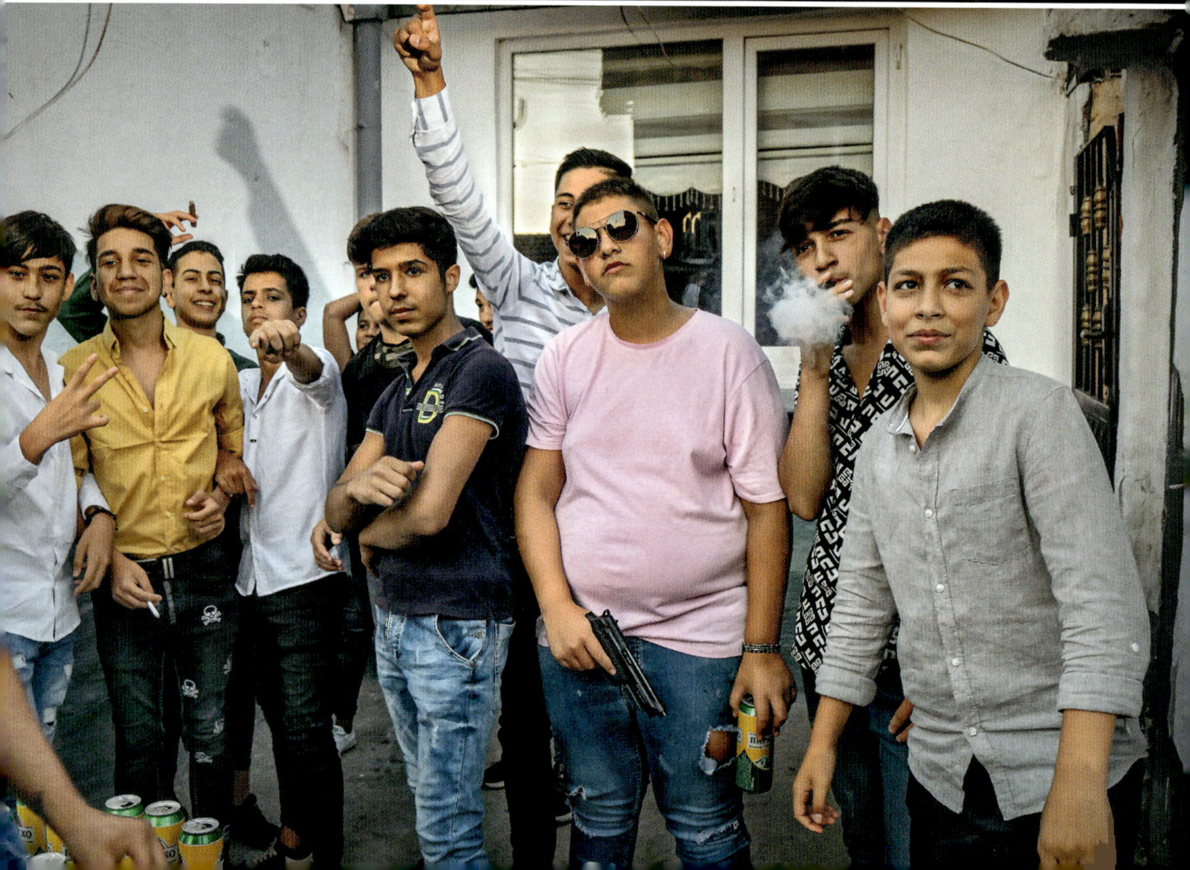

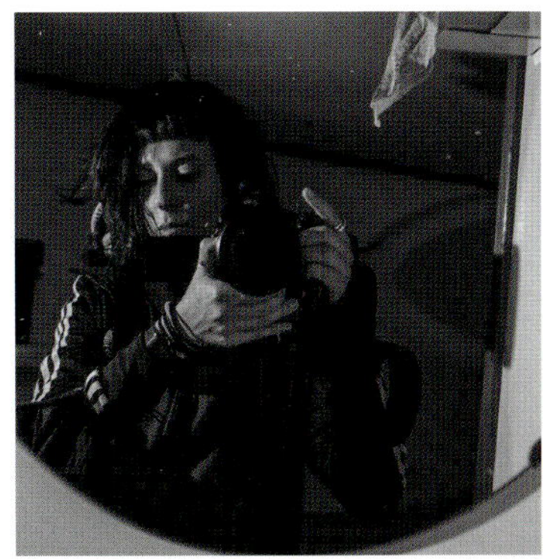

SELENE MAGNOLIA

Zor. Dans le plus grand ghetto gitan d'Europe
Zor. Inside Europe's Largest Gypsy Ghetto

Dans l'Europe actuelle confrontée à des flux migratoires sans précédent, la montée des mouvements nationalistes non seulement le long des frontières mais également à l'intérieur des pays a contraint des minorités à vivre dans des ghettos, isolées, comme s'il s'agissait de plaies qu'il faudrait guérir et éviter qu'elles contaminent leur environnement.

En 2019, l'Europe comptait plus de 11 millions de Roms, Sintis et Gitans, l'équivalent de la population de la Belgique. Mais les communautés roms sont victimes d'une discrimination systématique. En juin 2021 en République tchèque, un Rom est mort étouffé par des policiers qui l'ont maintenu au sol en appuyant un genou sur son cou. En novembre 2021 en Grèce, une petite fille rom est morte écrasée par un portail automatique, après avoir agonisé pendant plus d'une heure où les passants ont détourné le regard.

Selon l'Agence des droits fondamentaux de l'Union européenne (FRA) dans sa deuxième enquête sur les minorités et la discrimination (EU-MIDIS II), 80 % des Roms sont exposés à la pauvreté. Selon la même enquête, les Roms constituent la plus grande minorité d'Europe et subissent davantage de discrimination que les autres groupes étudiés.

←←
La mariée avant la cérémonie, le lendemain de sa fête de fiançailles. Stolipinovo, Plovdiv, Bulgarie, juillet 2020.

The bride on her wedding day, the day after the engagement party. Stolipinovo, Plovdiv, Bulgaria, July 2020.

↖
Une femme regarde un mariage célébré dans la rue.

A woman watching a wedding being celebrated in the street.

↙
De jeunes invités à une fête de mariage.

Young boys at a wedding party.

Stolipinovo, dans la ville de Plovdiv en Bulgarie, est le plus grand ghetto gitan d'Europe. Quartier comme les autres à l'époque communiste, Stolipinovo s'est transformé en ghetto après la chute du communisme lorsque les Gitans, victimes de discrimination raciale, ont perdu leurs emplois à la suite de la privatisation des entreprises industrielles. Aujourd'hui, les résidents de Stolipinovo (environ 80 000 selon le Forum européen pour la démocratie et la solidarité) sont des parias aux yeux des citoyens bulgares de Plovdiv.

Les habitants du ghetto de Stolipinovo sont d'origine turque, parlent le turc et revendiquent leur identité turque. S'ils sont majoritairement musulmans, il existe cependant une diversité d'identités religieuses au sein de la communauté, y compris le paganisme. L'organisation sociale est fondée sur la cellule familiale, avec une répartition des rôles bien définie entre les hommes et les femmes, et une hiérarchie interne selon le respect qu'ils inspirent à la communauté et leur richesse. Les traditions culturelles sont des valeurs fondamentales : les grands événements de la vie sont fêtés en public, souvent dans la rue, et sont ouverts à toute la communauté.

Discriminés, victimes de stéréotypes perçus comme à l'opposé du mode de vie local et de la culture bulgare, les Gitans du ghetto de Stolipinovo vivent dans des conditions insalubres, et les problèmes sanitaires, sociaux et de logement sont critiques.

En proie à un environnement hostile et à la montée des sentiments nationalistes, Stolipinovo apparaît comme un portrait de la discrimination systématique en Europe au XXIe siècle.

Selene Magnolia

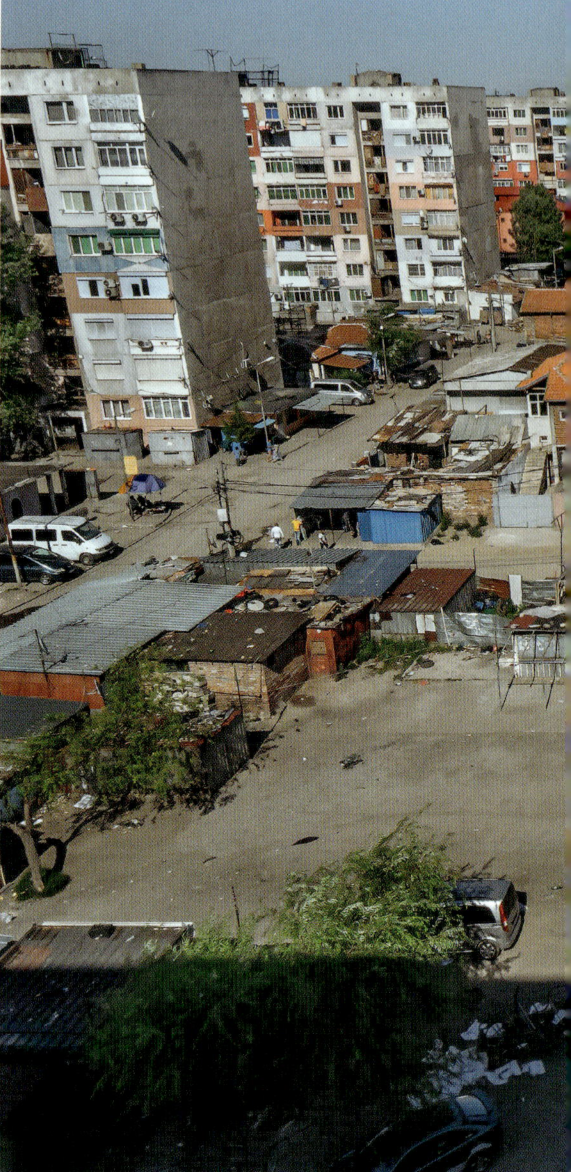

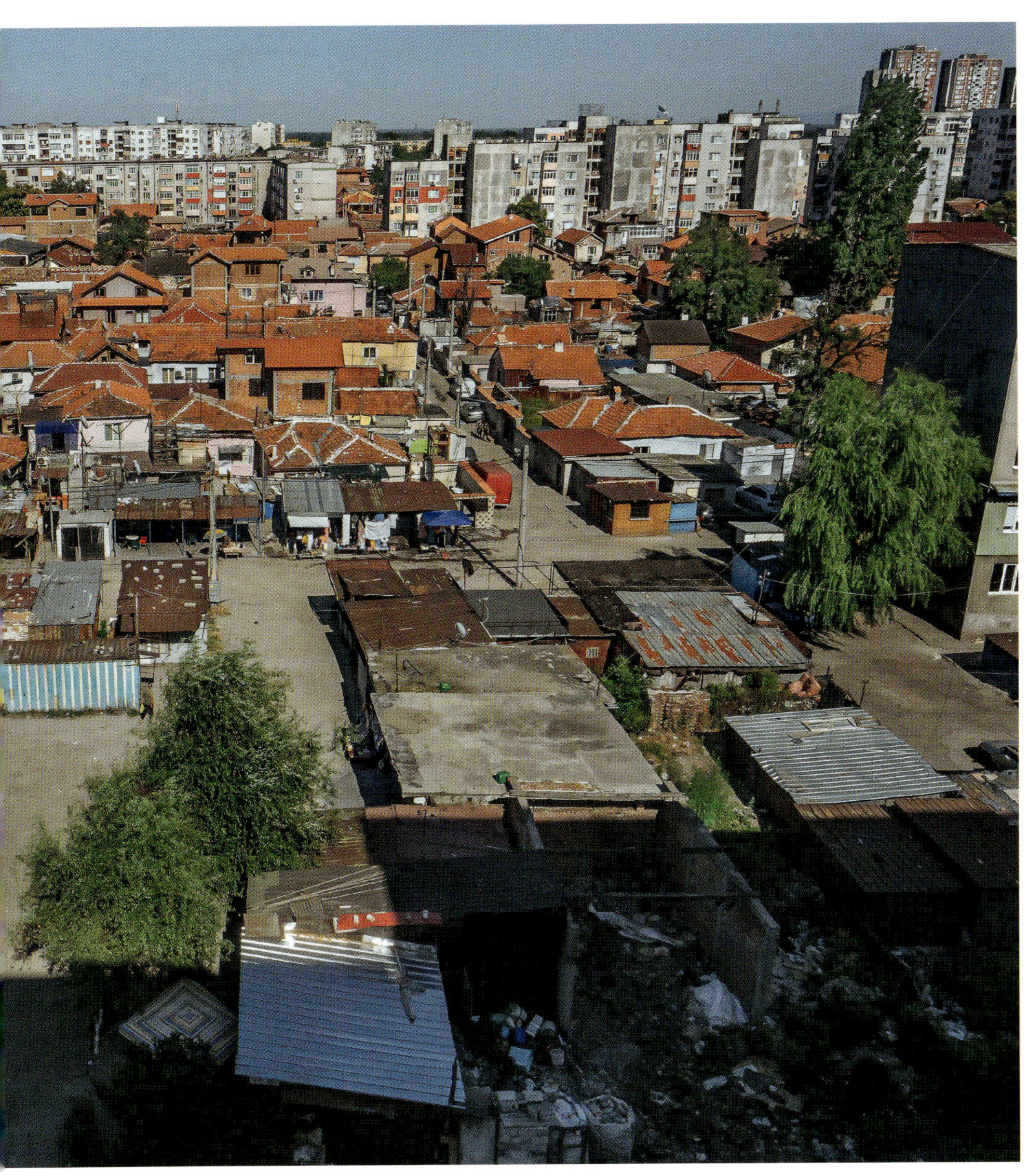

↑
Vue aérienne du ghetto gitan.
Stolipinovo, Plovdiv, Bulgarie,
juin 2020.

*Aerial view of the Gypsy ghetto.
Stolipinovo, Plovdiv, Bulgaria,
June 2020.*

In today's Europe, challenged by unprecedented migratory flows and with the rise of nationalism not only along borders but also inside countries, minorities have been forced into ghettos where they are cut off, as if they were wounds, needing to be healed and prevented from infecting the immediate environment.

In 2019, Europe had more than 11 million members of Roma and Sinti communities, a number equivalent to the entire population of Belgium. But Roma communities suffer systematic discrimination. In June 2021 in the Czech Republic, a Roma man died when police officers knelt on his neck. In November 2021 in Greece, a little Roma girl was crushed by a gate, and died after more than an hour while passers-by simply looked the other way.

According to the European Union Agency for Fundamental Rights (FRA) in its second survey on minorities and discrimination (EU-MIDIS II), 80% of Roma people are at risk of poverty. The same survey reported that Roma people formed the largest minority in Europe, and suffered more discrimination than other groups.

In the city of Plovdiv in Bulgaria is Stolipinovo, the largest Gypsy ghetto in Europe. In the Communist era, it was an ordinary neighborhood, but became a ghetto after the fall of Communism and with the privatization of industry when Gypsies lost their jobs because of discrimination. Today, the people of Stolipinovo (approximately 80,000 according to the European Forum for Democracy and Solidarity) are social outcasts rejected by the Bulgarians living in Plovdiv.

The residents in the ghetto of Stolipinovo have a Turkish background, speak Turkish and identify as Turks. Most are Muslim, but diverse religious identities, including paganism, coexist within the community. The social structure is based on the family unit, with clearly defined gender roles and hierarchies according to levels of respect from the community and wealth. Cultural traditions are core values; events are celebrated in the open, usually on the streets, and are open to the community.

Residents of the Gypsy ghetto of Stolipinovo are victims of discrimination, being seen as stereotypes not fitting in with the local Bulgarian lifestyle and culture. They live in squalid conditions, with social, housing and health problems at critically dangerous levels.

Stolipinovo, being surrounded by hostility and an atmosphere of increasing nationalist sentiment, stands as a portrait of systematic discrimination in Europe in the 21st century.

Selene Magnolia

↗
Une fillette près de deux chevaux dans la zone des cabanes. Les chevaux sont utilisés notamment pour le travail et le transport.

A young girl next to two horses in the shack area of the ghetto. Horses are commonly used for work and transport.

↘
Un homme avec sa prothèse qu'il a dû réparer lui-même. La plupart des habitants de Stolipinovo n'ont pas accès aux services de santé publique.

A man with his artificial limb that he has repaired himself. Most residents of Stolipinovo do not have access to public health care.

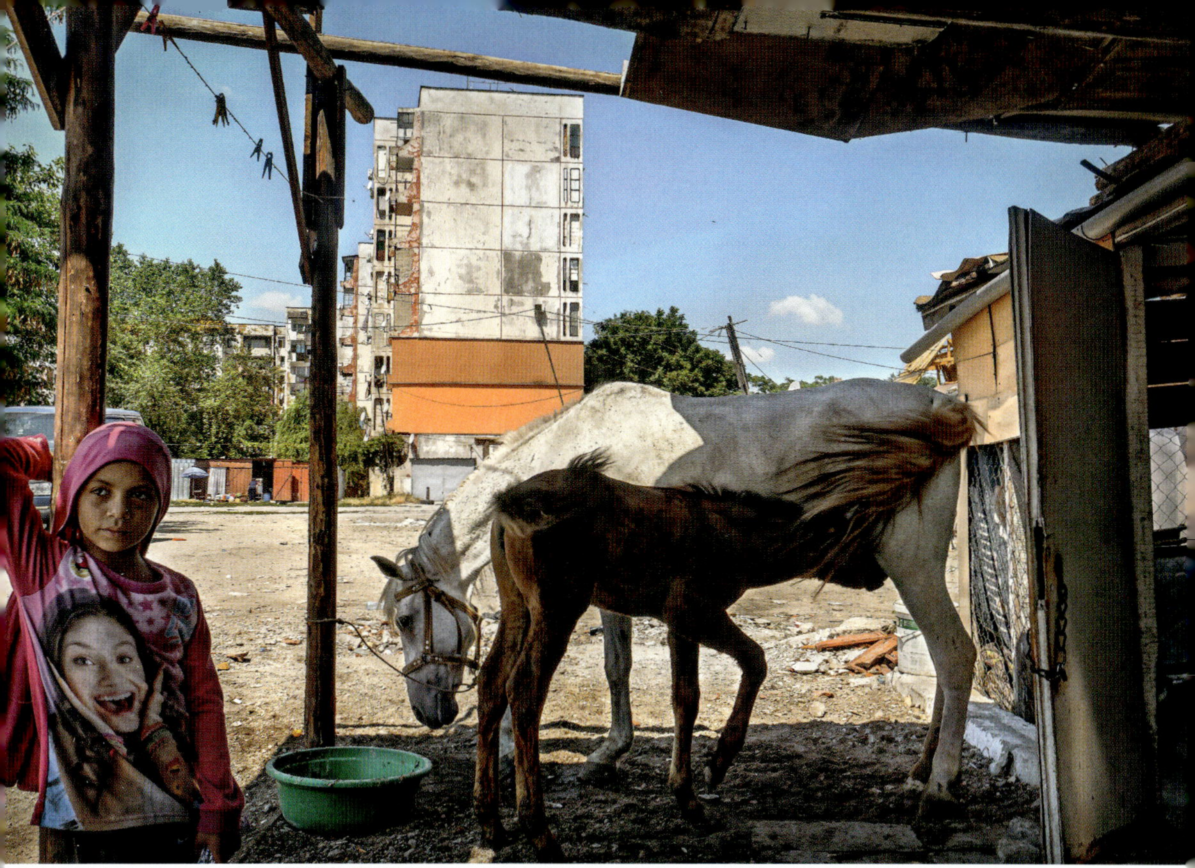

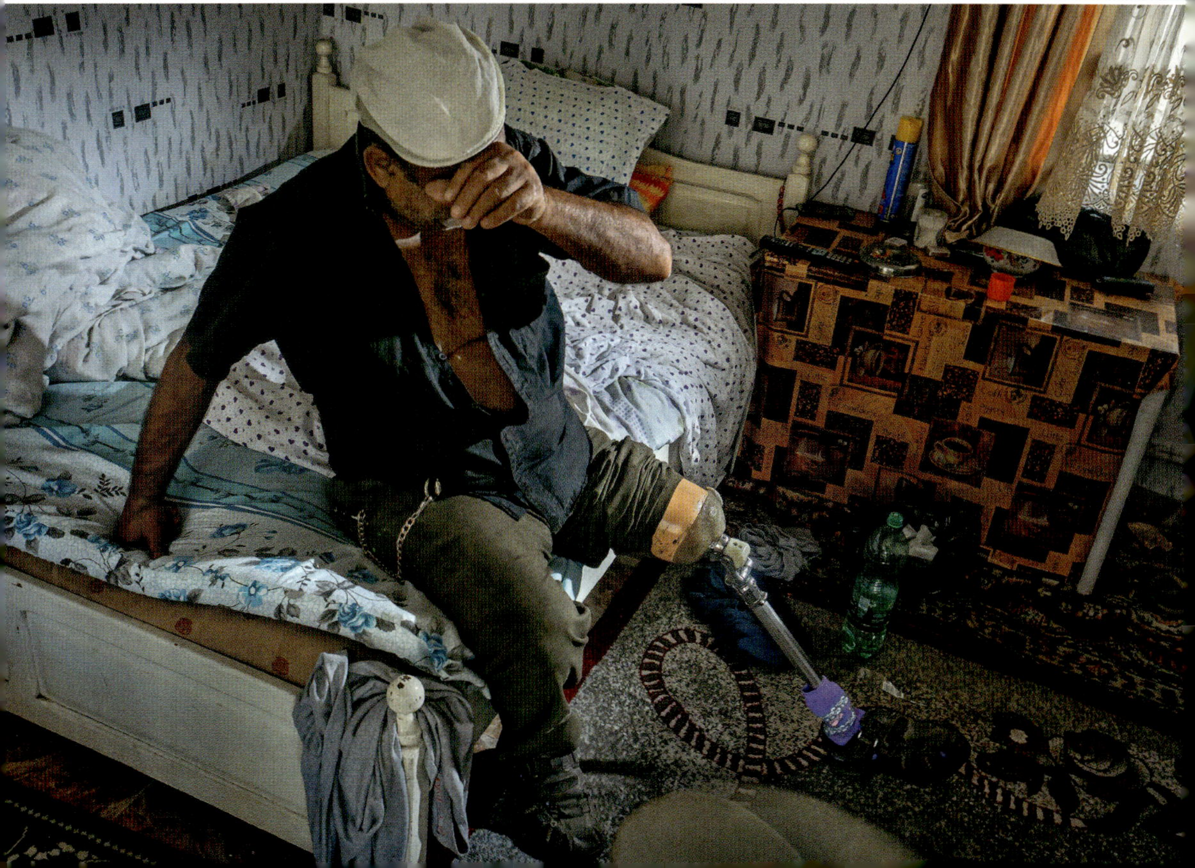

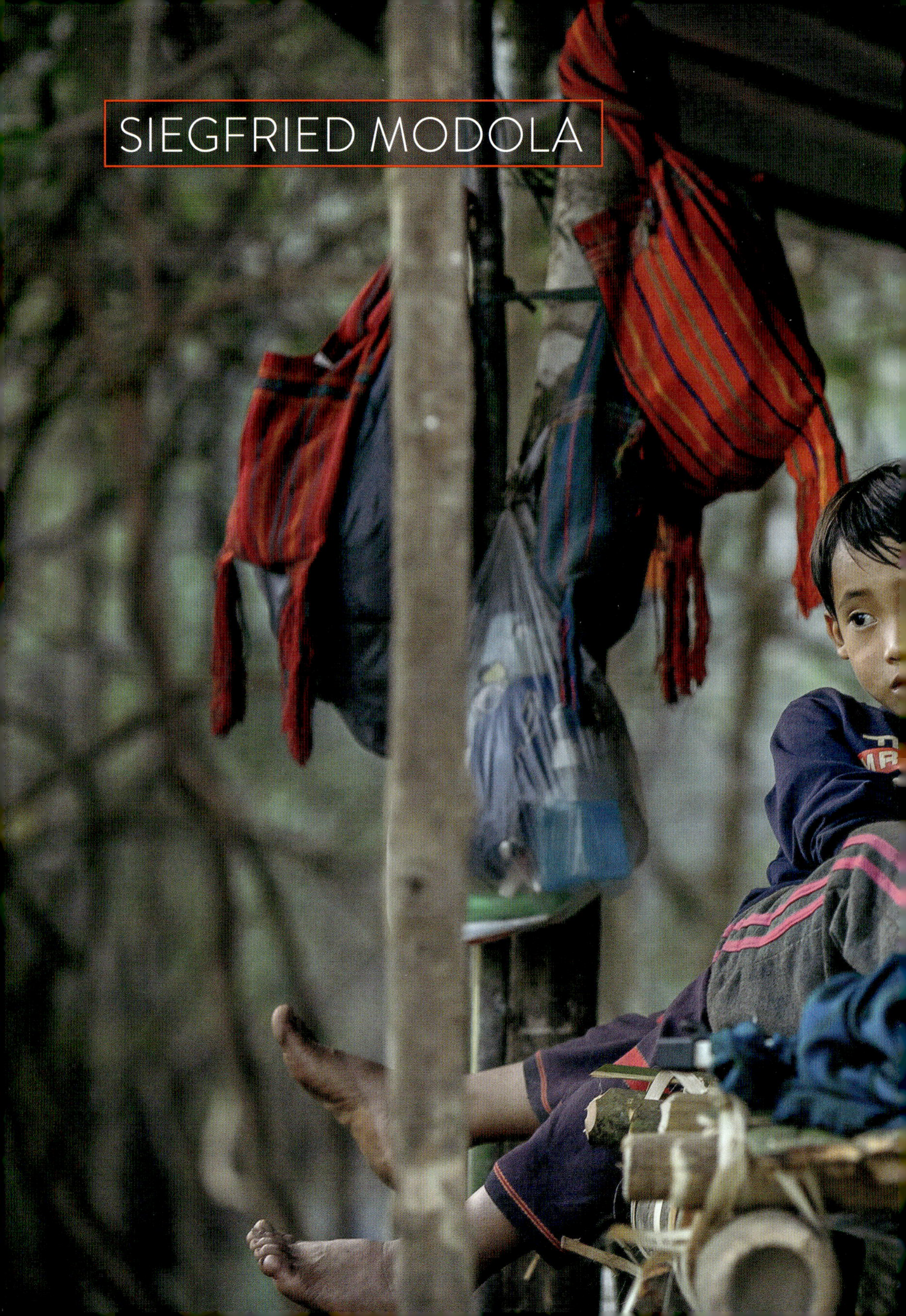

SIEGFRIED MODOLA

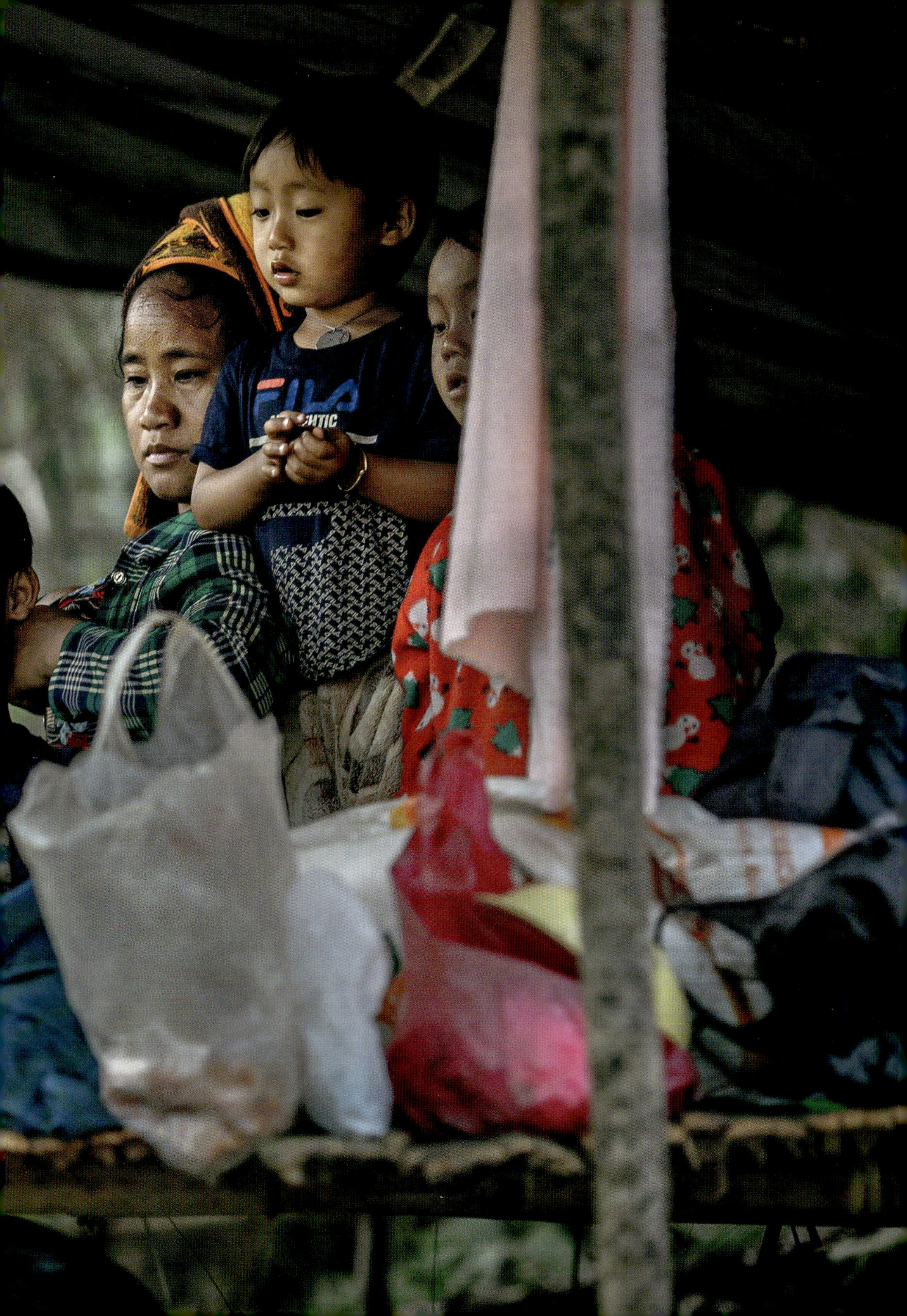
FILA

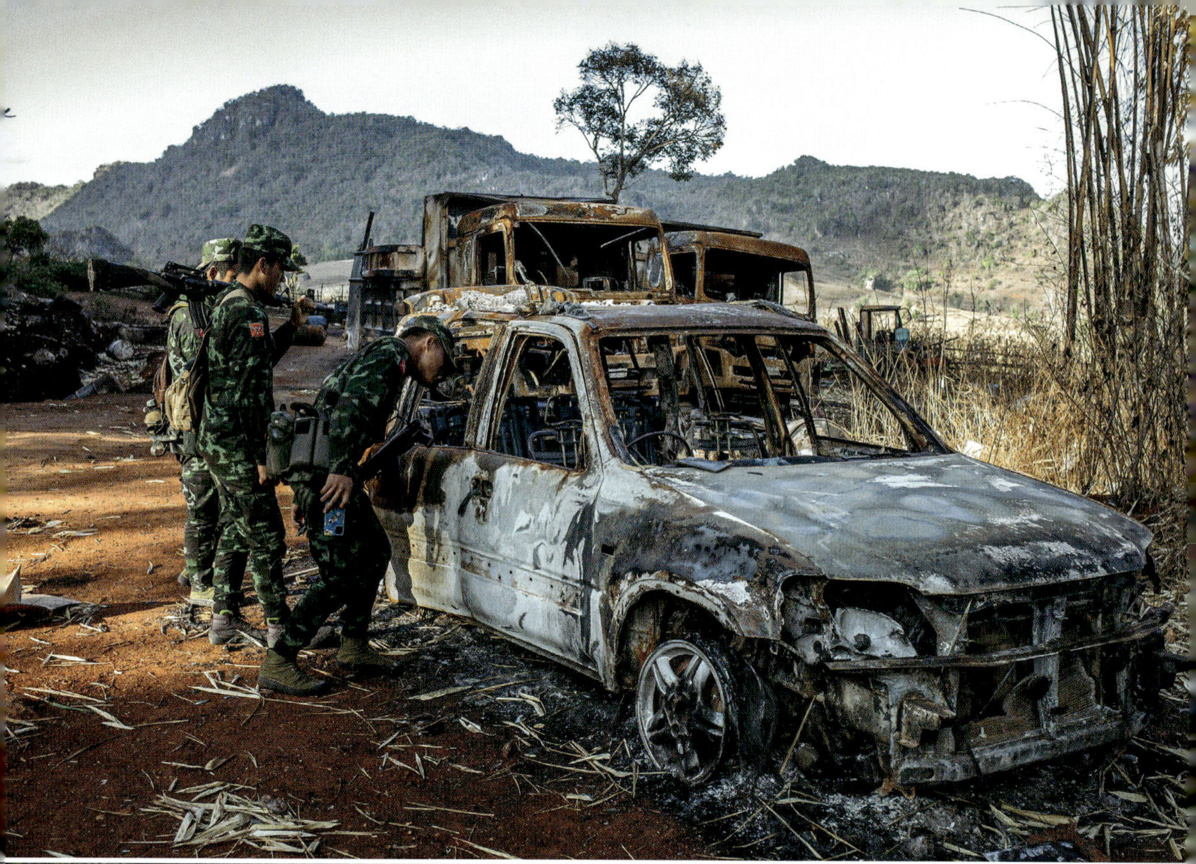

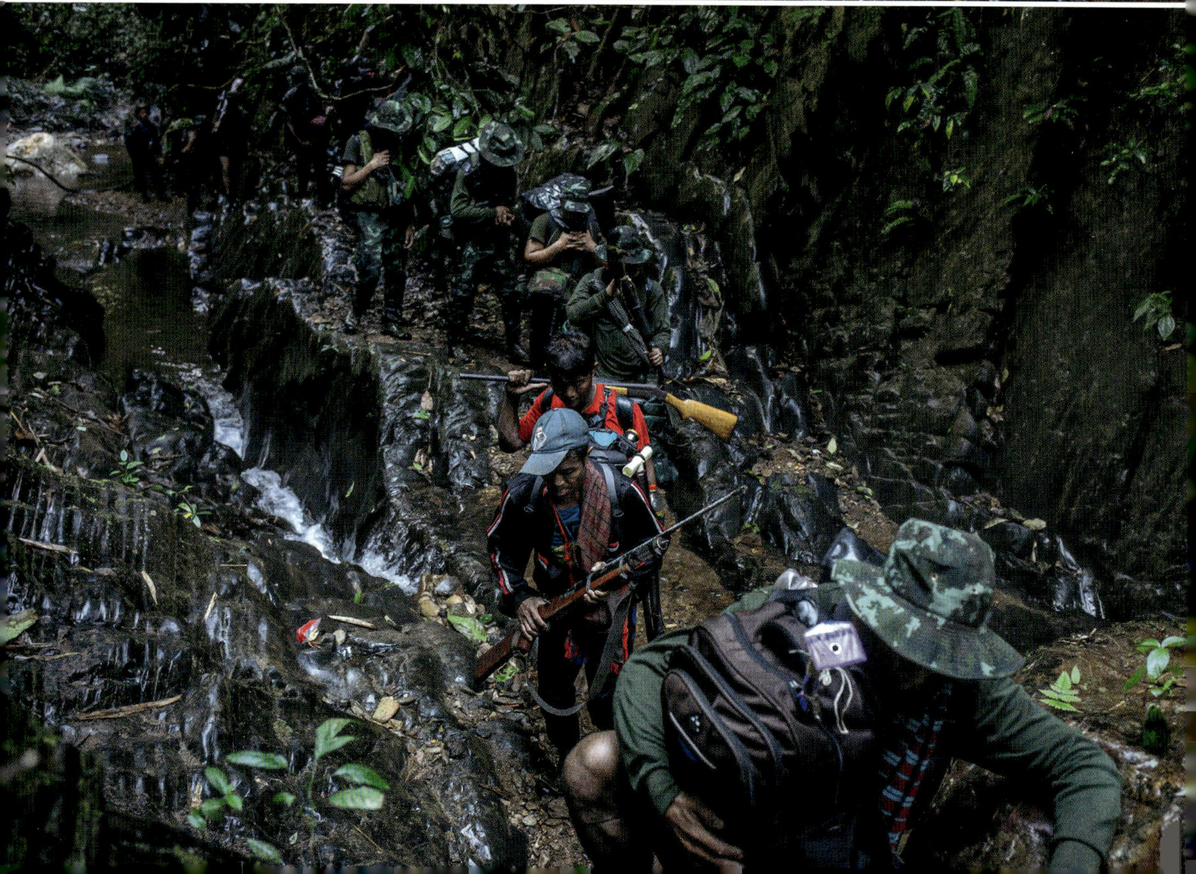

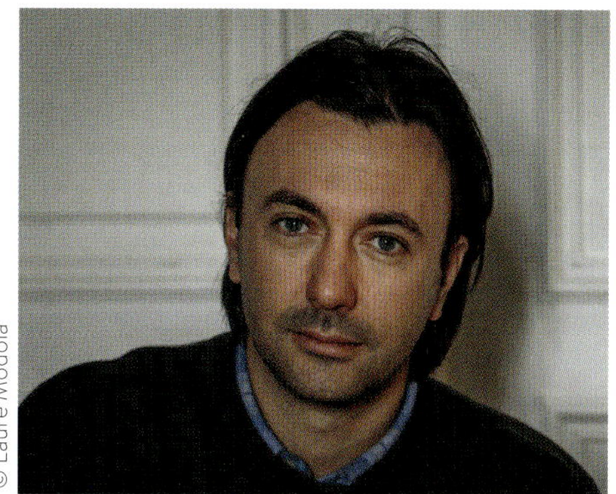

© Laure Modola

SIEGFRIED MODOLA

Au cœur de la rébellion birmane
Inside Myanmar's Armed Uprising

En Birmanie, les espoirs de paix et de démocratie se sont évanouis. La nation d'Asie du Sud-Est est aujourd'hui embourbée dans le conflit et le chaos. Plusieurs décennies de régime militaire répressif et de mauvaise gouvernance ont créé un climat de violence, de violations des droits de l'homme et de misère chronique. Les avancées vers un changement démocratique ont été anéanties l'année dernière, lors d'un coup d'État militaire le 1er février 2021. Dans un contexte de résistance violente et de guérilla menée par des milices nouvellement formées et des groupes armés ethniques, des milliers de civils ont été tués.

Dans la ville de Demoso, dans l'État de Kayah, des bâtiments détruits et des rues désertes témoignent de l'intensité des affrontements. La majeure partie de la région est sous le contrôle de l'aile armée du gouvernement en exil, et de l'Armée karenni (KA), l'aile armée du Parti national progressiste karenni (KNPP) qui combat les forces armées birmanes, la Tatmadaw, depuis plus de 70 ans.

Maw Soe Myar* n'est pas une enfant comme les autres. La fillette d'un an a vu son monde

←←
Une famille qui s'est enfuie par crainte des persécutions de l'armée birmane est parvenue en lieu sûr après cinq jours de marche. 15 janvier 2022.

A family who fled in fear of persecution by the military have reached safety after walking for five days. January 15, 2022.

↖
Des véhicules incendiés sur la route où plus de 35 personnes, dont des enfants, ont été brûlées vives et tuées par l'armée birmane. Hpruso, 21 janvier 2022.

Burnt-out vehicles on the road where more than 35 people, including children, were burned alive and killed by Myanmar's military forces. Hpruso, January 21, 2022.

↙
Des soldats de l'Armée karenni traversent la jungle pour rejoindre le front. 16 janvier 2022.

Karenni Army soldiers marching through the jungle on their way to the front. January 16, 2022.

bouleversé par la cruauté d'un régime qui a plongé son pays dans la violence et l'incertitude, contraignant des milliers de familles comme la sienne à fuir. Tout s'est évanoui : les voix familières des voisins qui résonnaient dans le village, les couleurs vives des tapis de sa maison, les murmures de ses parents qui la berçaient le soir. Ce qui reste, c'est le regard sombre et silencieux de sa mère, Maw Pray Myar*, qui la porte à travers les vallées rocheuses, les forêts de teck et les herbes à éléphant, hautes, coupantes, qui griffent sa peau. Chaque pas est calculé pour éviter de trébucher et de blesser sa fille. La famille traverse le fleuve Salouen et s'aventure dans une épaisse forêt de bambous, vers la frontière avec la Thaïlande, vers la sécurité. Des centaines de familles de déplacés y ont trouvé refuge contre la répression brutale du régime.

Dans un autre camp de déplacés internes près de Demoso, une femme fait part de ses inquiétudes tout en gardant un œil sur ses trois enfants qui jouent un peu plus loin, sous un ciel d'azur. « Nous vivons toujours dans la peur des frappes aériennes de l'armée. Nous savons qu'il est facile pour eux de s'en prendre aux civils. Et c'est ce qu'ils font. »

Le 24 décembre 2021, lors d'une attaque menée par la Tatmadaw dans le canton de Hpruso (État de Kayah), au moins trente-cinq personnes, dont quatre enfants et deux travailleurs humanitaires, ont été brûlées vives. Le 17 janvier 2022, une frappe aérienne sur un camp de déplacés aurait tué deux jeunes sœurs pendant qu'elles dormaient ainsi qu'un homme âgé à proximité, et blessé des centaines de personnes.

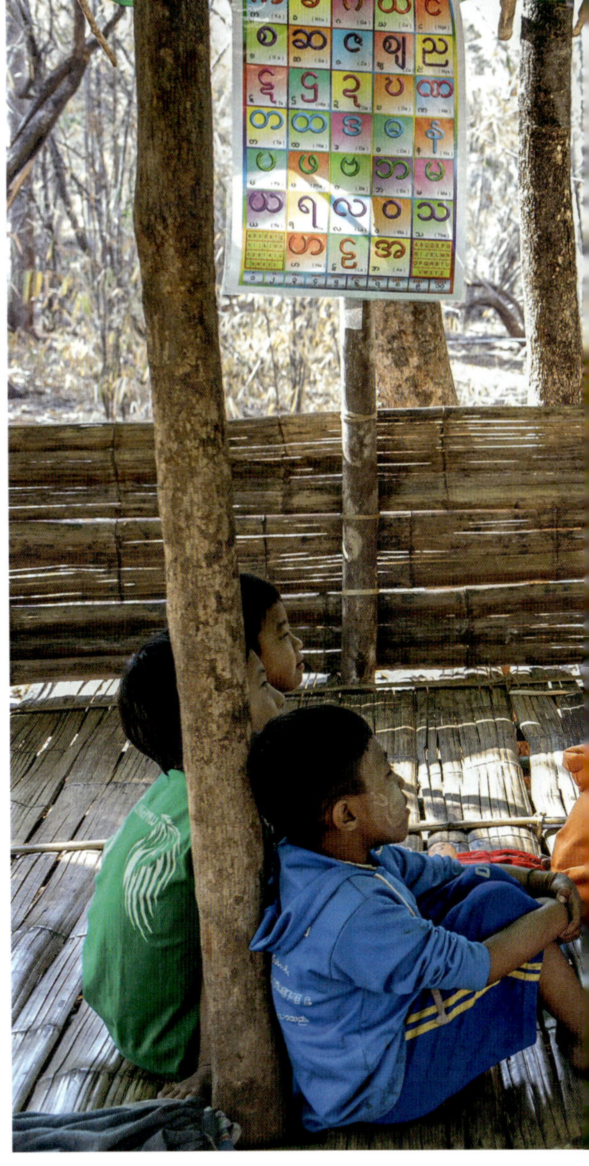

Contre toute attente, un esprit de solidarité s'est développé au sein de toute la population au cours de l'année passée. De nombreuses personnes dans les villes comme à la campagne semblent s'être ralliées à la cause, laissant de côté leur vie quotidienne pour contribuer comme elles le peuvent au combat pour un avenir libéré du régime militaire.

Dans un hôpital tenu secret près de Loikaw, la capitale de l'État de Kayah, trente étudiants en médecine qui ont rejoint le mouvement de désobéissance civile se retrouvent de facto médecins et traitent les patients avec les rares fournitures médicales disponibles. Une étudiante en médecine de Rangoun âgée de 22 ans qui a rejoint le soulèvement décrit la situation : « Nous manquons de médicaments pour soigner les blessés. Nous devons en rediriger beaucoup vers d'autres hôpitaux, loin d'ici, ce qui oblige à passer par des zones contrôlées par l'armée. » Elle s'arrête devant le lit d'un garçon de 8 ans

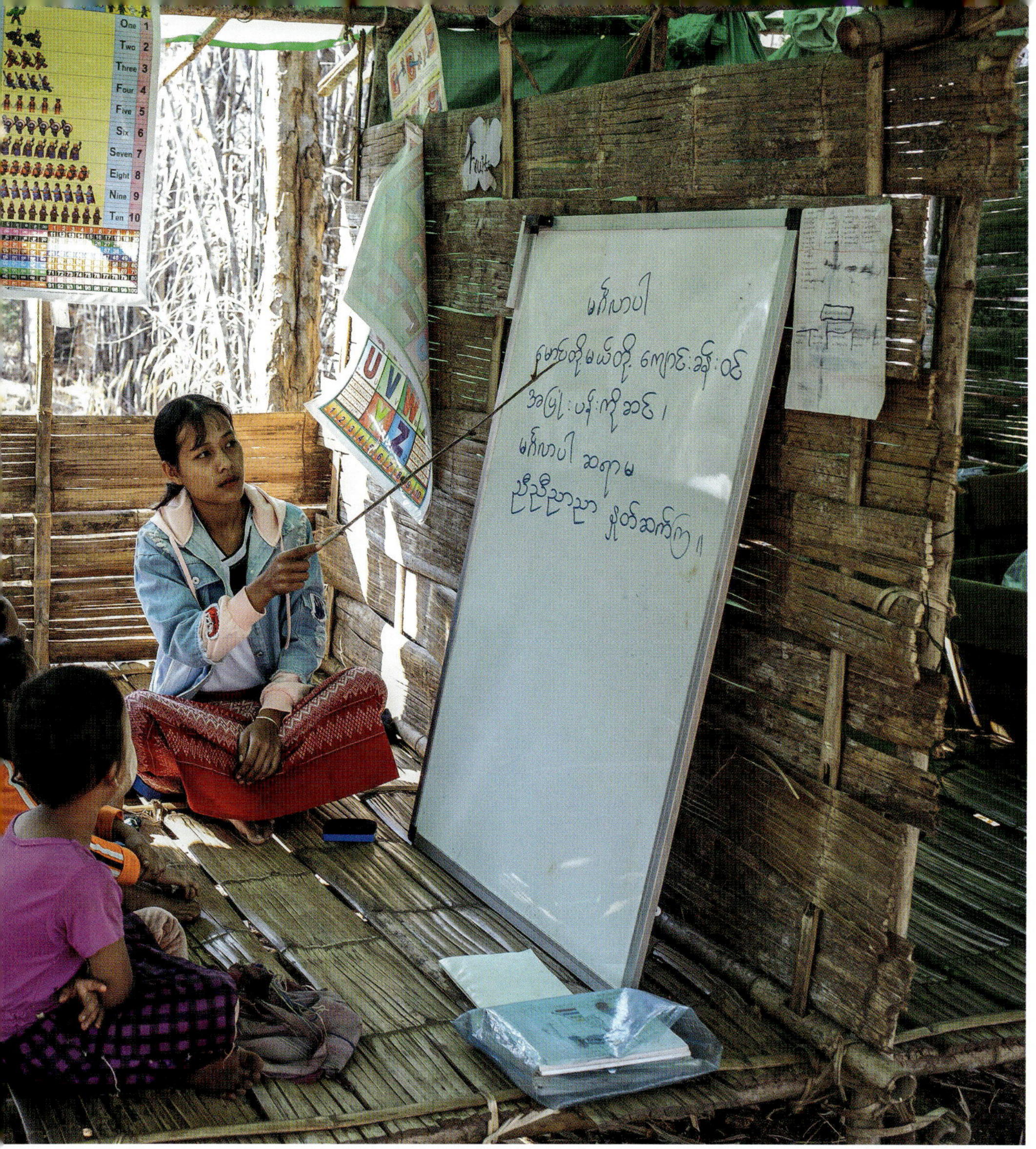

souffrant de graves brûlures aux jambes. « Nous faisons de notre mieux avec ce que nous avons. »

Siegfried Modola

* Les noms ont été modifiés.
Toutes les photos ont été prises dans l'État de Kayah, dans l'est de la Birmanie.

↑
Une enseignante bénévole dans un camp de déplacés tenu secret. 27 janvier 2022.

A volunteer teacher with children in an IDP camp in a secret location. January 27, 2022.

In Myanmar hopes for peaceful, democratic progress have faded. The Southeast Asian nation is now mired in conflict and chaos. Decades of poor governance and repressive military rule created a climate of violence, human rights abuses and chronic poverty. Steps towards democratic change were dashed when the military seized power in a coup on February 1, 2021.

Thousands of civilians have been killed as fierce resistance from newly formed militias and ethnic armed groups are now waging guerrilla warfare on multiple fronts across the country.

In the town of Demoso in Kayah State, destroyed buildings and empty streets testify to the intensity of the clashes. Most of the area is under the control of the armed wing of the government in exile and the Karenni Army that has been fighting the armed forces of Myanmar, the Tatmadaw, for over 70 years.

Maw Soe Myar* is no ordinary child. She is only one year old but her world has been turned upside down by the cruelty of a regime that plunged her country into violence and uncertainty, forcing thousands of families like hers to flee. Gone are the familiar voices of neighbors echoing through the village; gone are the bright colors of the floormats in her home, and the whispers of her parents rocking her to sleep at night. What remains is the silent, somber look of her mother, Maw Pray Myar*, as she carries her across rocky valleys, through teak forests and tall, sharp, elephant grass that scratches her skin. Every step is a calculated move for fear she might trip and hurt her baby girl. They cross the Salween River and venture into a thick bamboo jungle, towards the border with Thailand, to safety. Here hundreds of displaced families have found refuge from the regime's brutal crackdown.

In another IDP camp not far from Demoso, a woman voices her worries while keeping an eye on her three children playing beneath a clear blue sky. "We always live in fear of airstrikes by the military. We know it is easy for them to attack civilians. That is what they do."

In an attack by the Tatmadaw in Hpruso Township (Kayah State) on December 24, 2021, at least 35 people, including four children and two humanitarian workers, were burned alive. On January 17, 2022, it was reported that an airstrike on an IDP camp had killed two young sisters in their sleep and an older man nearby, and left hundreds injured.

Despite all odds, over the past year a growing sense of comradeship has spread throughout the population, with what seems like millions in both cities and rural areas rallying to the cause, putting their normal lives on hold to help in one way or another in the struggle for a future free from military rule.

In a hospital at a secret location near Loikaw, the capital of Kayah State, thirty medical students who followed the Civil Disobedience Movement are now de facto doctors, treating patients with the limited medical supplies available. A 22-year-old medical student from Yangon who joined the uprising described the situation. "We lack medicines to treat the injured. We have to refer many to other hospitals, far away, through government-controlled areas." Pausing by the bed of an eight-year-old boy suffering from severe burns to his legs she explains, "We do our best with what we have."

Siegfried Modola

[*All names have been changed.]
All the photos were taken in Kayah State in eastern Myanmar.

↗
Un soldat de l'Armée karenni dans une maison détruite. Demoso, 20 janvier 2022.

A Karenni soldier and what remains of a home. Demoso, January 20, 2022.

↘
Maw Pray Myar portant sa fille Maw Soe Myar, suivie de sa mère Maw Lee Myar et de son mari Bo Reh, alors qu'ils fuient à pied vers la Thaïlande pour se mettre en sécurité, un voyage d'une semaine. 29 janvier 2022.

Maw Pray Myar carrying her daughter Maw Soe Myar, followed by her mother Maw Lee Myar and her husband Bo Reh, fleeing for safety at the border with Thailand, a one-week journey on foot. January 29, 2022.

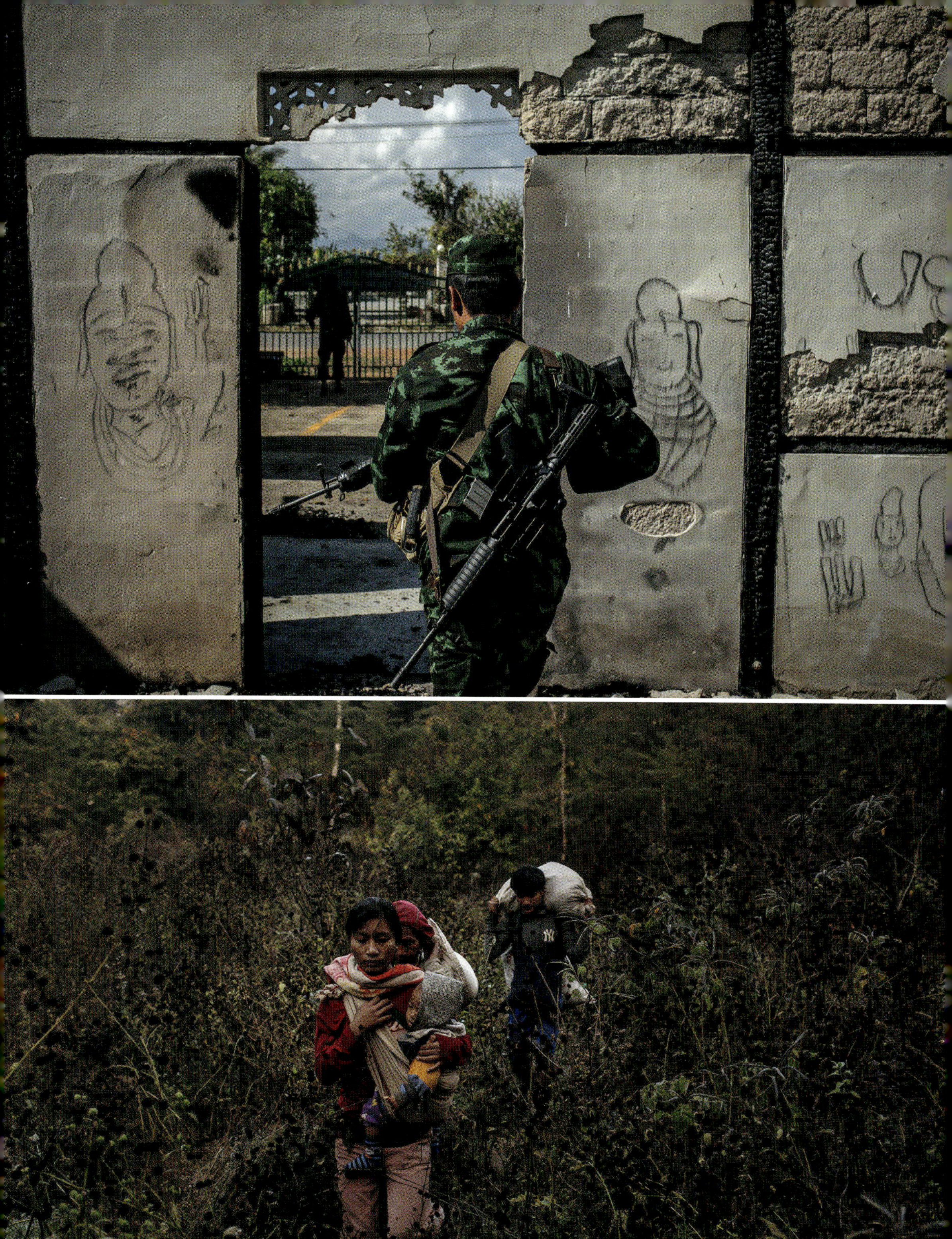

ANDREW QUILTY

AGENCE
VU'

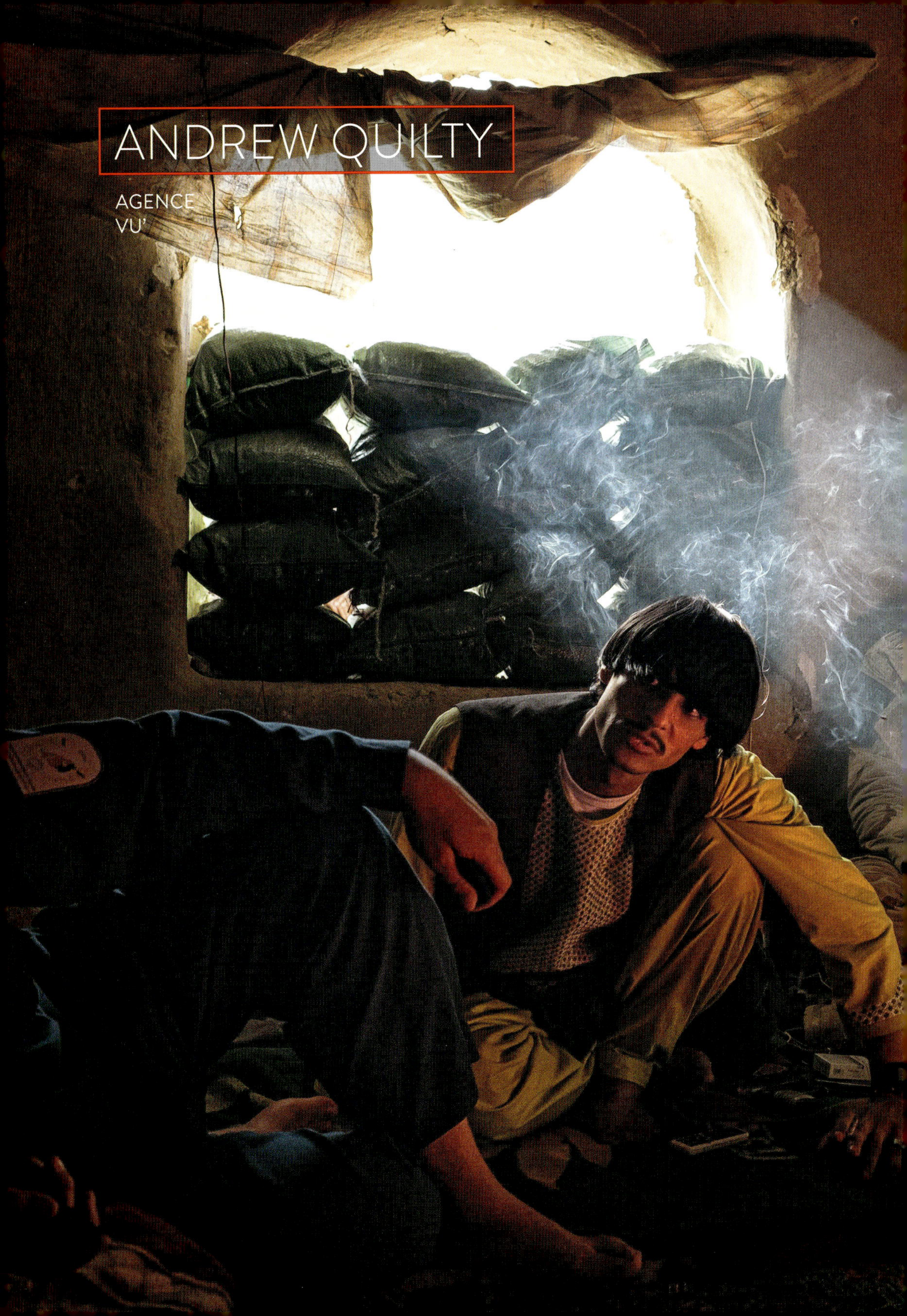

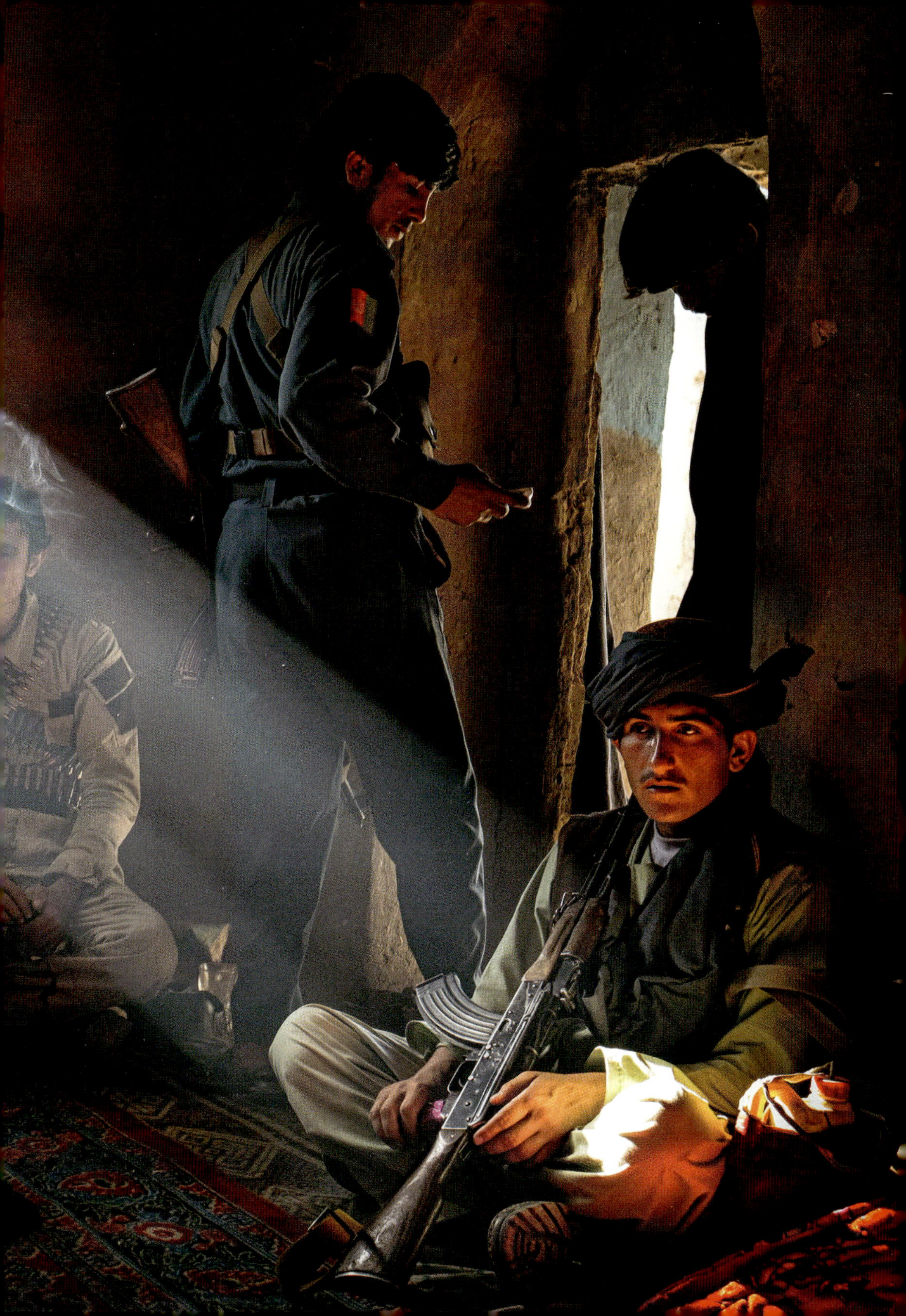

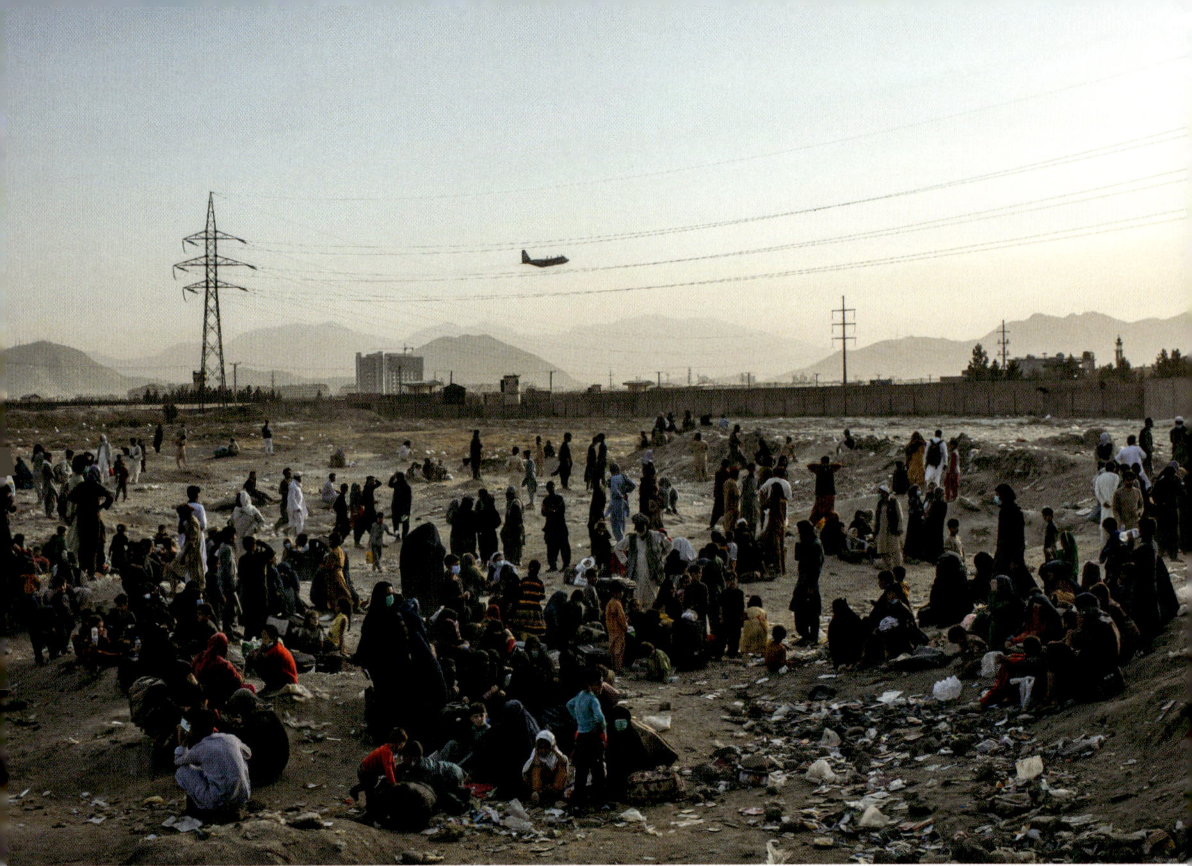

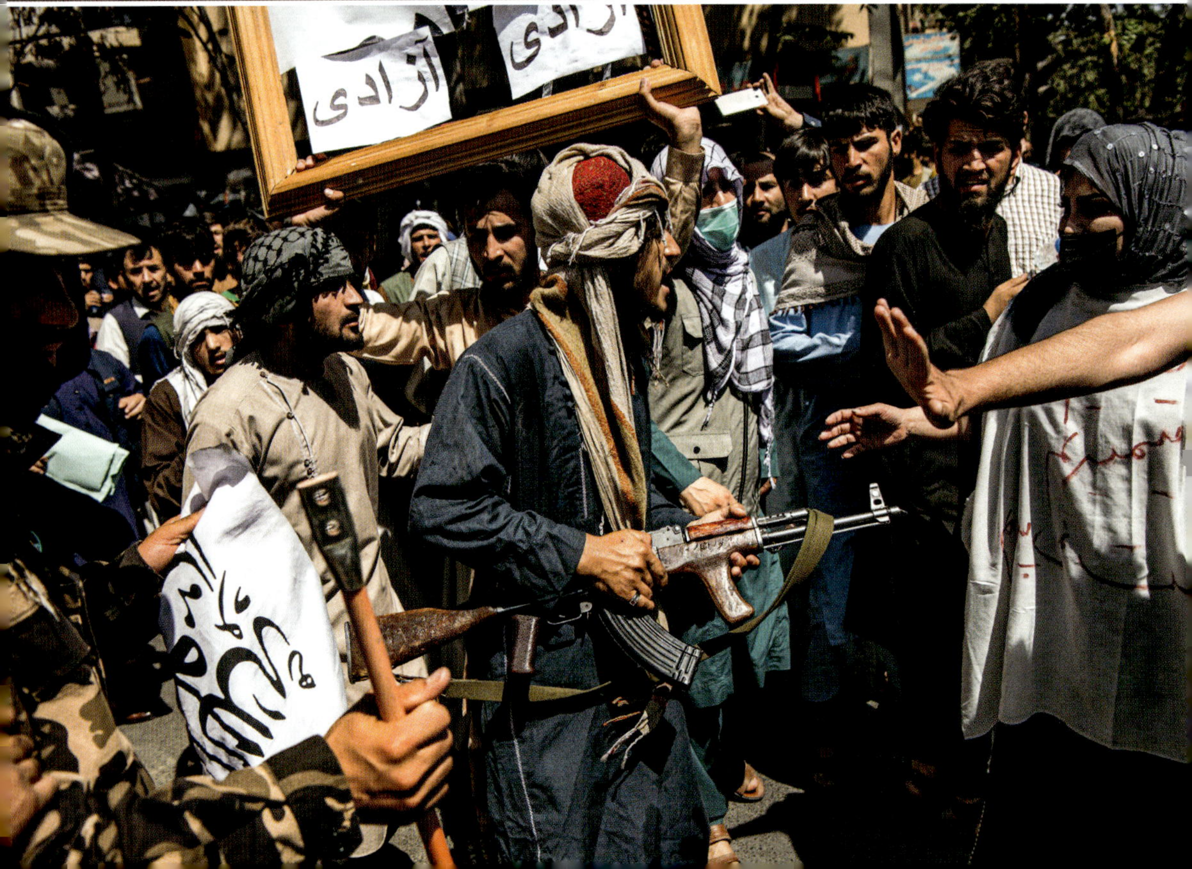

آزادی
آزادی

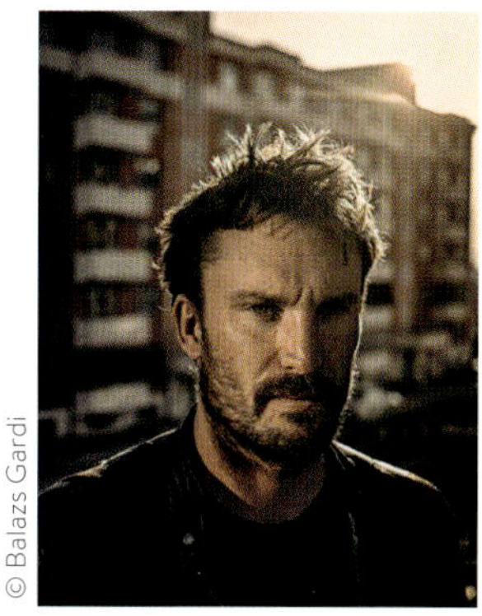

© Balazs Gardi

ANDREW QUILTY

AGENCE VU'

La fin d'une guerre interminable
A Forever War Ends

C'est un hiver rigoureux qui a commencé en 2013. Dans la ville d'Herat le jour de Noël, les gens brûlaient des déchets au bord de l'autoroute pour se réchauffer après avoir fui les combats et, ironiquement, la sécheresse dans les zones rurales périphériques. Mais bien que ténu, l'espoir subsistait. Pour la première fois depuis la chute des talibans en 2001, l'élection présidentielle de 2014 devait être organisée par les Afghans et non plus par des acteurs internationaux.

Le jour de l'élection à l'aube, les explosions de roquettes résonnaient dans Kaboul. Les talibans avaient promis un bain de sang. Le ciel était sombre, mais les électeurs faisaient la queue sous la pluie, faisant preuve de patience face aux inévitables aléas logistiques et menaces pour la sécurité.

←←
Dans une zone reculée, à moins de 60 mètres d'un camp taliban, des hommes de la Police nationale afghane font une pause à un checkpoint. Au cours des trois derniers mois, trois hommes ont été tués et plusieurs blessés à ce checkpoint. Chah-e Anjir, à la périphérie de Lashkar Gah, province du Helmand, avril 2016.

Members of the Afghan National Police having a break at an isolated checkpoint less than 60 meters from a Taliban compound. In the previous three months, three men had been killed and others wounded at the same checkpoint. Chah-e Anjir, outside Lashkar Gah, Helmand Province, April 2016.

↖
Un avion militaire américain décolle de l'aéroport international Hamid Karzai. Les personnes regroupées sur un terrain voisin faisaient partie des dizaines de milliers d'Afghans qui ont tenté d'accéder à l'aéroport pour quitter le pays. Kaboul, août 2021.

A U.S. military aircraft is taking off from Hamid Karzai International Airport. The people camping in a nearby field were some of the tens of thousands who attempted to gain entry to the airport to board evacuation flights. Kabul, August 2021.

↙
Des manifestants anti-pakistanais scandent des slogans de soutien au Panchir où la dernière résistance armée aux talibans vient d'être vaincue. Ils ont traversé la ville, escortés par un petit groupe de combattants talibans qui ont fini par tirer en l'air pour disperser les manifestants. Kaboul, septembre 2021.

Anti-Pakistan protestors chanting slogans in support of Panjshir Province where the last anti-Taliban armed resistance had just been put down. They marched through the capital, escorted by a small group of Taliban fighters who finally disbanded the protestors by firing into the air. Kabul, September 2021.

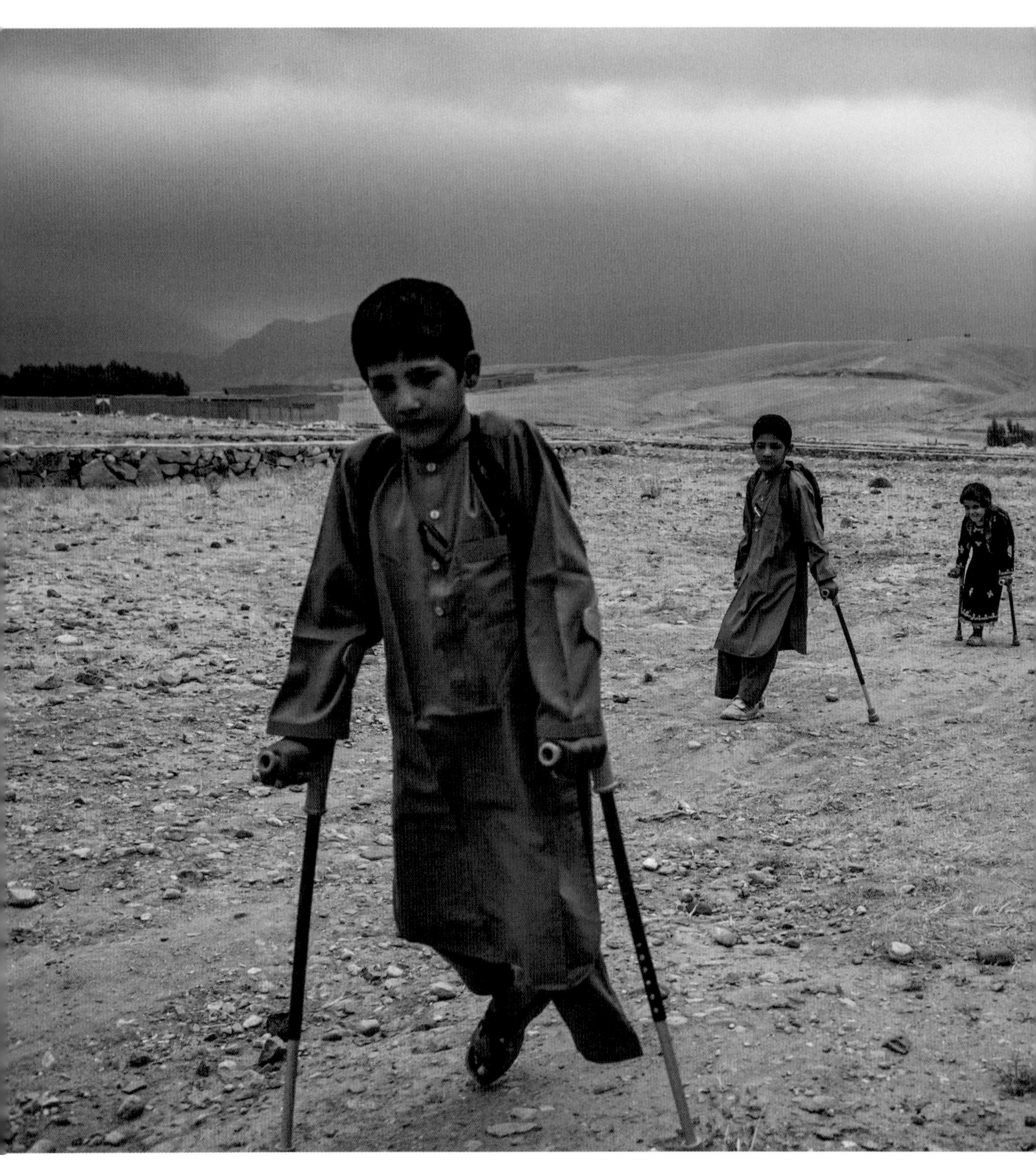

↑
Sept enfants d'une même famille élargie en chemin pour l'école. Tous sont handicapés, blessés par l'explosion d'un engin trouvé par un des enfants. Province de Nangarhar, juillet 2018.

Seven children from the same extended family on their way to school. They were maimed when one child found a piece of ordnance that exploded. Nangarhar Province, July 2018.

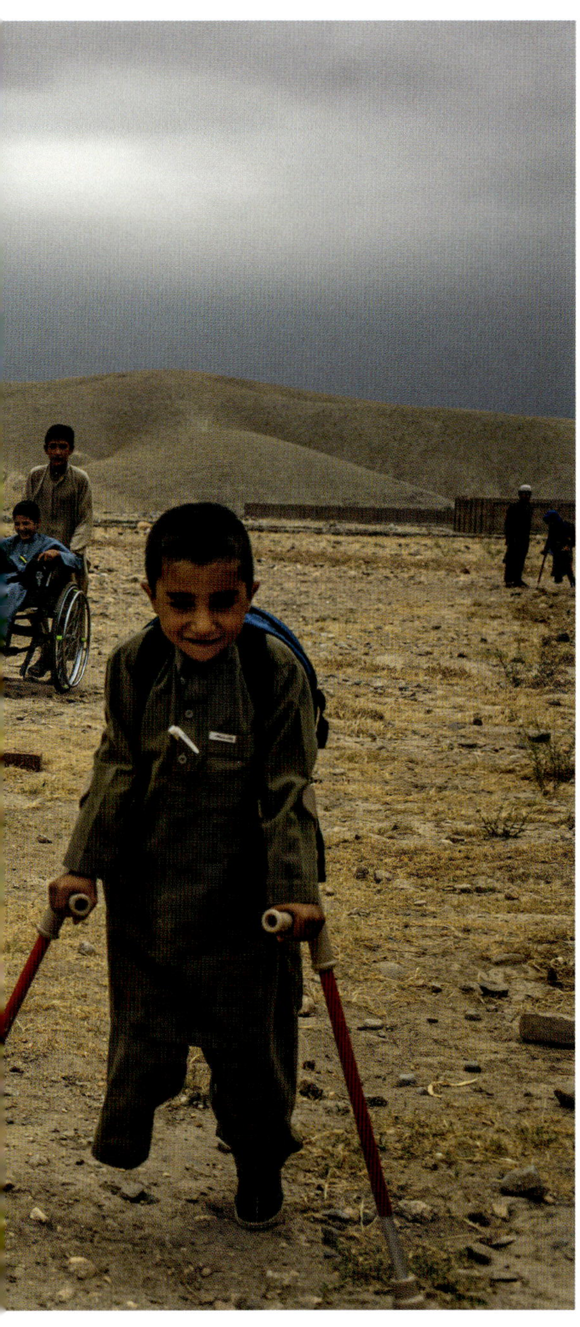

Au total, 6,5 millions de votes ont été exprimés et la journée a été présentée comme un succès.

L'enthousiasme a cependant été de courte durée et le pessimisme s'est rapidement emparé du pays. Au lendemain du second tour entre les deux principaux candidats, il y a eu des accusations de fraude et un audit a été lancé. La confiance dans la République afghane s'est effondrée, tout comme la devise nationale et les investissements étrangers, et le chômage a explosé. À la fin de l'année, la mission militaire internationale a confié la responsabilité de la sécurité aux forces de sécurité nationales afghanes.

Après avoir attendu patiemment que les forces étrangères mieux équipées, mieux formées et plus motivées quittent le pays, les talibans ont rapidement lancé l'offensive. Ils ont pris le contrôle de leur première grande ville, Kunduz, dans le nord du pays, en septembre 2015. Au cours de l'opération visant à reprendre la ville, les frappes aériennes américaines ont détruit un hôpital de traumatologie géré par Médecins sans frontières, tuant 42 patients et soignants dans l'un des épisodes les plus terribles de toute la guerre.

Alors que les combats s'intensifiaient, les diplomates américains ont relancé les négociations de paix avec les talibans. En février 2020, après dix-huit mois de négociations sous la présidence de Donald Trump, un traité de paix en Afghanistan a été signé entre les représentants américains et les talibans, marquant ainsi la défaite des États-Unis en prévoyant le retrait total des forces internationales l'année suivante si le gouvernement afghan et les talibans s'engageaient à entamer des pourparlers de paix. Mais les États-Unis, sous la présidence de Trump comme sous celle de Biden, étaient plus déterminés à retirer leurs troupes qu'à assurer la stabilité en Afghanistan.

Début 2021, après l'annonce du président Biden que les États-Unis respecteraient l'accord de retrait, les talibans ont intensifié les offensives dans tout le pays, s'emparant des régions rurales les unes après les autres alors que les forces gouvernementales s'effondraient, préférant souvent déposer les armes et se rendre. Au début du mois d'août, les 34 capitales provinciales de l'Afghanistan étaient presque toutes encerclées. S'attendant à une bataille ouverte et sans merci à Kaboul, les forces étrangères et les diplomates encore sur place ont accéléré le processus d'évacuation. Finalement, les talibans ont repris le pouvoir beaucoup plus vite qu'ils ne l'avaient prévu : il n'a fallu que dix jours pour qu'ils prennent le contrôle de la plupart des capitales provinciales. À l'aube du 15 août, leurs combattants avaient atteint les portes de Kaboul.

Pendant deux semaines, des combattants talibans victorieux ont gardé l'aéroport international de Kaboul où des forces étrangères sous le commandement de l'armée américaine assuraient le transport aérien de jusqu'à 10 000 personnes par jour : des diplomates étrangers, des travailleurs humanitaires et des journalistes, mais principalement des Afghans qui cherchaient à tout prix à fuir le nouveau régime. De nombreuses personnes ont trouvé la mort, écrasées par la foule ou abattues par des combattants talibans qui s'efforçaient de contrôler l'accès à l'aéroport alors que des dizaines de milliers de personnes tentaient d'y pénétrer. Un kamikaze de Daech a emporté avec lui 180 personnes, dont treize soldats américains. Quelques jours plus tard, dans une tentative apparente d'empêcher une nouvelle attaque, une maison familiale a été frappée par un missile Hellfire tiré par un drone américain. Les dix victimes, dont huit enfants, ont été enterrées dans un cimetière près de l'aéroport alors que les derniers avions américains s'élevaient dans le ciel et quittaient définitivement le sol afghan.

Andrew Quilty

Andrew Quilty remercie *Le Monde* et *Le Figaro Magazine*.

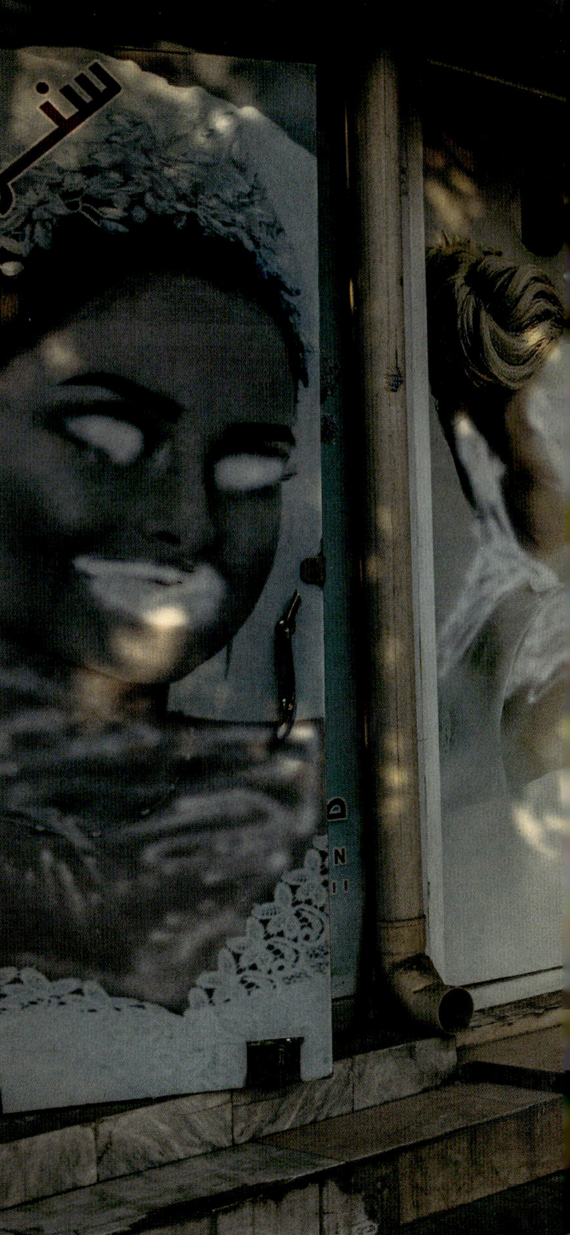

↑
Six semaines après le retour des talibans, toutes les images de femmes sur les publicités ou les devantures de magasins ont été arrachées ou recouvertes de peinture. Kaboul, septembre 2021.

Six weeks after the Taliban took control, any images of women on advertisements or shops were torn down or painted over. Kabul, September 2021.

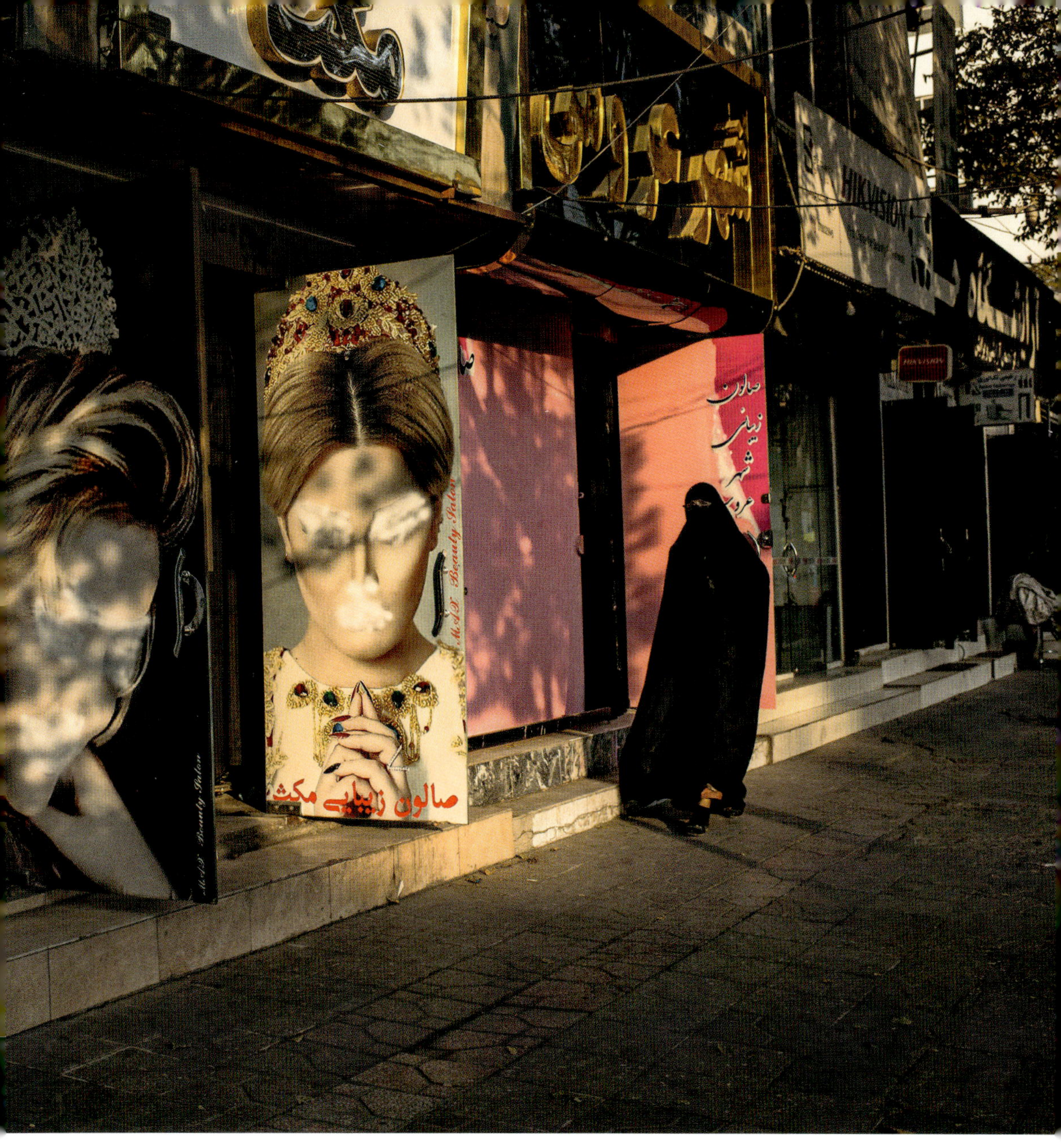

صالون زیبایی مکث
HIKVISION

It was a harsh winter that began in 2013. In the city of Herat on Christmas Day, people burned trash by the side of the highway to keep warm after fleeing fighting and, ironically, drought in outlying rural districts. But there was hope, wary though it may have been. In 2014, for the first time since the fall of the Taliban in 2001, the presidential election, previously organized by international players, was to be organized by Afghans.

At dawn on election day, the sound of exploding rockets echoed through Kabul. The Taliban had promised bloodshed. The skies were gray, but voters waited in line in the rain, patiently coping with the inevitable logistical hitches and security threats. A total of 6.5 million votes were cast and the day was heralded as a success.

The excitement, however, was short-lived, and pessimism soon shrouded the country. When the run-off vote between the two leading candidates resulted in accusations of fraud, an audit was called. Confidence in the Afghan republic plummeted, as did the national currency and foreign investment, while unemployment soared. At the end of the year, the international military mission handed responsibility for security over to Afghan national security forces.

The Taliban had been biding their time until the better equipped, better trained and motivated foreign forces departed, then quickly went on the offensive. They overran their first major city in September 2015 when they captured Kunduz in the north. During the operation to recapture the city, US airstrikes destroyed a trauma hospital run by Doctors Without Borders, killing 42 patients and staff in one of the most horrific incidents of the entire war.

As the momentum of the Taliban on the battlefield surged, American diplomats revived efforts for peace talks with the Taliban. In February 2020, after 18 months of negotiations under President Trump, the deal to bring peace to Afghanistan was signed by representatives of the US and the Taliban, in effect signing America's defeat with the provision for the Afghan government and the Taliban to engage in peace talks of their own, and for international forces to withdraw entirely the following year. But the United States, under both presidents Trump and Biden, was more intent on withdrawal than on sustaining stability in Afghanistan.

In early 2021, after President Biden confirmed that the US would abide by the withdrawal agreement, the Taliban stepped up offensives across the country, overrunning rural districts at great speed as government forces crumbled, many simply laying down their weapons and surrendering. By early August, Afghanistan's 34 provincial capitals were all virtually surrounded. With the prospect of a no-holds-barred battle for Kabul, the remaining foreign forces and diplomats hastened their evacuation efforts. In the end, the Taliban regained power much faster than even they had predicted. It took just ten days for all but a handful of provincial capitals to be overrun by the Taliban. By dawn on August 15, their fighters had reached the gates of Kabul.

For two weeks, victorious Taliban fighters guarded Kabul International Airport where foreign forces under the command of the US Army were airlifting as many as 10,000 people a day: foreign diplomats, aid workers and journalists, but mainly Afghans, desperate to flee. Scores were killed, crushed in the crowd or shot by Taliban fighters trying to control access to the airport as tens of thousands attempted to make their way inside. An ISIS suicide bomber attacked, killing 180, including thirteen US troops. Days later, in an apparent bid to prevent a follow-up attack, a family home was struck by a Hellfire missile fired by an American drone. The ten victims, including eight children, were buried in a cemetery by the airport as the last American planes climbed into the sky leaving Afghanistan for good.

Andrew Quilty

Andrew Quilty would like to thank *Le Monde* and *Le Figaro Magazine*.

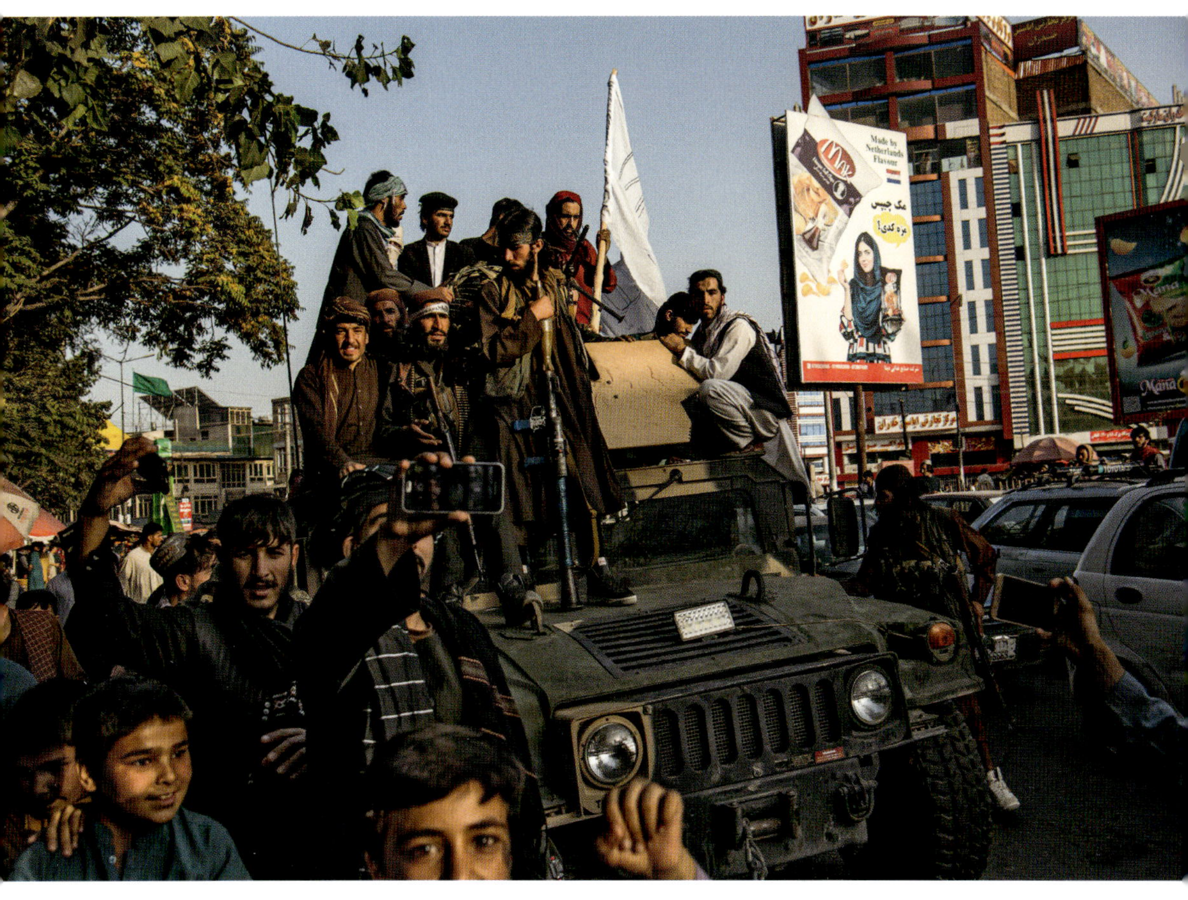

↑
Des combattants talibans traversent le quartier ouest de la capitale à bord d'un Humvee américain quelques heures seulement après que le président Ashraf Ghani a fui le pays et que les forces de sécurité nationales ont abandonné leurs postes et leurs uniformes. Kaboul, août 2021.

Taliban fighters on an American Humvee driving through the western part of the capital just hours after President Ashraf Ghani fled the country, and national security forces abandoned their posts and their uniforms. Kabul, August 2021.

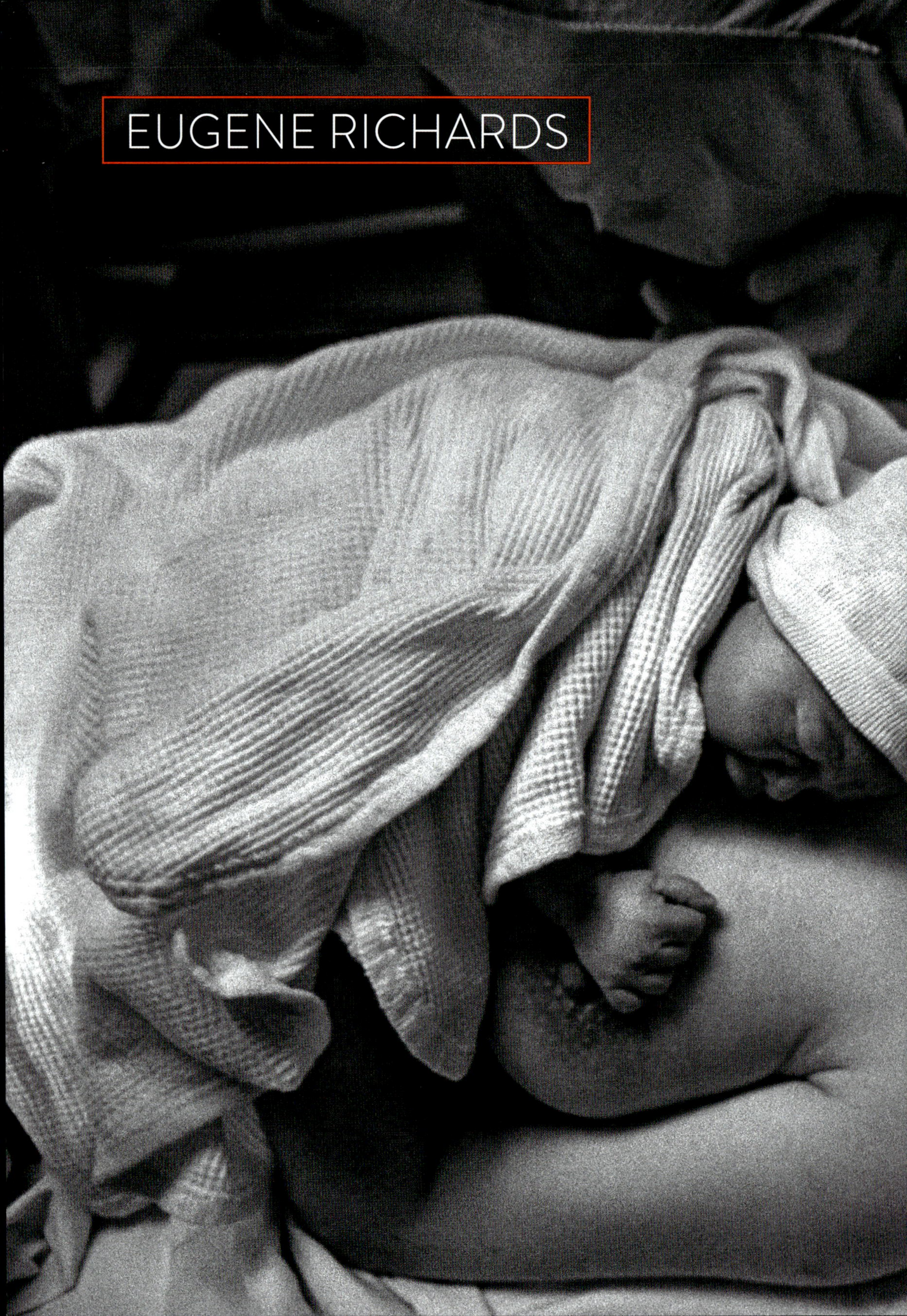
EUGENE RICHARDS

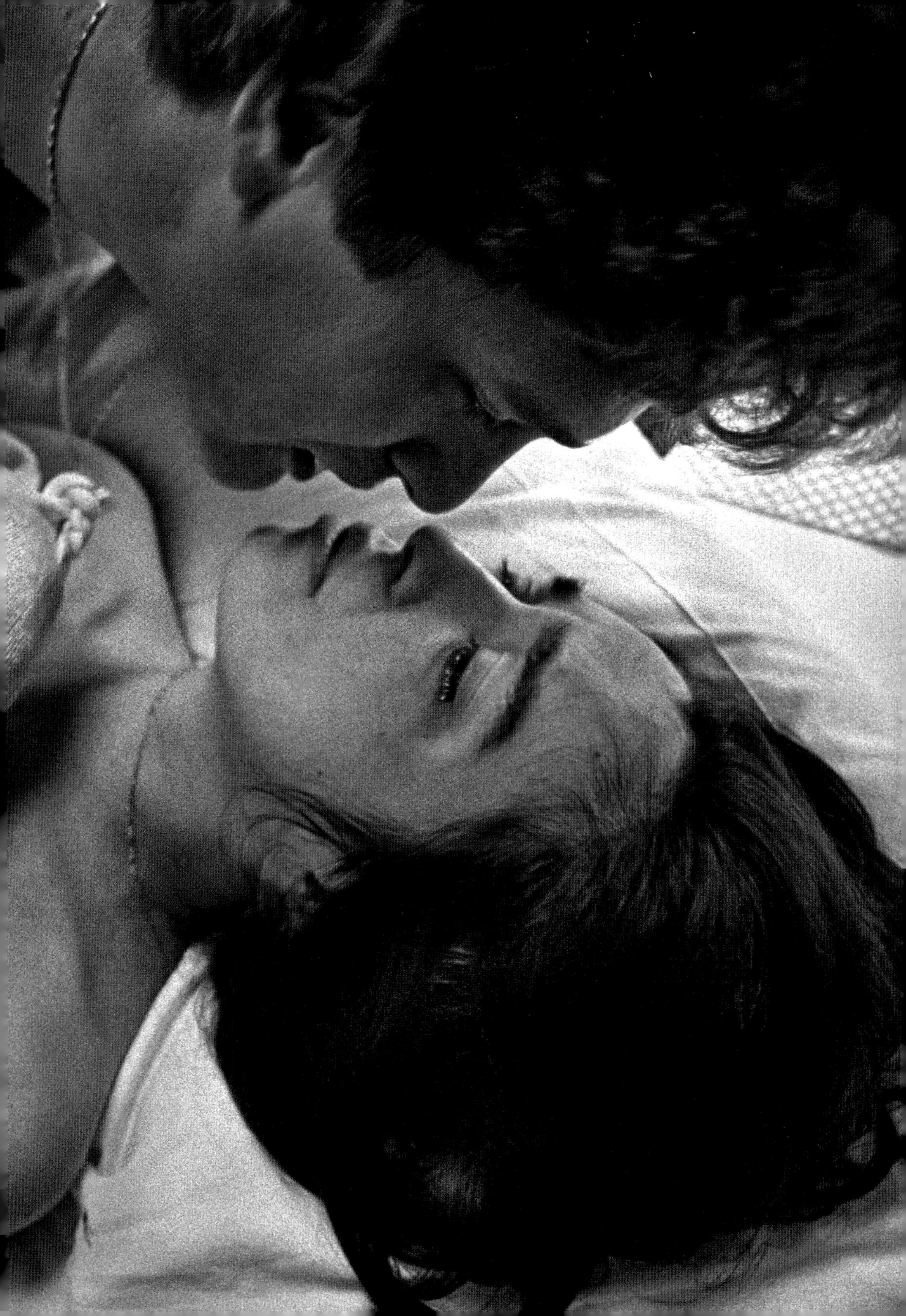

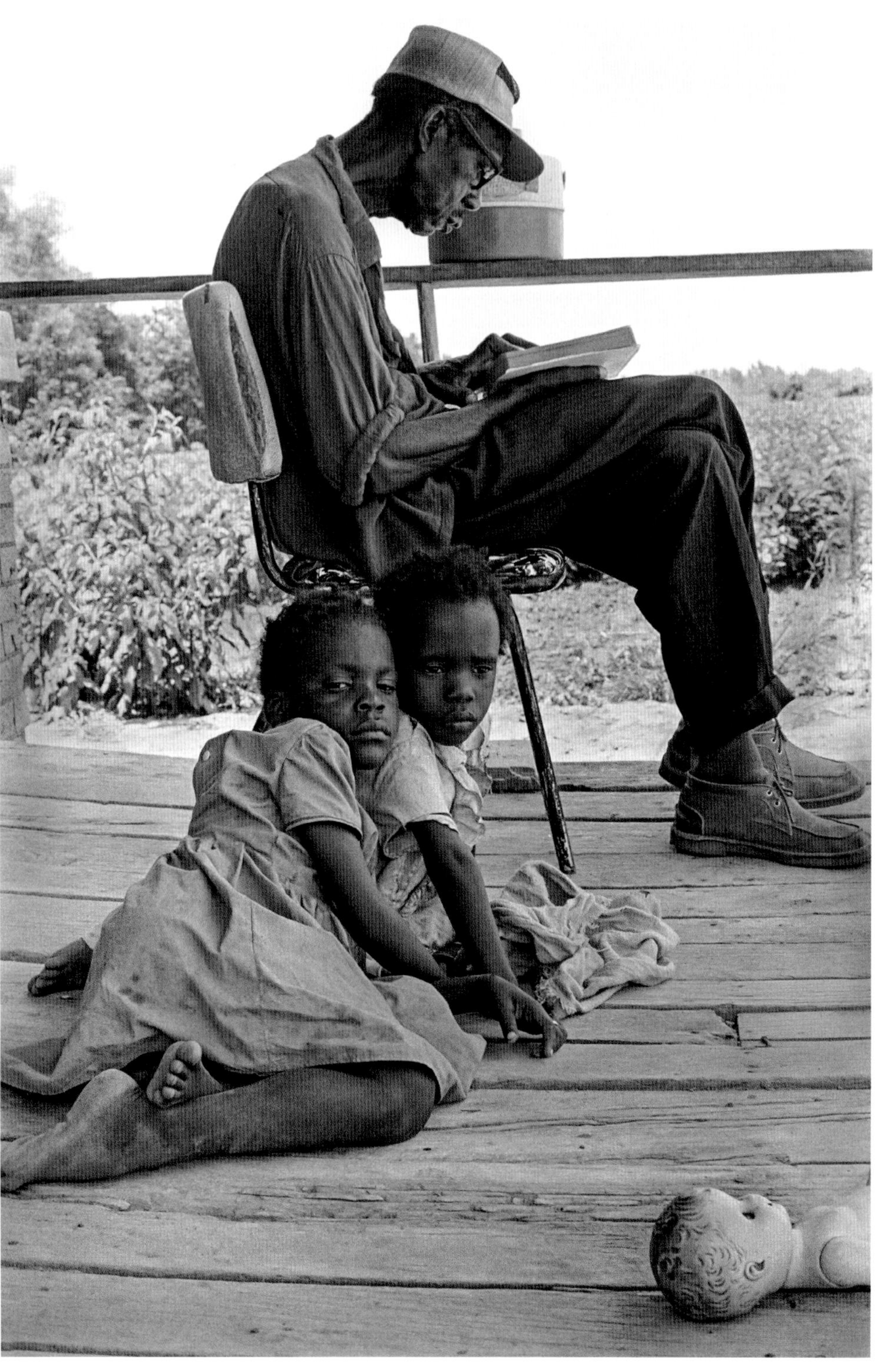

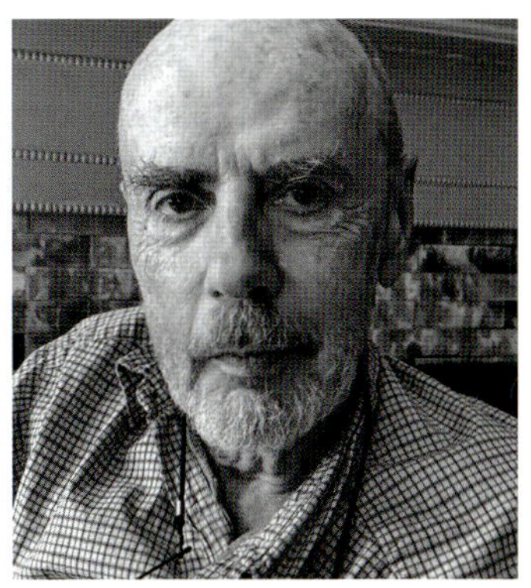

EUGENE RICHARDS

En marge
An Outsider

Inspirée de quelque cinquante années de photographie, cette exposition pourrait suivre un ordre chronologique, de mes tout premiers récits photographiques dans le sud des États-Unis en 1969 jusqu'à mon retour dans le delta de l'Arkansas en 2019. Elle pourrait aussi être structurée par thèmes : la misère aux États-Unis, le sort des handicapés mentaux, le coût humain de la drogue, de la guerre, le cancer d'une femme. L'une ou l'autre approche donnerait l'impression que j'ai participé à l'élaboration de cette exposition dès le départ. C'est faux. J'ai commencé à chercher ces photos il y a de longs mois, sur les conseils de mon fils Sam qui avait remarqué que j'étais abattu, incapable de faire quoi que ce soit. Les ravages du Covid accaparaient mon esprit, tout comme l'Afghanistan et l'Irak, et le sentiment que d'autres guerres se profilaient. J'avais aussi du mal à accepter les fractures au sein de la société ainsi que le nouveau visage du journalisme aux États-Unis. De plus en plus de partisans de la politique identitaire suggéraient que certains photographes méritaient plus de soutien que d'autres. Que l'âge, la race, la classe sociale, le genre des journalistes sont des facteurs à considérer avant de nous envoyer en mission. Il me semblait également qu'à l'exception peut-être des photos de guerre, les images publiées dans les livres et les magazines d'actualités étaient de moins en moins prises sur le vif,

←←
Jim, Sarina et leur fils.
Washington, D.C., 1990.

*Jim and Sarina's newborn son.
Washington, D.C., 1990.*

←
Le révérend Landers et ses filles devant leur maison, une « cabane » de métayer.
Rawlinson, Arkansas, 1969.

*Reverend Landers and his daughters on the porch of their home, a tenant farmer's "shack."
Rawlinson, Arkansas, 1969.*

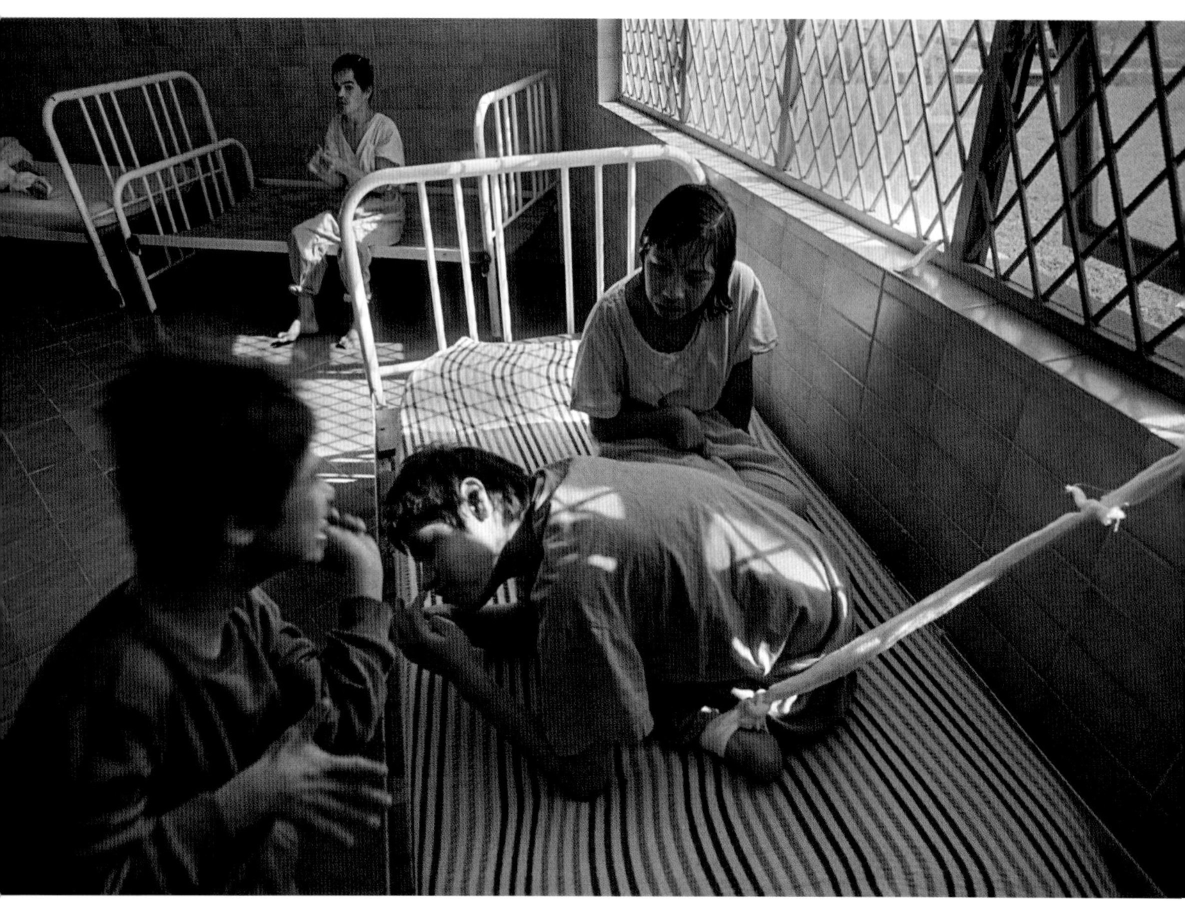

et de plus en plus souvent mises en scène, construites, en collaboration avec les sujets. « Collaboration » étant apparemment le mot à la mode ces temps-ci.

C'est finalement mon fils qui m'a orienté vers une nouvelle manière de publier et de m'exprimer. «Aujourd'hui, il n'y a pratiquement personne pour te soutenir dans ce que tu penses devoir faire, alors publie tes photos sur Instagram», m'a conseillé Sam. «Instagram», ai-je répété, incrédule. Alors, tel un automate, j'ai commencé à parcourir les vieux classeurs craquelés et gondolés remplis de planches-contacts qui occupent sept ou huit étagères d'un débarras au fond de notre maison. Au fil des pages, j'ai cherché des clichés que je n'avais encore jamais montrés ni publiés, triant des centaines de moments de la vie des autres, submergé de souvenirs.

Et puis, à ma grande surprise, Jean-François* m'a téléphoné. C'est un homme qui ne se soucie pas de qui vous êtes, de votre âge, de vos origines ou de votre identité de genre tant que vous vous efforcez de raconter la vérité. C'est son intérêt pour mes photos ainsi que la bienveillance de ma femme Janine et de Sam qui m'ont remis au travail.

Eugene Richards

* Jean-François Leroy, directeur du festival.

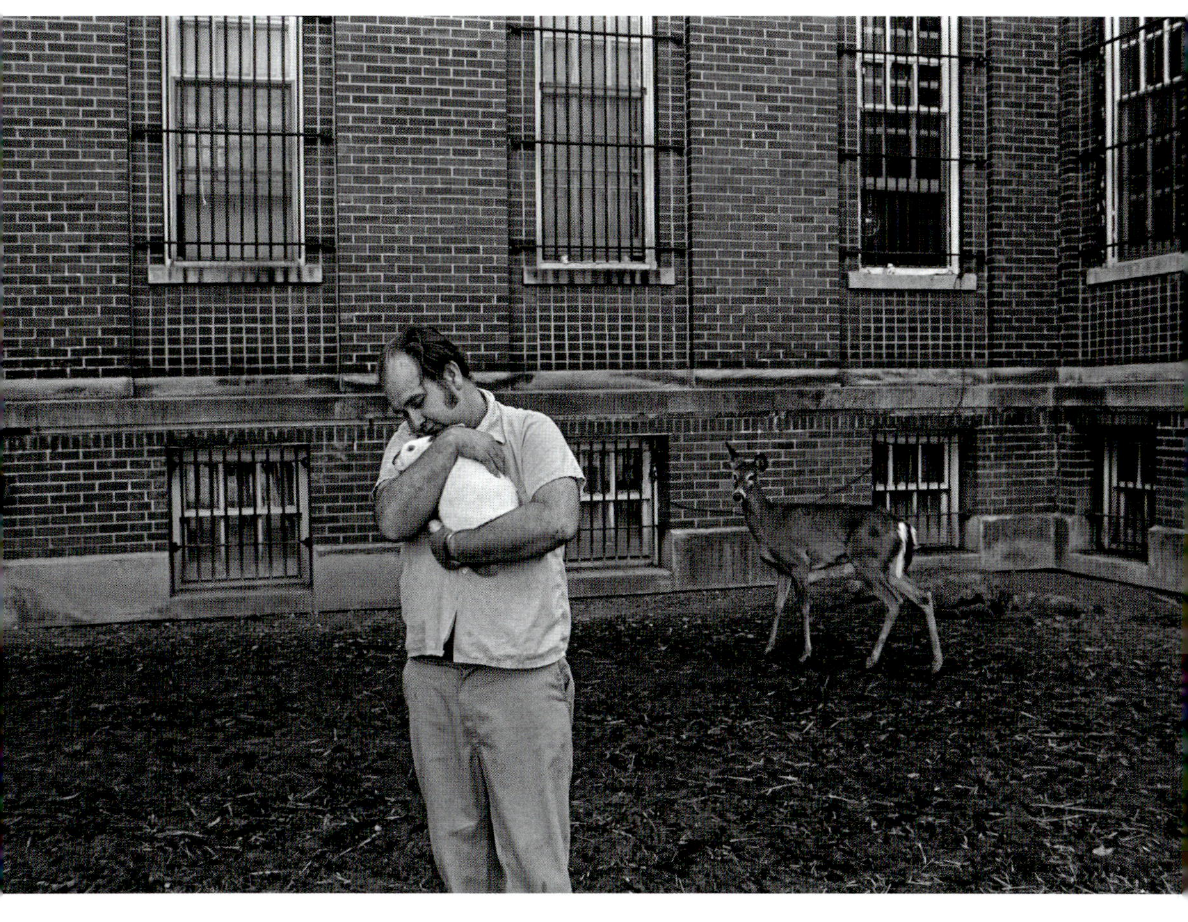

↖
Hôpital psychiatrique
de Jalisco. Mexique, 1999.

Jalisco Psychiatric Hospital. Jalisco, Mexico, 1999.

↑
Jerry, hôpital psychiatrique
pour criminels. Lima, Ohio,
1981.

Jerry, Hospital for the Criminally Insane. Lima, Ohio, 1981.

Based on some fifty years of photography, this exhibition could be structured chronologically, from my very first photographic stories in the American South in 1969 till I returned to the Arkansas Delta in 2019. On the other hand, it could be structured thematically: American poverty, the plight of the mentally disabled, the human cost of drugs, of war, a woman's cancer. Either approach would make it seem that from the outset I had a part in planning this exhibition. Not true. I began searching out these photographs long months ago at my son Sam's suggestion. He witnessed my feeling especially down, frozen in place. The deadly spread of Covid was on my mind, as were Afghanistan and Iraq and the realization that other wars were looming. I was also struggling to come to terms with the societal divisions and in turn journalistic changes in America. There were increasing numbers of promoters of identity politics suggesting that some of us are more worthy of support doing stories than others. That the age, race, class, gender of journalists are factors to be considered before sending us out into the world. Additionally it appeared to me that, with the possible exception of photos of war, the pictures being published in books and news magazines were less and less of the moment, more often set up, constructed, in collaboration with the subjects. "Collaborative" being a kind of buzzword of our time.

As happened, it was my son who directed me toward an alternate way of publishing and speaking out. "There's pretty much no support right now for what you feel you should be doing," Sam observed, "so put your pictures on Instagram." "Instagram," I said incredulously. Then as if on auto-pilot I began to flip through the warped, cracked binders of contact sheets that take up seven or eight shelves in a back room of our house. Leafing through the pages, I went looking for pictures I hadn't shown or published before, sifting through hundreds of moments in the lives of others, awash in memories.

Then, much to my surprise, Jean-Francois* phoned. This is a man who doesn't care who you are, what age you are, where you are from, what your gender identification is, as long as you are attempting to tell the truth. His interest in my pictures, along with Sam's and my wife Janine's tender treatment of me, got me back to work.

Eugene Richards

*Jean-François Leroy, Director-General, Visa pour l'Image

↗
Le coq apprivoisé d'Iris. Dorchester, Massachusetts, 1975.

Iris's pet rooster. Dorchester, Massachusetts, 1975.

↘
Tomas Young, ancien combattant en Irak, soigné par sa femme Claudia. Kansas City, Missouri, 2013.

Iraq war veteran Tomas Young, being cared for by his wife Claudia. Kansas City, Missouri, 2013.

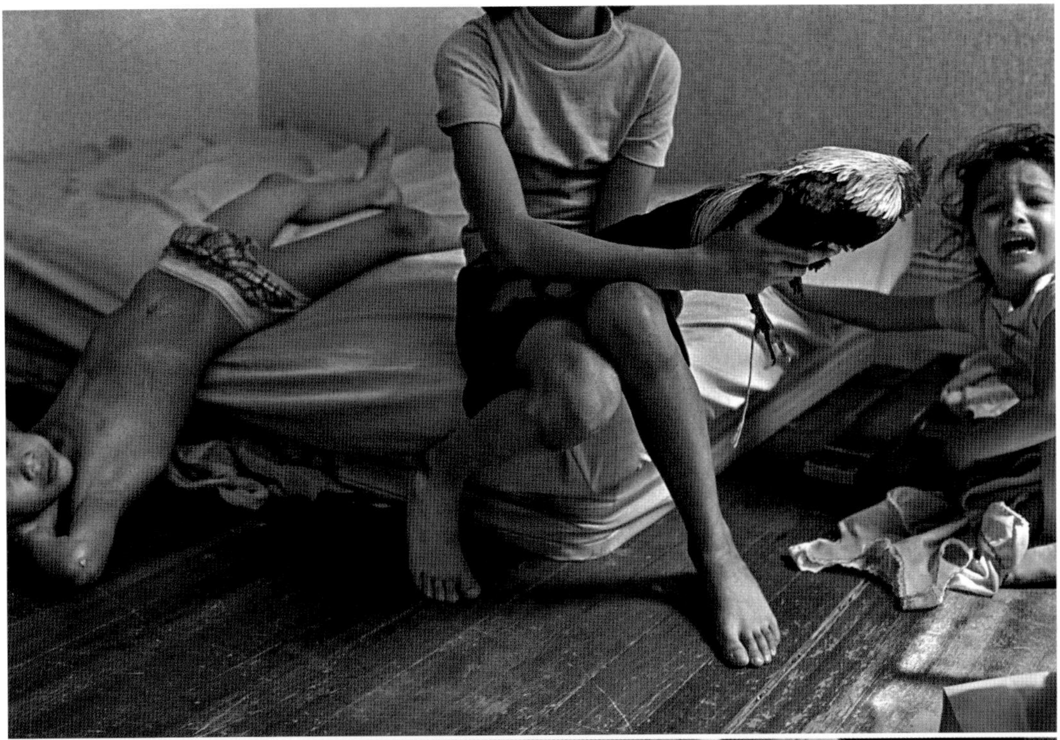

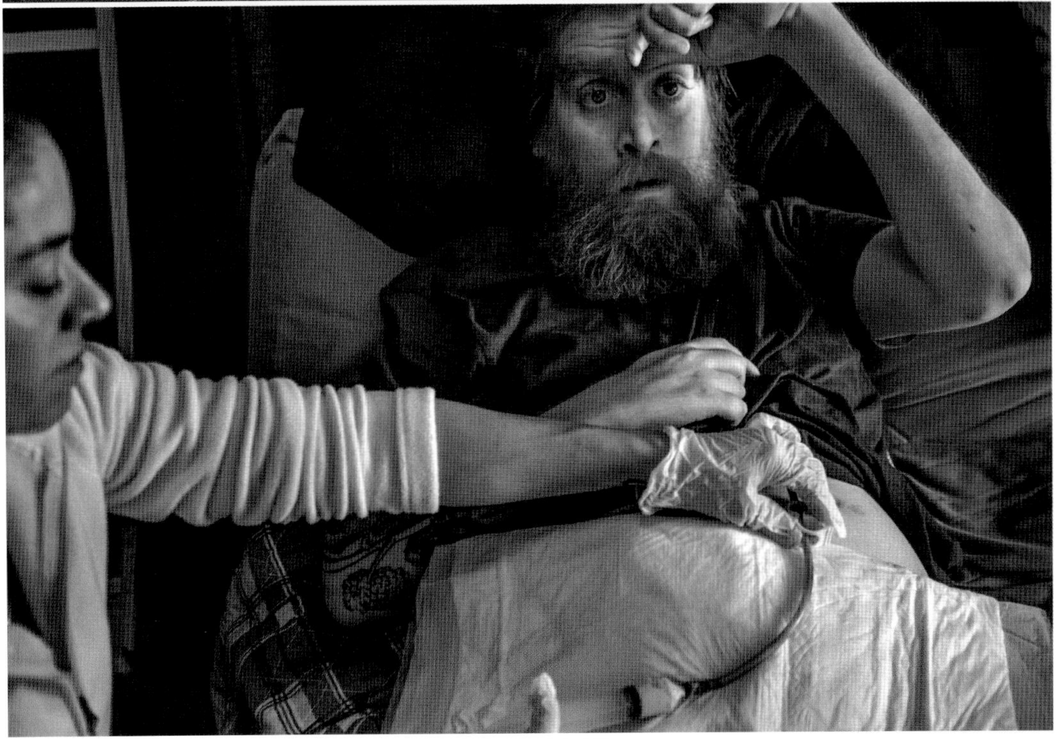

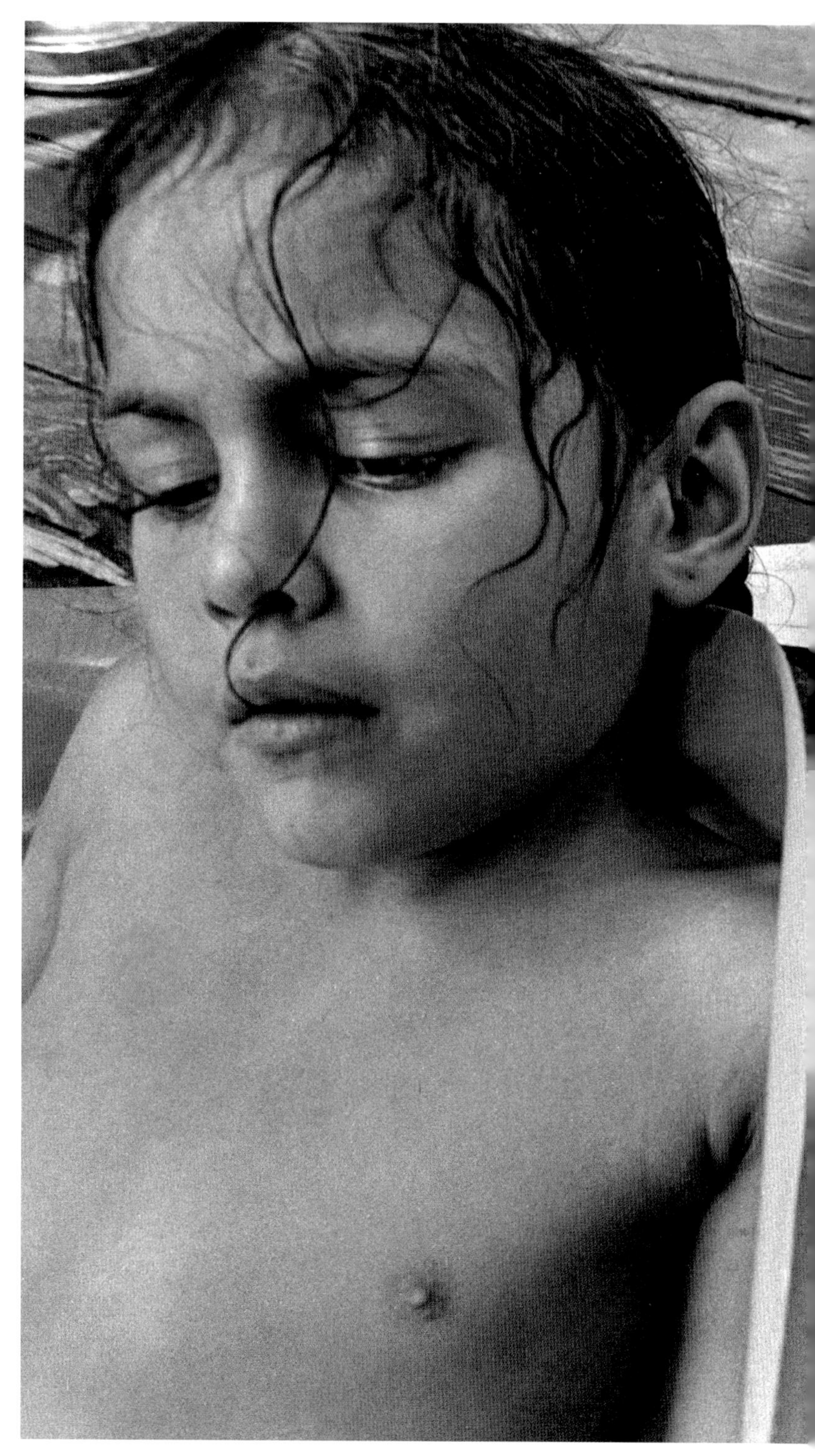

→
Petite fille dans une pataugeoire. Dorchester, Massachusetts, 1978.

Child in wading pool. Dorchester, Massachusetts, 1978.

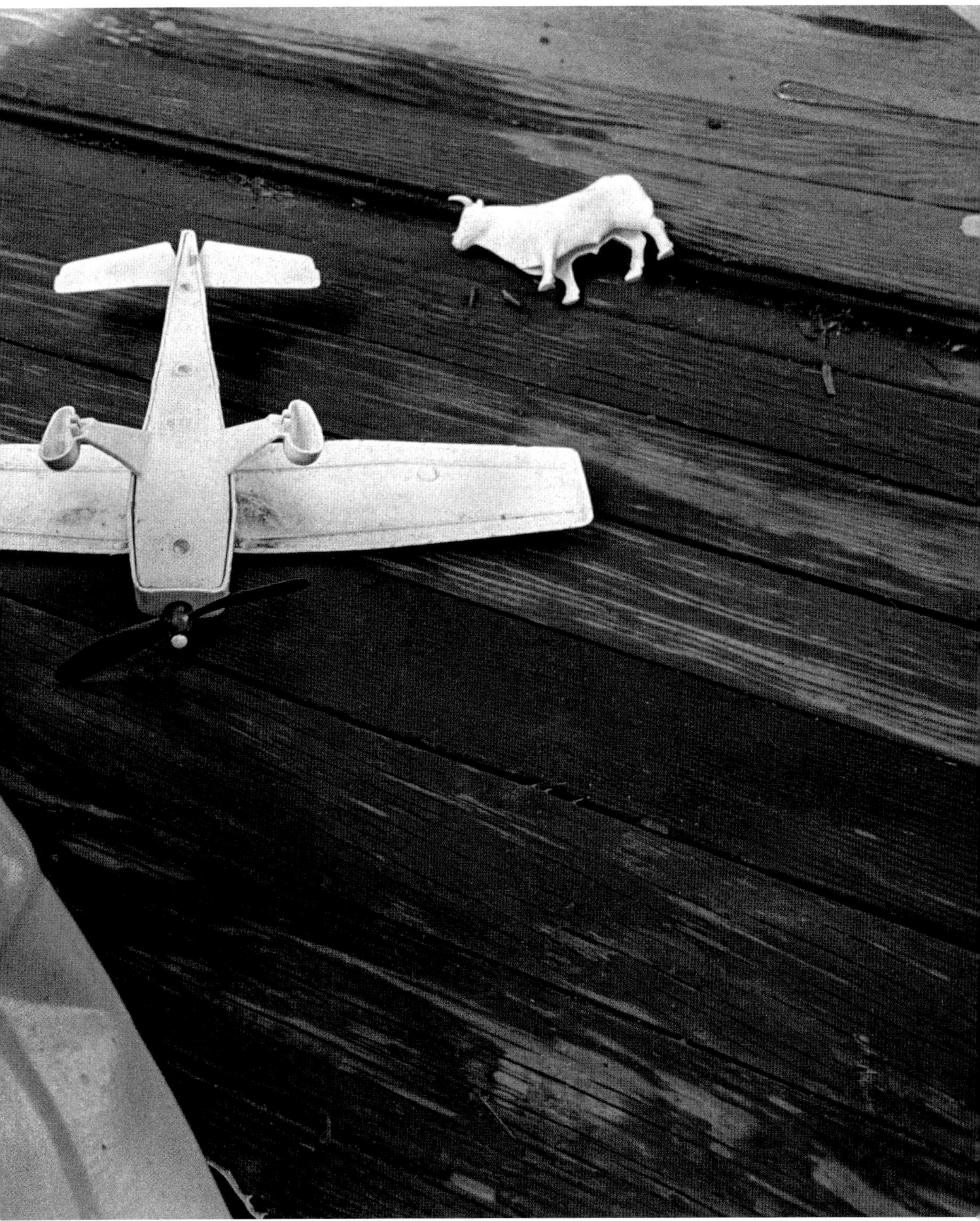

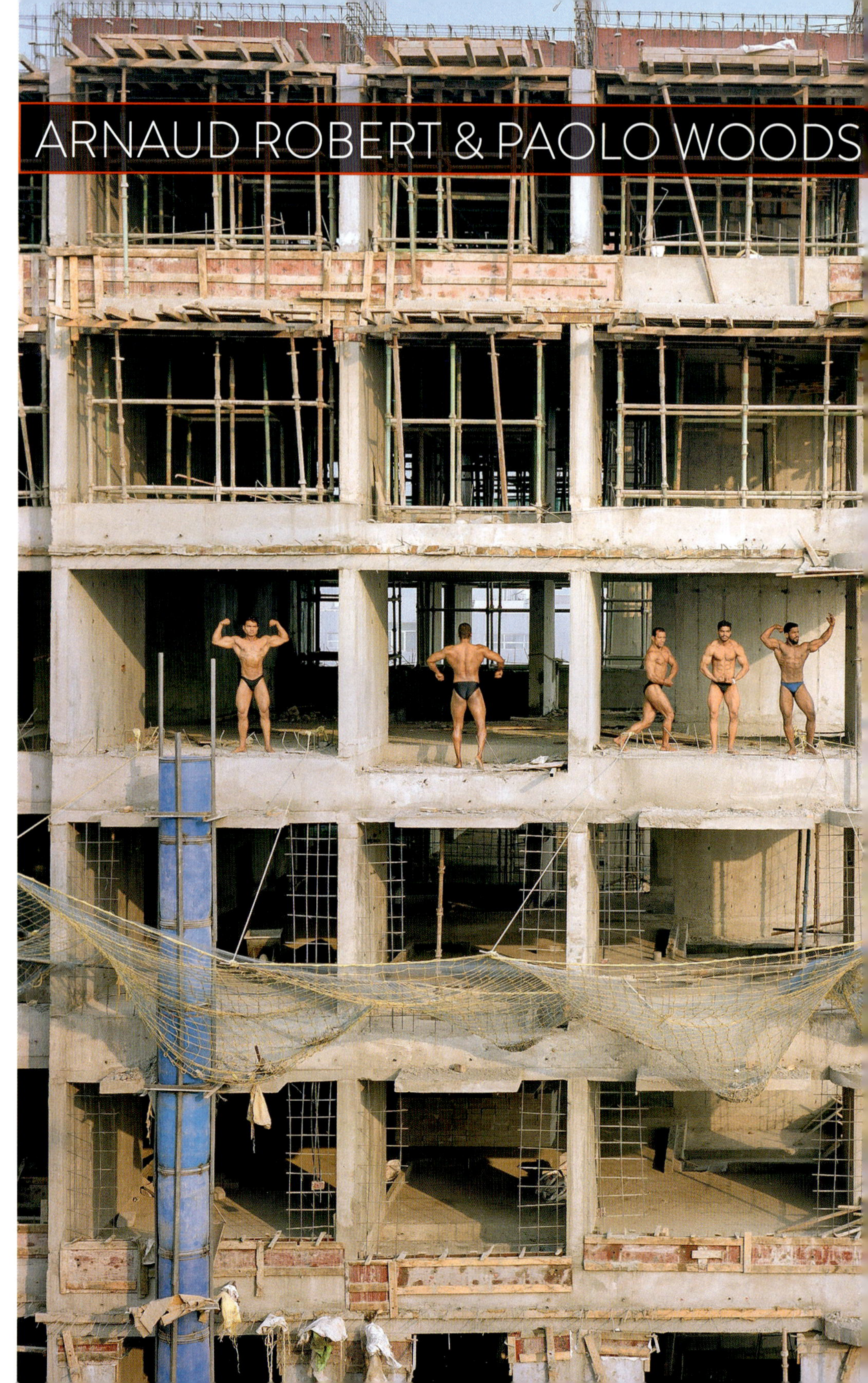
ARNAUD ROBERT & PAOLO WOODS

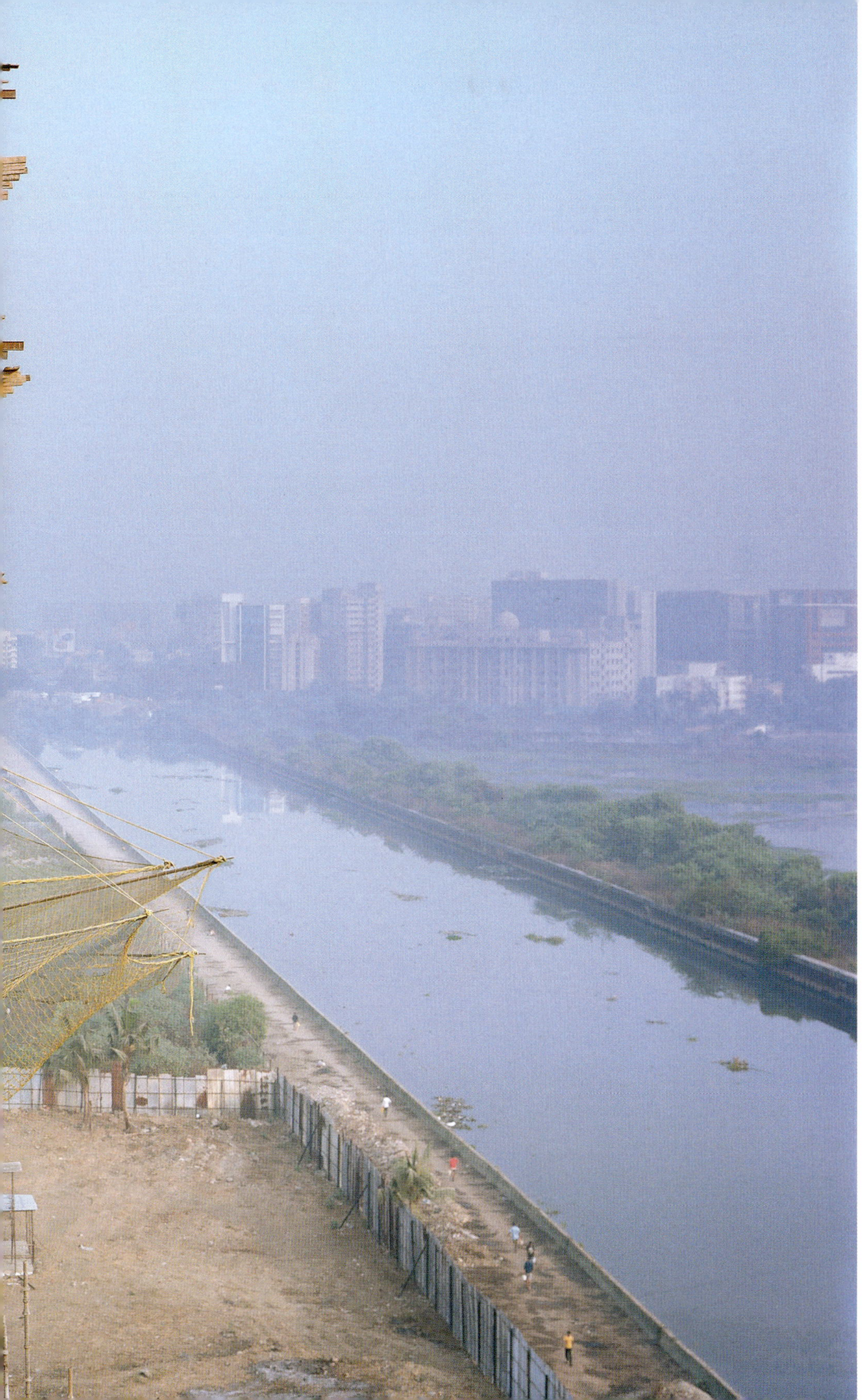

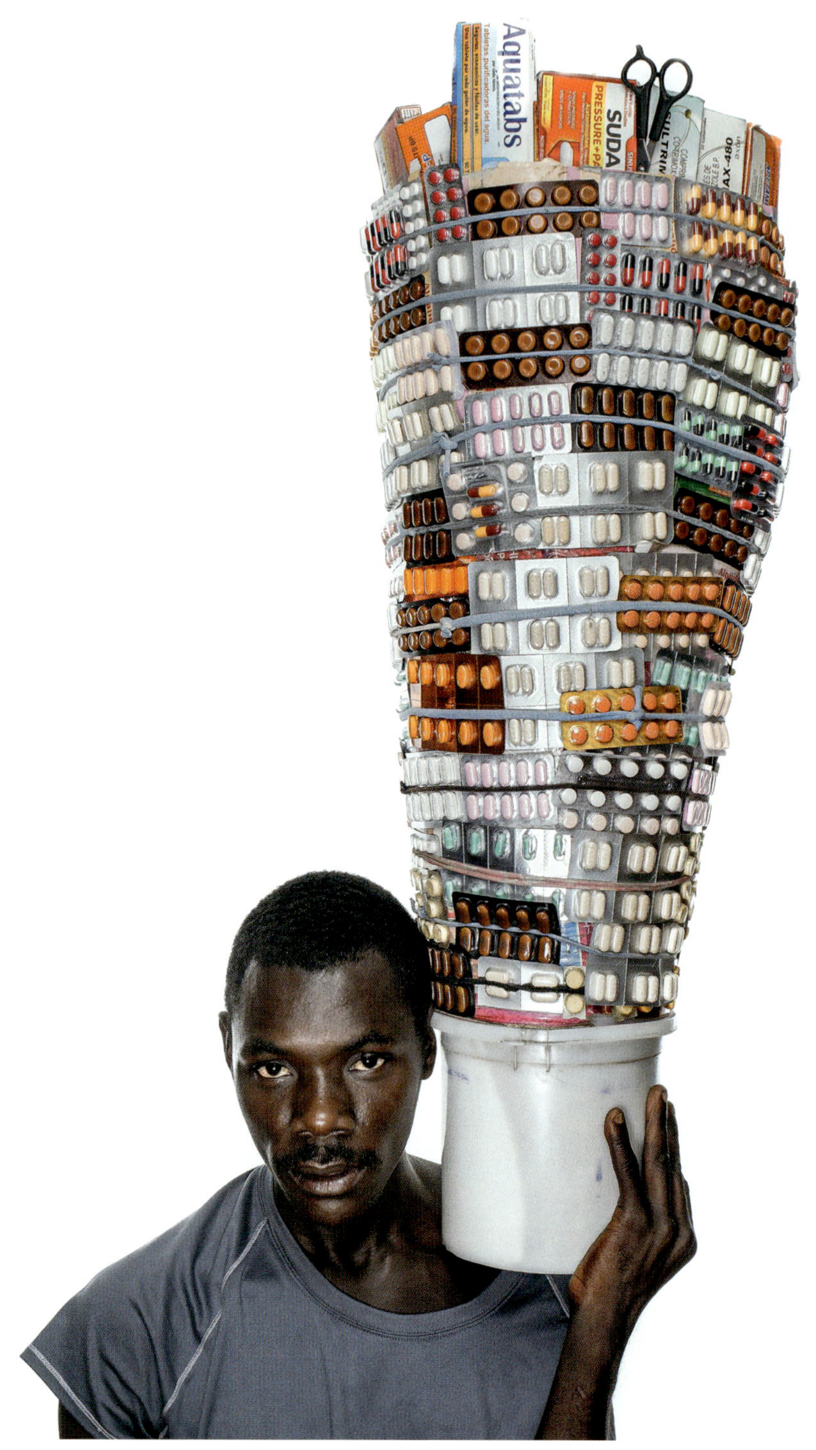
Aquatabs

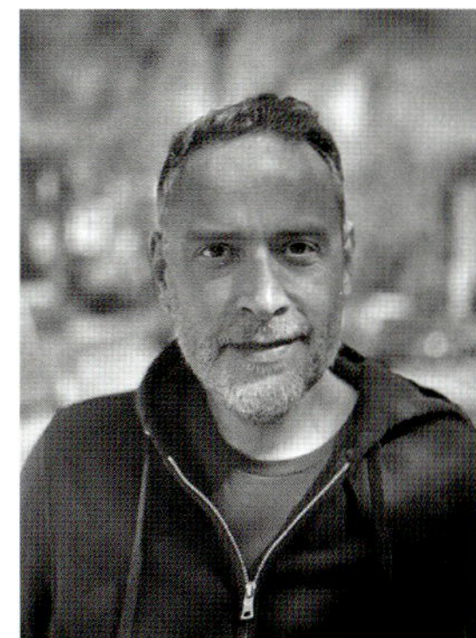

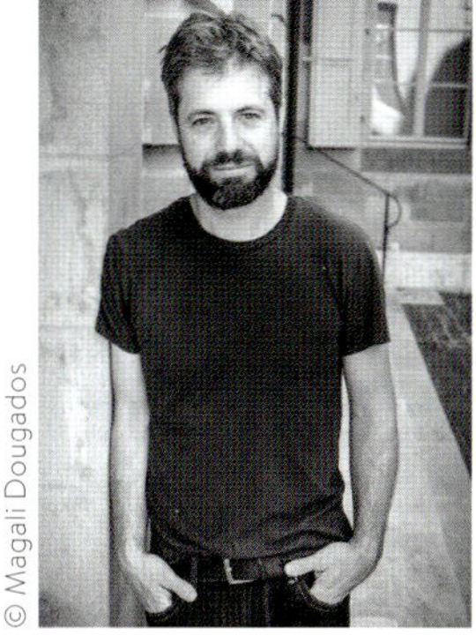

© Magali Dougados

ARNAUD ROBERT & PAOLO WOODS

Happy Pills

Définir le bonheur semble avoir longtemps été la responsabilité des religions, des philosophies ou même de la politique. Aujourd'hui, c'est l'industrie pharmaceutique qui déploie les outils de la science, du marché et de la communication pour offrir une réponse standardisée à cette ultime aspiration humaine.

Que ce soit dans l'inconscient collectif ou la pop culture, d'*Alice au pays des merveilles* à *Matrix*, la pilule apparaît comme une réponse quasi magique aux faiblesses, aux mélancolies, aux inacceptables limites de la condition humaine. La promesse de transformation et de guérison par la chimie offre la métaphore la plus parfaite d'une

←←
Bodybuilders dans un immeuble en construction à Bombay. L'Inde est une nation de bodybuilders et l'industrie pharmaceutique locale fournit à profusion hormones de croissance ou stéroïdes aux athlètes. « Il n'existe pas de bodybuilders en compétition sans stéroïdes. Et ceci nulle part dans le monde », explique Vishal, un entraîneur de Bombay. Volumes dépourvus de force, ces corps dopés sont le théâtre d'une virilité paradoxale : les muscles existent pour être contemplés et non pour agir. Les effets secondaires des stéroïdes incluent notamment la réduction des testicules et l'impuissance. Inde, 2017.

Bodybuilders in a half-complete building. India is a nation of bodybuilders, and the local pharmaceutical industry has abundant supplies of growth hormones and steroids to sell to athletes. According to Vishal, a local coach, there is not a single competition bodybuilder anywhere in the world who is not on steroids. The irony is that the theatrical display of virility has no strength behind it. The muscles are to be seen, but otherwise are quite useless. Shrunken testicles and impotence are just two of the side-effects of steroids. Mumbai, India, 2017.
© Paolo Woods & Arnaud Robert

←
Les marchands ambulants dans les rues d'Haïti jouent le rôle de prescripteurs. Ils vendent à la pièce un mélange de pilules fabriquées en Chine, de contrefaçons conçues en République dominicaine à l'intention du marché haïtien, de médicaments périmés abandonnés par les ONG. L'aspect esthétique de leur assortiment compte. « Si ma tour n'est pas belle, on n'achète pas », affirme Berthony Mélord. Haïti 2016.

Street vendors in Haiti prescribe treatments while selling an assortment of tablets made in China, counterfeit drugs from the Dominican Republic, and expired medication left behind by NGOs. The visual display is important. "If my tower is not impressive, no one will buy," explains Berthony Mélord. Haiti 2016.
© Paolo Woods & Arnaud Robert

société prométhéenne qui ne croit qu'en l'efficacité, la puissance, la jeunesse et la performance. Une société où l'apparence du bonheur vaut presque mieux que le bonheur lui-même, où la représentation l'emporte sur le réel.
Durant cinq ans, le journaliste Arnaud Robert et le photographe Paolo Woods ont parcouru le monde à la recherche des « pilules du bonheur », ces médicaments qui peuvent réparer une blessure humaine, ces molécules qui font bander, travailler, agir, ces substances qui permettent aux dépressifs de ne pas totalement sombrer, ces antidouleurs que les travailleurs pauvres avalent pour pouvoir continuer à nourrir leur famille. Partout, du Niger aux États-Unis, de la Suisse à l'Inde, d'Israël à l'Amazonie, *Big Pharma* s'est répandue pour offrir des solutions immédiates là où il n'y avait que d'éternels problèmes.
À travers différentes séries photographiques et l'exploration des réseaux sociaux, l'exposition a pour objectif d'interroger le visiteur sur sa propre relation aux médicaments.

Happy Pills est aussi un livre publié par Delpire & Co et un film documentaire produit par Intermezzo/Arte/RTS.

Exposition produite par La Ferme des Tilleuls, Suisse.

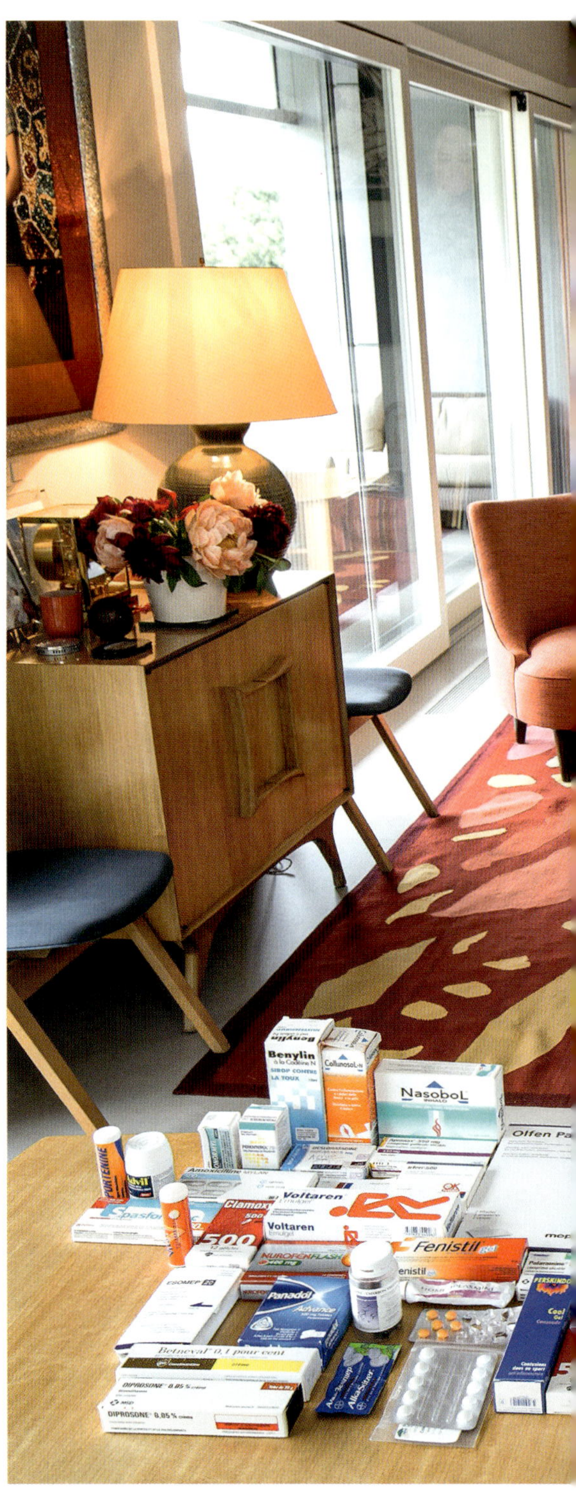

→
Arnaud et Candelita Brunel face à leurs médicaments. M. Brunel est le propriétaire d'une société qui produit des meubles de jardin de luxe, c'est aussi un grand collectionneur de photos. Cette image appartient à une série réalisée par Gabriele Galimberti pour le projet *Happy Pills* et intitulée « Home Pharma ». La démarche consiste à demander à des familles du monde entier de sortir leur boîte à pharmacie. Lausanne, Suisse.

Arnaud and Candelita Brunel with their medication. Mr. Brunel owns a company that makes luxury garden furniture, and also has a fine collection of photos. The picture is from the "Home Pharma" series by Gabriele Galimberti who asked families around the world to display the pharmaceuticals they keep at home. Lausanne, Switzerland.
© Paolo Woods & Gabriele Galimberti

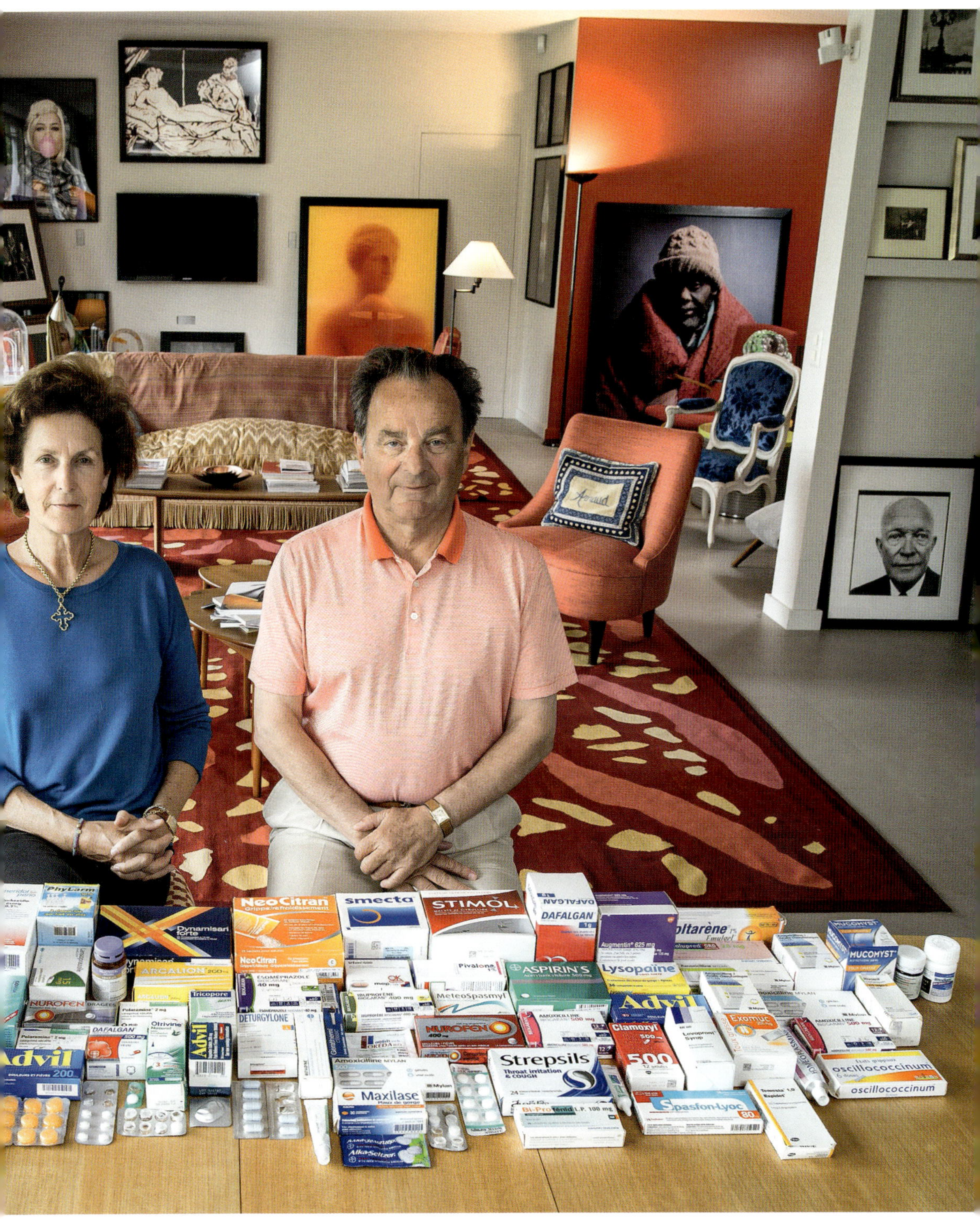
PhyLarm
Dynamisan forte
NeoCitran
smecta
STIMOL
DAFALGAN
ARCALION
oltarène
MUCOMYST
NUROFEN
Lysopaïne
ASPIRIN'S
Pivalone
MeteoSpasmyl
Advil
DETURGYLONE
Otrivine
Tricopore
Clamoxyl
500
Exomuc
Strepsils
Throat irritation & COUGH
Maxilase
Spasfon-Lyoc
oscillococcinum
Alka-Seltzer

For a long time the question of happiness was considered to be a matter for religion, philosophy or even politics. But today the pharmaceutical industry is using science, marketing and communication to provide a standardized response so that human aspirations can be fulfilled. The idea of a magic pill conjures up many familiar images, e.g. *Alice in Wonderland* or *The Matrix*, and is seen as an almost magical response to help cope with moments of weakness, melancholy or other pressures on human existence. The promise of a chemical compound that is able to cure and transform provides the perfect metaphor for a Promethean society focusing on efficiency, power, youth and performance, a society where the appearance of happiness is almost as good as happiness itself, where appearance prevails over genuine feeling.
For five years, journalist Arnaud Robert and photographer Paolo Woods traveled the world seeking out Happy Pills, drugs able to ease the pain of human suffering, to achieve excitement, work, power, and action, with formulae capable of retrieving patients from the abyss of depression, with painkillers ingested by the working poor who are simply trying to feed their families. Everywhere around the world, whether in Niger, the United States, Switzerland, India, Israel or the Amazon, the Big Pharma world has expanded and is offering overnight solutions where once there were eternal problems.
The exhibition features a series of photos plus ventures into social media, for an original presentation confronting us with our own relationship to medical drugs.

Happy Pills is also a book published by Delpire & Co. and a documentary film produced by Intermezzo/ARTE/RTS.

Exhibition produced by the Ferme des Tilleuls, Switzerland.

↗
Addy (15 ans) se penche pour écouter sa mère lors d'un barbecue familial. Depuis deux ans, Addy consomme quotidiennement des pilules d'Adderall, une amphétamine qui traite les troubles du déficit de l'attention avec ou sans hyperactivité (TDAH). Après avoir obtenu des résultats scolaires médiocres, sa mère a financé une série de tests psychologiques qui ont abouti au diagnostic. Dans l'État du Massachusetts où réside la famille d'Addy, les enfants diagnostiqués avec un TDAH bénéficient d'un soutien scolaire, d'un aménagement des cours et d'un suivi médical. Aux États-Unis, 10 % des enfants de 2 à 17 ans sont diagnostiqués avec un TDAH, et les trois quarts d'entre eux reçoivent un traitement médicamenteux. États-Unis, 2019.

At a family barbecue, Addy (15) is trying to focus on what her mother is saying. For two years she has been taking Adderall, an amphetamine used to treat Attention Deficit Hyperactivity Disorder (ADHD). When her results at school were disappointing, her mother paid for psychological testing, and she was diagnosed with ADHD. The family lives in the State of Massachusetts where children with ADHD are given special assistance at school, with a customized timetable plus medical care. In the United States, 10% of 2 to 17-year-olds have been diagnosed with ADHD, and 75% of them are on medication. United States, 2019.
© Paolo Woods
& Arnaud Robert

↘
La question du bonheur et plus largement celle du plaisir sont devenues un domaine central dans la recherche médicale. À l'université de Fribourg, une équipe de chercheurs tente de localiser dans le cerveau des rats la zone précise d'où jaillit le rire. La biologiste Diana Roccaro est chatouilleuse de rats professionnelle. Chez certains de ses sujets d'étude, une partie du cerveau nommée hypothalamus est détruite. Elle est censée abriter le siège du rire : le parvafox. Lorsque les rats ne disposent plus de parvafox, ils ne rient plus. L'idée de stimuler de manière chimique le siège du rire chez les humains suscite des espoirs à plus ou moins long terme pour l'industrie pharmaceutique. Suisse.

Happiness and pleasure are now subjects of serious medical research. At the university of Fribourg a team of researchers has been studying rats, investigating the area of the brain where laughter originates. The professional rat tickler, biologist Diana Roccaro, has reported that rats who have undergone ablation of the hypothalamus, and therefore lost the parvafox nucleus believed to be the site of laughter, do not laugh. Further developments with chemical stimulation of the critical site in humans may bring prospects of a happy pill for pharmaceutical companies. Switzerland.
© Paolo Woods
& Arnaud Robert

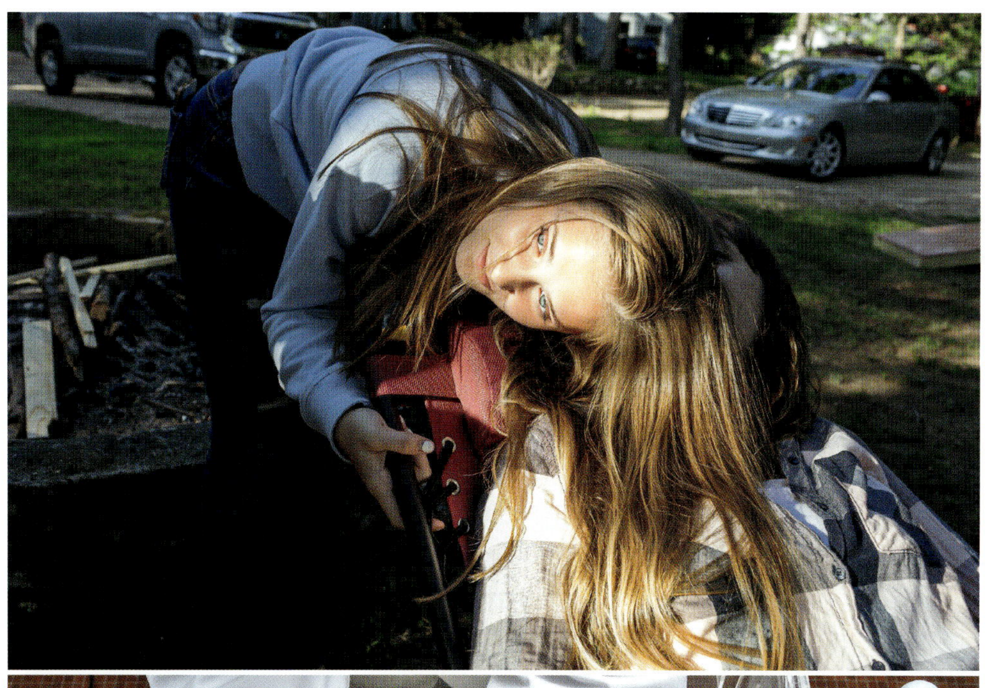

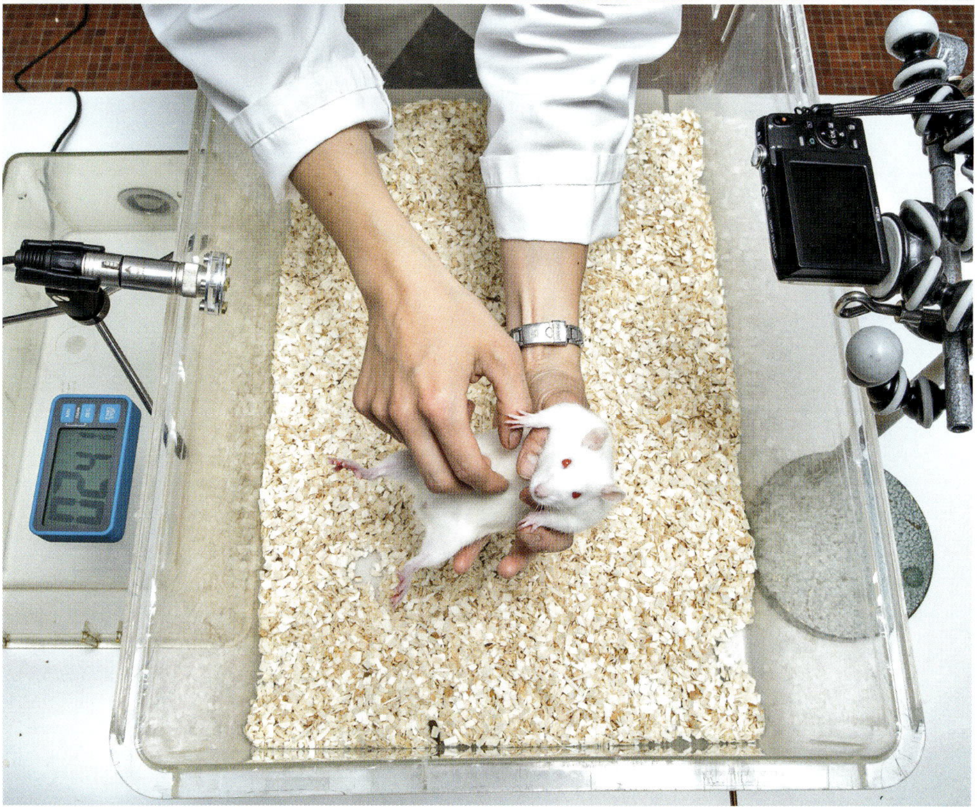

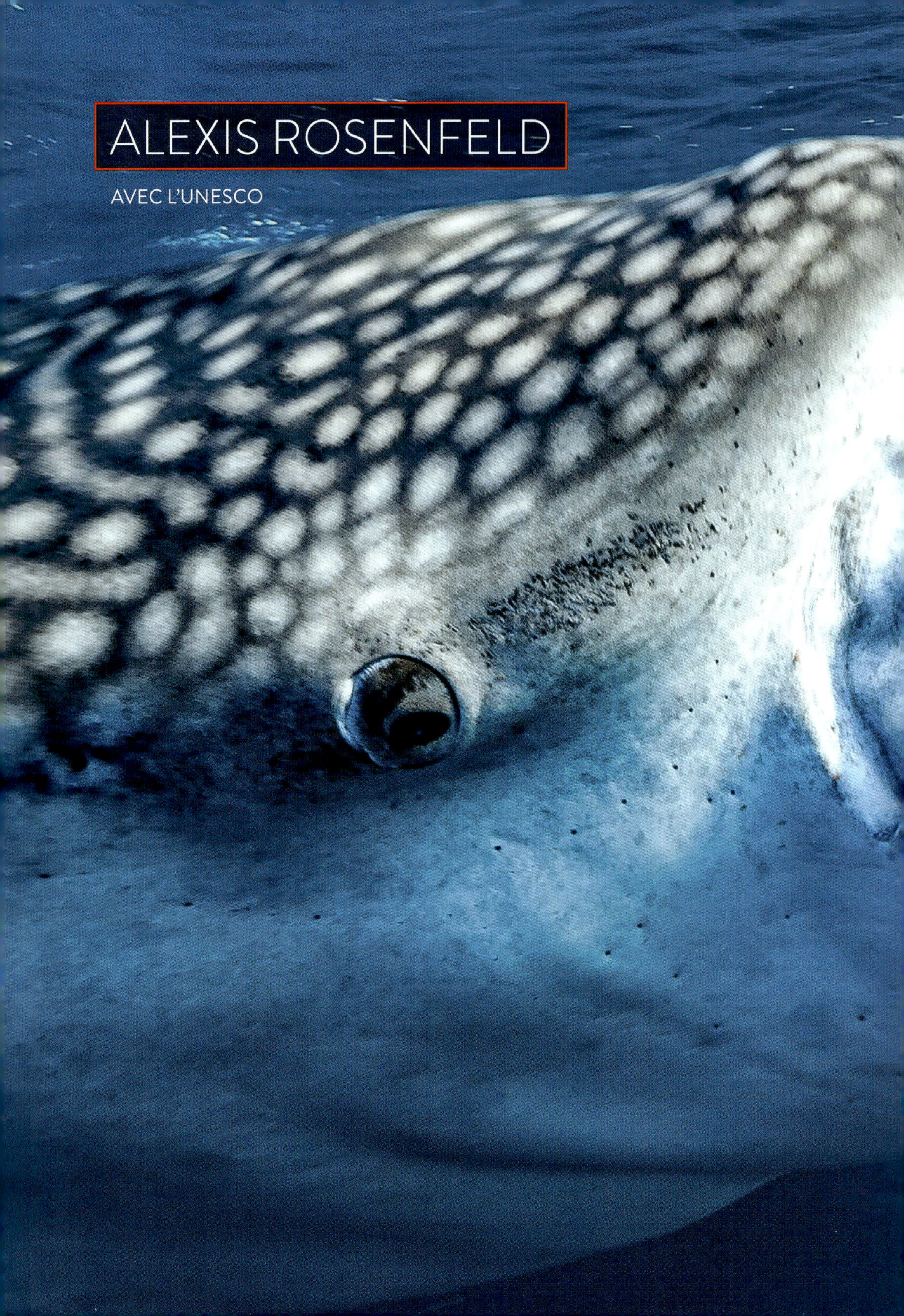
ALEXIS ROSENFELD
AVEC L'UNESCO

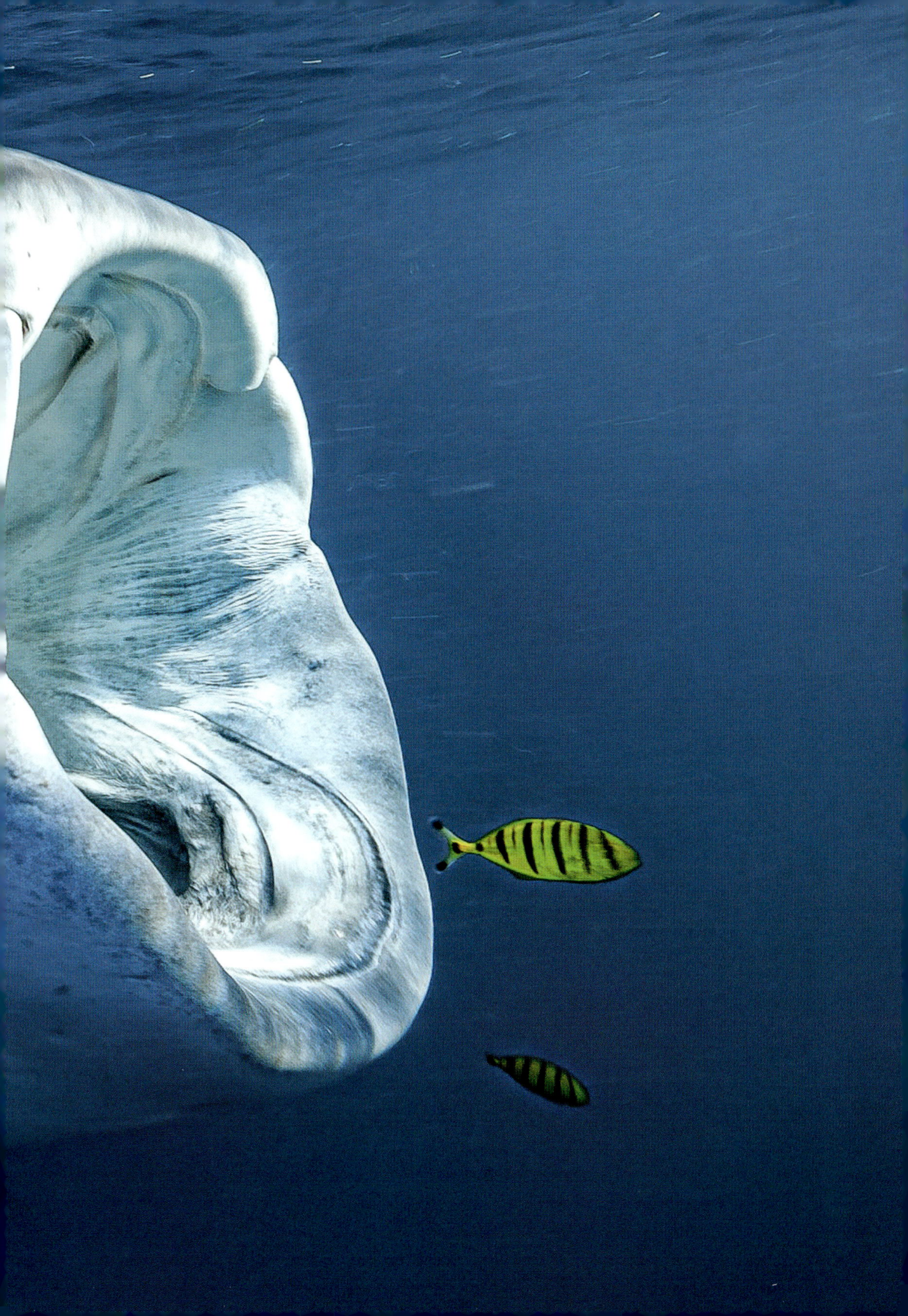

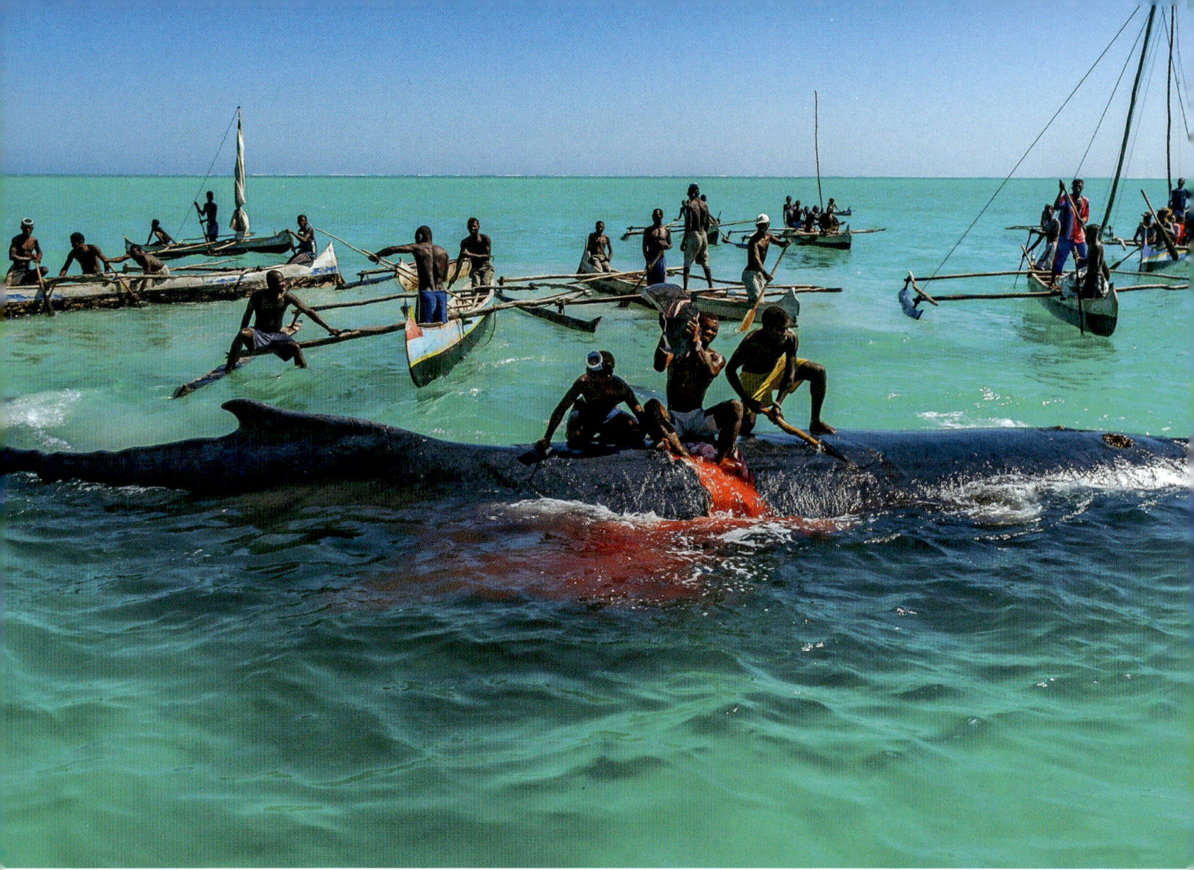

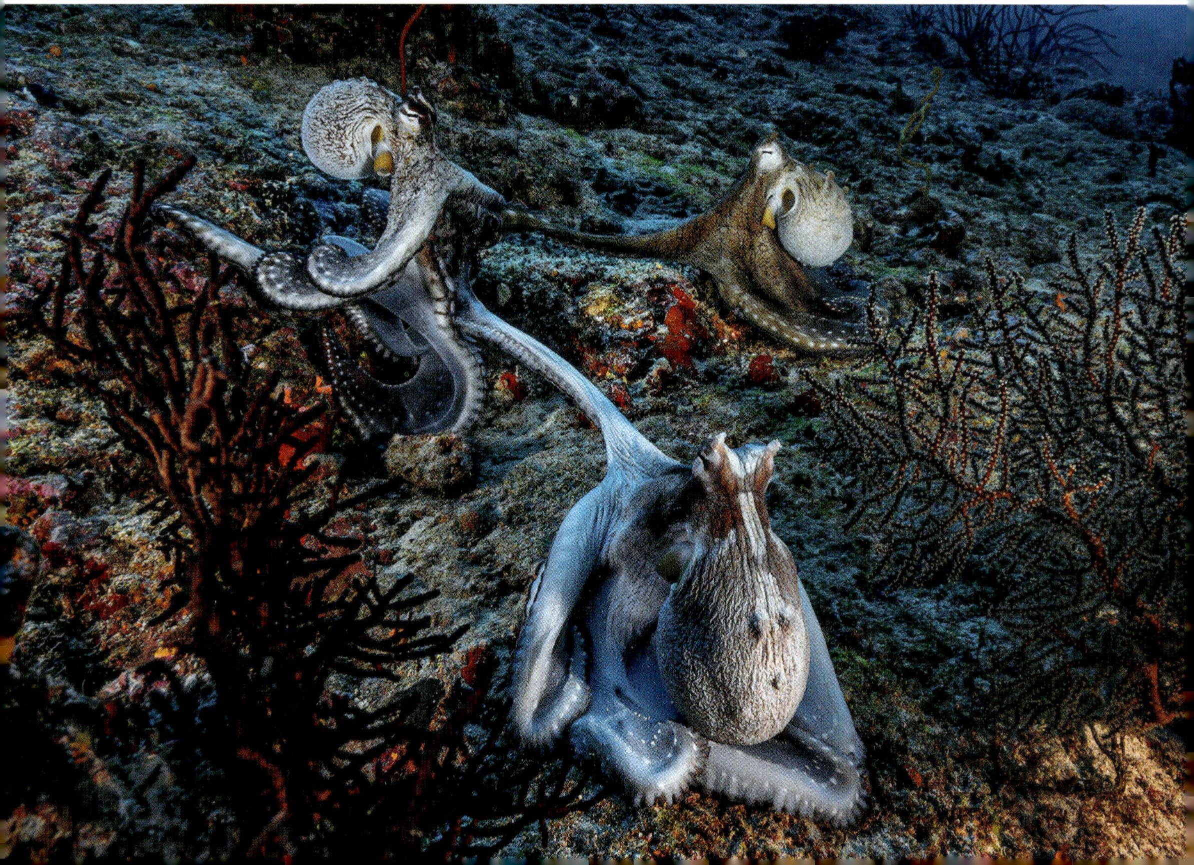

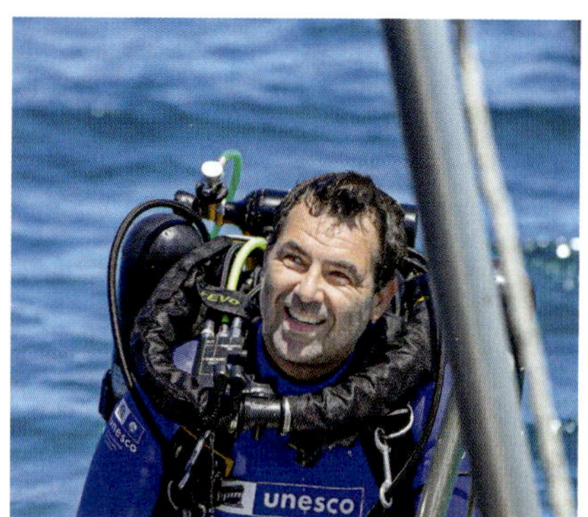

ALEXIS ROSENFELD

AVEC L'UNESCO

1 Ocean

« *1 Ocean*, le grand témoignage sur l'Océan » est un projet d'exploration mené par le photographe Alexis Rosenfeld avec l'UNESCO. À l'occasion de la Décennie des Nations unies pour les sciences océaniques au service du développement durable (2021-2030), nous racontons l'Océan, témoins de ses richesses, des menaces qui pèsent sur lui, mais aussi des solutions que nous pouvons y apporter. Des secrets des profondeurs aux merveilles de la vie marine, « *1 Ocean* » vous emmène pendant dix ans à la découverte de l'Océan.

Ce grand témoignage repose sur trois axes majeurs :

Explorer

La curiosité des hommes constitue depuis bien des siècles le cœur même de l'exploration. Cherchant à assouvir leur soif de connaissance, ils ont gravi les plus hautes montagnes, traversé les déserts et plongé dans les abysses du grand Océan. Ils n'avaient

←←
Le requin-baleine (*Rhincodon typus*) est le plus grand poisson du monde, pouvant mesurer jusqu'à 18 mètres de long. Sa gueule mesure environ 2 mètres de large. Il peut filtrer jusqu'à 2 000 tonnes d'eau par heure et se nourrit principalement de plancton. Océan Indien, golfe de Tadjoura, Djibouti.

*The whale shark (*Rhincodon typus*) is the largest fish species in the world, growing up to 18 meters (60 feet). It feeds mainly on plankton through a mouth that is two meters wide, and can filter up to 2,000 metric tons of water per hour. Indian Ocean, Gulf of Tadjoura, Djibouti.*

↖
Chasse à la baleine à bosse (*Megaptera novaeangliae*) par des pêcheurs Vezo, peuple semi-nomade du sud malgache. Il s'agit d'une pêche d'opportunité, très occasionnelle, qui ne met pas l'espèce en péril. Océan Indien, Madagascar.

*Vezo semi-nomadic people in southern Madagascar hunting a humpback whale (*Megaptera novaeangliae*). This is occasional, opportunistic hunting and does not threaten the survival of the species. Indian Ocean, Madagascar.*

↙
Deux pieuvres mâles tentent de s'accoupler avec une femelle. Ce genre de scène donne souvent lieu à des combats acharnés. Il est très rare de pouvoir observer ce type de comportement. Océan Indien, Maldives.

A rare spectacle as two male octopuses attempt to mate with a female, often a scene of great violence. Indian Ocean, Maldives.

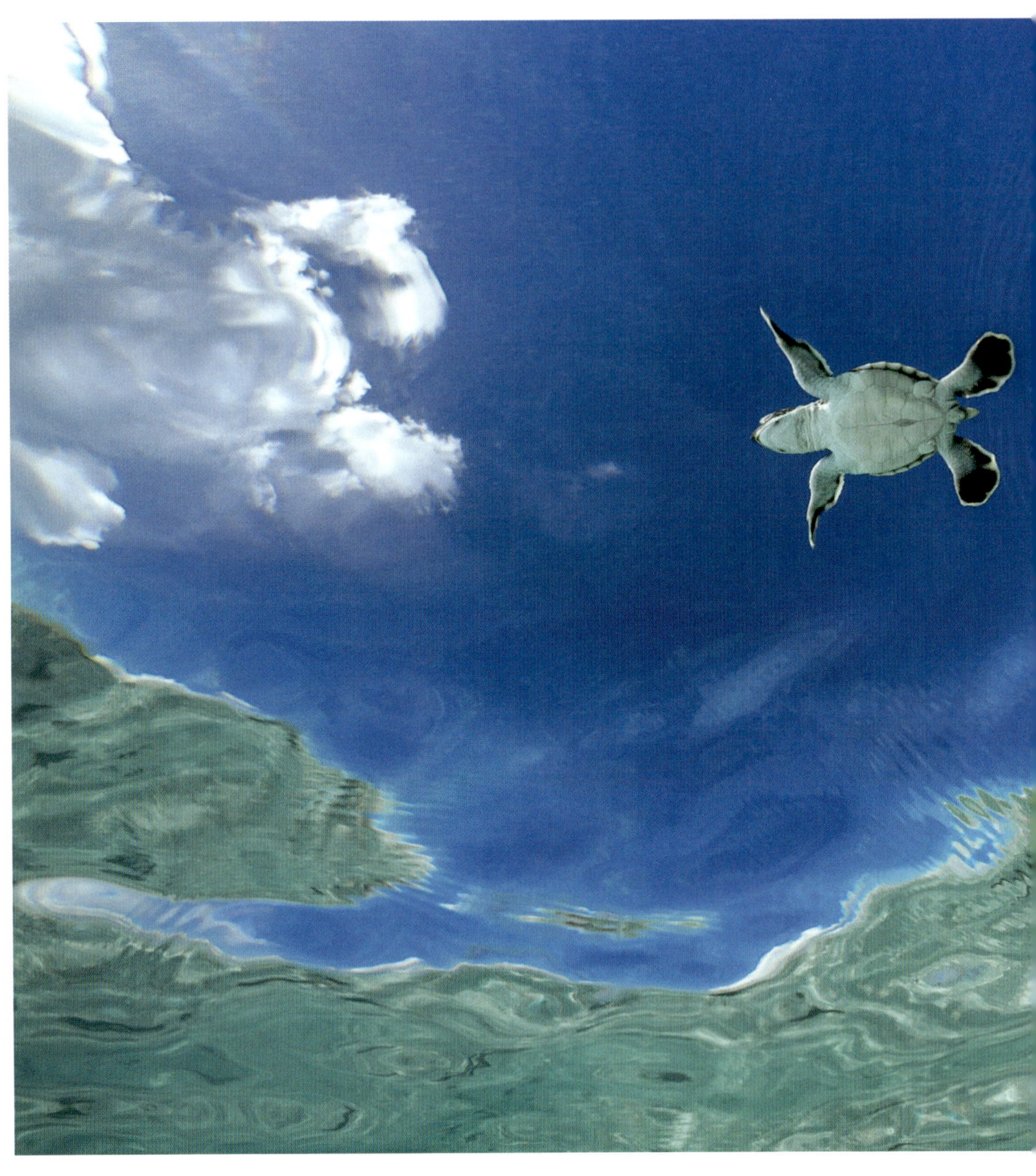

↑
Ce bébé tortue vient juste de naître et nage vers le large à proximité de l'atoll de Tetiaroa. Pour mille bébés, un seul atteindra l'âge adulte. Océan Pacifique, Polynésie française.

A newly hatched turtle swimming out to sea near Tetiaroa atoll. Only one in a thousand hatchlings will survive to adulthood. Pacific Ocean, French Polynesia.

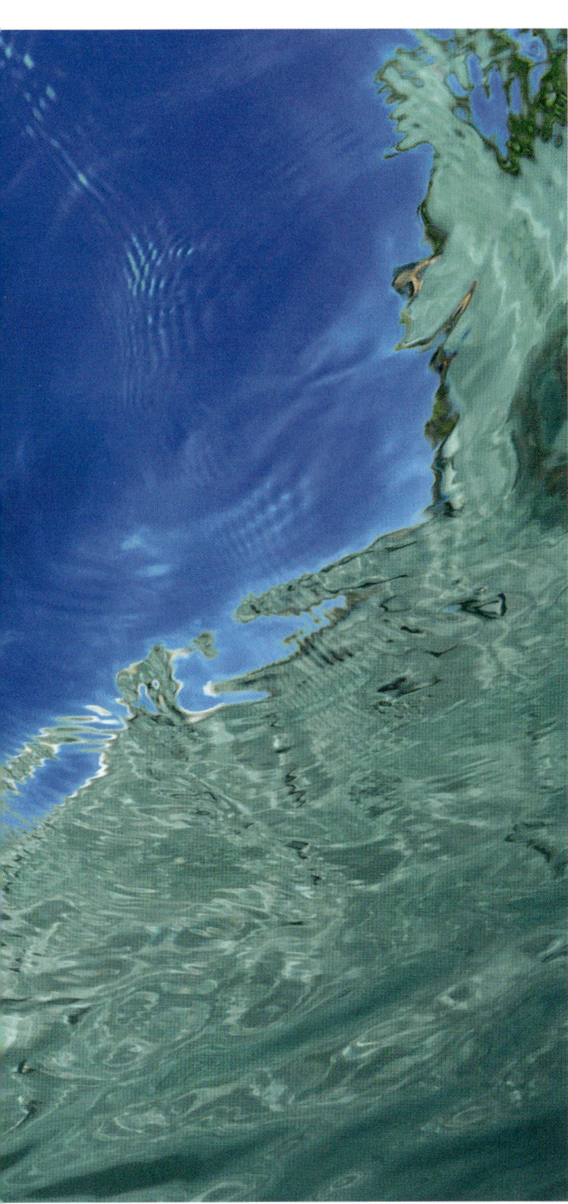

alors qu'un seul but : offrir à l'humanité la connaissance de ces mondes insoupçonnés, tout en témoignant de l'immense fragilité de notre environnement. Si les voyages au long cours et les récits de ces explorateurs ont peu à peu façonné la légende du « continent bleu », ils ne sauraient toutefois faire oublier l'existence de l'autre monde : celui des profondeurs, inconnu et presque inaccessible. À l'aube du XXIe siècle, l'équipe de « *1 Ocean* » se donne pour mission d'explorer l'inexploré et de partir à la redécouverte de l'Océan.

Documenter

La raison d'être de l'exploration, c'est le besoin de générer de nouvelles connaissances. Au retour de leurs expéditions, les premiers explorateurs alimentaient déjà les plus grandes collections européennes en collectant des pierres, constituant des herbiers et rapportant de leurs périples toutes sortes d'objets artisanaux. Ils offraient ainsi aux générations futures de précieux échantillons du passé. À l'instar de ces prédécesseurs, le projet « *1 Ocean* » se veut être un créateur de contenu. Les missions sont donc documentées à travers les photographies d'Alexis Rosenfeld, mais aussi via la réalisation de films documentaires.

Transmettre

Cette documentation a pour principal objectif de rendre accessibles à tous les richesses de l'Océan. Si cette notion de transmission est au cœur du projet « *1 Ocean* », c'est parce qu'il porte en lui une conviction profonde : la connaissance est un premier pas vers la protection. Au regard des préoccupations environnementales et des dangers qui pèsent sur l'Océan, nous nous devons de témoigner. Notre ambition : transformer les consciences d'aujourd'hui, mais surtout bâtir celles de demain.

1 Ocean, A Decade of Exploration in the 21st Century is a project conducted by the photographer Alexis Rosenfeld in partnership with UNESCO. As part of the United Nations Decade of Ocean Sciences for Sustainable Development (2021-2030), we are telling the story of the Ocean, of its riches, of threats affecting it, and solutions we can provide. *1 Ocean* is a journey of discovery of the Ocean, over a full decade seeing secrets at great depths and the wonders of marine life.

The feature report has been developed along three key lines.

Exploring
For centuries, basic curiosity has been the central driving force urging human beings to explore, to slake their thirst for knowledge, climbing ever higher, crossing deserts and diving to extreme depths in the Ocean. Such human ventures in the past had one sole purpose and that was to provide knowledge to the human race, knowledge of worlds hitherto unknown, never even imagined, but they also revealed fragile aspects of the environment. Explorers who traveled the world related their experiences and, in many ways, shaped the legend of the "blue continent" as seen on the surface, but there was another world far below, a world all but beyond the scope of human knowledge, almost impossible to reach. Now, in the early 21st century, the "1 Ocean" crew has embarked on voyages of discovery of unexplored realms, uncovering many mysteries of the Ocean.

Reporting
The reason for this exploration is to generate new knowledge. Explorers of the past who traveled the seas would return with objects that were added to the great collections of Europe: stones, botanical specimens, art works and artefacts were brought back, thus providing future generations with valuable samples from the past. Today, following the example of our predecessors, *1 Ocean, A Decade of Exploration in the 21st Century* will produce new content. Alexis Rosenfeld is providing visual coverage of the journeys, through both still photography and documentary films.

Sharing
This documentary record is designed so that everyone can see the story of the Ocean and its riches. The idea of sharing knowledge, passing it on from generation to generation is a key part of the project which is founded on the principle that knowledge is the first step on the path to protection. Given the environmental threats to the Ocean today, we are duty bound to report on this. Our ambition is to raise awareness in minds today and, above all, to build the minds of the future.

↗
Les dauphins à long bec (*Stenella longirostris*) sont présents dans toutes les mers tropicales et subtropicales. La plupart du temps, ils vivent en groupes de 25 à plusieurs centaines d'individus.

*Spinner dolphin (*Stenella longirostris*) are found in tropical and subtropical waters, usually forming pods with from 25 to hundreds of individuals.*

↘
Au cœur de la caldera de l'île de Panarea, d'impressionnantes quantités de sulfure d'hydrogène sous pression s'échappent de la chambre magmatique. Les fonds marins accueillent plus de 80 % de l'activité volcanique de la planète. Mer Méditerranée, Sicile.

Impressive quantities of hydrogen sulfide escaping from the magma chamber in the Panarea caldera. More than 80% of the earth's volcanic activity occurs on the seafloor. Mediterranean Sea, Sicily.

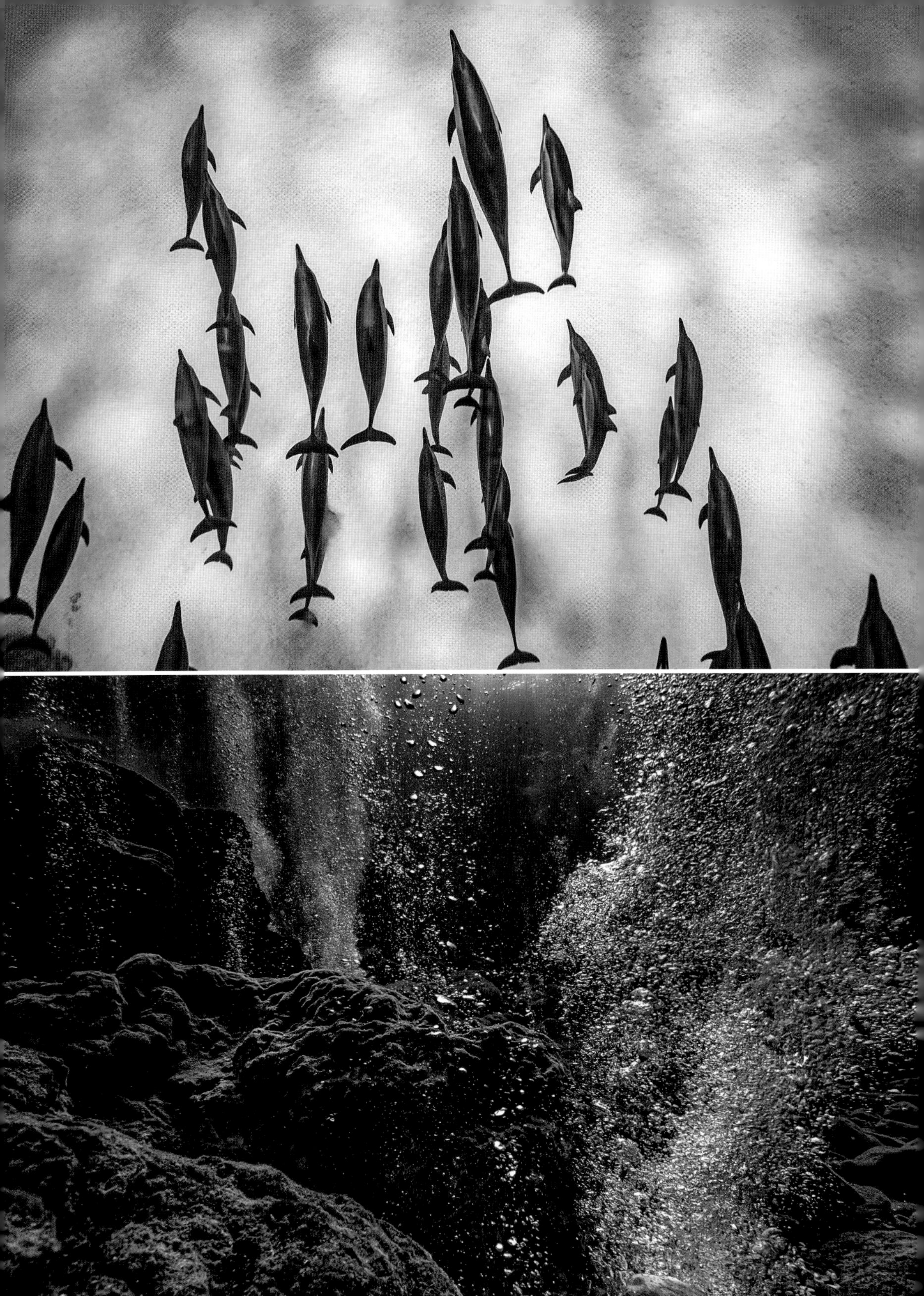

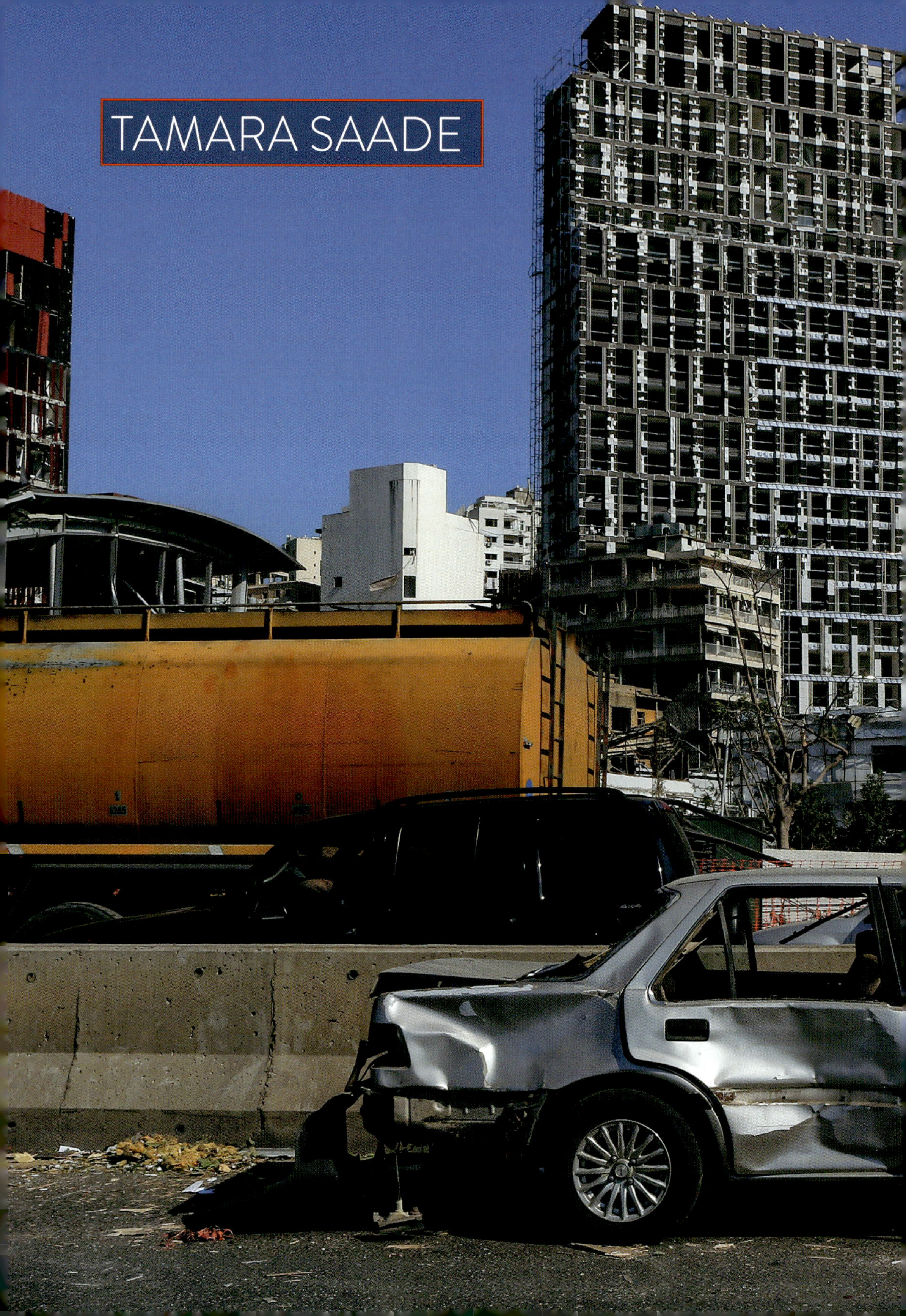

TAMARA SAADE

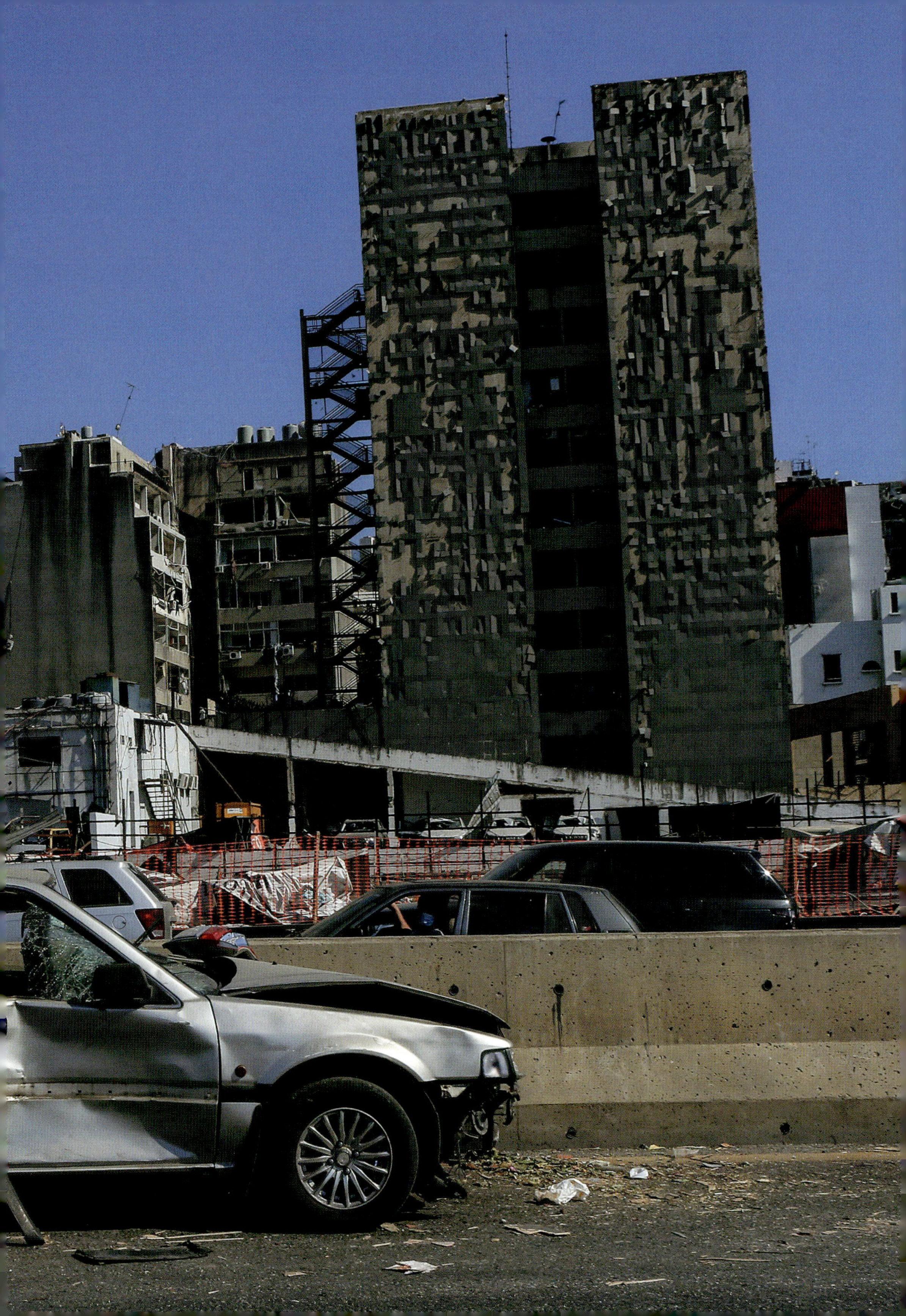

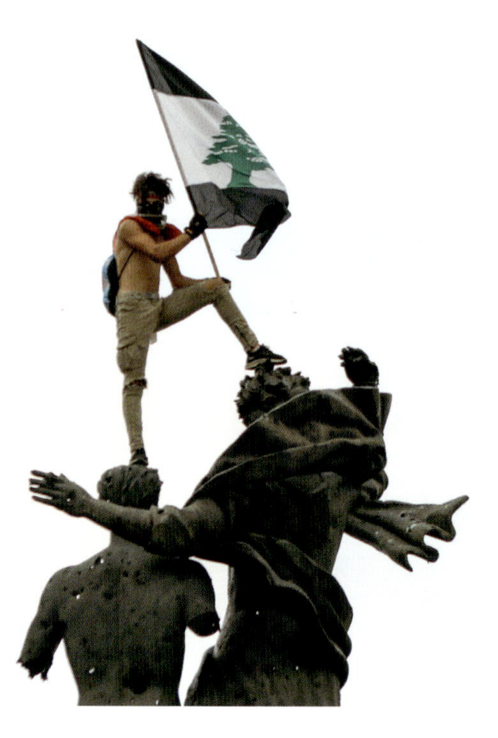

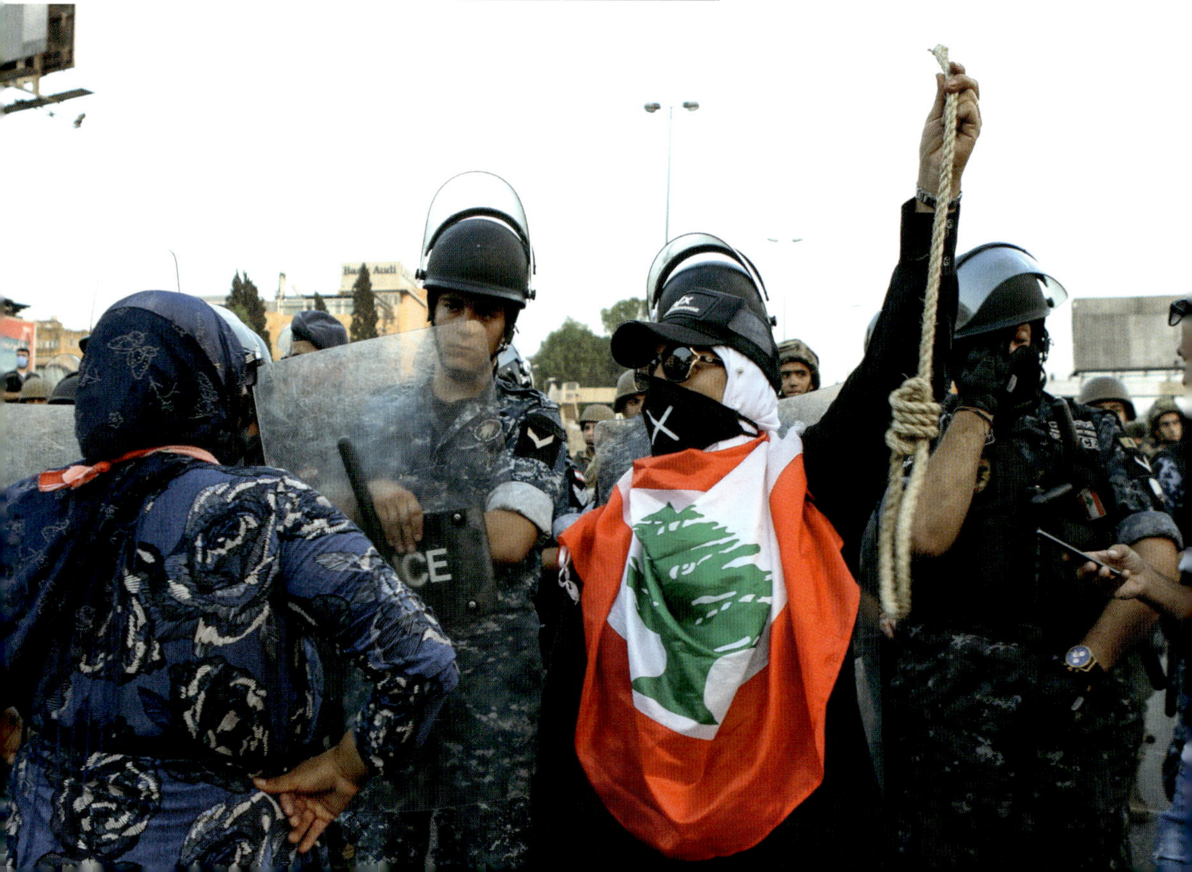

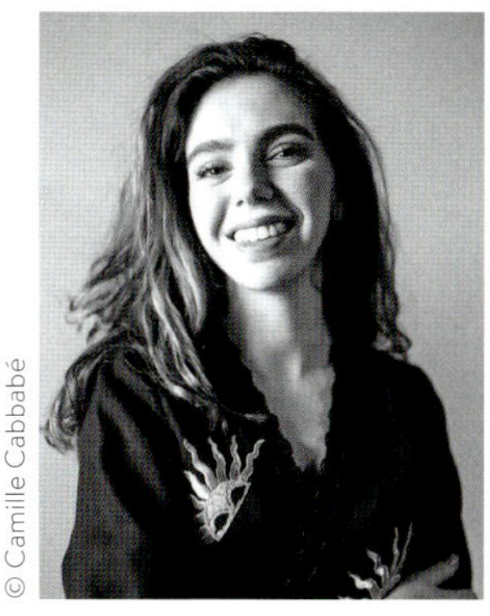
© Camille Cabbabé

TAMARA SAADE

Sans répit
Tiers of Trauma

On pourrait croire que la catastrophe survenue à Beyrouth le 4 août 2020 et la crise dans laquelle a sombré le Liban sont arrivées du jour au lendemain. Mais depuis plus de trente ans, la négligence et la corruption empoisonnaient la nation et mettaient le pays à genoux.
Le 4 août 2020, le nitrate d'ammonium stocké dans des conditions dangereuses dans le port de Beyrouth s'est enflammé et a provoqué une double explosion faisant plus de 200 morts, 6000 blessés et laissant 300000 personnes sans abri. La catastrophe a frappé en pleine pandémie de Covid-19, au début de ce qui allait devenir l'une des pires crises économiques du monde, et quelques mois seulement après le commencement de ce que les Libanais ont appelé la « révolution ».
Un an plus tôt, le 17 octobre 2019, des dizaines de milliers de Libanais descendaient dans la rue pour manifester contre la détérioration de leurs conditions de vie. Cela faisait des années que le pays n'avait pas connu un tel sentiment d'unité nationale, mais le rêve fut de courte durée.
L'exposition couvre ces deux dernières années au Liban, notamment les manifestations organisées à travers le pays et les

←←
Depuis 2013, près de trois mille tonnes de nitrate d'ammonium étaient stockées dans le port de Beyrouth. Le 4 août 2020, l'explosion a dévasté la ville.

Nearly three thousand tons of ammonium nitrate had been stored at the port since 2013. On August 4, 2020, the explosion caused devastation in the city of Beirut.

↖
Les manifestations se sont poursuivies pendant plusieurs semaines après l'explosion, mobilisant des personnes de tout âge et toute origine venues des quatre coins du pays.

Demonstrations continued in the weeks after the explosion, with protesters of different ages and backgrounds coming from all parts of the country.

↙
Le nœud coulant est devenu un symbole pour les manifestants en colère qui revendiquaient leurs droits depuis octobre 2019.

The noose was a symbol for angry protesters who had been demanding their rights since October 2019.

conséquences de l'explosion, ainsi que les quelques rares périodes de répit entre les deux. Aucune âme au Liban n'a été épargnée par les événements de ces deux dernières années. Financièrement, ceux qui avaient des économies les ont perdues. Physiquement, l'explosion a laissé plus de 300 personnes handicapées, la population vit dans un stress quotidien, la pandémie de Covid-19 est toujours là, et beaucoup n'arrivent plus à faire face. Le moral a lui aussi été durement touché. Le pays semble être en dépression, en état d'anxiété permanente, voire de « schizophrénie » avec des habitants qui tentent de mener une vie normale dans un contexte aussi absurde.

Les citoyens essaient de faire changer les choses. Certains se sont concentrés sur la perspective des élections de mai 2022, tandis que d'autres sont descendus dans la rue pour exprimer leur colère. Mais le changement prend du temps et le Liban semble ne plus en avoir. Il n'est pas difficile de comprendre pourquoi une grande partie de la jeune génération a aujourd'hui quitté le pays dans l'espoir de trouver une vie « normale » ailleurs, c'est-à-dire une vie où les bâtiments n'ont pas été soufflés par une explosion, où il y a de l'électricité dans les rues, et où les enfants peuvent rêver de l'avenir.

À ce jour, rien n'a changé au Liban. Depuis 2019, les gouvernements se succèdent mais la situation reste la même. Il semblerait même qu'elle ait empiré.

Le Liban n'est plus un pays en guerre. Il a été et reste à ce jour un pays en conflit, entouré par la guerre, à la merci d'acteurs étrangers. En attendant que le changement vienne, que justice soit faite et que les familles des victimes de la négligence du pouvoir ces dernières années reçoivent les réponses dont elles ont besoin, ces images seront la preuve de l'injustice qui règne dans le pays.

Tamara Saade

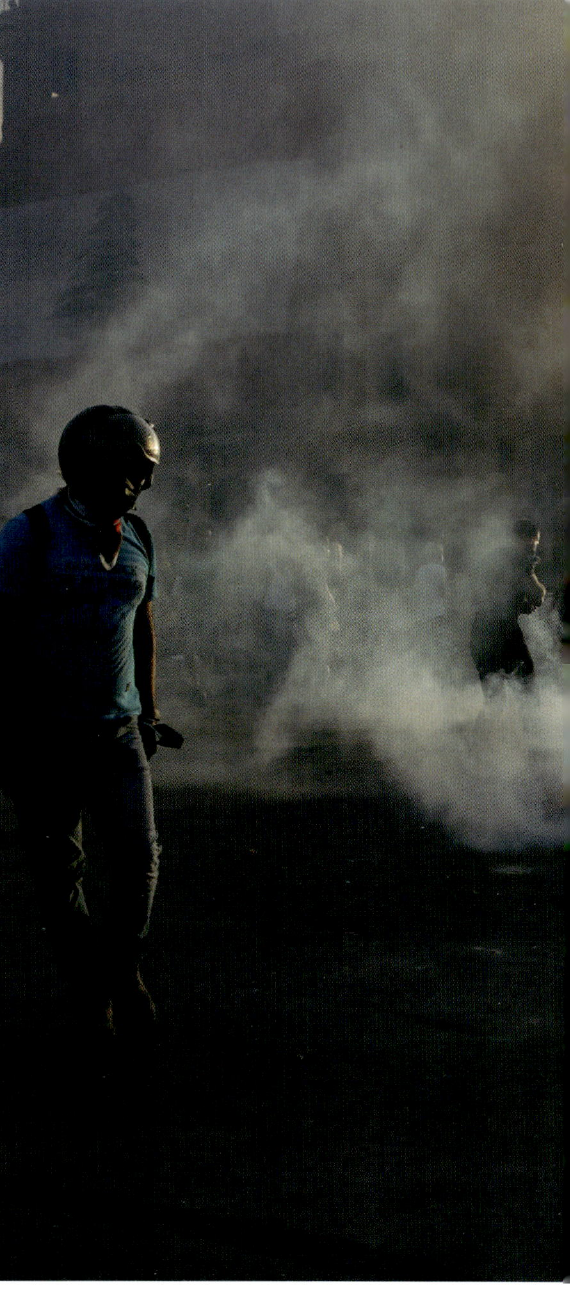

Exposition réalisée avec le soutien du ministère de la Culture et de la Mission interministérielle de coordination pour le Liban.

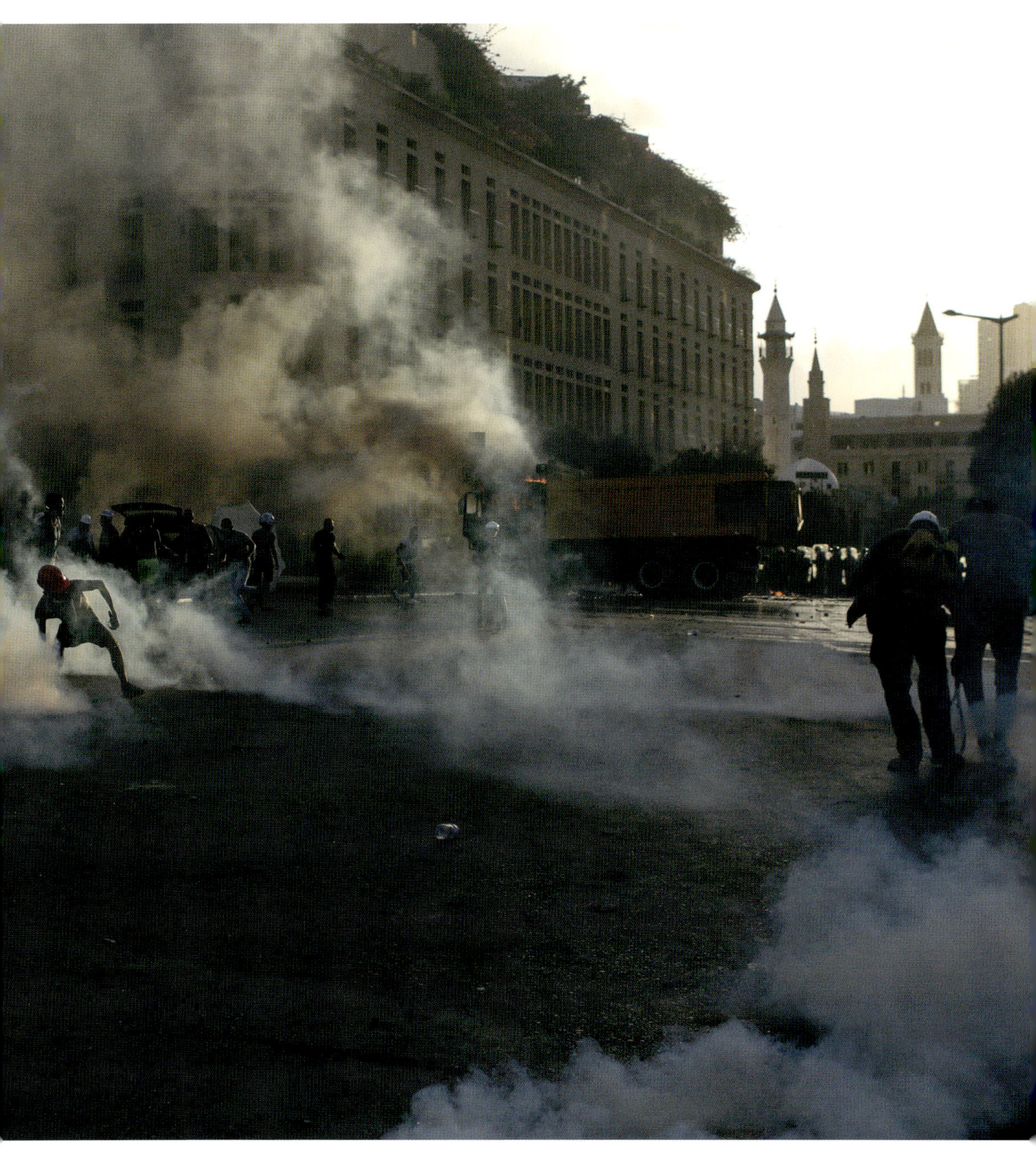

↑
Les manifestants ont été visés par des gaz lacrymogènes, des canons à eau et même des balles réelles.

Protesters were met with teargas, water canon, and even live bullets.

Some might think the catastrophe that happened in Beirut on August 4, 2020, and the crisis that hit Lebanon happened from one day to the next, but there had been more than three decades of negligence and corruption flowing through the veins of the nation, bringing the country to its knees.
On August 4, 2020, ammonium nitrate stored in unsafe conditions in the port of Beirut, caught fire and exploded, killing more than 200, injuring 6,000, and leaving 300,000 homeless. The disaster struck in the midst of the Covid-19 pandemic and at the beginning of what would become one of the worst economic crises in the world, just a few months into what the Lebanese call "the revolution."
The previous year, on October 17, 2019, tens of thousands of Lebanese had taken to the streets in protest against deteriorating living conditions. It was the first time in years that the country had witnessed such a strong sense of unity, but the dream was to be short-lived.
The exhibition documents the past two years in Lebanon, focusing on protests across the country, and the aftermath of the explosion, as well as some rare lulls in between. Not a single soul in Lebanon has been left untouched by the events of the past two years. Financially, those who had savings lost their money. Physically, there was the explosion that left more than 300 disabled, the everyday stress facing everyone in Lebanon, plus the Covid-19 pandemic, and many have simply been unable to cope. The country's morale too has been hard hit as it appears to be in a state of depression, suffering constant anxiety, and even "schizophrenia" as citizens attempt to lead a normal everyday life in such an absurd setting.
People have been trying to get things changed; some have focused on the prospect of the elections in May 2022, while others have taken to the streets to express their anger. But change takes time, and Lebanon seems to be running out of time. A huge proportion of the younger generation has now left the country, and understandably so as they choose to leave in the hope of finding a "normal" life somewhere else, i.e. a life where buildings have not been gutted by an explosion, where streets have electricity, and children can dream of the future.
To date in Lebanon, there has been no change. Since 2019, there have many changes of government, but with no impact. In fact, things seem to have gone from bad to worse. Lebanon is no longer a country at war. It has been and remains to this day a country in conflict, surrounded by war, and at the mercy of foreign players.
Until change comes, until justice is done, and until the families of victims of government negligence over the past few years are given the response they need, these pictures will stand as evidence of the injustice prevailing in the country.

Tamara Saade

Exhibition supported by the French Ministry of Culture and MICOL (France's interministerial coordination mission for Lebanon).

↗
Plus de 70 % des jeunes souhaitent quitter le Liban, provoquant une inquiétante fuite des cerveaux.

More than 70% of the younger generation want to leave Lebanon, causing a severe brain drain.

↘
Une partie du blé provenant des silos a été triée et livrée aux minoteries à travers le pays.

Some of the wheat from the silos was sorted and delivered to wheat mills across the country.

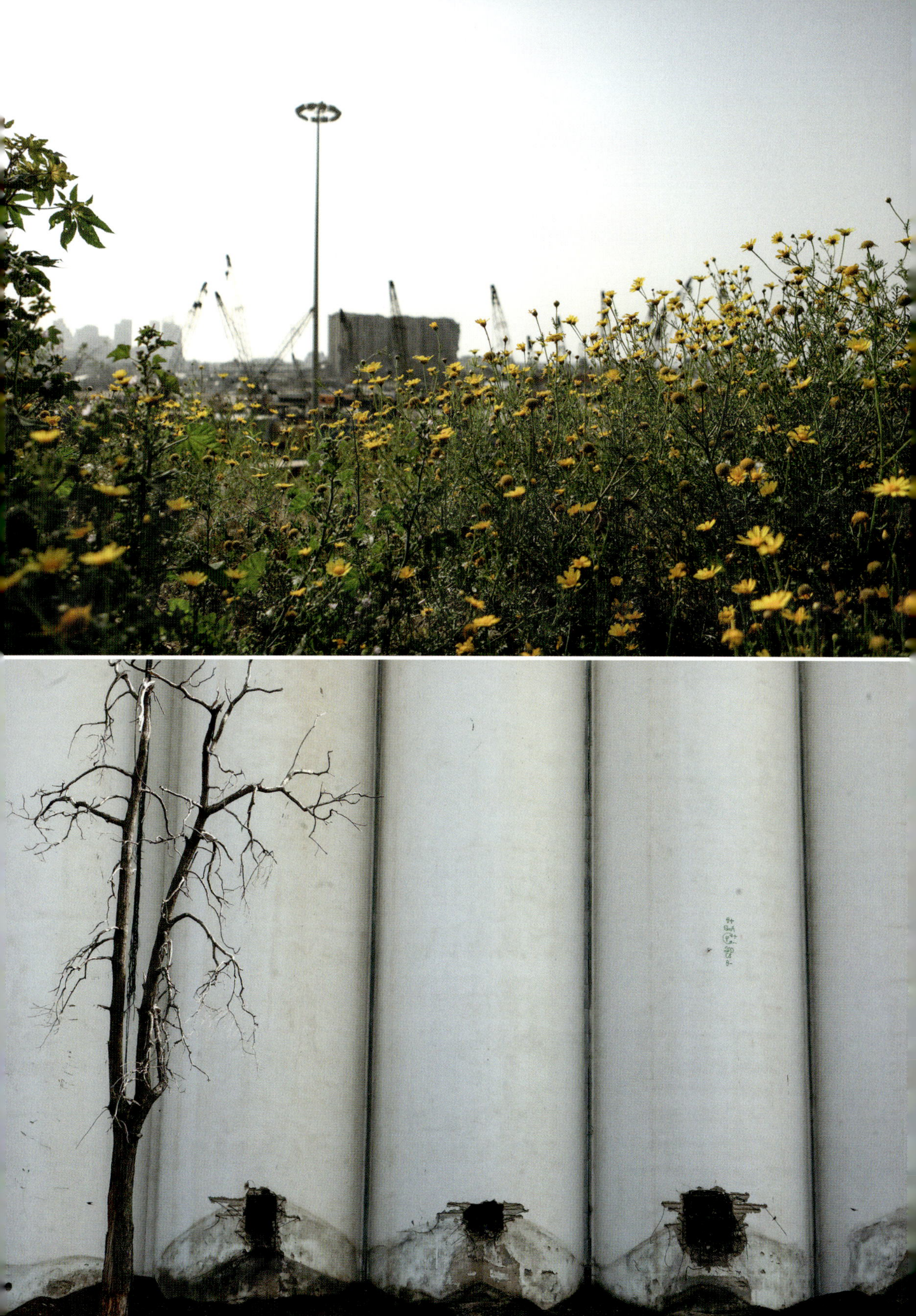

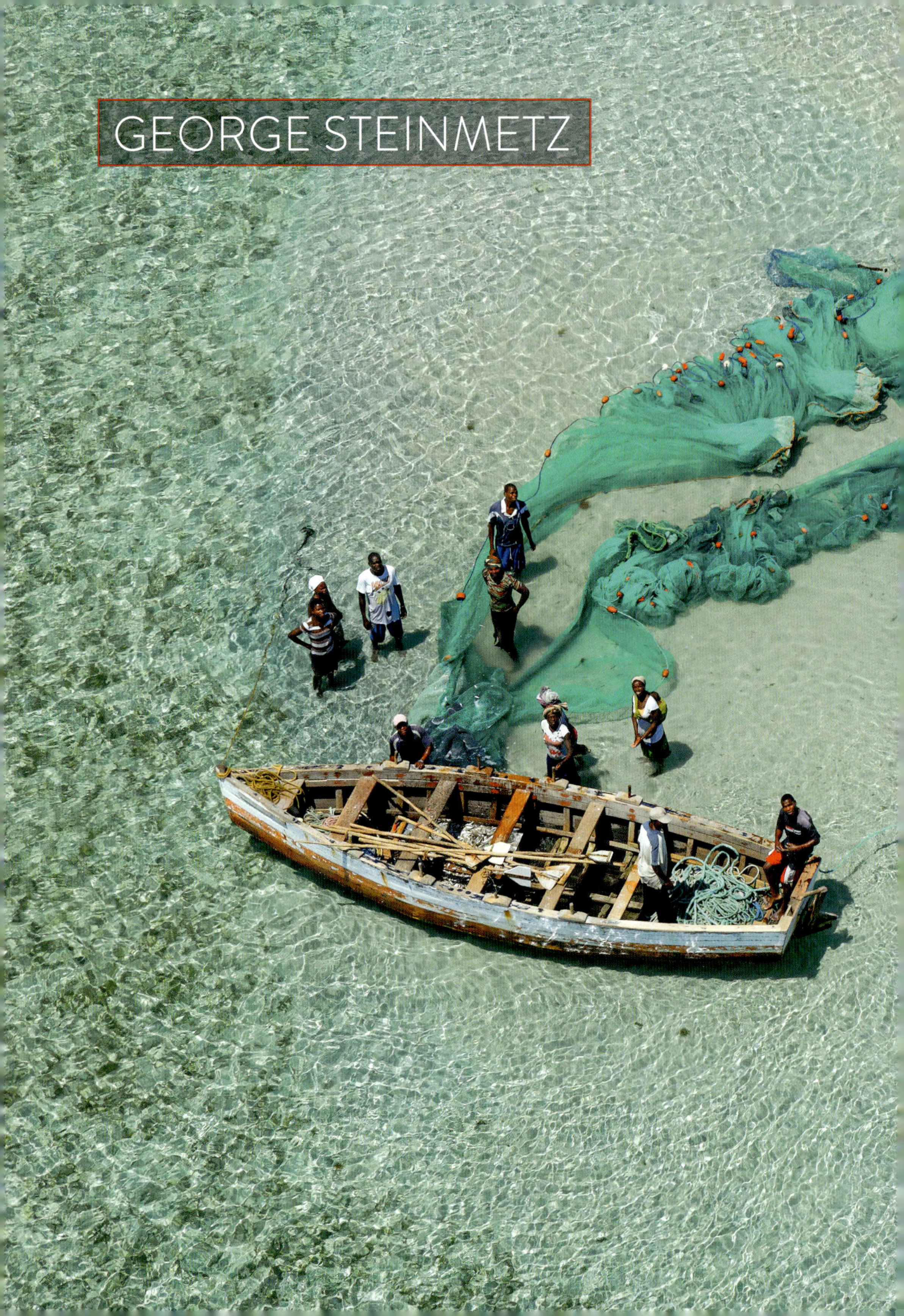
GEORGE STEINMETZ

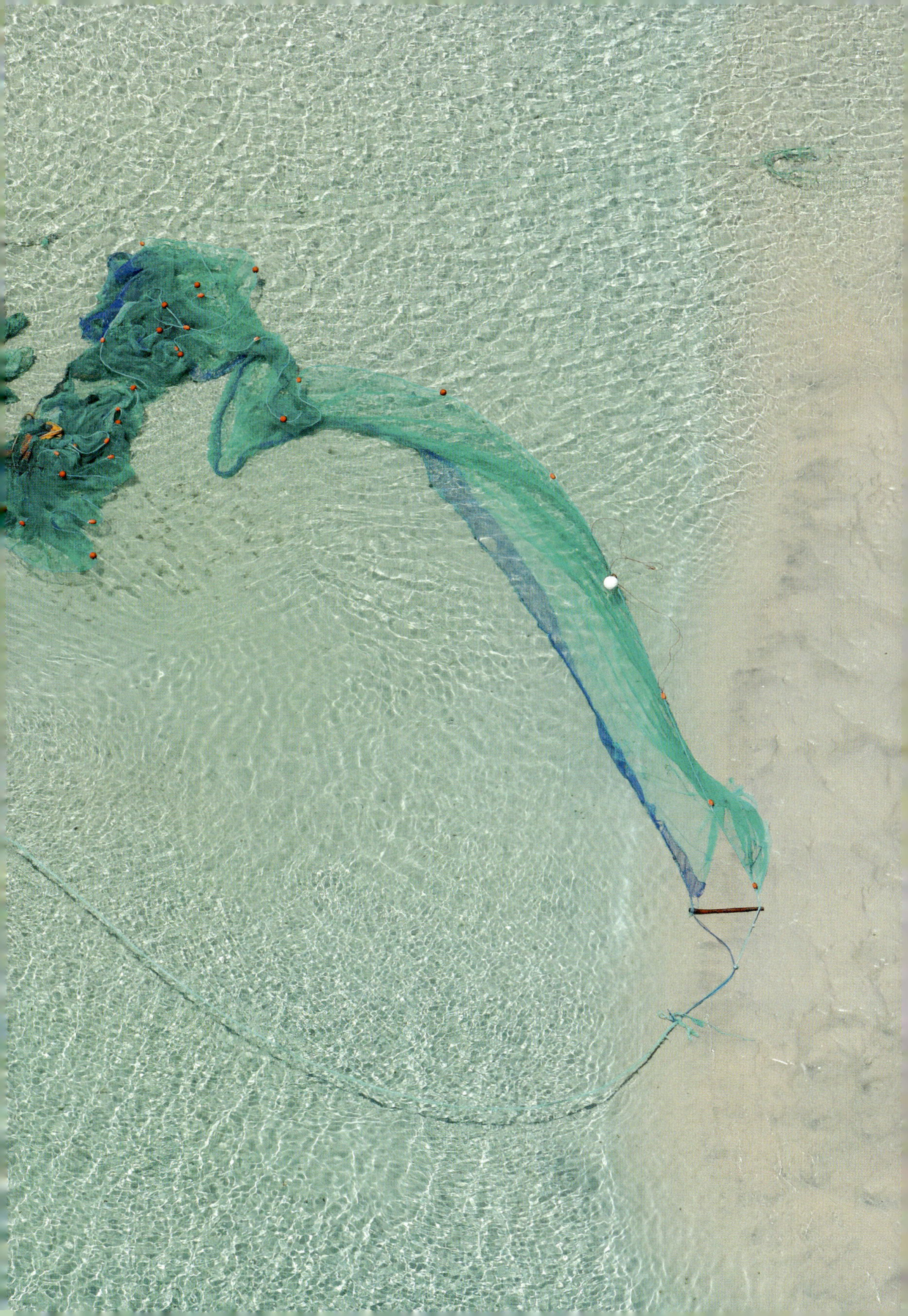

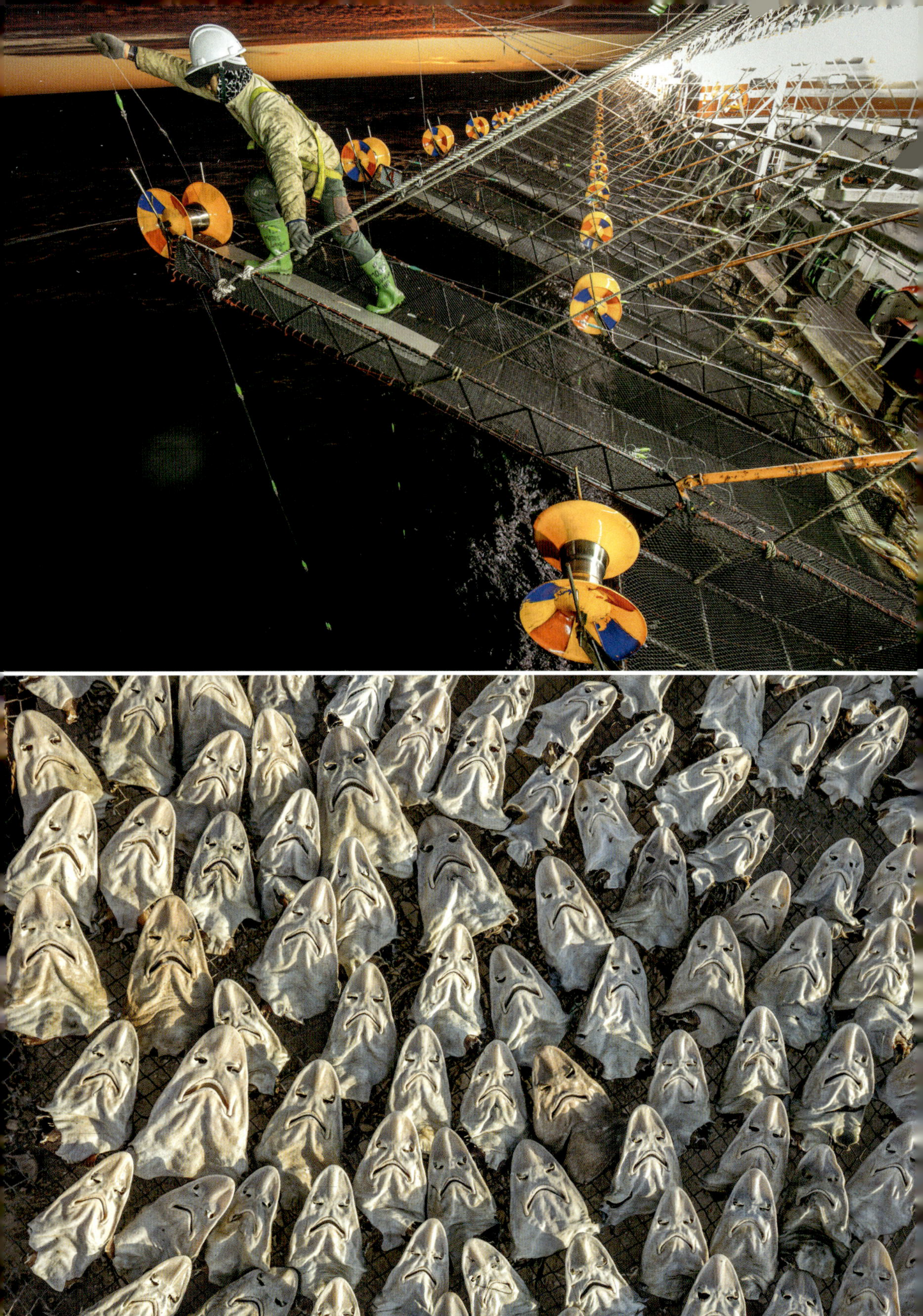

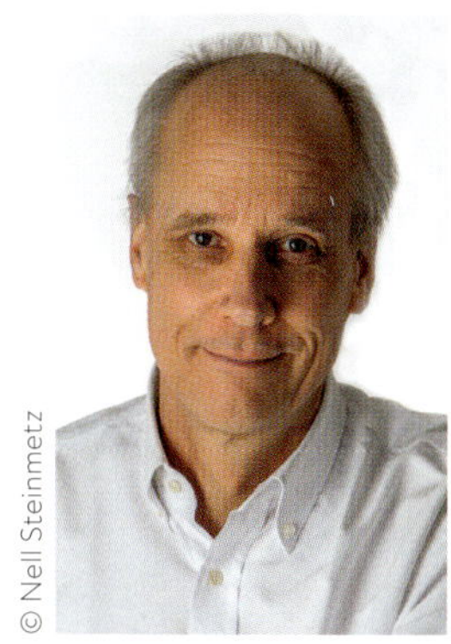

© Neil Steinmetz

GEORGE STEINMETZ

Pêches mondiales
Global Fisheries

Ces deux dernières décennies ont vu la pêche industrielle se développer à un rythme effréné. Des flottes internationales de méga-chalutiers, de super-senneurs et de navires-usines sont en concurrence avec un nombre croissant de bateaux de pêche locaux pour vider les réserves halieutiques des océans. Un exemple classique de tragédie des biens communs où des individus surexploitent une ressource partagée.

←←
Inhambane, Mozambique. À marée basse, les hommes unissent leurs efforts pour pêcher dans les eaux peu profondes entre les îles de Benguerra et Bazaruto. Ils tirent depuis leur boutre des filets longs et étroits en raclant le sable. Au printemps, la marée basse ne dure que deux ou trois heures, mais le flux et le reflux sont d'une telle force que la pêche au filet est très efficace. Cette surexploitation des eaux côtières du Mozambique dure depuis des décennies.

Inhambane, Mozambique. At low tide, islanders form a crew fishing together in the shallows between Benguerra and Bazaruto Islands. In wooden dhows they pull long narrow nets across the sand. The low spring tides only last a couple of hours, but with the strong ebb and flow, net fishing by hand is very effective. The coastal waters of Mozambique have been overfished for decades.

↖
Îles Malouines (à environ 160 km au nord-ouest de Stanley), Royaume-Uni. Pêche à l'encornet rouge à bord du Hsiang Fa 8, un navire taïwanais spécialisé dans la pêche à la turlutte. Au total, 140 lampes haute intensité de 3 000 watts sont utilisées pour attirer des essaims de plancton dont se nourrissent ensuite les encornets, et 124 lignes sont remontées et descendues pour attirer les encornets vers des appâts fluorescents à ardillon. Les bons jours, ils peuvent prendre 56 tonnes d'encornets qui sont triés et congelés à bord du navire. Il s'agit de l'une des plus grandes pêcheries d'encornet au monde, avec une telle concentration de bateaux illuminés en mer qu'ils sont visibles depuis l'espace. Les eaux sont scrupuleusement gérées par les autorités afin que l'exploitation soit durable, et en 2019, les licences de pêche ont rapporté 14 millions de livres sterling (16,5 millions d'euros), soit environ la moitié du revenu total des îles Malouines.

Falkland Islands (c. 160 km northwest of Stanley), United Kingdom. Fishing for illex squid aboard Hsiang Fa No. 8, a Taiwanese specialized vessel used for squid jigging. A total of 140 3,000-watt high-intensity lights are used to attract swarms of plankton which the squid then feed upon; 124 lines are reeled up and down with a jigging motion that attracts the squid to barbed fluorescent lures. On a good day, they can bring in 56 metric tons of squid that is sorted and frozen on board the vessel. This is one of the largest squid fisheries in the world, with so many brightly illuminated boats at sea that they can be seen from space. The waters are carefully managed by the authorities so as to be sustainable, and in 2019, fishing licenses brought in 14 million pounds sterling (€16.5 million), which is approximately half the total income of the Falkland Islands.

↙
Nouadhibou, Mauritanie. Des têtes de petits requins sèchent à Nouadhibou, le plus grand port de pêche de Mauritanie. Les ailerons seront exportés en Chine pour la soupe, la chair et les têtes seront vendues au Nigeria.

Nouadhibou, Mauritania. Small shark heads set out to dry in Nouadhibou, the largest fishing port in Mauritania. The fins are exported to China for soup, while the meat and heads are sold in Nigeria.

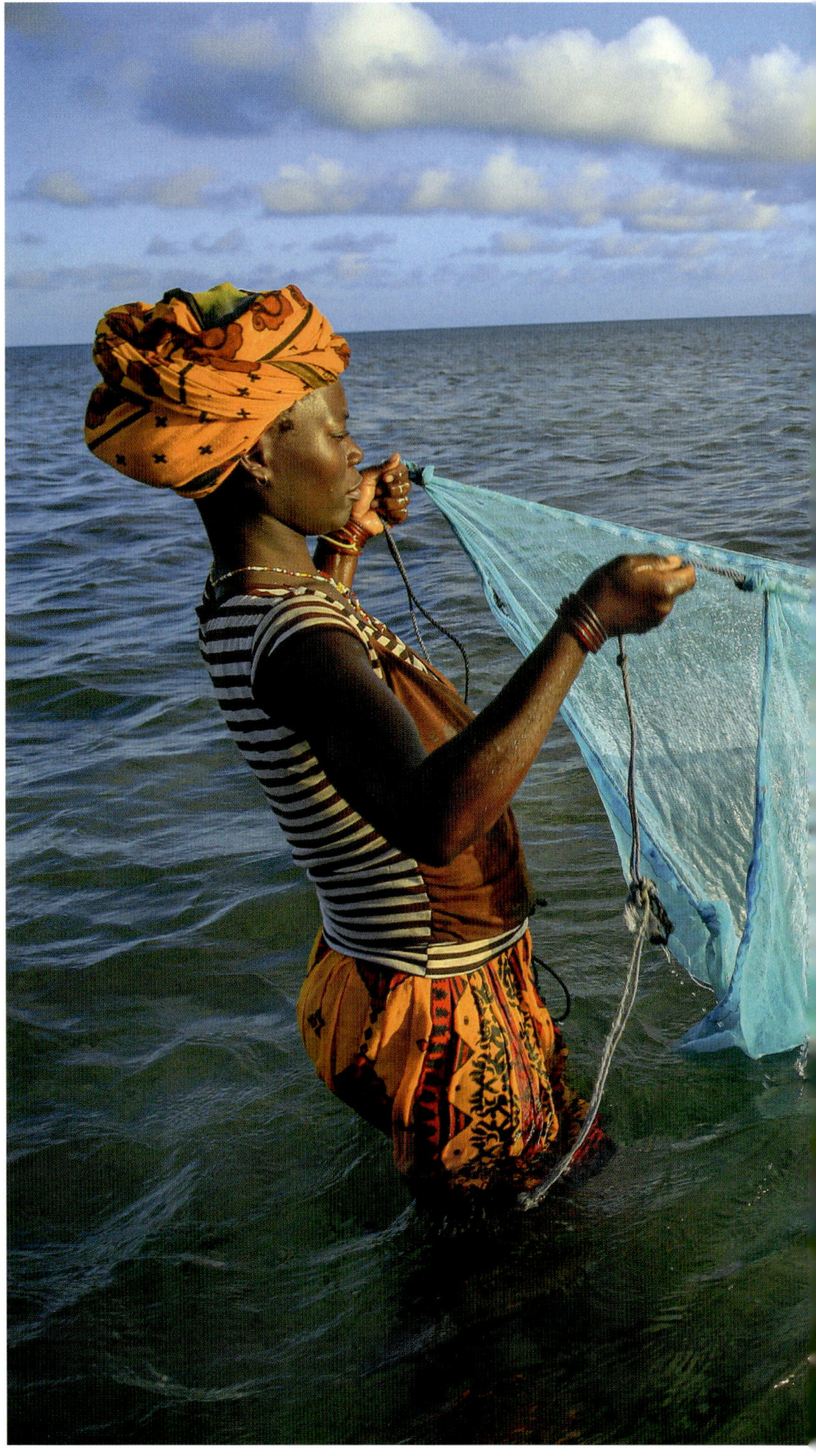

→
Îles Quirimbas, Mozambique, océan Indien. Des femmes de pêcheurs travaillent dans les eaux peu profondes de Quero Niuni. Cette île minuscule de moins de cent mètres de large n'a pas d'eau douce mais a accès à l'un des derniers récifs de l'archipel où l'on trouve de gros poissons. Les hommes pêchent sur les récifs extérieurs tandis que les femmes travaillent dans les eaux côtières à l'aide de filets si fins qu'elles capturent tous les poissons sauf les plus petits.

Quirimbas Islands, Mozambique, Indian Ocean. Wives of fishermen working the shallow waters of Quero Niuni. The miniscule island is less than a hundred meters wide and has no fresh water, but has access to one of the last reefs of the archipelago where large fish can be found. Men fish on the outer reefs while women work the nearshore waters using nets so fine that they catch all but the tiniest fish.

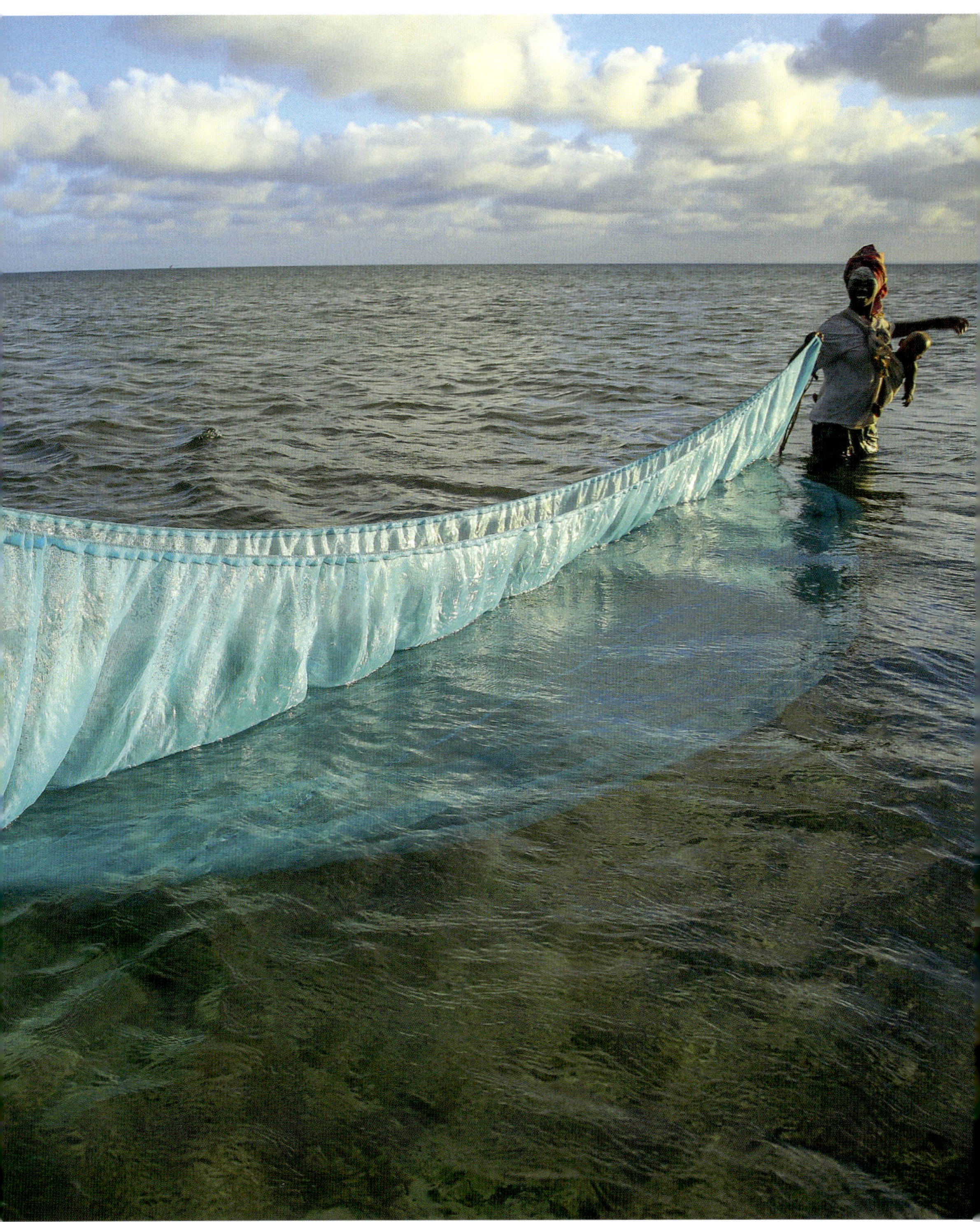

La gravité de ce problème mondial a été récemment quantifiée dans une étude pionnière menée sur dix ans par le biologiste Daniel Pauly (université de la Colombie-Britannique, Canada), qui a montré que le nombre de poissons pêchés dans le monde est supérieur de 50% aux chiffres rapportés par l'Organisation des Nations unies pour l'alimentation et l'agriculture, la raison étant que les données sources sont autodéclarées par chaque pays. L'équipe du professeur Pauly a minutieusement reconstruit les données historiques pour montrer que les prises mondiales de poissons ont atteint un pic en 1997 à 130 millions de tonnes. Elles ont depuis diminué de 1,2 million de tonnes par an, malgré l'augmentation considérable du nombre et de la taille des bateaux de pêche et l'apparition de nouvelles technologies pour le repérage des poissons. Ce sont des signes évidents que les réserves de poissons sauvages sont en chute libre face à la surexploitation de la biosphère par l'homme.

Les photographies de cette exposition ont été prises au cours des six dernières années dans neuf pays. Elles montrent des navires parmi les plus grands et les plus sophistiqués pour exploiter la faune marine, ainsi que des pêcheurs pauvres des pays les moins développés du monde qui fouillent désespérément les eaux côtières pour nourrir leurs familles. Mais en parcourant les sept mers, je n'ai pas rencontré que malheur et pessimisme. J'ai également découvert des pêches raisonnées qui exploitent des espèces spécifiques de manière durable, avec une surveillance scientifique des populations de poissons pour garantir leur présence à long terme. Ceci pour rappeler qu'il existe des solutions, mais seulement si nous cherchons à mieux comprendre les sources et les impacts de nos choix alimentaires afin de prendre des décisions plus éclairées. Ainsi, la prochaine fois que vous achèterez un produit de la mer, cherchez à savoir comment il est arrivé sur votre marché local et souvenez-vous que même les poissons et fruits de mer d'élevage, comme le saumon et les crevettes, dépendent de la pêche sauvage pour leur alimentation.

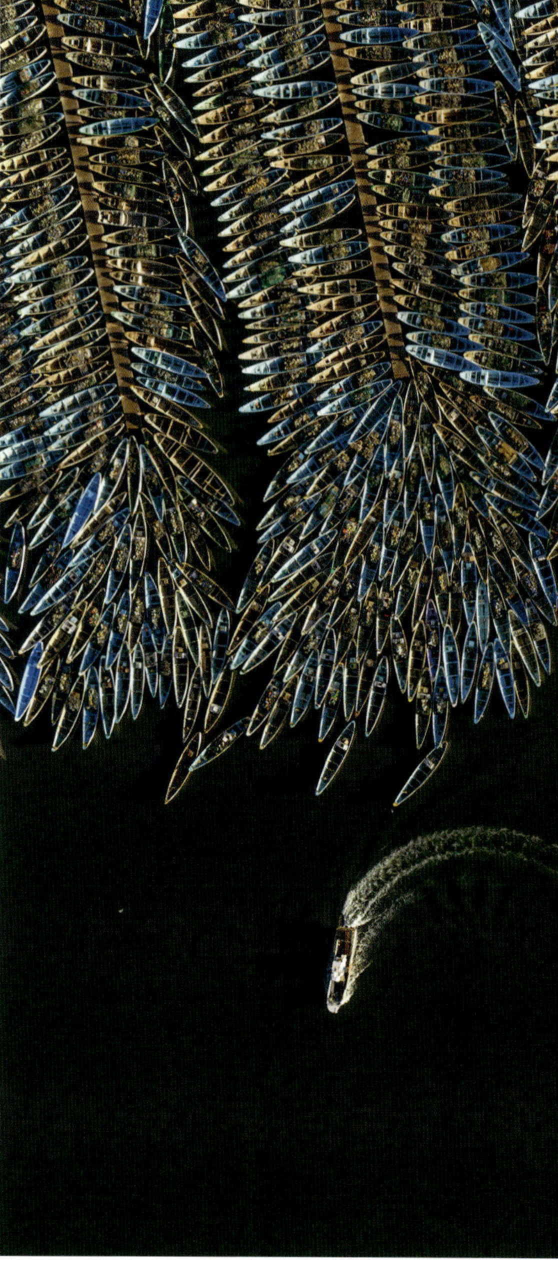

George Steinmetz

Ce projet a été partiellement financé grâce à une subvention de la National Geographic Society.

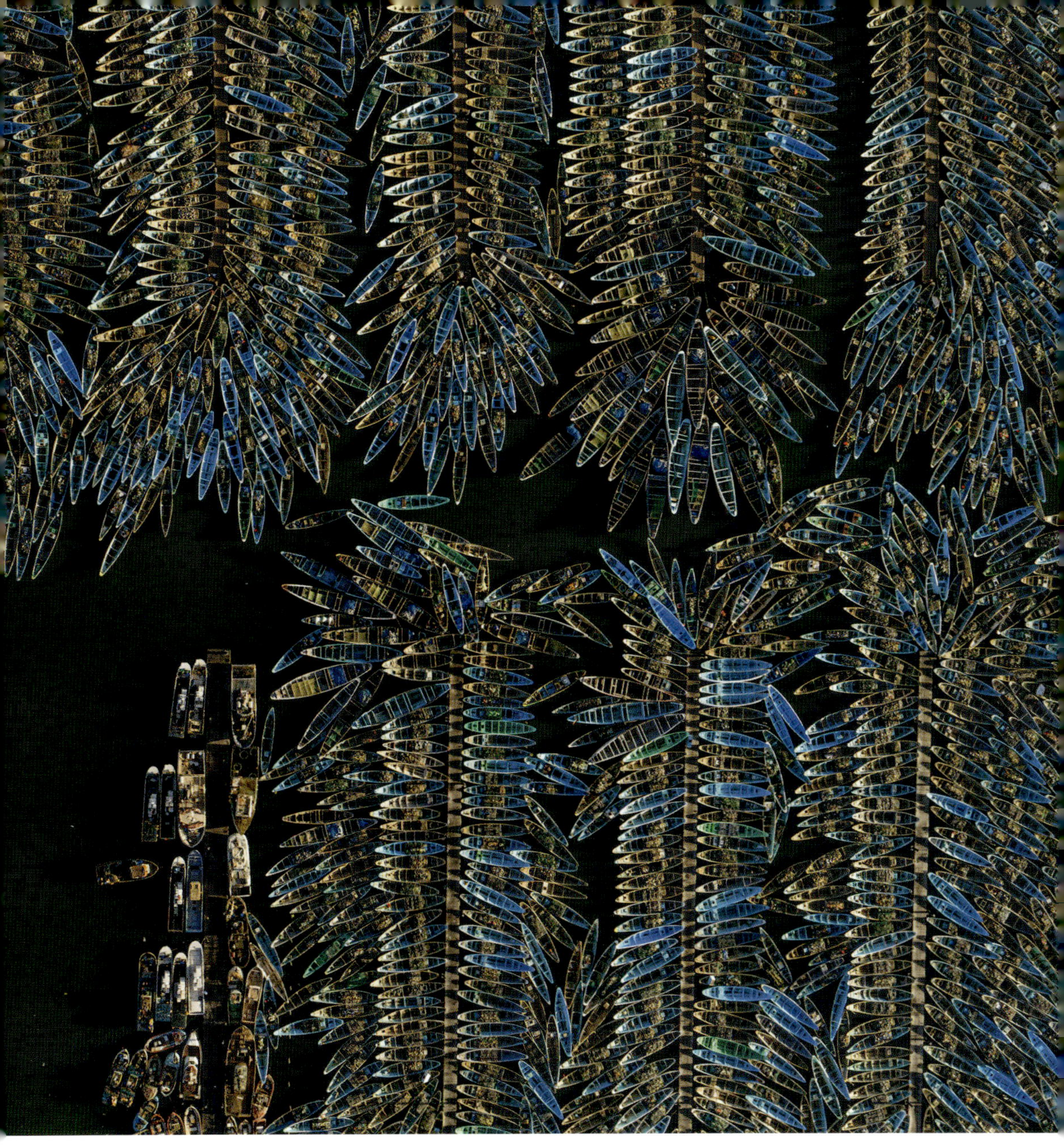

↑
Nouadhibou, Mauritanie.
Les pirogues à moteur que l'on voit dans le port sont utilisées pour pêcher le poulpe en fin de saison quand il n'y a plus assez de poissons pour couvrir le coût du carburant et de la main-d'œuvre. Environ 70 % des pirogues à moteur en Mauritanie sont utilisées pour le poulpe, principalement exporté au Japon.

*Nouadhibou, Mauritania.
Motorised pirogues seen in the harbor are used to catch octopus at the end of the season when there are not enough fish to cover the cost of fuel and labor. Some 70% of the motorized pirogues in Mauritania are used for octopus, most of which is exported to Japan.*

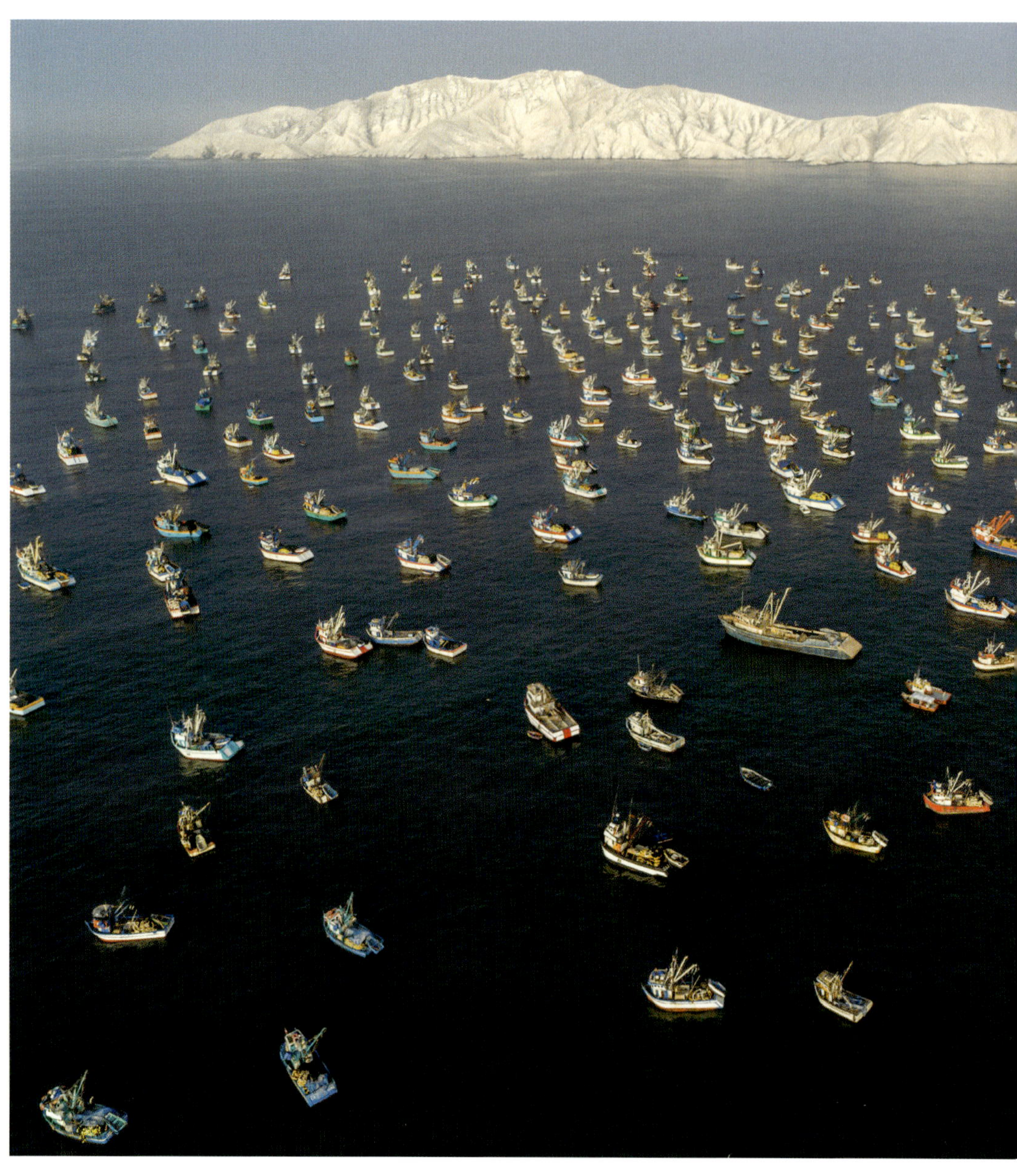

↑
Ancash, Pérou. Des bateaux de pêche attendent d'entrer dans le port de Chimbote, fermé en raison d'une mer agitée, une semaine seulement après l'ouverture de la saison lucrative de l'anchois du Pérou, la plus grande pêche du monde en poids. L'anchois est principalement utilisé pour la farine et l'huile de poisson vendues sur les marchés internationaux pour l'alimentation des élevages porcins, avicoles et aquacoles.

Ancash, Peru. Fishing boats waiting to enter the port of Chimbote which had been closed because of heavy seas just a week after the opening of the lucrative season for the Peruvian anchoveta, the world's largest fishery (by weight), and used mainly for fish meal and oil sold on international markets to be used in feed for pig and poultry farming and aquaculture.

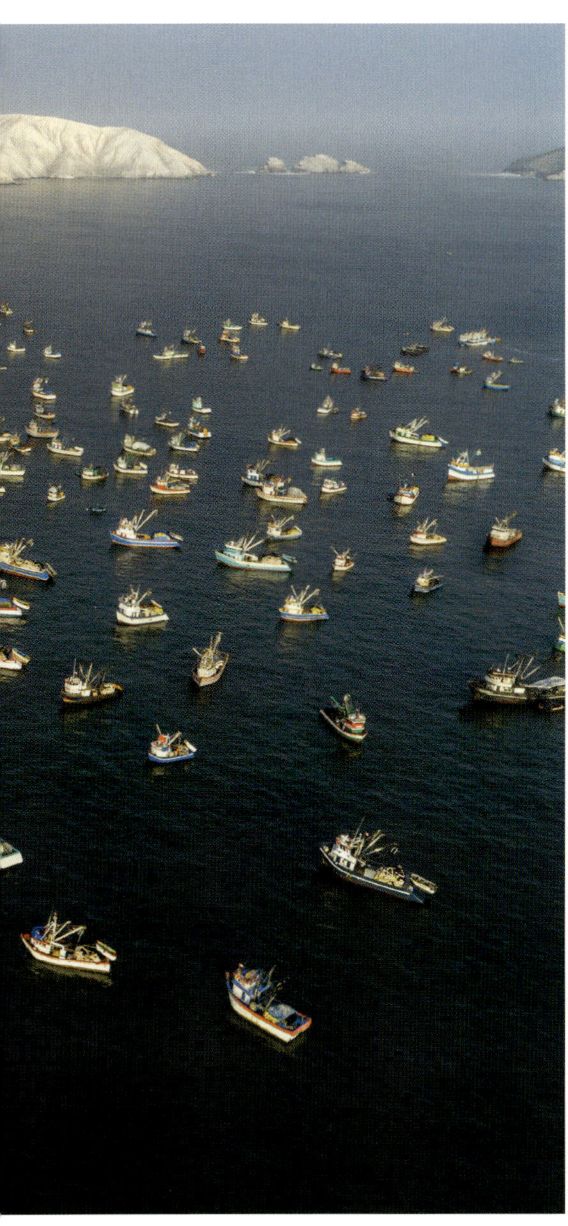

The past two decades have seen a rapid expansion of fishing on an industrial scale with international fleets of mega-trawlers, super-seiners, and factory motherships competing with increasing numbers of native fishing boats to strip the oceans of marine life. This is a classic example of a tragedy of the commons where individuals voraciously deplete a shared resource.

The severity of the global problem was recently quantified in a ground-breaking ten-year study by Daniel Pauly (University of British Columbia) which showed that the number of fish being caught worldwide is 50% higher than figures reported by the UN Food and Agriculture Organization, the reason being that the source data is self-reported by each country. Pauly's team painstakingly reconstructed historic data to show that the global fish catch peaked in 1997 at 130 million tons; since then it has declined by 1.2 million tons a year even though there has been a huge increase in the number and size of fishing boats, and new fish-finding technologies. There are clear signs that wild fish stocks are plummeting as humans accelerate the harvesting of the biosphere.

The photographs in the exhibit were taken over the past six years in nine countries. They document some of the largest and most sophisticated new ships harvesting marine wildlife, as well as poor fisherfolk from some of the world's least developed nations who are scouring coastal waters in a desperate struggle to feed their families. But as I traveled the seven seas, I did not see only doom and gloom. I also discovered well-managed fisheries that harvest specific species sustainably, with scientific monitoring of fish populations to guarantee long-term abundance. Here was a reminder that there are solutions, but only if we do a better job of understanding the sources and impacts of our food decisions so that we can make more informed choices. So, the next time you buy marine life, try to understand how it got to your local marketplace and remember that even farmed seafood, like shrimp and salmon, depend on wild fisheries for their food.

George Steinmetz

The project was partially funded by a grant from the National Geographic Society.

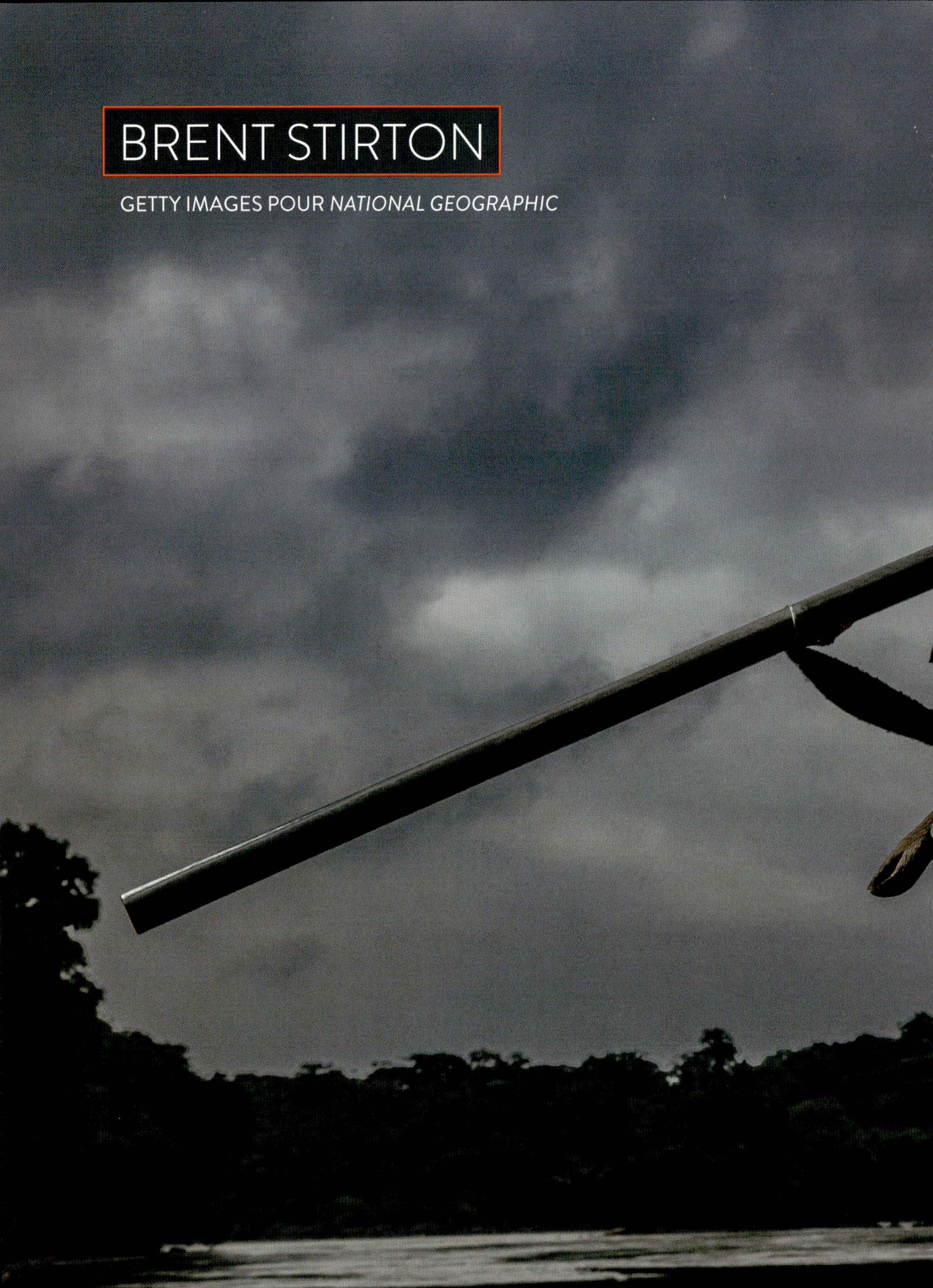

BRENT STIRTON

GETTY IMAGES POUR *NATIONAL GEOGRAPHIC*

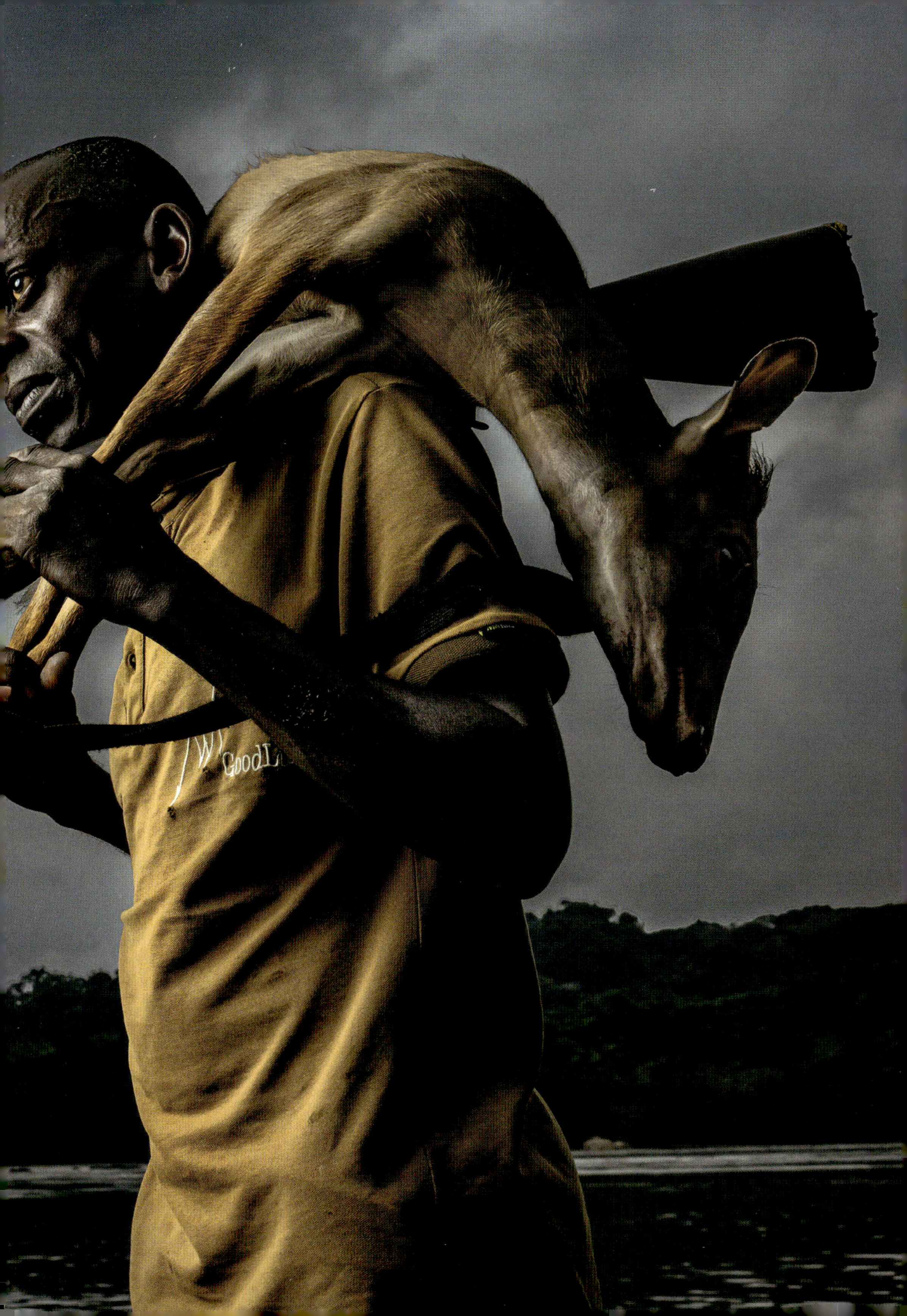

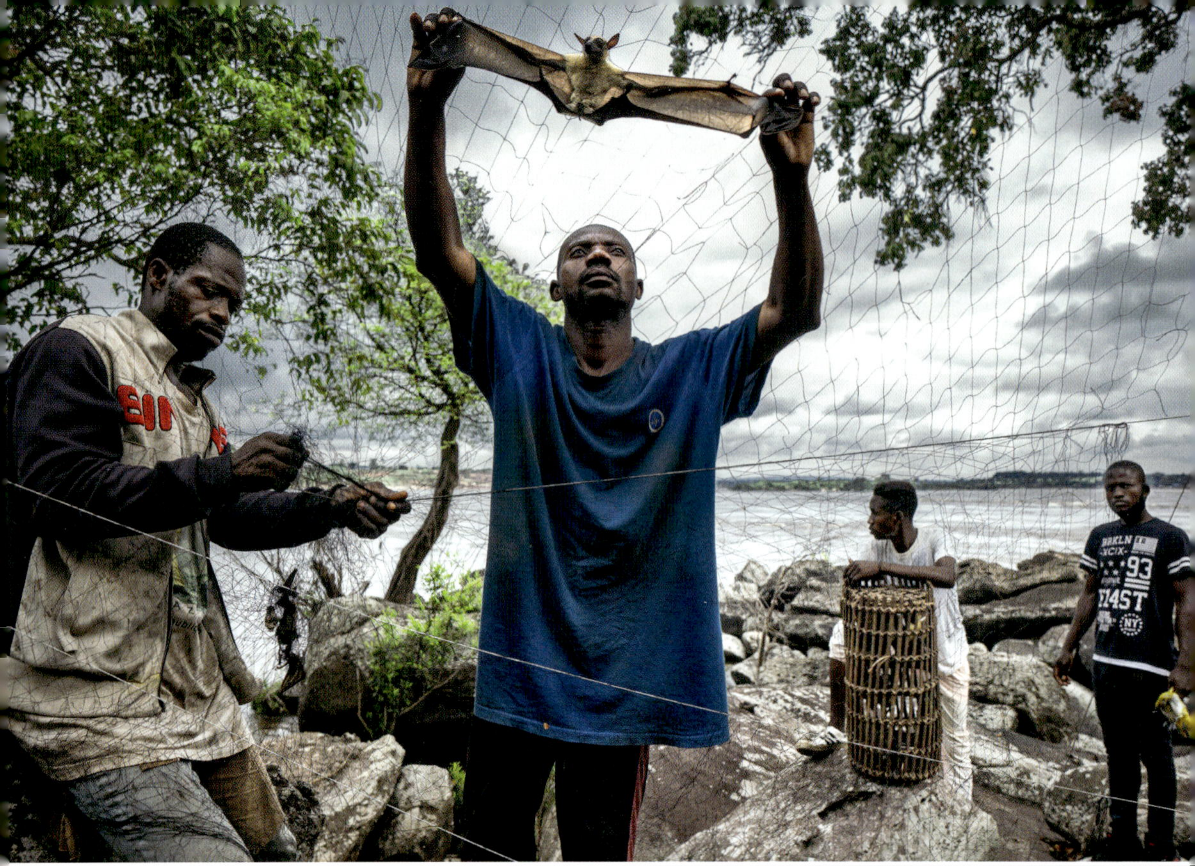

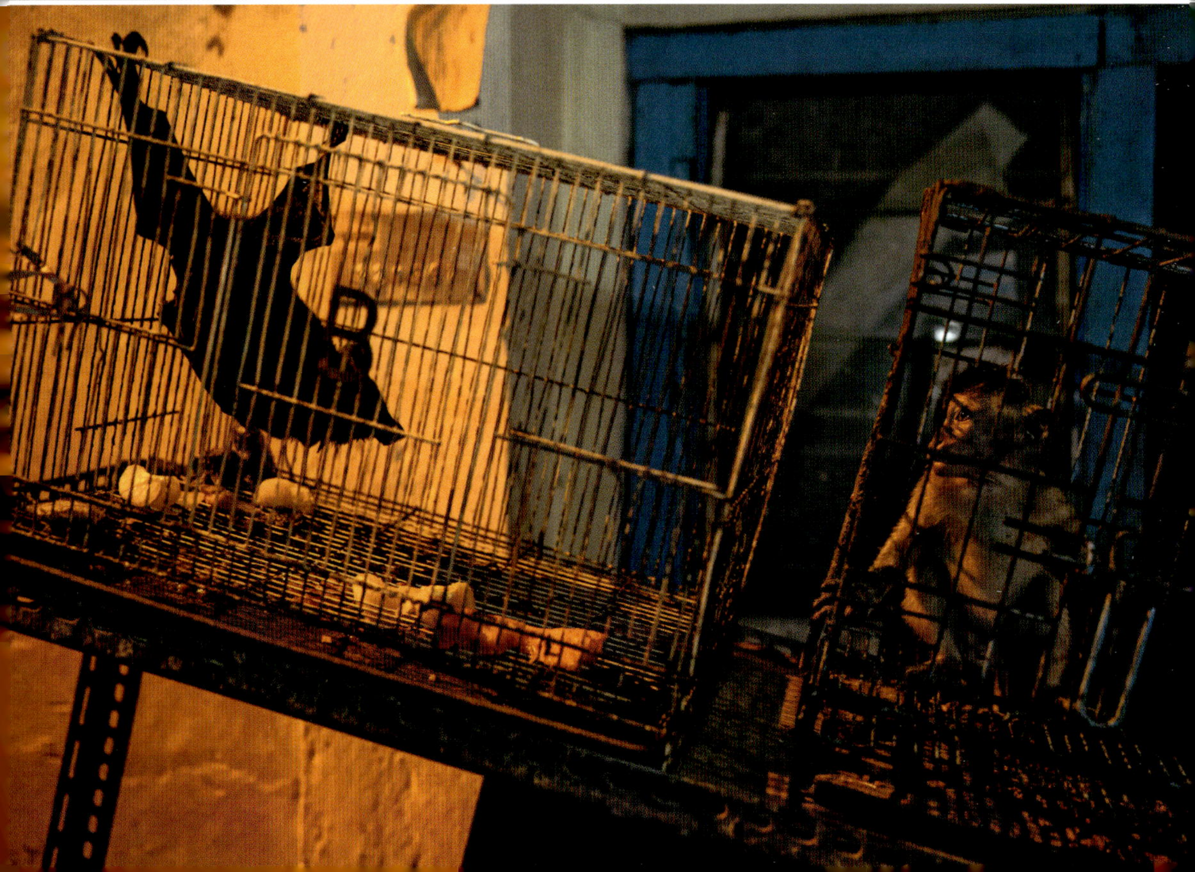

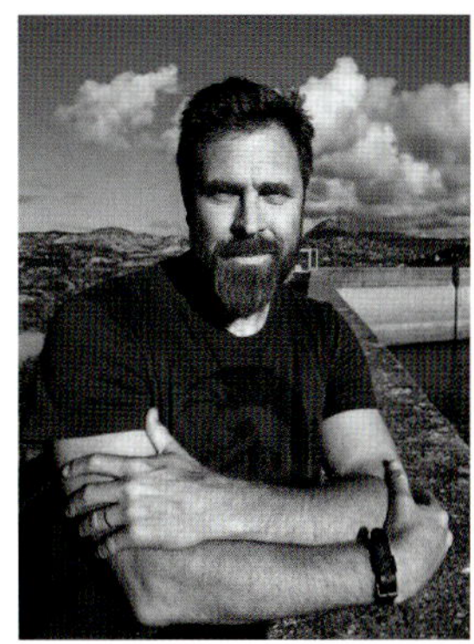

BRENT STIRTON

GETTY IMAGES POUR *NATIONAL GEOGRAPHIC*

Viande de brousse : à l'origine des épidémies
Bushmeat and Epidemics

Ebola, Covid-19, SRAS, variole du singe et autres maladies zoonotiques surviennent lorsqu'un agent pathogène passe d'un animal sauvage à l'homme et peuvent se transformer en épidémie ou en pandémie.

Des millions de personnes à travers le monde consomment de la viande de brousse, qui est une importante source d'alimentation pour de nombreuses communautés rurales. Cette viande est souvent perçue comme plus saine, et de solides croyances culturelles viennent renforcer cette idée.

La viande de brousse pouvant atteindre des prix élevés, elle est souvent vendue par les chasseurs eux-mêmes, mais rarement consommée là où elle a été chassée. Après cette première vente, la viande est transportée vers les villes les plus proches où sa valeur peut tripler. Il existe par ailleurs un marché international, principalement à destination de la diaspora africaine en Europe, ainsi qu'un important marché en Asie.

Le trafic d'animaux sauvages à destination des villes pour répondre à une demande non essentielle constitue une menace majeure pour de nombreuses espèces animales.

←←
Un chasseur au Gabon porte une antilope sur ses épaules. Avec une faible démographie et d'importantes populations d'animaux sauvages, le Gabon a su développer un système de chasse durable.

A hunter in Gabon with an antelope. As Gabon has a small population and abundant wildlife, a system of sustainable hunting has been developed.

↖
Sur cette île située à quelques heures de Brazzaville, des chasseurs attrapent jusqu'à 150 chauves-souris par jour dans les filets qu'ils ont tendus. Denrée très populaire sur les marchés, elles se vendent entre 2 et 4 dollars pièce. Les revendeurs assurent à leurs clients que « l'homme blanc » colporte des mensonges sur le lien existant entre ces animaux et les maladies comme Ebola pour les contraindre à acheter de la nourriture occidentale.

On an island just a few hours from Brazzaville, nets are used to trap fruit bats, catching up to 150 a day. At the market, bats sell for between $2 and $4, and demand is high. Customers are told that the "white man" invented the story of bats causing diseases such as Ebola so that people would buy western food.

↙
Dans un marché de Bornéo, une chauve-souris et un singe sont entreposés côte à côte. Une telle proximité peut engendrer le phénomène de « spillover » (débordement), c'est-à-dire quand un agent pathogène passe d'une espèce à une autre.

At a market in Borneo (Malaysia), a fruit bat and a monkey are displayed side by side. Without any separation there is a risk of "spillover" occurring, i.e. of a pathogen being transmitted from one species to another.

À mesure que les populations urbaines augmentent, la demande des consommateurs en viande de brousse augmente, exerçant une pression toujours plus grande sur la faune.

Ce commerce est particulièrement intense dans le bassin du Congo. Kinshasa, en République démocratique du Congo, et Brazzaville, en république du Congo, sont deux capitales séparées uniquement par le fleuve Congo. Réunies, elles forment la troisième agglomération urbaine d'Afrique avec une population totale de 15 millions d'habitants, et d'ici 2050, Kinshasa sera sans doute la quatrième mégalopole du monde. Selon une étude menée par la Wildlife Conservation Society, on estime que plus de 33 000 tonnes de viande de brousse sont vendues chaque année à Kinshasa, faisant de cette ville le centre névralgique de ce commerce mondial. Si d'autres sources de protéines animales telles que le bœuf et le poulet sont largement disponibles dans ces villes, manger de la viande de brousse revêt une importance sociale et culturelle, et elle est ainsi davantage consommée comme un mets de luxe que pour répondre à des besoins nutritionnels.

Ce commerce favorisant l'importation de nouveaux agents pathogènes dans les villes densément peuplées, cela augmente le risque de maladies zoonotiques. Dans le cas des chauves-souris frugivores (ou roussettes) montrées dans ce reportage, des épidémiologistes étudiant des colonies de ces mêmes chauves-souris ont constaté que jusqu'à 33% d'entre elles sont positives au virus Ebola ou à d'autres fièvres hémorragiques virales.

Le constat est simple : la faune sauvage disparaît des zones naturelles et la situation n'est pas viable à long terme. Des alternatives doivent être trouvées, dont certaines sont présentées dans ce reportage : la pêche durable, l'élevage de larves de charançon, ou encore la nouvelle technologie révolutionnaire de « viande in vitro » cultivée entièrement en laboratoire. Cette production devrait être prochainement autorisée aux États-Unis et en Chine.

Brent Stirton

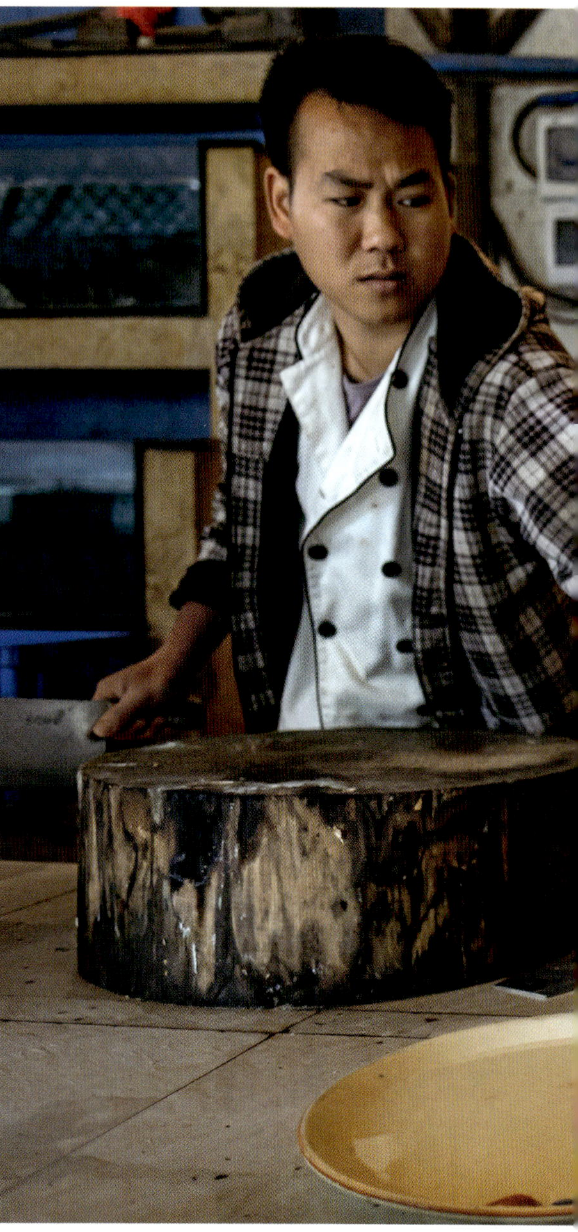

Une grande partie de ce reportage est le fruit d'une collaboration avec le Programme de gestion durable de la faune sauvage de la FAO (Organisation des Nations unies pour l'alimentation et l'agriculture).

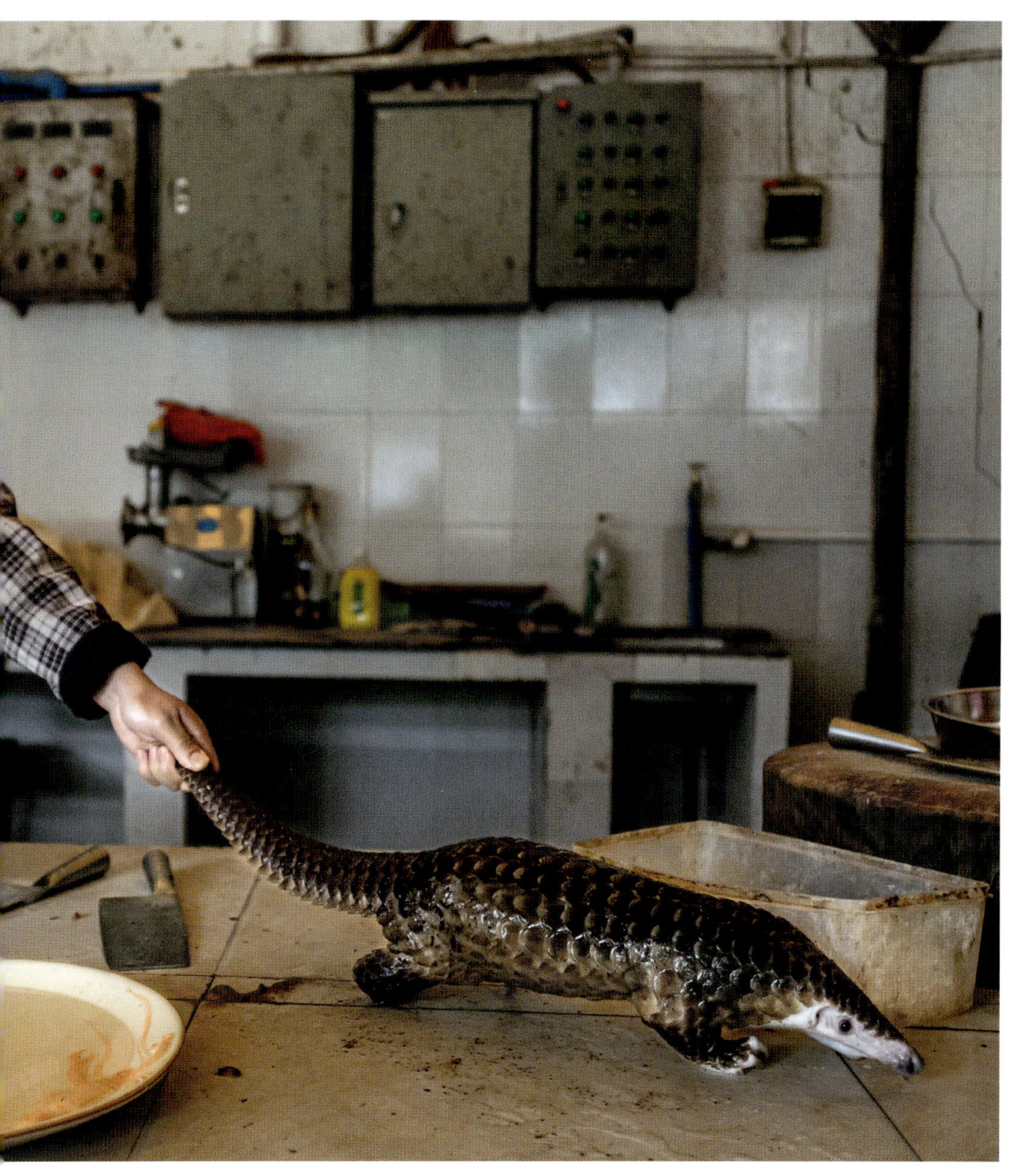

↑
Cette photo a été prise juste avant le début de la pandémie de Covid-19. En toute illégalité, ce restaurant chinois de Canton propose un pangolin à ses clients pour 2 600 dollars. Certains scientifiques ont soupçonné l'animal d'avoir transmis le coronavirus à l'homme.

Just before the outbreak of the Covid-19 pandemic, the photo was taken in a restaurant in Canton breaking the law to provide customers with pangolin, and charging $2,600 dollars for the dish. Some scientists believe the pangolin might have been a host animal involved in spreading the coronavirus to humans.

Ebola, Covid-19, SARS, and monkeypox: zoonotic diseases occur when pathogens pass from wild animals to humans, and can develop into epidemics, or a pandemic.

Millions of people around the world consume bushmeat which is an important source of food for many rural communities. It is often perceived to be healthier, and strong cultural beliefs reinforce the practice. Bushmeat draws high prices and is sold by hunters, but most is not consumed where the animals are hunted. After the first sale, the meat moves to nearby towns where it triples in value, and there is also international trade on a daily basis, mostly to African expatriate communities in Europe, plus a huge market in Asia.

The trafficking of bushmeat to cities to meet non-essential demand poses a major threat to many animal species. As urban populations grow, consumer demand for bushmeat increases, exerting ever greater pressure on wildlife. One of the largest zones for the trade is the Congo Basin. Kinshasa in the Democratic Republic of Congo and Brazzaville in the Republic of Congo are two capital cities separated only by the Congo River. Combined, they form the third largest urban agglomeration in Africa, with a total population of 15 million, and by 2050, Kinshasa is forecast to be the fourth-largest city in the world. According to a study by the Wildlife Conservation Society, it is estimated that over 33 thousand metric tons of bushmeat is traded in Kinshasa every year, making it the hub of this worldwide trade. While alternative animal protein like beef and chicken is available in these cities, bushmeat has social and cultural significance, and is therefore consumed as a luxury.

As bushmeat introduces novel pathogens to densely populated cities, there is a significant risk of zoonotic disease, as seen with the case of fruit bats featured in this report. Epidemiologists observing camps of fruit bats have found that up to one-third are positive for Ebola and other viral hemorrhagic fevers.

The situation is simply not sustainable, and the land is being stripped of wildlife. Alternatives must be found, e.g. sustainable fishing, the farming of weevil larvae, and the new and revolutionary science of cell-based laboratory-grown meat, which may be approved for production in the United States and China.

Brent Stirton

Large portions of this photo essay were shot in cooperation with the United Nations Food and Agriculture Organization (Sustainable Wildlife Management Program).

↗
La pêche est la principale alternative à la consommation de viande de brousse, mais elle doit être régulée et durable. Ici, au Bénin lors d'un festival, 3000 personnes peuvent pêcher autant de poissons qu'elles le souhaitent pendant trois jours. Le reste du temps, la pêche est rigoureusement interdite.

Fish is the main alternative to bushmeat, but fishing needs to be regulated and sustainable. Here, in Benin, a yearly festival is held when up to 3,000 people can fish as much as they like over a period of three days. For the rest of the year there is a complete ban on fishing.

↘
Un chauffeur de taxi livre une vingtaine d'animaux sur un marché de viande de brousse au Congo. Cette quantité est illégale selon la loi du pays, pourtant des livraisons de ce genre ont lieu quotidiennement sur ces marchés.

A taxi driver delivering around twenty animals to a bushmeat market in the Republic of the Congo. It is illegal to have these quantities, but markets receive such deliveries every day.

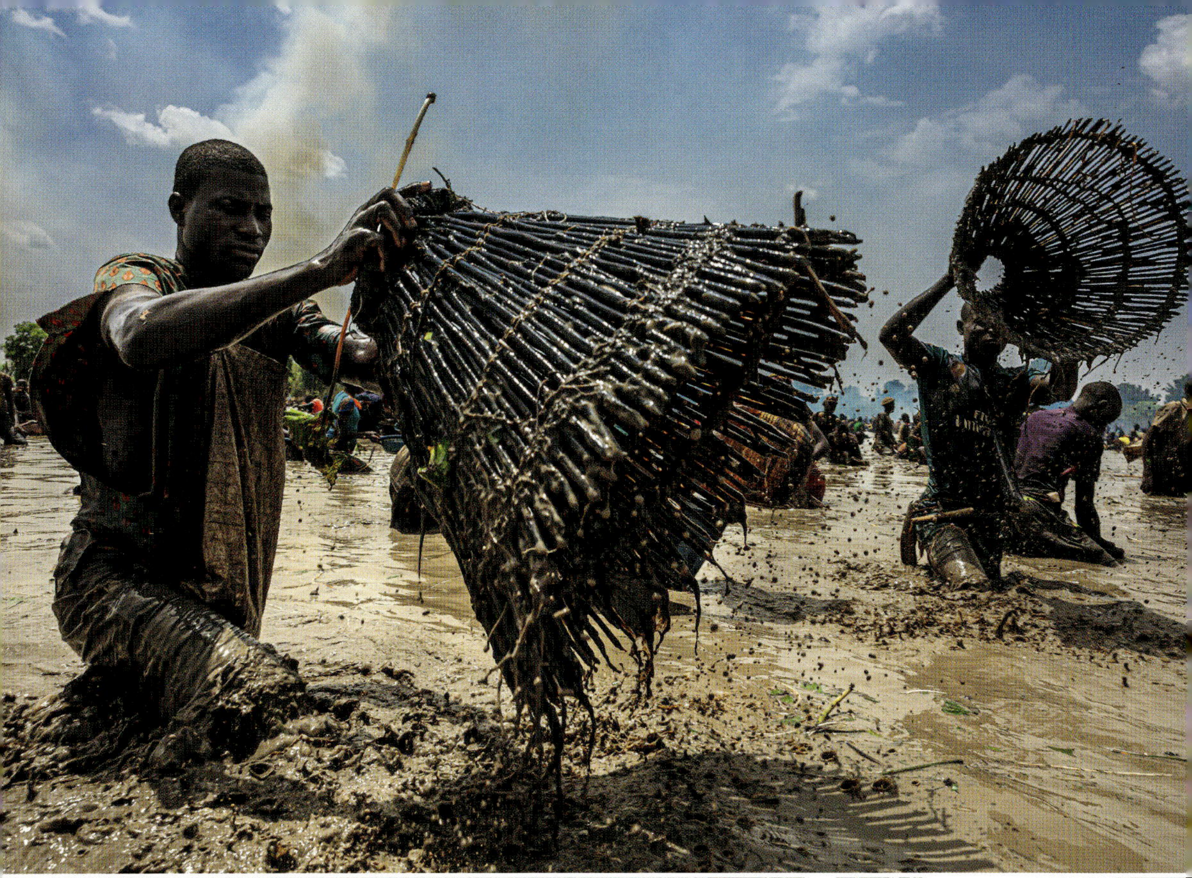

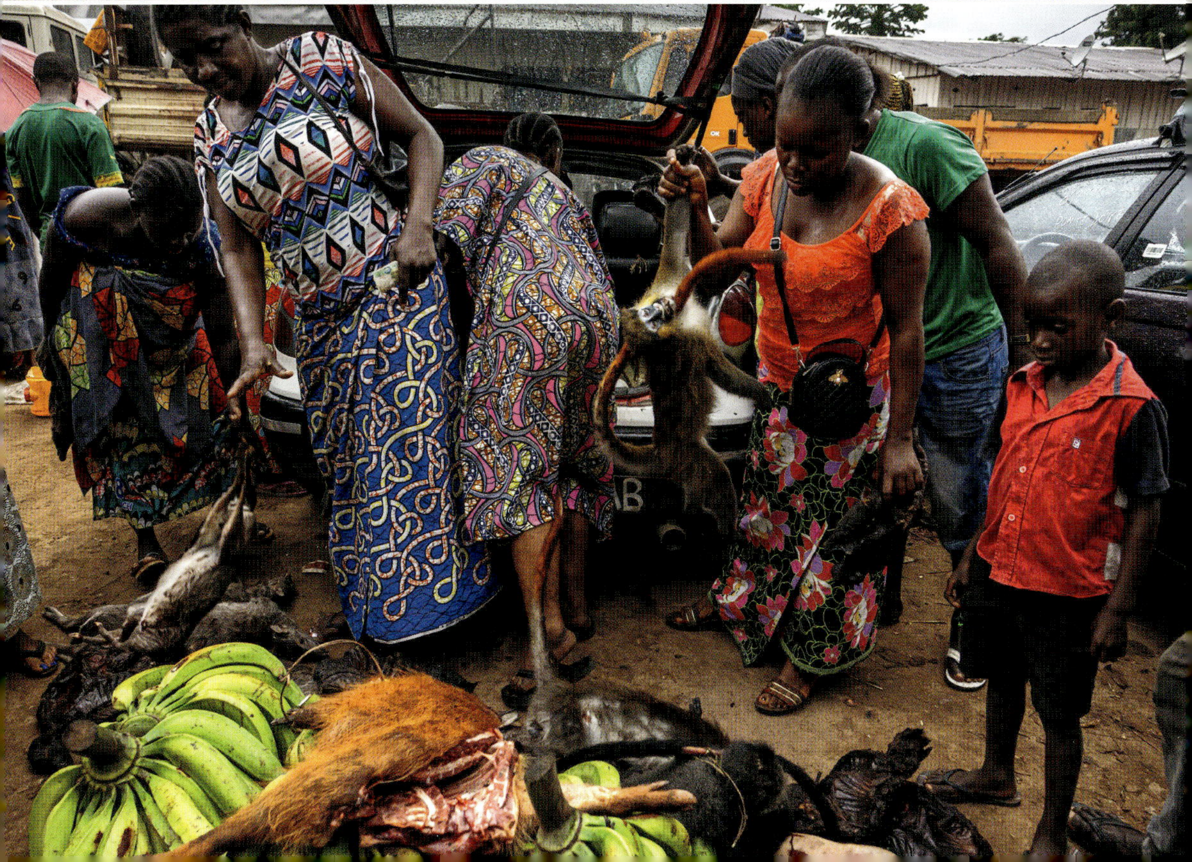

SERGEI SUPINSKY

AFP

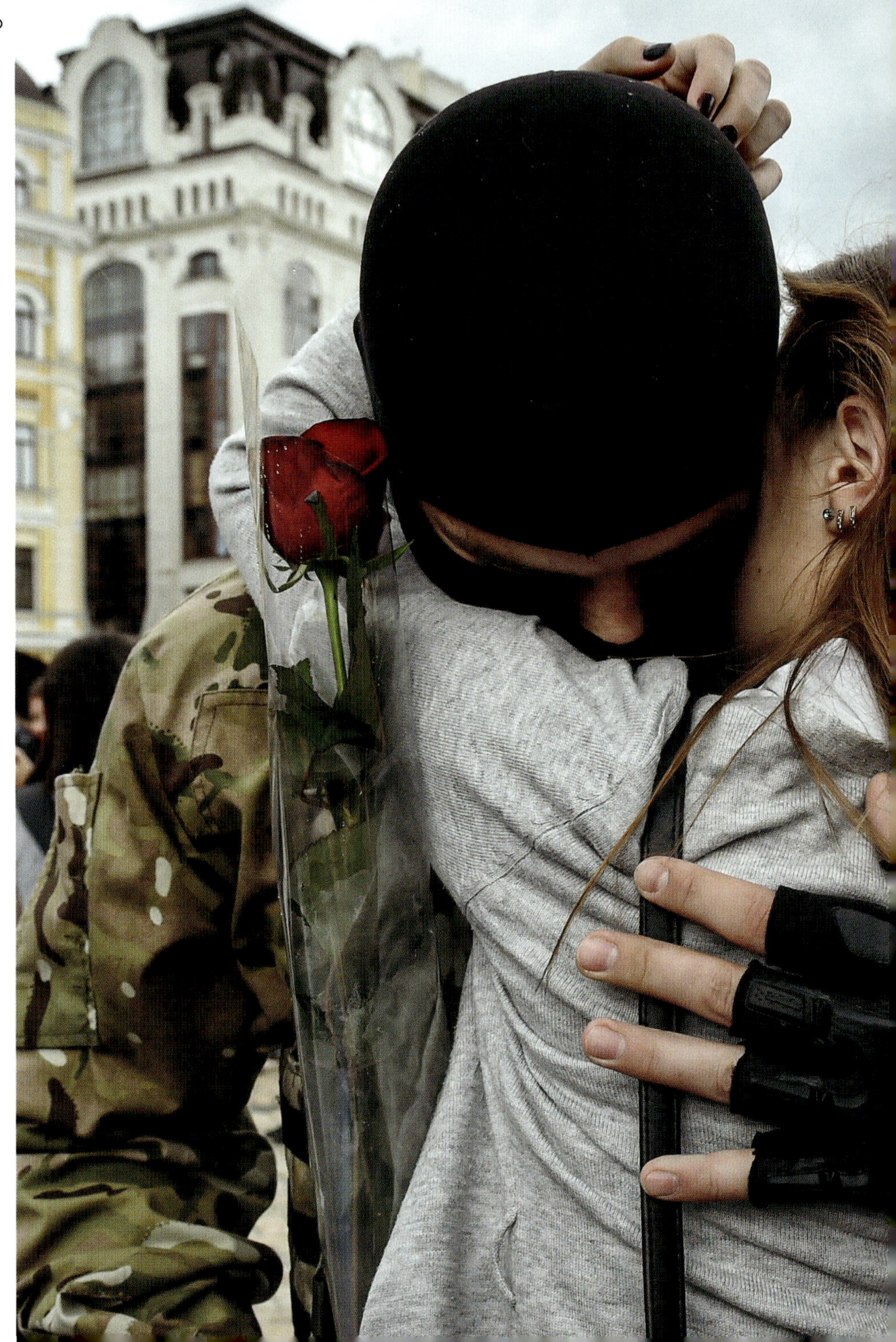

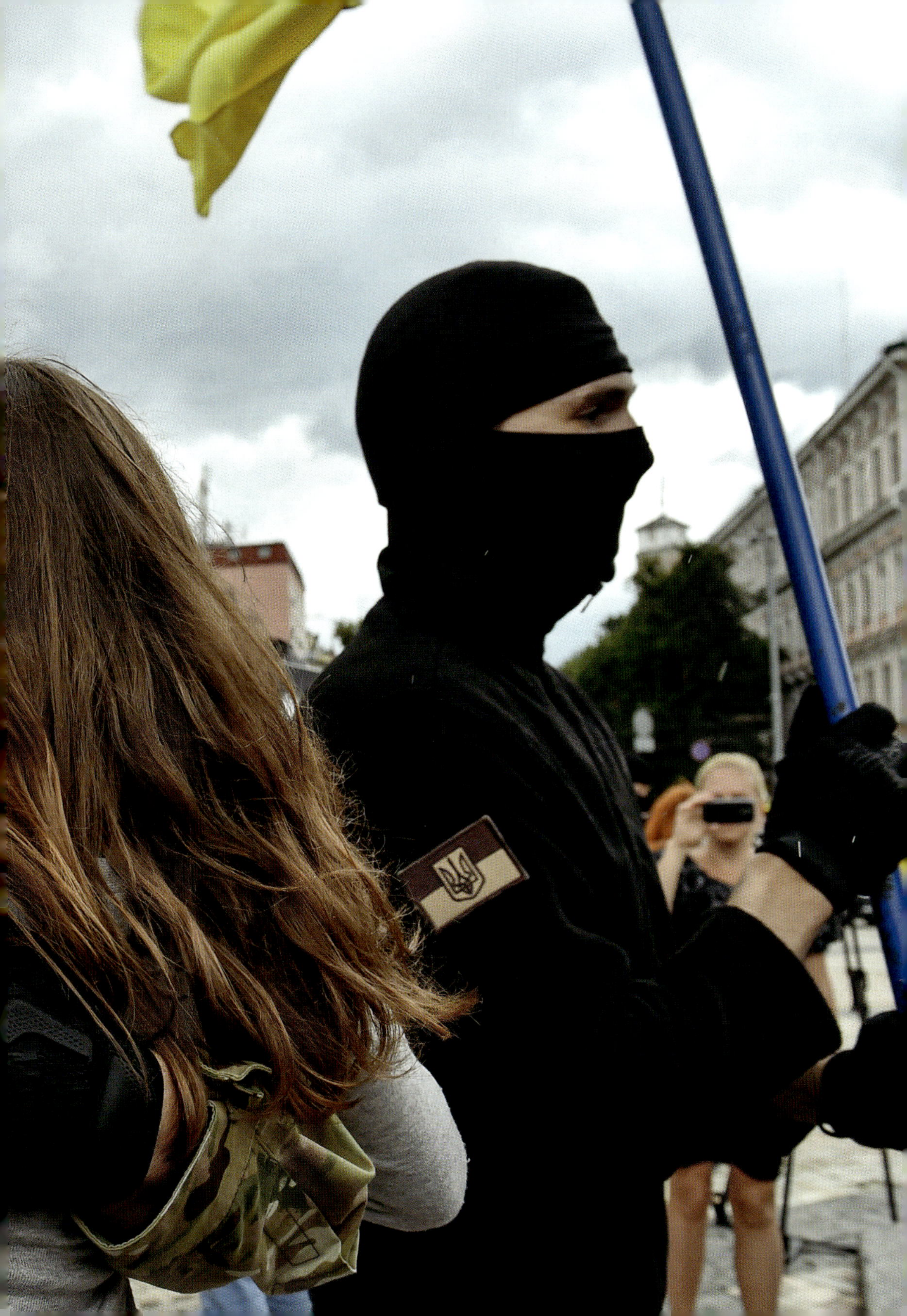

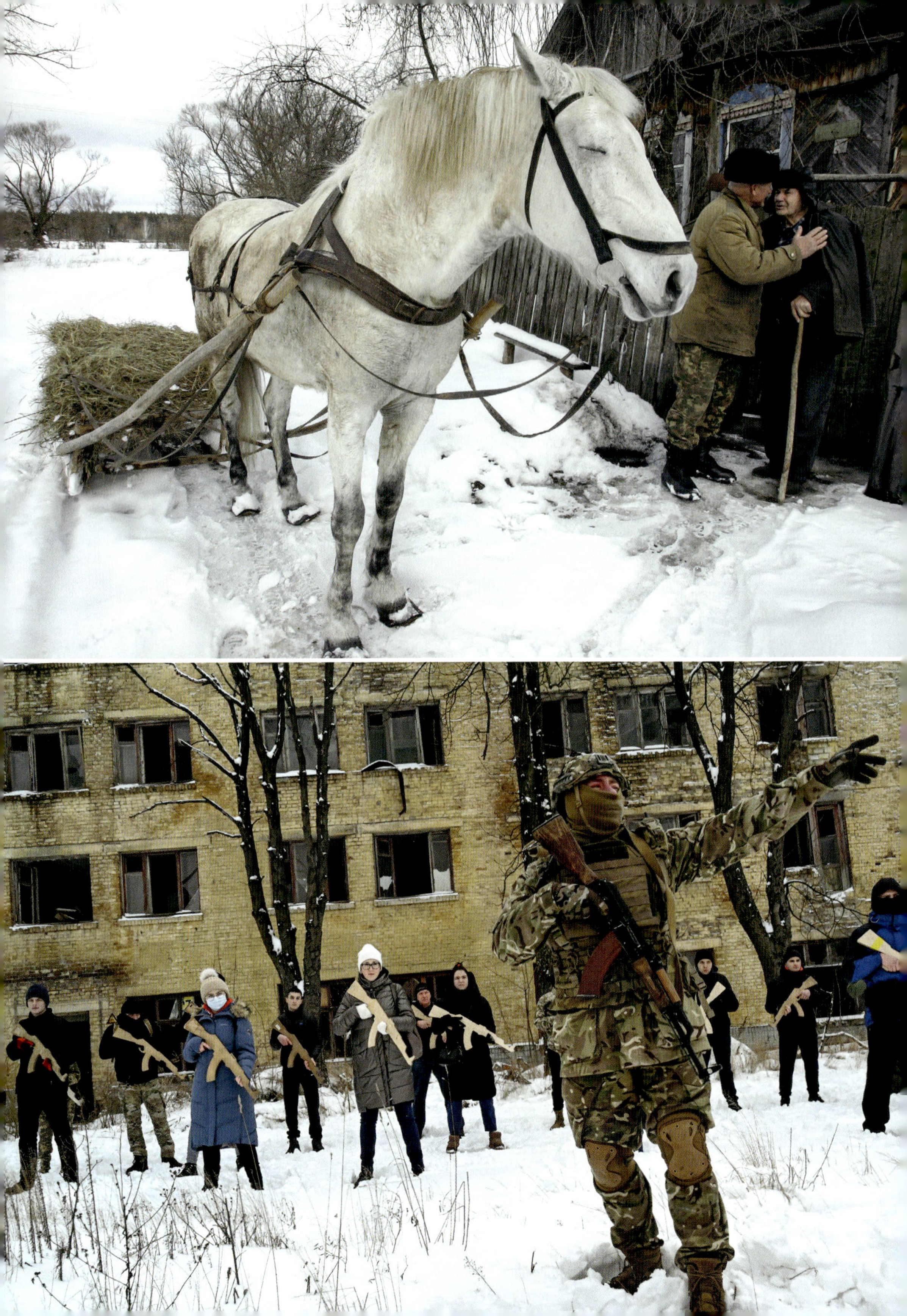

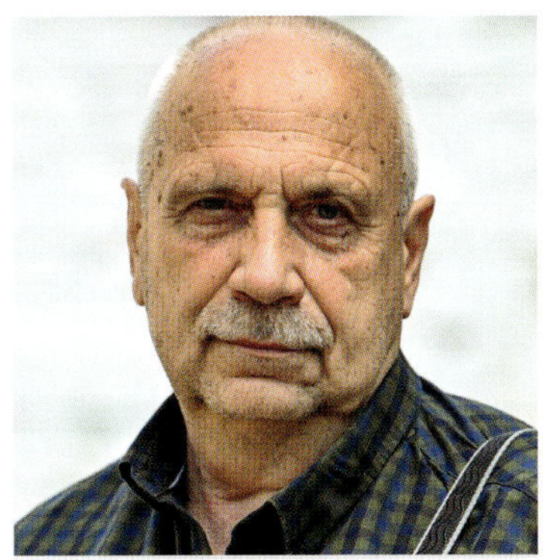

SERGEI SUPINSKY

AFP

L'Ukraine, de l'indépendance à la guerre
Ukraine, from Independence to War

Longtemps, les Ukrainiens n'ont été que ceux « des confins », « de la périphérie » : « Oukraïna ». Ce pays, plus étendu que la France, vivait dans l'ombre de l'imposante Russie au sein de l'URSS.

Puis vint la chute de l'Union soviétique, la dislocation d'un empire, des indépendances ici et là, de la Baltique aux contreforts du Pamir, en Asie centrale. Et l'éveil d'une nation : les Ukrainiens.

Sergei Supinsky a alors 35 ans. C'est un photographe expérimenté travaillant pour le quotidien *Komsomolskoïe Znamia* et collaborant avec l'agence de photos de presse EPA. Il fait à l'époque ce qu'il fait toujours aujourd'hui : écouter du jazz sur une installation hi-fi dont la précision ferait rêver un sous-marinier, ou arpenter les rues, les routes d'Ukraine à la recherche de la lumière, du cadre, de la photo.

Ses clichés de Kiev ou Odessa ont la couleur grise de ces années de liberté mais aussi de privations, entre enfants des rues, statues déboulonnées et abandonnées, premières bagarres à la Rada, l'Assemblée ukrainienne, où la loi s'écrit parfois à coups de poing mais aussi de billets.

←←
Après une cérémonie militaire d'allégeance, les adieux sont déchirants pour la petite amie d'une nouvelle recrue volontaire du régiment Azov, en partance pour le front à l'est du pays. Kiev, 23 juin 2014.

After a military ceremony pledging allegiance, a tearful farewell for the girlfriend of a new volunteer recruit with the Azov Regiment leaving for the east. Kiev, June 23, 2014.

↖
Mikhaylo Porkhomenko (68 ans, à gauche) salue son ami Mykhaylo Lyashevych (85 ans), venu lui rendre visite depuis un village de la zone d'exclusion de Tchernobyl où un certain nombre de personnes âgées sont revenues et continuent d'y vivre illégalement. Village de Loubianka, 6 mars 2006.

Mikhaylo Porkhomenko (68, left) greeting his friend Mykhaylo Lyashevych (85) visiting from a village in the Chernobyl Exclusion Zone where a number of elderly people have returned and continue to live there illegally. Lubyanka village, March 6, 2006.

↙
Lors d'une séance d'entraînement organisée dans une usine abandonnée, un instructeur militaire forme des civils armés de kalachnikovs en bois. Kiev, 30 janvier 2022.

At a session held on the premises of an abandoned factory, a military instructor training civilians armed with wooden Kalashnikovs. Kyiv, January 30, 2022.

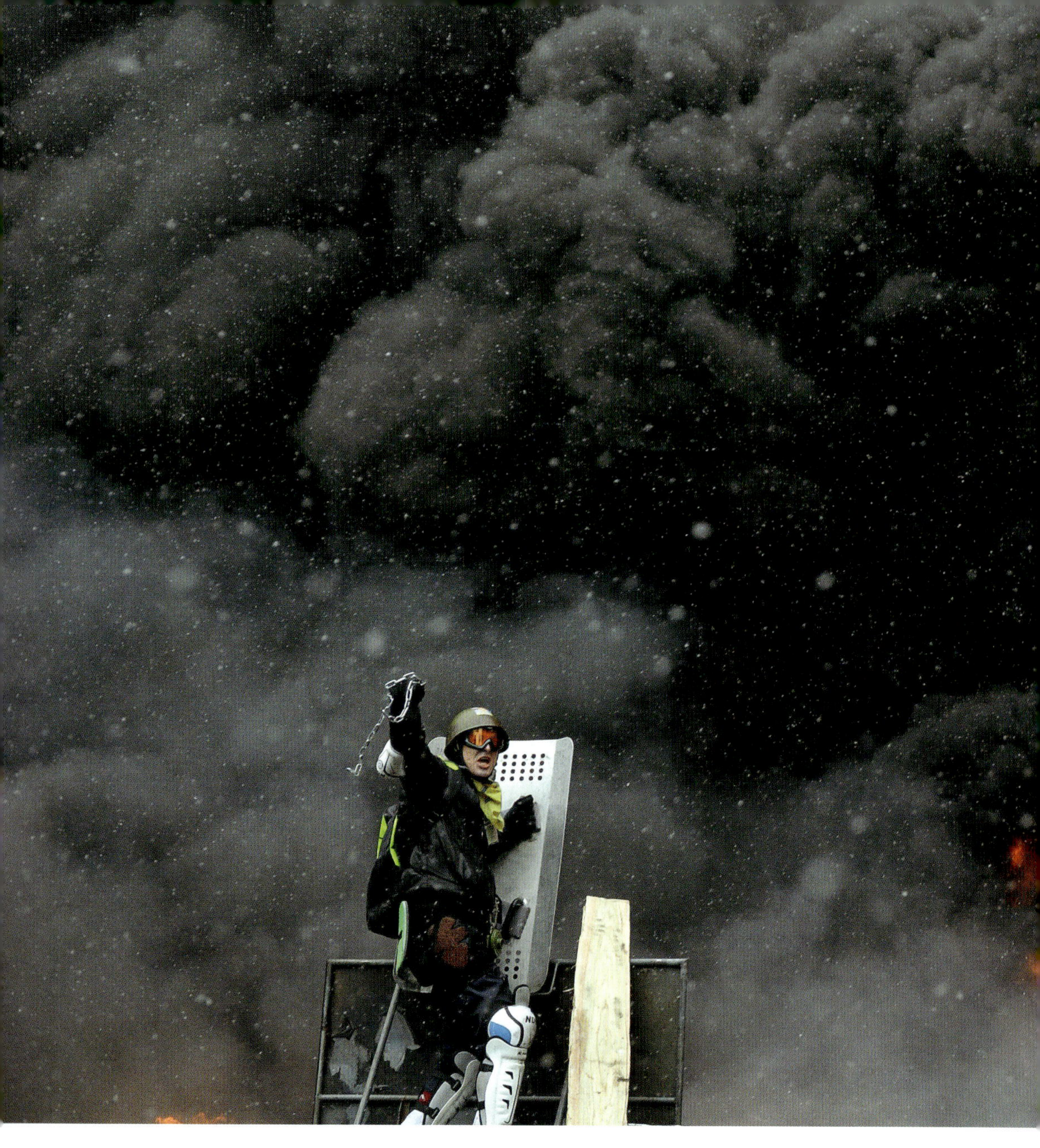

↑
Un manifestant muni d'une chaîne et d'un équipement de police anti-émeute lors d'affrontements avec la police dans le centre de la ville. Kiev, 22 janvier 2014.

A protestor with a chain and riot police gear during clashes with police in the center of the city. Kyiv, January 22, 2014.

Le pays, qui parle et prie en ukrainien, russe, hongrois ou tatar, regarde tour à tour vers Moscou, Bruxelles et vers lui-même. Les soldats portent toujours les lourds manteaux de l'époque soviétique, mais le pays signe dès 1994 un accord de partenariat avec l'Union européenne. Trois ans plus tard,

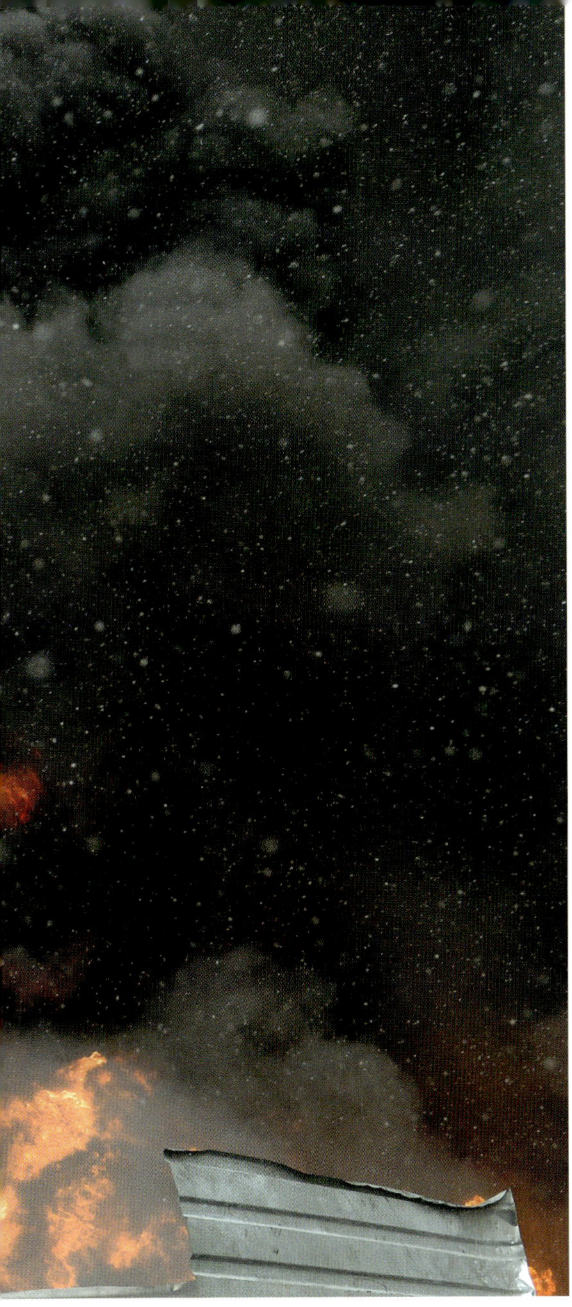

Kiev signe avec Moscou un traité d'amitié et de coopération.
Dans le même temps, la centrale nucléaire de Tchernobyl, dont l'explosion en 1986 a conduit à la contamination d'une partie de l'Europe, à la mort de milliers de personnes et à la fragilisation du pouvoir soviétique, finit par fermer en échange d'une aide occidentale de 2,3 milliards de dollars.
Les années 2000 sont marquées par la contestation politique. L'Ukraine s'ukrainise, se décommunise. Elle fait l'apprentissage de l'indépendance, de son histoire, notamment la mémoire de la grande famine des années 1930, le « Holodomor » orchestré par Staline, ou de la « Shoah par balles », près d'un million et demi de Juifs ayant été assassinés entre 1941 et 1944. Sergei Supinsky, lui, commence à travailler pour l'Agence France Presse.
En 2004, le pays connaît un mouvement de contestation sans précédent sur fond de fraudes lors de la présidentielle. Le candidat favorable à Moscou, Viktor Ianoukovitch, est contesté dans la rue par les partisans du réformateur et pro-occidental Viktor Iouchtchenko, victime d'un mystérieux empoisonnement à la dioxine. Au terme d'un troisième tour dans les urnes, Viktor Iouchtchenko est finalement élu. Et il tourne l'Ukraine résolument vers l'Ouest après des années où le pays a louvoyé entre Moscou et Bruxelles.
Les années qui suivent sont toutefois celles de la crise politique permanente sous l'œil d'un Kremlin qui œuvre en coulisse et pousse ses pions. Les élections et les fraudes se succèdent.
Le 21 novembre 2013, Kiev suspend la signature d'un accord d'association avec l'UE au profit de la coopération avec Moscou. L'annonce jette dans la rue des centaines de milliers de manifestants qui occupent Maïdan, la place de l'Indépendance, pour réclamer le départ de Viktor Ianoukovitch, devenu président quelques années plus tôt.
En janvier 2014, la police antiémeute charge violemment, causant les premiers morts et des centaines de blessés. La contestation s'étend en province. En février, des affrontements et des assauts des forces spéciales contre les protestataires du Maïdan font une centaine de morts à Kiev. Viktor Ianoukovitch dénonce une insurrection ; Moscou dénonce une « tentative de coup d'État » et accuse les Occidentaux.

Le 22 février, le président ukrainien est destitué par le Parlement et s'enfuit en Russie. Dans la foulée, l'armée russe annexe la péninsule ukrainienne de Crimée et organise un référendum sur son rattachement à la Russie.

Le Donbass, ce bassin industriel de l'est de l'Ukraine, voit des manifestants pro-russes s'emparer des bâtiments officiels. Kiev déclenche une « opération antiterroriste » dans les régions de Donetsk et de Lougansk où les séparatistes sont soutenus par l'armée russe, quels que soient les démentis de Moscou. C'est la guerre. Européens et Américains décrètent de lourdes sanctions contre les Russes. Une nouvelle guerre froide vient de débuter.

Mais en Ukraine, l'armée régulière enchaîne les défaites. Un cessez-le-feu est conclu en septembre avec la participation de la Russie et de l'OSCE. En février 2015, les séparatistes et Kiev signent une seconde série d'accords de paix à Minsk à la suite d'une médiation franco-allemande.

L'accord consacre une ligne de contact et une zone tampon. Le cessez-le-feu est couramment violé, mais globalement le conflit est gelé après la mort de 14 000 personnes.

À l'hiver 2021-2022, l'armée russe déploie des dizaines de milliers de soldats aux frontières ukrainiennes. Coup de poker ? Menace réelle ? Le 24 février, le maître du Kremlin parle d'une « opération militaire spéciale » en Ukraine. Sur le terrain, c'est une nouvelle guerre qui a débuté.

Dans la capitale ukrainienne, Sergei Supinsky est à pied d'œuvre pour montrer les premières destructions causées par les bombardements russes. Le lendemain, il est au nord et dans l'est de la ville où se déroule la bataille de Kiev. Ses photos témoignent des premiers soldats russes tués en tentant de prendre Kiev. Depuis, Sergei Supinsky n'a pas arrêté de photographier.

Karim Talbi,
rédacteur en chef Europe – AFP

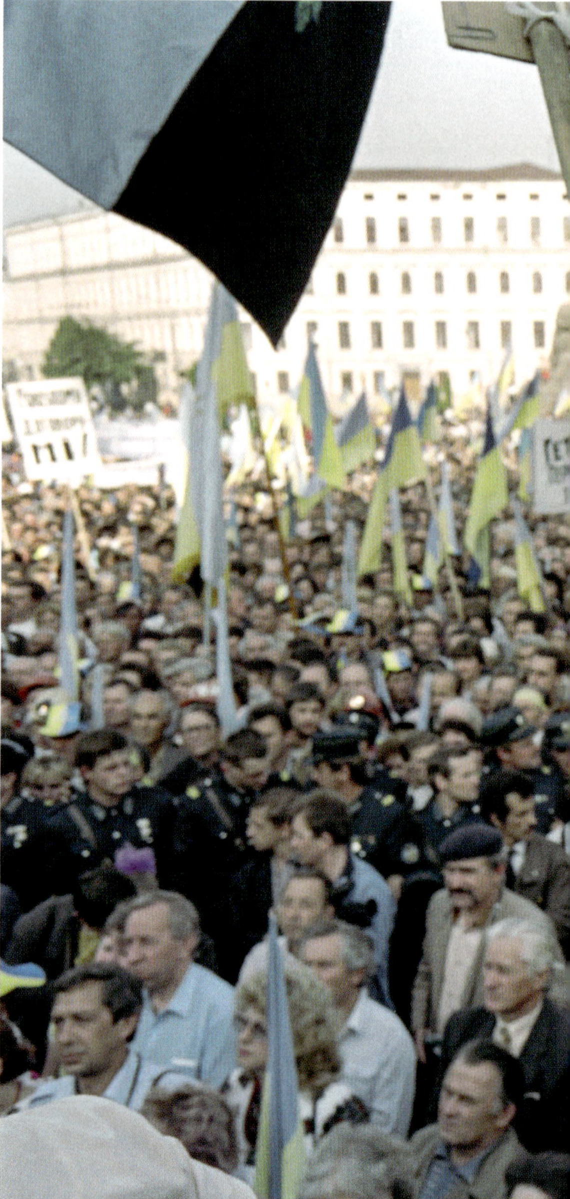

↑
Un mineur brandissant le drapeau ukrainien lors d'une manifestation pro-indépendance. Kiev, 16 septembre 1991.

A miner waving the Ukrainian flag at a pro-independence demonstration. Kyiv, September 16, 1991.
© EPA

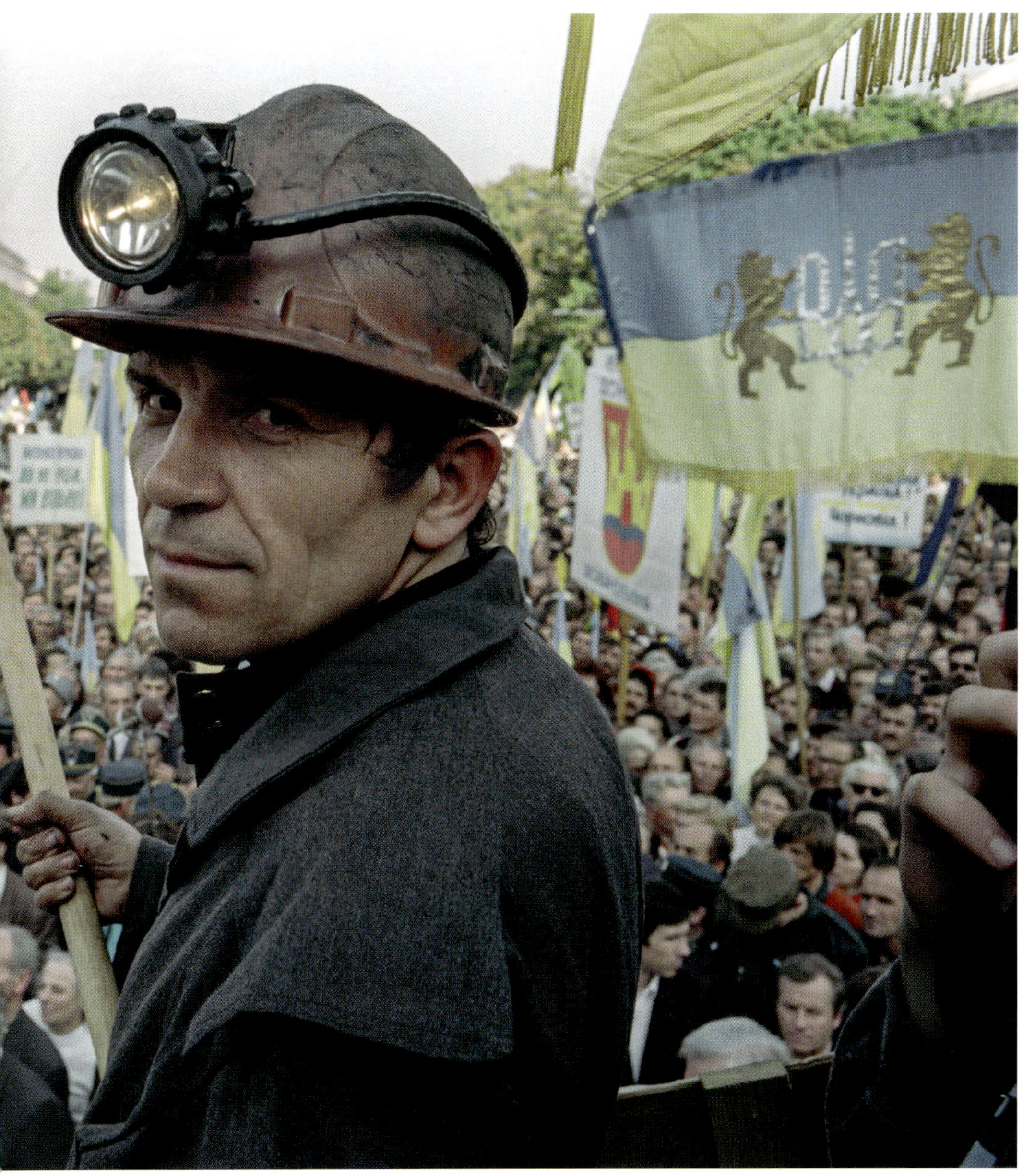

For many years, Ukrainians were simply people on the periphery, on the fringe of the Soviet Union. It may be one of Europe's largest countries but, as part of the USSR, Ukraine was dwarfed by its neighbor—and political master—Russia.
Then came the collapse of the Soviet Union; the former empire fell apart, and independence was claimed at different points, from the Baltic Sea to the Pamir Mountains in Central Asia. And with the birth of a nation came the Ukrainians.
Sergei Supinsky was 35 years old at the time. He was an experienced photographer working

for the *Komsomolskoyïe Znamia* newspaper, and also for the European Pressphoto Agency (EPA). Today he is still doing what he was doing then, i.e. listening to jazz on precision sound equipment and wandering the highways and byways of Ukraine, seeking out the right light for the right shot framed the right way.

His pictures of Kyiv and Odessa feature the shades of gray from those years of newfound freedom, and also of hardship, with street urchins, torn-down statues, and the first fights at the Verkhovna Rada, the parliament of Ukraine where the process of passing legislation could sometimes involve fisticuffs and bank notes.

This is a country where the people speak and pray in Ukrainian, Russian, Hungarian and Tatar, where the people look one way and then the other, alternating between Moscow and Brussels, or looking inwards.

The soldiers may still have been wearing Soviet greatcoats but by 1994 Ukraine had signed the Partnership and Cooperation Agreement with the European Union. Then three years later, it also signed the Treaty on Friendship, Cooperation and Partnership with the Russian Federation.

By then, in Chernobyl, where the 1986 accident had contaminated the region and part of Europe, causing the death of thousands and weakening the Soviet power base, the nuclear power plant was finally closed down, with Western aid payments for $2.3 billion.

The 2000s were years of political movements and protests. Ukraine became more Ukrainian and less Communist, going through the growing pains of independence, exploring its own history, including the "Holodomor," the great famine of the 1930s planned by Stalin, and the Holocaust in Ukraine where one and a half million Jews were murdered between 1941 and 1944. And in the 2000s, Sergei Supinsky began working for Agence France-Presse.

In 2004, there was an unprecedented protest movement, driven by anger over allegations that the presidential election had been rigged. The pro-Russian candidate Viktor Yanukovych was challenged by protesters supporting the pro-West, pro-reform candidate Viktor Yushchenko, the victim of a mysterious poisoning by dioxin. Ultimately, after a repeat runoff election, Viktor Yushchenko was declared the winner, and so after years of shifting back and forth between Moscow and Brussels, the new president steered Ukraine clearly towards the West.

Yet these were years of ongoing political crisis, with the Kremlin keeping a watchful eye on the situation, moving its own pawns behind the scenes. Elections followed—as did electoral fraud.

On November 21, 2013, Ukraine's President Viktor Yanukovych (who had been elected in 2010) suspended the signing of an association agreement with the European Union, preferring cooperation with Russia. The decision triggered protests and hundreds of thousands of demonstrators occupied Independence Square (Maidan), calling for Viktor Yanukovych to step down.

In January 2014, riot police led a violent charge causing the first fatalities and injuring hundreds. The protest movement spread to regions outside the capital. In February, clashes and attacks by special police forces against Maidan protesters left around one hundred dead in central Kyiv. Viktor Yanukovych spoke of an insurgency; Russia claimed it was an attempted coup and that the West was behind it.

On February 22, the president was removed from office by a vote of Parliament, and fled, ultimately to Russia. Russian troops annexed the Crimean peninsula. It was announced that a referendum would be held on the status of Crimea as Russian territory.

In the industrial east of Ukraine, in the Donbas, pro-Russian separatists seized government buildings. Ukraine launched an "antiterrorist operation" in the regions of Donetsk and Luhansk where the separatists were backed by Russian armed forces, even though this was officially denied by Moscow. It was war. Severe sanctions were imposed on

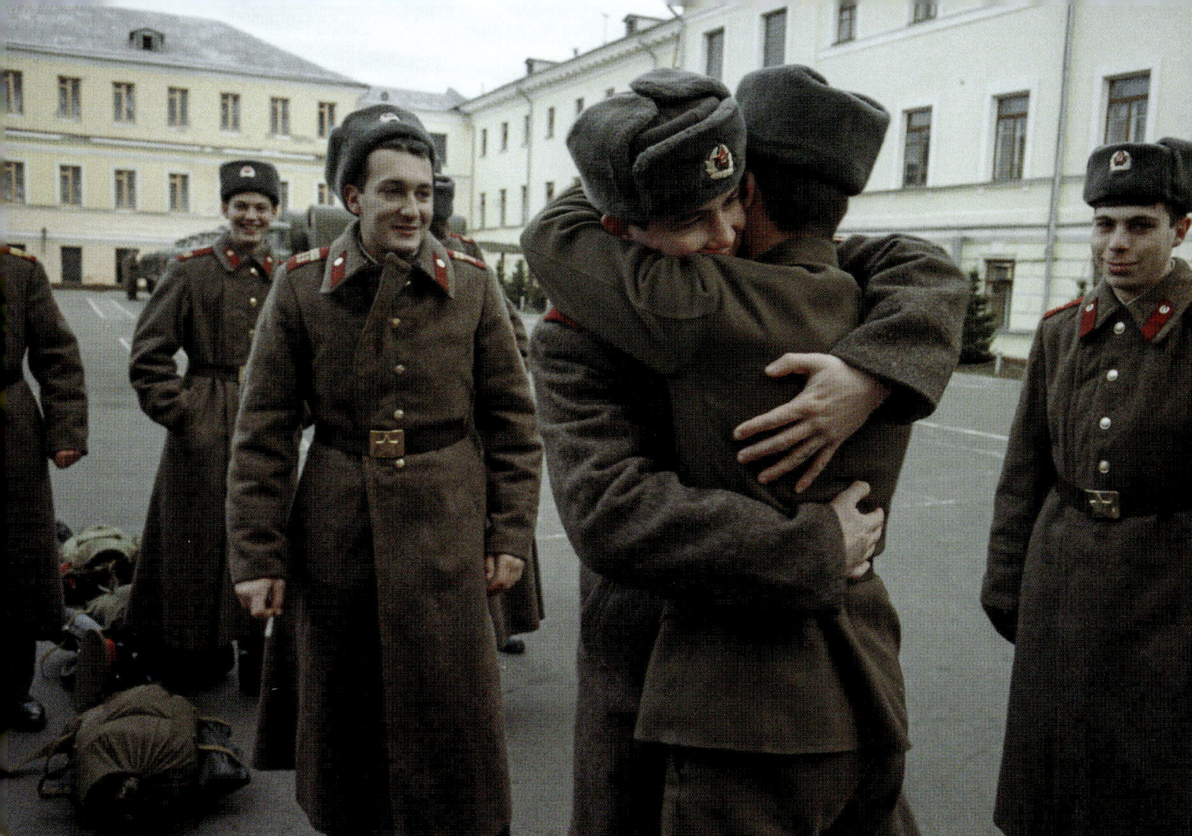

Russia by Europe and the United States. Here were the beginnings of another Cold War.
Ukraine's regular army suffered a series of defeats. By September 2014, a cease-fire had been concluded with the involvement of Russia and the Organization for Security and Cooperation in Europe; and in February 2015, the separatists and Ukraine signed a second peace agreement, Minsk II, after mediation by France and Germany. The agreement established a contact line and a buffer zone. The ceasefire was regularly broken, but after some 14,000 deaths, the conflict had been "frozen."
In the winter of 2021-2022, the Russian army deployed tens of thousands of troops along the border with Ukraine. Was this bluff or a real threat? On February 24, Russian President Vladimir Putin announced a "special military operation" in Ukraine. For the people of Ukraine, a new war had begun.
In the capital, Sergei Supinsky was in action, recording the first scenes of destruction caused by Russian strikes. The next day he was in the north and east of the city where the Battle of Kyiv was being waged. His photos provide evidence of the first Russian troops being killed in their bid to take Kyiv. Since then Sergei Supinsky has been taking photographs non-stop.

Karim Talbi,
Europe Editor-in-Chief – AFP

↑
Des soldats originaires de Russie et du Kazakhstan font leurs adieux avant de quitter l'Ukraine. De nombreux militaires ont choisi de ne pas prêter allégeance aux forces armées ukrainiennes nouvellement formées et ont pu rentrer chez eux. Kiev, 7 janvier 1992.

Soldiers originally from Russia and Kazakhstan say farewell as they leave Ukraine. Many members of the military chose not to swear allegiance to the newly formed Armed Forces of Ukraine and were able to return home. Kyiv, January 7, 1992.
© EPA

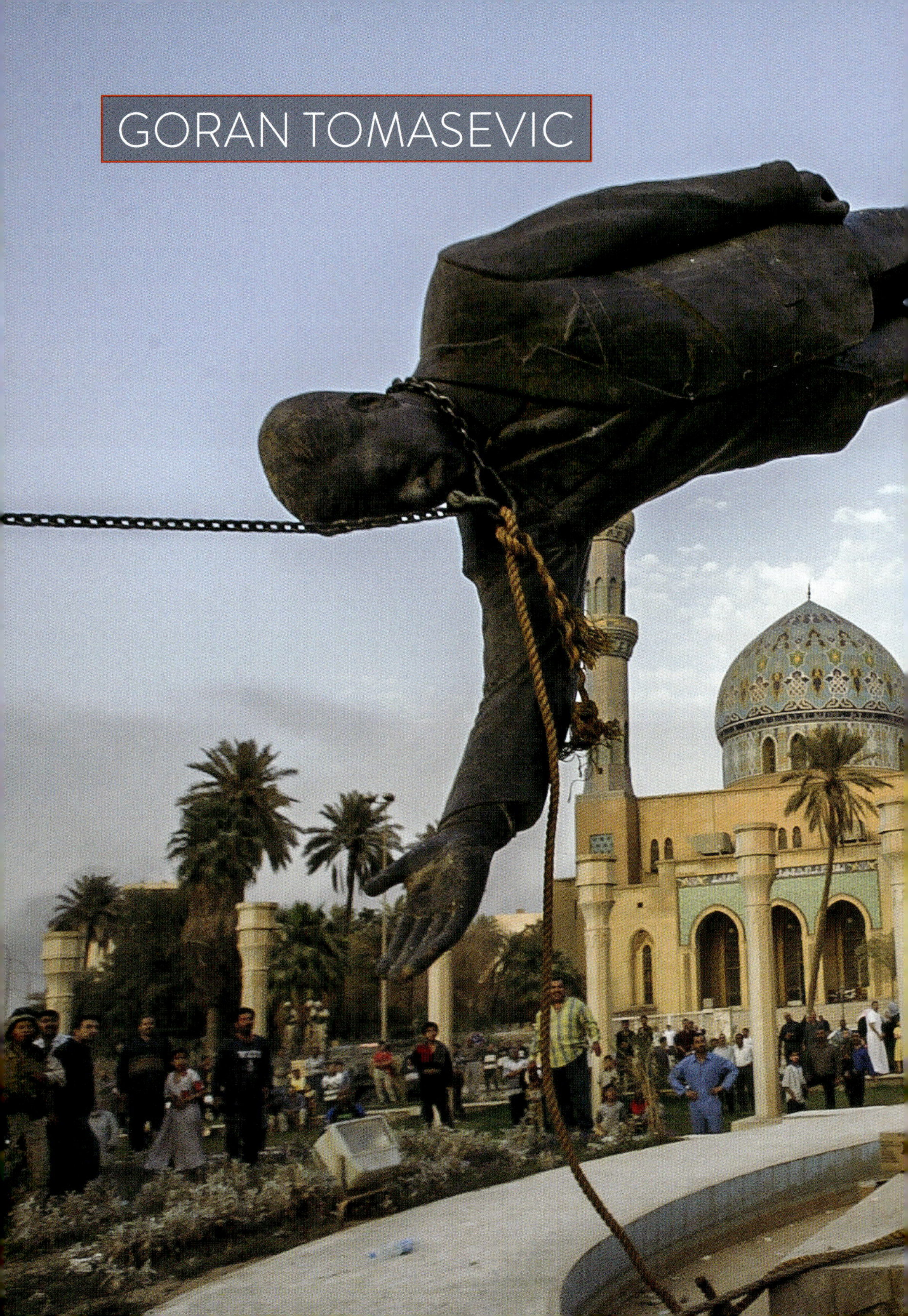
GORAN TOMASEVIC

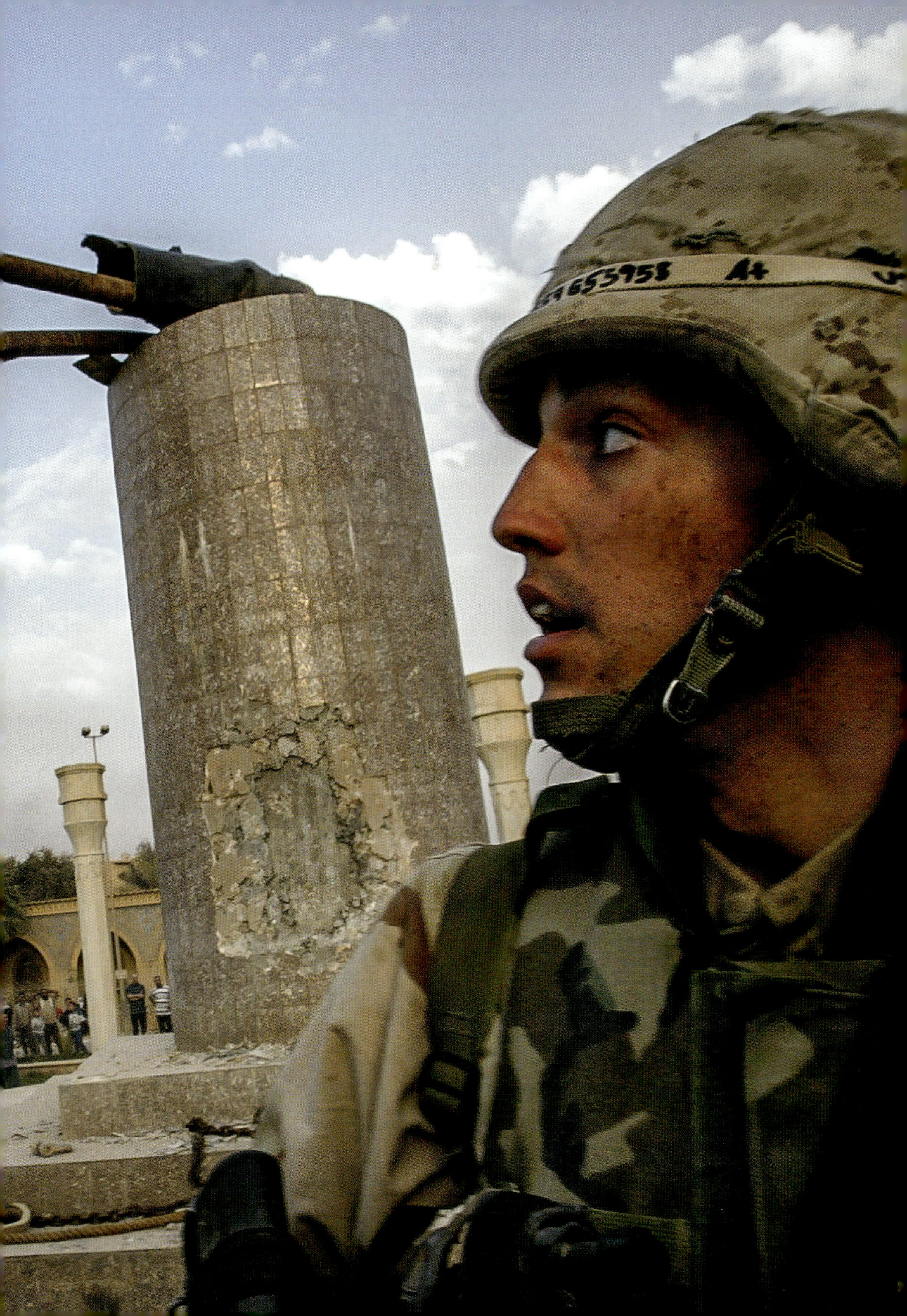

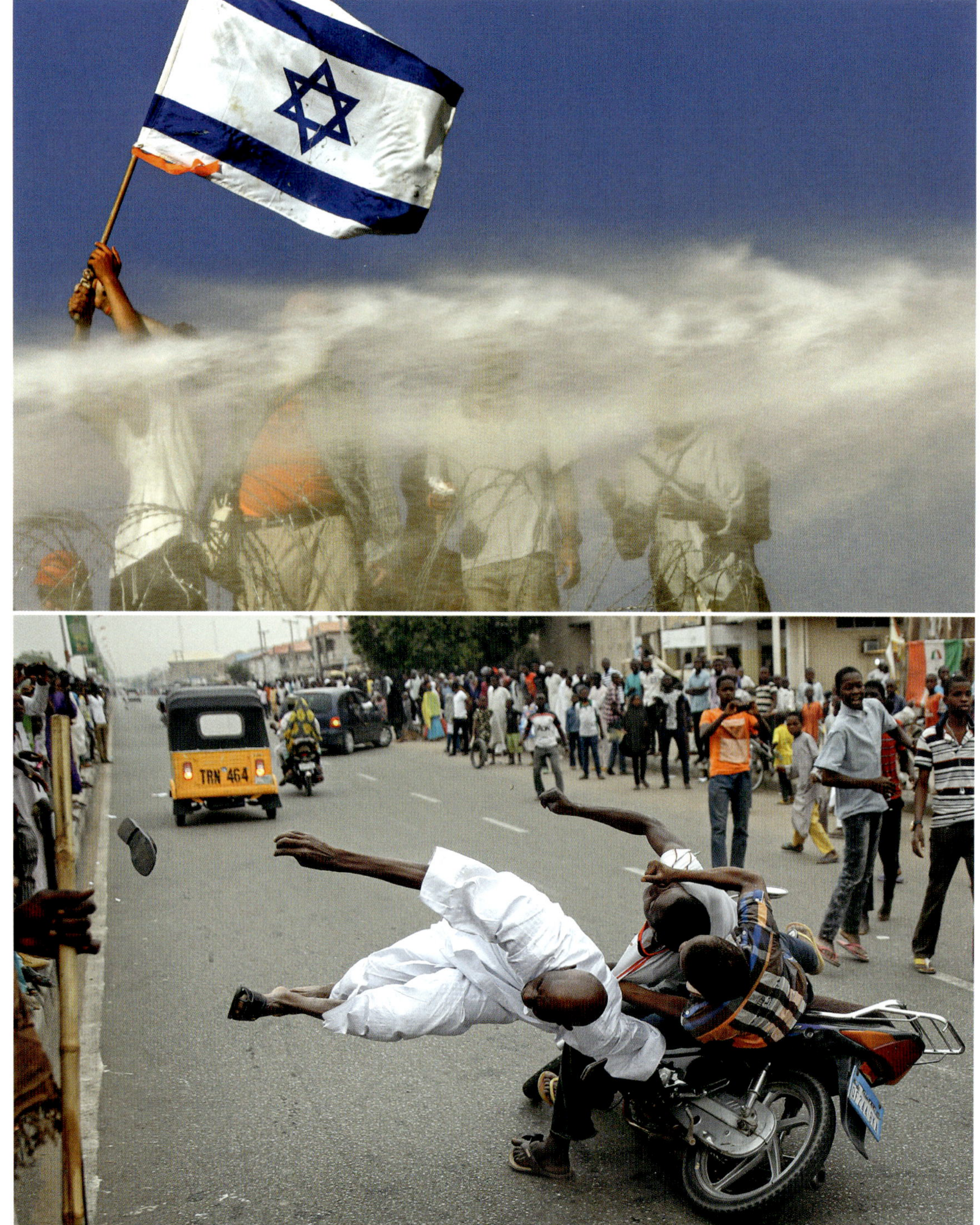
TRN 464

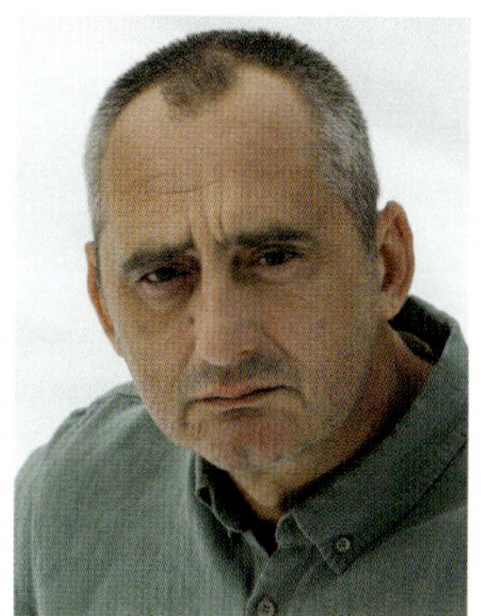

GORAN TOMASEVIC

Entre guerre et paix
Between War and Peace

Aujourd'hui où trop souvent les paroles masquent la vérité, la photographie reste résolument du côté de la réalité. Une photo dit la vérité. Depuis près de deux siècles, la photographie est l'art qui grave l'histoire à jamais et nous empêche d'oublier, même si nous ne retenons pas toujours les leçons du passé.

Dans le monde moderne, un monde de conflits, de confrontations et d'inquiétude face à l'avenir incertain de notre planète, la photographie est plus importante que jamais. C'est ce qui m'a poussé à avancer depuis trente ans que l'appareil photo est ma vie. Au cours de cette période, j'ai pu aider le monde à voir la réalité, des guerres dans les Balkans à la guerre contre le terrorisme, du Printemps arabe à la répression du soulèvement en Syrie. En Afghanistan ou en Afrique, en Irak ou en Amérique latine, j'ai eu la possibilité, et le devoir, de faire face à l'humanité dans toute sa diversité, capable du meilleur comme du pire, et de l'enregistrer pour l'éternité. Parfois l'expérience est dangereuse, parfois elle est magnifique, et toujours elle est intéressante.

Les photos présentées ici ne sont qu'un petit nombre des dizaines de milliers de clichés que j'ai pris. Je cherche toujours à être suffisamment près de l'action pour rendre justice aux sujets, et témoigner de la réalité pour ceux qui voient le monde à travers l'objectif de mon appareil photo.

Goran Tomasevic

←←
Des militaires américains font tomber une statue de six mètres de haut du président Saddam Hussein. Bagdad, Irak, 9 avril 2003.

U.S. troops pulling down a six-meter-high statue of President Saddam Hussein. Central Baghdad, Iraq, April 9, 2003.

↖
Des manifestants juifs sur le toit de la synagogue refusent de quitter la colonie de Kfar Darom. Bande de Gaza, 18 août 2005.

Jewish protesters on the roof of the synagogue refusing to leave the settlement of Kfar Darom. Gaza Strip, August 18, 2005.

↙
Au moment de fêter la victoire du candidat à l'élection présidentielle Muhammadu Buhari et de son parti All Progressive Congress, deux de ses partisans à moto renversent un autre partisan. Kano, Nigeria, 31 mars 2015.

On their motorbike, supporters of the presidential candidate Muhammadu Buhari and his All Progressive Congress party run into another supporter during victory celebrations. Kano, Nigeria, March 31, 2015.

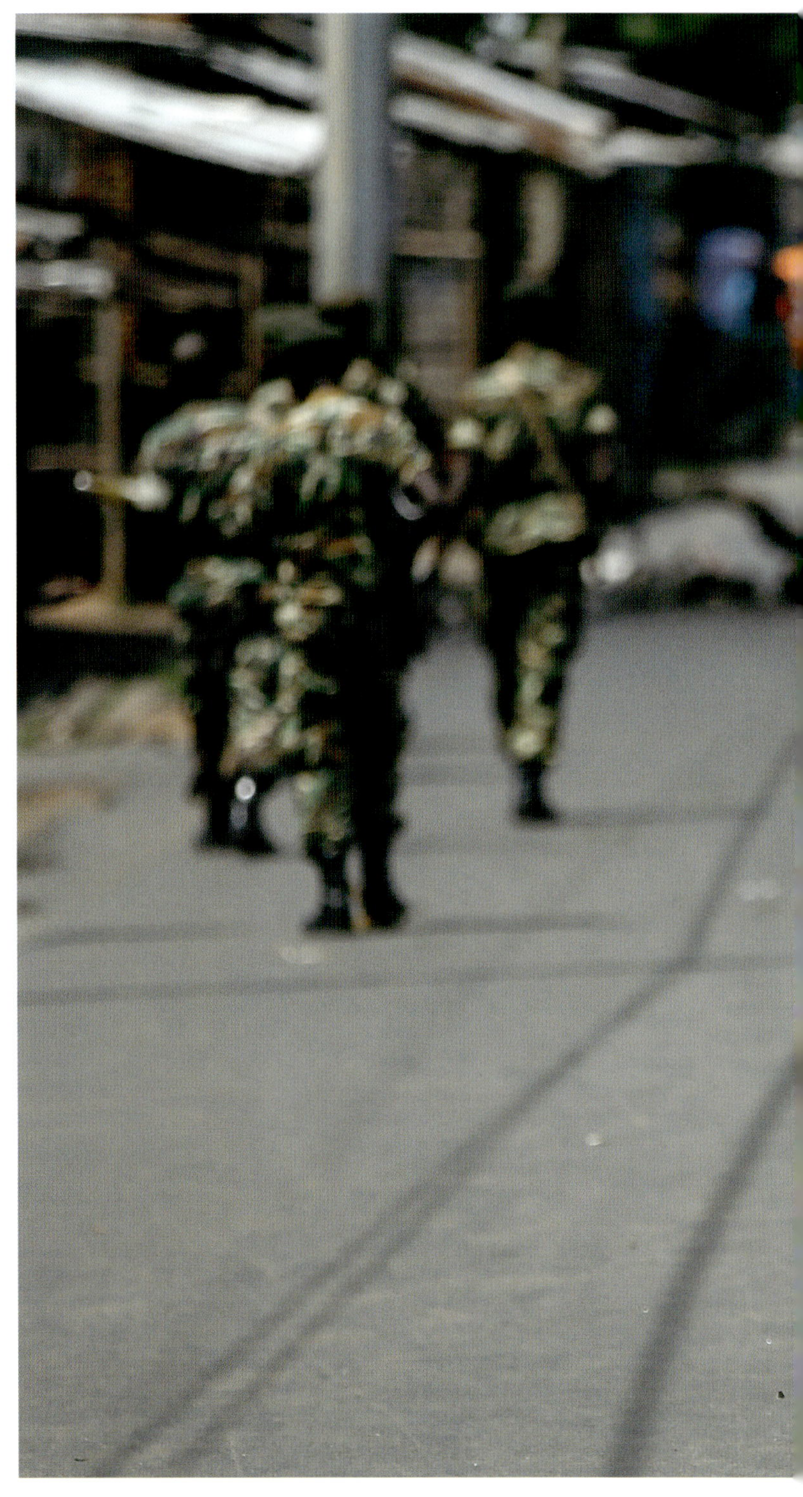

→
Deux garçons suivent
des militaires en patrouille.
Bujumbura, Burundi,
15 mai 2015.

*Boys walking behind soldiers
on patrol. Bujumbura, Burundi,
May 15, 2015.*

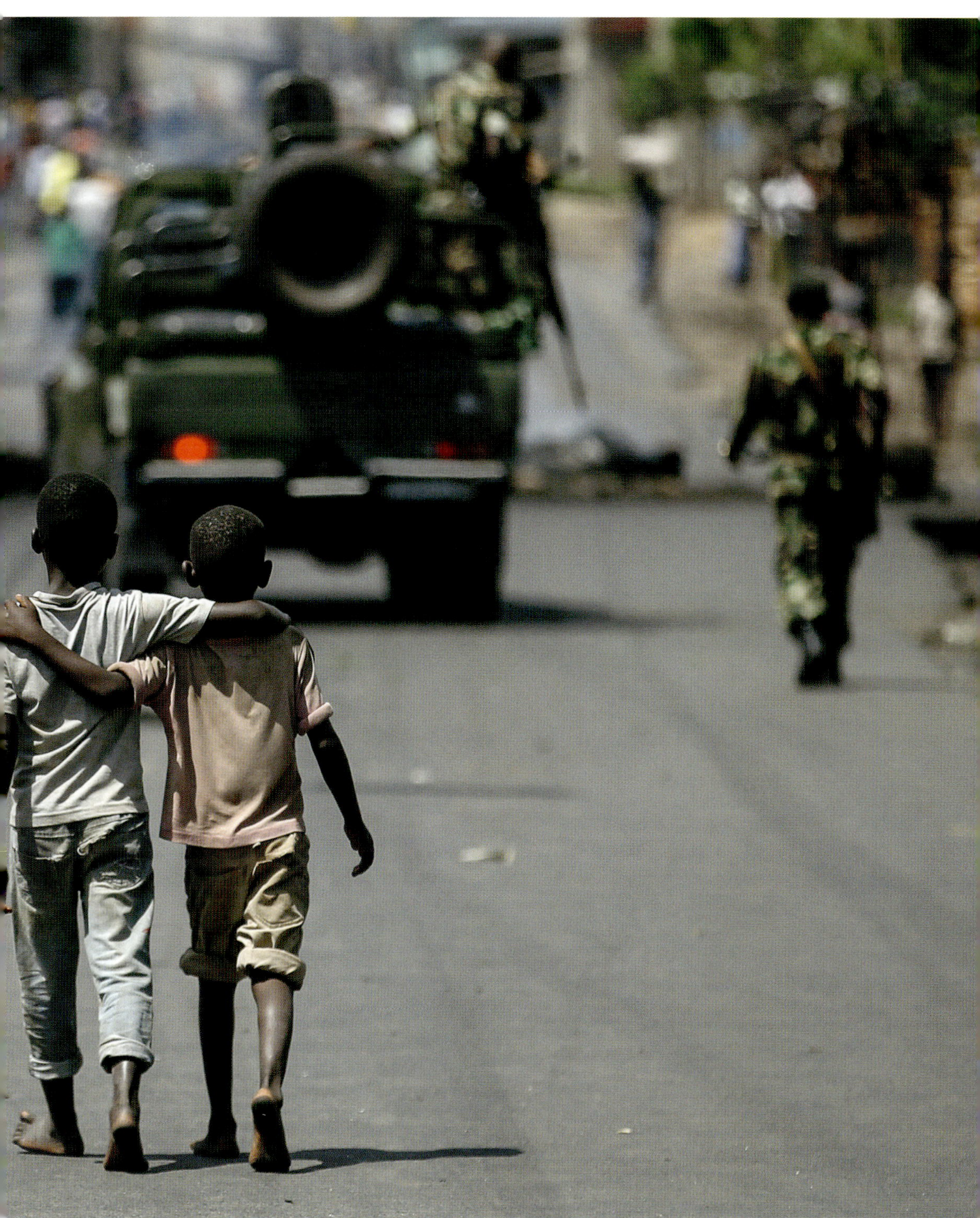

Today, when words are too often used to conceal the truth, photography still stands on the side of reality. A photo speaks the truth. For nearly two centuries, photography has been the art that records history forever and keeps us from forgetting it even if we do not always learn the lessons we should. In this modern world of conflict, confrontation and concern for the future of our planet, photography is more important than ever. That is what has helped drive me for the past thirty years when the camera has been my life. During that time I have helped show the world what is happening, from the wars in the Balkans to the War on Terror, to the Arab Spring and the way that uprising was crushed in Syria. From Afghanistan to Africa and from Iraq to Latin America, I have had the chance, and the duty, to encounter the best and the worst of humanity, and to record it for all time. Sometimes it has been dangerous, sometimes it has been beautiful. It has always been interesting. The pictures here are only a handful of the tens of thousands that I have taken. My goal has always been to get close enough to the action to do justice to the subjects and to bear witness for those who see the world through my lens.

Goran Tomasevic

↗
Une partisane des rebelles tire en l'air avec un AK-47 après avoir appris que le dirigeant libyen, Mouammar Kadhafi, a retiré ses troupes de la ville. Benghazi, Libye, 19 mars 2011.

A woman supporting the rebels firing an AK-47 after hearing that the leader of Libya, Muammar Gaddafi, had withdrawn his troops from the city. Benghazi, Libya, March 19, 2011.

↘
Durant une manifestation contre la candidature «anticonstitutionnelle» du président burundais Pierre Nkurunziza qui brigue un troisième mandat. Bujumbura, Burundi, 22 mai 2015.

During a protest against the president of Burundi, Pierre Nkurunziza, running as candidate for an "unconstitutional" third term. Bujumbura, Burundi, May 22, 2015.

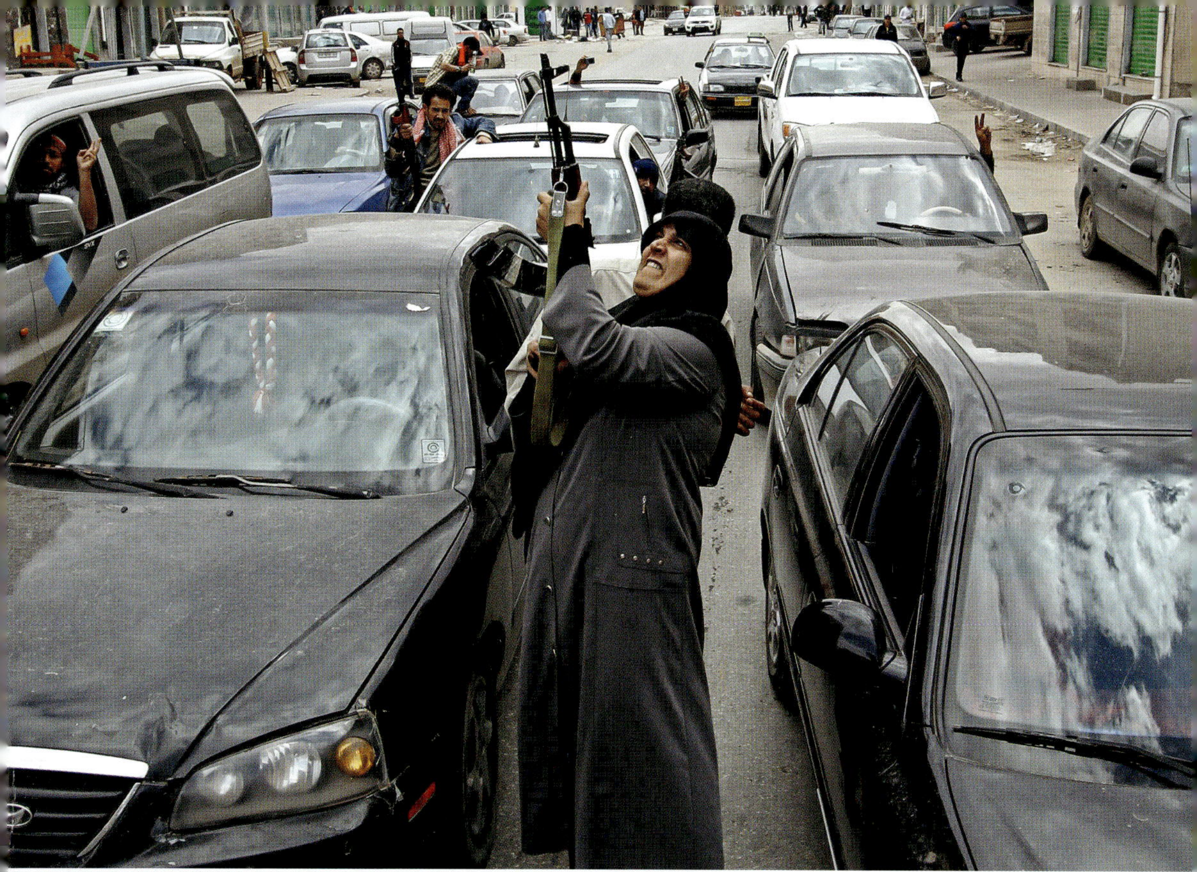

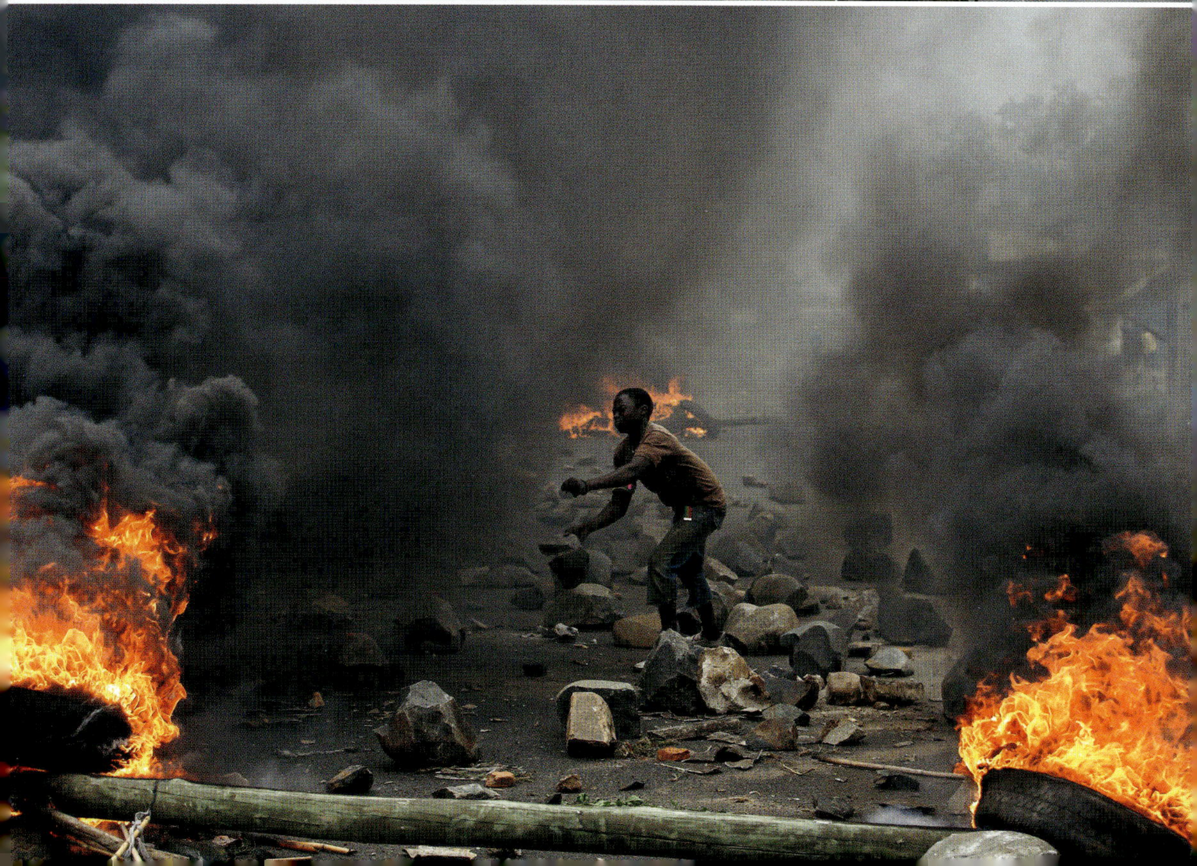

Éditeur / Publisher
Éditions Snoeck / Snoeck Publishers
www.snoeckpublishers.be
Philip Van Bost, Lamia Guillaume

Production
Images Evidence
Béatrice Leroy
Delphine Lelu, Jeanne Rival

Traduction / Translation
Shan Benson
Euan Borthwick, Tom Viart

Conception graphique et mise en pages / Graphic Design
Lydie Thomas

Photogravure / Reproduction
keygraphic

Imprimé en Union européenne / Printed in the European Union

ISBN : 9789461616197
Dépôt légal / Legal deposit : D/2022/0012/33